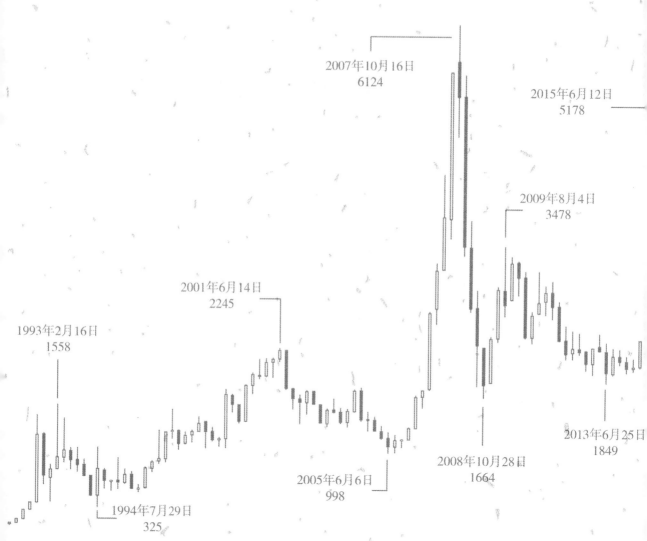

2007年10月16日
6124

2015年6月12日
5178

2009年8月4日
3478

2001年6月14日
2245

1993年2月16日
1558

2008年10月28日
1664

2013年6月25日
1849

2005年6月6日
998

1994年7月29日
325

追寻价值之路

1990~2023年
中国股市行情复盘

2021年2月18日
3731

年1月27日
2638

2022年4月27日
2863

2019年1月4日
2440

燕翔 战迪 ◎ 著

中国财经出版传媒集团

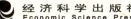

经济科学出版社
Economic Science Press

·北京·

图书在版编目（CIP）数据

追寻价值之路：1990～2023 年中国股市行情复盘/
燕翔，战迪著 . -- 北京：经济科学出版社，2024.1
ISBN 978 - 7 - 5218 - 5232 - 5

Ⅰ. ①追… Ⅱ. ①燕…②战… Ⅲ. ①股票交易 - 研
究 - 中国 - 1990 - 2023 Ⅳ. ①F832. 51

中国国家版本馆 CIP 数据核字（2023）第 190737 号

责任编辑：程辛宁　周国强
责任校对：王肖楠
责任印制：张佳裕

追寻价值之路：1990～2023 年中国股市行情复盘

ZHUIXUN JIAZHI ZHILU：1990～2023NIAN ZHONGGUO GUSHI HANGQING FUPAN

燕　翔　战　迪　著

经济科学出版社出版、发行　新华书店经销

社址：北京市海淀区阜成路甲 28 号　邮编：100142

总编部电话：010 - 88191217　发行部电话：010 - 88191522

网址：www. esp. com. cn

电子邮箱：esp@ esp. com. cn

天猫网店：经济科学出版社旗舰店

网址：http://jjkxcbs. tmall. com

北京中科印刷有限公司印装

787×1092　16 开　34. 75 印张　650000 字

2024 年 1 月第 1 版　2024 年 1 月第 1 次印刷

ISBN 978 - 7 - 5218 - 5232 - 5　定价：118. 00 元

复盘研究，不负初衷

（第三版前言）

《追寻价值之路》系列更新再版①，离不开广大市场投资者朋友的支持和指正，笔者倍感欣慰，也说明复盘研究对于投资的某些指导意义能够得到大家认同。笔者的初衷和使命就是想做好 A 股复盘研究的历史工具书。以此为目标，笔者致力于做好两方面工作，首要的就是客观描述行情历史事实，其次是对行情变化进行主观归因分析。前者是基础，后者仁者见仁智者见智、值得大家共同探讨。

为了更好地做好复盘研究，新版《追寻价值之路》做了不小幅度的修订，具体包括：一是续写了 2021～2023 年最近三年的 A 股行情复盘；二是将每年的策略专题进行重构，其中具有普遍意义的方法论部分，归纳到全书最后两章进行框架总结，以便读者更好地了解 A 股运行的基本逻辑；三是增加了大量专栏，对很多小问题进行专题思考与探讨；四是增加归纳性表格和数据总结，突出本书的工具书属性；五是原有各章节内容均有幅度不小的增补修订。总体来看，新版更新增补修订内容或不少于40%。

在当前我国加快建设金融强国、全面注册制时代开启、资本市场引发全社会广泛关注之际，我们衷心希望新版的《追寻价值之路》能够帮助读者更好地了解 A 股过去的历史细节，从而理性科学地判断市场未来的短期和中长期走势。

---

① 《追寻价值之路：2000～2017 年中国股市行情复盘》由经济科学出版社于 2019 年出版；《追寻价值之路：1990～2020 年中国股市行情复盘》由经济科学出版社于 2021 年出版。

历史研究意义在哪里

历史研究，做得好指导实践，做得不好刻舟求剑，取舍在能否提炼驱动历史发展的主要矛盾，讨论当下与过去的不同，本质是寻找新变量。

从这个角度出发，笔者认为就是要尽可能提炼出历史经验中的"共性"和"可重复的东西"，这些东西大概是可以指导未来的。因此，在复盘过程中，笔者虽然在大事回顾部分的撰写上花了大力气，但并不主张用"事件性原因"去解释行情，因为所有的"事件性原因"都是一次性的，不会再重复。比如说，如果投资者用"国有股减持"事件去解释 2001 年市场的下跌，那等于是浪费了这段历史经验，因为"国有股减持"事件在未来不可能再发生。同样的道理，笔者也不主张用中美贸易争端去解释 2018 年的市场行情。看市场分析大家会发现，2018 年贸易争端对市场影响很大，但 2019 年贸易争端依旧但市场评价影响钝化，凭什么 2019 年就能钝化而 2018 年不能，说明主要矛盾捕捉得不对。

即使放眼全市场最发达、最成熟的美国资本市场，同样会发现历史经验非常稀缺。笔者在写《美股 70 年：1948～2018 年美国股市行情复盘》时，系统回顾了 1948～2018 年美国股市的行情表现特征。之所以写作的起始点选在 1948 年，也是因为数据可得性的问题，美国多数宏观数据是从 1948 年才开始有的，目前可得的所有数据中，系统性的美股个股财务数据，年度的最早从 1950 年开始有，季度的最早大概从 1962 年开始有。虽然美股的历史经验相比 A 股多了很多，但笔者在日常研究过程中依然觉得不太够用，真希望能有更多可供研究的素材。

这种情况下，为了提炼出影响股票市场波动的主要矛盾，我们采取的方法主要有两种。一是尽可能坚持使用第一手资料。本书写作时，主要参考资料就是《中国证券报》《上海证券报》《证券时报》《证券日报》《证券市场周刊》等财经报刊的实时报道，用以回顾行情过程中的重大事件，受益于互联网传媒的发达，我们可以精确到具体的日期和时点。二是尽可能采用单变量解释特定时间段的行情特征。影响股市行情的因素有很多，但是越多就越说不清楚，我们认为在分析行情时，尽可能采用"单变量"范式有助于更好地理解主要矛盾。而之所以需要坚持捕捉主要矛盾，是因为这个方法论有助于我们通过逻辑思维范式不断提升自身水平。

坚持可证伪的逻辑思维范式

逻辑的思维，就是通过明确的定义、合理的假设、缜密的演绎，得到可靠的结论。逻辑思维加上实验证伪，构成了所有现代科学的基本范式。简单说，在二级市场研究中，如果坚持逻辑思维范式，那么任何判断，无论对错，事后都能搞清楚为什么对或者为什么错，而不会感觉每次都像碰运气一样。

我们假设 $y = f(x)$，这里 y 是资产价格、x 是某个影响股价的关键变量（比如经济状况、流动性宽松等），$f(\cdot)$ 是股价对关键变量的反应关系函数（也就是我们日常中所说的研究框架）。在这种思维范式下，如果最后发现某个判断错了，就可以追溯归因，是 x 本身判断错了，还是自己的框架 $f(\cdot)$ 有问题，抑或是出现了巨大的随机扰动 ε（随机扰动最终会向 0 均值回归）。

这套现代科学的思维范式蕴含着巨大的力量，对宏观经济和投资研究具有重要的意义。一方面，在逻辑思维下，不同的市场投资观点才能够找到导致分歧的原因、达成共识、避免无意义的争论。另一方面，运用可供证伪的逻辑精神，可以帮助我们不断成长，提高投资和研究的能力水平。对于任何一个投资观点，如果能够被证伪，当发生判断错误时，就应该去探究错误的原因，是假设本身错了还是演绎的框架错了，进而回过来完善自己的投资研究框架。也只有通过这种可供证伪的逻辑思维范式，我们才能站在前人的肩膀上继续向前进，避免低水平问题的不断重复。

本书一直以来坚持构建一个"四位一体"的分析框架，即宏观经济、企业盈利、利率水平和资产比价。其中对宏观经济的判断是出发点，宏观经济的变化决定了企业盈利和利率水平的变化。从宏观经济到企业盈利和利率水平，需要特别注意的是传导链条中很有可能出现背离，而这种背离往往是最值得研究且是最有意思的，典型的案例就是如何理解 2001~2005 年中国经济蓬勃发展但股市却不断创新低。股价反映公司利润，公司利润受宏观经济影响，我们常说的"股票价格是经济的晴雨表"，其逻辑前提是公司利润和经济走势是一致的。与此同时，人往高处走，水往低处流，资金永远都是逐利的。资产比价决定了大类资产之间的性价比。

新时代新机遇，研究更多中国特色

一个时代有一个时代的问题。当今世界正经历百年未有之大变局，当代中国正经历着历史上最为广泛而深刻的社会变革。以经济增长、通货膨胀、货币政策等为核心的传统总需求宏观经济分析范式，已经远不能满足资本市场日益增长的总量研究需求。近几年来，总量研究中新问题之多、涉及面之广，可以说是日新月异。

中国特色社会主义已经进入新时代，新时代面临新问题、期待新答案，也为总量研究带来新机遇。这中间最重要的感受，就是越发理解中国特色的重要性。只有将经济金融一般性规律和中国特色国情相结合，才能深刻理解中国经济和资本市场。研究掌握"中国特色，特在哪里"是看懂中国经济和资本市场的制胜法宝。我们希望未来的总量研究，能做出更多中国特色问题的研究成果，多问问与海外不一样的中国现象其背后原因是什么，这一点非常值得读者重视。

例如，市场投资者经常会说金融指标对经济增长指标有领先性，即社融先起来经济再起来，或者说社融起来后经济就会起来。金融指标的这一领先性特征，就是中国特色，并不是放之四海而皆准的一般性规律。在欧美等西方国家，金融指标经常是经济增长的滞后指标，反映了西方金融企业喜欢锦上添花而非雪中送炭。

再比如，在美股市场利率升降的影响要远大于盈利周期，而在 A 股市场盈利周期的影响要远大于利率变化。究其原因，在于两国市场背后的基本情况不同。美国经济的盈利周期非常成熟，整体盈利增速走势如三角函数一般，具有很强的周期性规律，在学习效应作用下，大家都知道均值回归下来就会上去，而利率变化则是趋势性的。相反在 A 股市场，自 2002 年有数据以来，国内长端国债利率整体走势一直是区间震荡，上去会下来、下去会上来，有很强的均值回归属性。

还比如，相比其他地区股市，A 股市场小盘股的流动性一直以来要好很多，即 A 股市场中小市值公司成交金额占比显著更高。过去很多观点认为引入机构投资者后就可以与国际接轨，多年的实践证明好像不行；后来大家又认为，随着全面注册制的落地，这个问题会解决，A 股市场中小市值公司成交金额占比会下降，但从当下的情况来看好像也不是这么回事。A 股市场中小市值公司成交额占比高，背后根子上的原因是什么，值得进一步探究。

在撰写本书时，笔者已尽最大努力去查询资料、校对数据，希望能提高可读性、提供增量信息。但无论如何，资本市场的边界浩瀚无垠，万不是靠一人一力就可以窥得全貌完全理解的。笔者的工作无非是为研究和投资的广厦添砖加瓦，很多观点也是一家之言、一时之言，理解有偏差不准确必然是在所难免的，因此特别希望读者能够给笔者更多的批评指正。研究和投资的路上，我们共同前进！

燕　翔

2024 年 1 月

于北京市金融大街

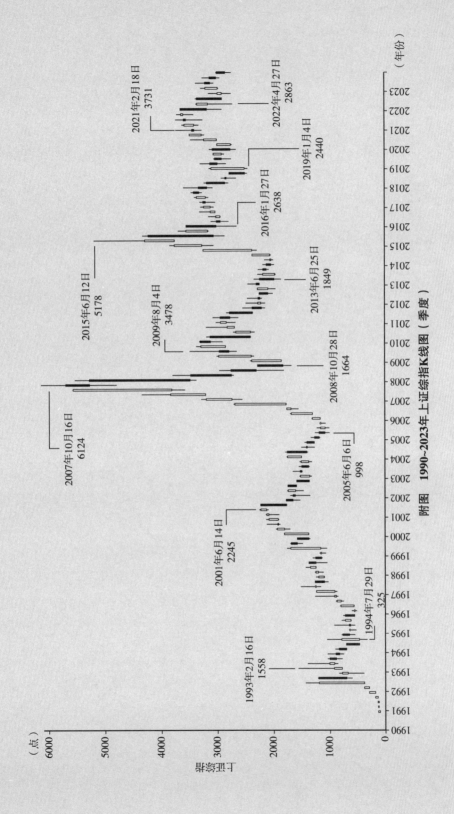

附图 1990~2023年上证综指K线图（季度）

目　　录

第一章
1990 年：中国股市诞生

改革开放以后，利用股份制形式支持经济发展受到了越来越多的关注。1984 年，上海飞乐音响股份有限公司成立并向社会公开发行股票，成为我国改革开放以后公开发行的第一只股票。1986 年以后，股份制改革吹响了冲锋号，全国各类股份制企业如雨后春笋般崛起。1990 年 12 月 1 日，深圳证券交易所试营业，而与此同时发生的深圳"股票热"引起了国家的高度关注。1990 年 12 月 19 日上午 11 点，是中国资本市场历史上重要的时刻，上海证券交易所正式鸣锣开业，虽然首批交易的只有"老八股"，但上交所的正式开业意义重大，它标志着中国股市的正式诞生。

第一节　大事回顾：中国股份制改革历史进程

1990 年 12 月 19 日，上海证券交易所开始正式营业，标志着中国证券市场的诞生，包括国债、企业债券、金融债券、公司股票等 30 多种证券在这一天上市。上海证券交易所是中华人民共和国成立后开业的第一家证券交易所，上交所的开业意味着我国经济发展中的股份制改革进入一个新的发展阶段。

一、新中国的第一张股票

1949 年中华人民共和国成立以后，在很长的一段时间内实行的都是计划经济体制，公司制、股份制、证券交易市场更是无从谈起。1978 年 12 月，中共十一届三中全会作出把党和国家的工作中心转移到经济建设上来、实行改革开放的历史性决策。十一届三中全会后，我国开始了包括建立经济特区、兴办乡镇企业、实行农村家庭承包制等一系列重大改革。"公司"一词也出现在了十一届三中全会的公报上。

1979 年以后，农村出现了为了扩大产能、提高积极性，而采取的集资入股、合股经营、股份分红的方式方法。1980 年，全国劳动就业会议召开，北京大学经济学教授厉以宁在这次会议上提出，可以组建股份制形式的企业来解决就业问题。他认为，股份制企业就是民间集资，不用国家投入一分钱，就可吸收更多的劳动者就业。厉以宁的这次发言，是在高层会议上第一次发出的关于股份制的声音，受到了国务院的高度重视。厉以宁教授也因其成为我国第一个股份制改革倡导者，被尊称为"厉股份"。

1984年11月，上海飞乐音响股份有限公司①成立，并向社会发行每股面值50元的股票1万股，成为我国改革开放以后公开发行的第一只股票。飞乐音响当时总股本1万股，每股面值50元，共筹集50万元股金，其中，35%由法人认购，65%向社会公众公开发行。1986年11月，美国纽约证券交易所主席约翰·凡尔霖（John Phelan）来华访问，在与邓小平会见时把纽交所的徽章赠送给邓小平，而邓小平以一张飞乐音响股票作为回赠。有不少材料显示深宝安和北京天桥成立股份制企业更早，但飞乐音响因为是公开向社会发行股票，而且其股票还成为国礼，自然在中国证券发展史中具有更加重要的意义。

1985年1月，中国人民银行批准了上海延中实业发行股票，认购非常火爆，当月又批准了上海爱使电子设备有限公司向社会公众发行人民币普通股股票30万元，这是在上海公开发行的第二只和第三只股票。随着股票数量的增加，如何解决股票交易流通的问题也就出现了。1986年9月26日，在上海市静安寺附近的一个12平方米改造过的理发店里，全国第一个股票交易柜台开业了，史称"静安营业部"。这个柜台交易营业部，隶属于上海工商银行信托投资公司。当时营业部只提供飞乐音响（小飞乐）和延中实业股票的柜台交易，延中实业股票1986年9月26日在静安营业部挂牌。

1987年以前我国对于股份制改造、股票发行、股票交易等问题基本上没有明确的法律法规。1987年国务院及中国人民银行开始对股票发行与股票交易活动进行管理。1987年3月28日国务院发布了第一个关于股票管理的文件《关于加强股票、债券管理的通知》，随后，中国人民银行先后发布了《关于严格控制股票发行与转让的通知》《跨地区证券交易暂行办法》等文件，使中央对股票发行和交易活动的管理得到加强。从当时的实践来看，股票交易发行主要还是在当地政府的指导和特许下进行的。

二、"五马"奔腾与深交所试营业

1986年以后，股份制改革吹响了冲锋号，全国各类股份制企业如雨后春笋般出现。据统计，截至1986年底，全国各种类型的股份合作企业数量达7000多家，通过股票集资达到60亿元。1987年5月，深圳发展银行获准向社会公众公开发行790万

---

① "飞乐音响"市场一般简称"小飞乐"，与之对应的是"大飞乐"即"飞乐股份"。

元人民币普通股，1988 年 4 月在深圳当地证券交易柜台正式挂牌交易，"深发展"连同随后上柜的"万科""金田""安达""原野"，被称为深圳"老五股"。中国股市的发展从上海向深圳辐射开来。

1987 年 9 月 27 日经中国人民银行批准，深圳市 12 家金融机构出资组成了全国第一家证券公司——深圳经济特区证券公司①。在深圳证券交易所正式成立之前，深圳的股票交易主要在柜台市场完成，到 1990 年上半年，深圳市先后建立了三家证券公司和四个柜台交易市场②。

进入 1990 年以后，深圳股市出现了一波疯狂炒作的行情。最开始是深发展，深发展在 1990 年初进行股票拆分，从每股面值 20 元拆细为每股 1 元，拆股以后深发展股票价格出现了大幅上涨，到 4 月底时累计涨幅已经接近 300%。在之后的 A 股历史发展中，读者可以发现层出不穷的高送转行情，其源头追溯起来估计就是深发展。

1990 年 3 月，原野发行上市③，原深圳纺织股份有限公司更名为深圳原野股份有限公司，向社会公开发行记名式普通股票 245 万股（其中 80 万股由公司原股东及职工认购），每股面值 10 元。原野上市之后，深圳股市迎来了"五马"奔腾的行情，"五马"即"深发展""万科""金田""安达""原野"，股价出现了大幅上涨。在股市狂热之时，当时深圳股票黑市交易更是火爆，遍布各个角落，严重扰乱了市场的交易秩序。

深圳股市的这种狂热引起了监管层的关注。1990 年 5 月 18 日，深圳政府发布公告《加强证券市场管理，取缔场外非法交易》，并在《深圳特区报》显著位置黑体字刊登。取缔场外黑市交易只是治理的第一步，为了进一步遏制股票价格过快上涨，1990 年 5 月 29 日，深圳推出了中国股市历史上的第一个"涨跌停板制度"，规定在深圳上市交易的股票涨跌交易价格不得超过前一个交易日的 10%。6 月 20 日，深圳将涨跌停的范围从 10% 调整至 5%，6 月 26 日，再次调整涨跌停幅度限制，将每日允许的上涨幅度调整至 1%，跌停幅度不变依然是 5%。

一系列严控措施的出台，使得深圳市场股票成交量大幅萎缩，但股票价格依然在

---

① 深圳经济特区证券公司后更名为巨田证券，巨田证券于 2007 年被终止中国证券业协会会员资格。

② 我们通常说的"股市"，是上一个狭义的概念，指的是在交易所场内进行的集中交易市场，如果以广义的股票交易买卖市场来定义，那么这个市场在 1990 年以前就已经存在了。

③ 这里的发行上市，实际上指的是向社会公开发行股票，股票交易在柜台市场，与后来交易所成立后的上市交易还是有所不同的。

上涨，当时有个逻辑是担心政府监管加强后，后续可能不再有新发股票了，那么目前交易的 5 个股票就有很强的稀缺性。1990 年 11 月 20 日，政策再度加码，涨跌停板的限制继续收缩，涨停板调整为每日上涨不超过 0.5%，跌停板依旧是 5%。同时，上调印花税，股票交易印花税由卖出征收 6‰改为买卖双向征收 6‰。在一系列政策组合拳措施下，到 12 月初，深圳股票市场开始明显降温，深发展领头开跌，开启了深圳市场之后长达 9 个月的股价持续下跌走势。

在深圳股市火爆的同时，深交所也在紧锣密鼓地筹备中。1989 年 11 月，深圳市成立资本市场领导小组，决定筹建深圳证券交易所，11 月 25 日，下发《关于同意成立深圳证券交易所的批复》。1990 年 1 月，深圳证券交易所筹备小组正式挂牌办公。1990 年 12 月 1 日，深圳证券交易所试营业。

三、上海证券交易所开业

1990 年 5 月以后，当深圳掀起股市狂热之后，部分投资者开始向上海市场进军。上海的静安柜台指数在 1990 年 5 月时为 100 点，7 月份上涨至 145 点，9 月份进一步上涨至 305 点。面对上海股票市场的急速上涨，上海也出台了类似深圳的监管政策，8 月 3 日，中国人民银行上海市分行发布了《关于加强股票交易市场管理的通知》，11 月 21 日，《关于取缔有价证券非法交易活动的通知》发布，严格规定未经批准上市、上柜的有价证券，严禁在任何场所买卖和流通。但市场的热度并未减退，静安柜台指数到 1990 年 12 月已经上涨至 439 点。

1990 年下半年，深圳"股票热"及其对全国的影响引起党中央、国务院的高度关注，先后对深圳企业股份制改革和证券市场进行了多次调查，发布了一系列政策措施，包括：1990 年 8 月 11 日，中国人民银行发布《关于专业银行不得直接从事证券交易业务的函》；10 月 12 日，发布《证券公司管理暂行办法》；10 月 19 日，发布《关于设定证券交易代办点有关问题的通知》；11 月 27 日，发布《证券交易营业管理暂行办法》；等等。

最后，中央决定保留上海、深圳股份制及证券市场试点。这中间一个关键的政策是，1990 年 12 月 4 日，中国人民银行发布了《关于严格控制股票发行和转让的通知》，这个通知的第一条明确指出："目前股票的公开发行和上市交易只限深圳、上海两地试点。未经总行同意，其他地区一律不准再批准发行新的股票，一律不得批准股票上市交易。"第三条指出："股份制企业的内部股票发行，一律由省、直辖市、自治区和计划单列城市分行审批，同时报总行备案；内部发行的股票一律不得上市交易。"这也就意味着，国家已经确定股票的公开发行和交易，从此往后都只能在上海和深圳的交易所进行。上海证券交易所和深圳证券交易所的定位被明确了。

1990 年 12 月 19 日上午 11 时，是中国资本市场重要的历史时刻，上海证券交易所正式鸣锣开业。时任中共上海市委书记兼市长朱镕基、国家体改委副主任刘鸿儒、中国人民银行副行长周正庆等领导参加了开业仪式。刘鸿儒和周正庆后来都担任过中国证监会主席。上海证券交易所首任理事长是当时交通银行上海分行董事长李祥瑞，首任总经理是尉文渊。

上交所开业后，股票市场的火爆从场外的柜台市场延续到了场内的交易所市场。为了抑制股票价格过快上涨，1990 年 12 月 26 日，上交所将股价涨停板的幅度从 5% 下调至 1%。1990 年 12 月 31 日，又进一步将涨停板的幅度调低至 0.5%。

上交所和深交所究竟谁才是新中国的第一家证券交易所？如果按实际运营来看，深交所于 1990 年 12 月 1 日开始试营业，显然更早一些，但这是试营业，深交所正式获得中国人民银行批准是在 1991 年 4 月 11 日，正式开业是 1991 年 7 月 3 日，显然要比上交所正式开业的日子 1990 年 12 月 19 日晚不少。为什么深交所会"试营业"后相隔这么长时间才"正式营业"？背后自然有当时特定的历史条件。

这就是历史，会留给我们很多的回味，无论如何，1990 年见证了中国股票市场的正式诞生。

第二节　经济形势：治理整顿之后

A 股市场发展的最初几年，由于上市公司数量实在太少，客观地说，股票市场的走势与宏观经济关系没有那么大。一方面，权益资产无论任何时候投资的核心都是企业盈利，即使在最初两年 A 股市场上市公司总数只有 13 个的时候，企业业务和盈利依然是当时证券类报纸重点讨论的对象，宏观经济和经济政策的变化显然会直接影响投资者的观点和预期；另一方面，了解当时的经济形势，也有助于理解 A 股市场最初发展过程中的基本背景。

因此，本书会在每章对每一年的经济形势进行概括描述。读者会发现，随着市场的不断发展、上市公司数量的不断增加，A 股市场上市公司整体将越来越能够反映中国经济发展的状况，越往后经济形势对于股票市场行情的影响也越大。

一、希望与困难并存

中国经济从 1984 年开始进入高速增长阶段，1984～1988 年连续五年，中国的实际 GDP 增速①基本都在两位数，分别为 15.2%、13.4%、8.9%、11.7%、11.2%②，5 年平均的固定资产投资增速更是高达 27% 左右，经济开始逐步出现过热的势头，物价开始有明显上涨。1988 年中国经济进行"价格闯关"③，物价指数大幅攀升，1988 年的全国居民消费价格指数（CPI）同比增速高达 18.8%（1987 年为 7.3%）、工业生产者出厂价格指数（PPI）同比增速高达 15.0%（1987 年为 7.9%），通货膨胀在 1988 年成为宏观经济中的主要问题。

在这种背景下，国家从 1988 年 9 月提出了治理经济环境、整顿经济秩序、全面深化改革的方针，确定了今后两年要把建设和改革的重点放到治理整顿上来。相关部门开始实行以总量收缩为主要目标的紧缩政策，在一系列强力措施之后，1989 年中国经济增速开始大幅下降，并开始出现一定程度的经济衰退现象，1989 年 GDP 增速从上年的 11.2% 下降到 4.2%，固定资产投资增速从 25.4% 下降到负增长 7.2%。

到 1990 年 3 月，中央政府决定对已经实施了 19 个月的紧缩政策开始实行微调，宏观经济政策由控制总需求的紧缩政策转为刺激总需求的放松政策。但在 1990 年当

① 本书将大量使用各类宏观经济数据，如无特别说明，本书中国宏观经济数据来源具体如下：（1）经济增长类指标，包括国内生产总值（GDP）、采购经理指数（PMI）、工业增加值、固定资产投资、社会消费品零售总额、工业企业效益数据等，数据来源为国家统计局；（2）通货膨胀类指标，包括居民消费价格指数（CPI）、工业生产者出厂价格指数（PPI）等，数据来源为国家统计局；（3）金融类指标，包括 M1、M2、央行资产负债表、金融机构信贷收支表、利率等，数据来源为中国人民银行；（4）进出口数据，包括进出口总额、进口额、出口额等，数据来源为海关总署。

② 国家统计局会定期更新改进 GDP 的统计方法，每次变更 GDP 统计方法时都会对历史 GDP 数据进行修正，这使得历史 GDP 数值在不同时期可能有所不同但趋势不会有变化。对于这个问题本书的处理方式是，对于直接引用的统计局或其他出处的新闻稿，本书照用原文。对于分析时使用的数据，皆使用成书时统计局最新的数据。

③ "价格闯关"：改革开放以前，我国的商品价格是由政府统一定价。1984 年后，国家启用价格双轨制，即从计划和市场两种价格体系并存，渐次过渡到市场价格为主。价格双轨制在保证社会稳定的同时，刺激了生产、搞活了流通、逐步理顺了价格。但在 20 世纪 80 年代后期，价格双轨制的弊端逐渐显现：一种价格高，一种价格低，有门路的人"低买高卖"牟取暴利，导致了投机和腐败。1988 年，中央决定加快改革步伐，进行"价格闯关"。价格放开后，肉禽蛋和烟酒都开始大幅度涨价；到 8 月份，物价指数已蹿升到 38.8%，远高于居民收入涨幅；8 月 27 日晚，中央召开紧急会议，宣布暂停物价改革方案；9 月召开的中央政治局会议认为，单一方向上的突破很难有收获，改革必须是全面考量，综合布局，整体推进，协调行动。（资料来源：《中国经济周刊》2019 年第 18 期，第 104 页。）

年经济增长并没有特别明显的回升势头，1990 年中国实际 GDP 同比增长 3.9% 较上年回落 0.3%，工业增加值同比增速 3.4% 较上年回落 1.6%，固定资产投资增速情况稍微好点结束了 1989 年的负增长，当年增速为 2.4%。

1990 年的经济形势之所以说是"希望与困难并存"，这里的"困难"指的就是虽然政策已经有所微调，但是经济增速并没有起色。"希望"是我们看到通货膨胀得到了明显抑制，这个过去三年来治理整顿的重中之重的问题终于见到了曙光。1990 年中国的 CPI 同比增速仅为 3.1%，较 1989 年的 18% 大幅下降；PPI 同比增速仅为 4.1%，较前一年的 18.6% 也是大幅下降（见图 1–1）。

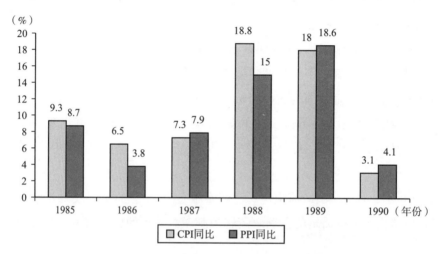

图 1–1　1985～1990 年中国 CPI 和 PPI 同比增速走势概览

资料来源：国家统计局、Wind 资讯。

二、"硬着陆"紧缩开始微调

在 20 世纪 90 年代初期，我国的宏观经济调控政策还是具有很强的计划性色彩。1990 年，中国人民银行的货币信贷方针叫作"控制总量、调整结构、保证重点、压缩一般、适时调节、提高效益"。

从 1990 年起我国正式编制全社会信用规划，并分四个层次进行管理和监控。第一层次是对银行、信用社、各类信托投资机构和各种债券、股票、集资等信用活动总量进行规划；第二层次是包括中国人民银行、专业银行、交通银行和中信实业银行在内的国家银行信贷计划；第三层次是包括信托投资公司、城市信用社等在内的其他金融机构的信贷计划；第四层次是各种形式的债券、股票和集资活动。各层次活动都应得到中国人民银行的相应监控。

1989 年的宏观调控基本上属于"硬着陆"式的紧缩，通过强有力的政策手段，使得经济在很短的时间内降温。1990 年政策的最大变化，就是紧缩的政策开始放松，1990 年我国一共进行了两次降息操作。第一次是从 1990 年 3 月 21 日起，降低存贷款利率 1.26%，其中贷款利率中流动资金贷款利率由年利率 11.34% 下调到 10.08%；固定资产贷款利率，1 年期以上至 3 年期由 12.78% 下调到 11.52%；3 年期以上至 5 年期由 14.40% 下调到 13.14%；5 年期以上至 10 年期由 19.26% 下调到 18%；10 年期以上由原来的按 1 年期贷款利率复利计算调整为 20.70% 的固定利率。由此也可看到，在当时国内利率水平总体上是非常高的。第二次是从 1990 年 8 月 21 日起，存贷款利率整体下降 0.72%，其中 1 年期流动资金贷款利率由 10.08% 下调到 9.36%；技术改造贷款的年利率由 10.08% 下调到 9.36%；等等。

此外，1990 年银行贷款规模也开始扩大，贷款同比增速提高。1990 年新增各项贷款 2758 亿元，各项贷款余额同比增长 22%，对比 1988 年和 1989 年分别为 17% 和 18% 的贷款余额增速，信贷投放明显加速（见表 1 - 1）。

表 1 - 1　　　　　　　　　1985 ~ 1990 年各项贷款余额及构成情况　　　　　　　单位：亿元

项目	1985 年	1986 年	1987 年	1988 年	1989 年	1990 年
各项贷款	5906	7591	9033	10551	12409	15167
工业生产企业贷款	985	1417	1707	2085	2725	2559
物资供销企业贷款	381	477	494	521	582	653
商业企业贷款	2649	3089	3506	4101	4775	5769
建筑企业贷款	267	369	467	495	601	672
城镇集体企业贷款	311	415	535	637	693	816
个体工商业贷款	11	11	16	19	15	16
农业贷款	417	570	686	814	895	1038
固定资产贷款	705	1006	1287	1559	1776	2246
其他贷款	180	236	337	320	347	399

资料来源：历年《中国金融年鉴》。

回顾中国经济宏观调控的历程，大体上有这样一个规律，就是调控中政策要

"降温踩刹车"比较容易见效快，而要刺激"启动升温"相对比较慢。这背后实际上反映了中国经济运行过程中的很多机制性特征。"降温踩刹车"的过程中，政府往往只需要下达命令，什么事情不允许做了，基本上就可以一下子停下来，类似 1988 年的治理整顿，以及后面会看到 2004 年的全面遏制经济过热，都是这样的情况，基本上可以说是立竿见影。但要启动升温就没有那么快了，这往往需要先统一思想、明确目标、人员配齐、资金到位、树立榜样，经济中的各个主体才能开始慢慢进入状态，所以一般都比较慢，不是政策说启动就马上能够启动的。

第三节　行情特征："老八股"

1990 年 12 月 19 日上海证券交易所正式开业之前，中国的股票交易是场外交易，能够度量当时股价变化的有一个叫作上海静安柜台指数的股票价格指数。静安柜台指数以 1987 年 1 月 2 日为基期，基数为 100，静安营业部最早交易股票是 1986 年 9 月 26 日，那一天追溯调整指数为 45。

但这些场外交易都已经只能够作为历史档案，与当前的市场行情没有直接联系。交易所成立后，股票市场的行情与当前市场一脉相承，上证综指最早可以追溯到 1990 年 12 月 19 日，深圳成指最早可以追溯到 1991 年 4 月 3 日。

1990 年的上海证券交易所于 12 月 19 日正式开业，到年底一共 10 个交易日，基本上是单边一路上涨，上证综指以 1990 年 12 月 19 日的收盘价为基准 100 点，到年底 12 月 31 日收报于 127.6 点，累计涨幅 27.6%。按 12 月 19 日开盘价 96.05 计算，1990 年全年上证综指累计上涨 32.9%。

上交所正式开业当天，首批上市品种共有 39 只（股票 8 只、债券 31 只），采用的交收方式是实物券交收，交收时间是 T + 3。这 8 只股票，作为中国股市的第一批上市公司，被称为"老八股"。

"老八股"分别是飞乐音响（600651，现名"*ST 飞乐"）、延中实业（600601，现名"方正科技"）、爱使电子（600652，现名"ST 游久"）、真空电子（600602，现名"云赛智联"）、申华电工（600653，现名"申华控股"）、飞乐股份（600654，现名"ST 中安"）、豫园商城（600655，现名"豫园股份"）、凤凰化工（600656，现名"退市博元"，2016 年 5 月 13 日退市）。这 8 家上市公司代表了中国资本市场的一个时代。

飞乐音响：1984 年 11 月，上海飞乐音响向社会公众及职工发行股票，是上海市第一家股份制企业，飞乐音响创造了我国股份制试点的多个第一。1986 年 9 月 26 日，飞乐音响和延中实业两只股票率先在工商银行上海信托投资公司静安营业部进行柜台交易。1990 年 12 月 19 日，飞乐音响转到上海证券交易所首批上市交易。

延中实业：1985 年 1 月，上海延中实业发行股票，1993 年，深圳宝安集团举牌收购延中实业，开新中国上市公司收购兼并之先河，史称"宝延风波"。1993 年 10 月中国证监会宣布，宝安集团上海公司获得的延中实业股权有效。

爱使电子：上海爱使电子设备有限公司 1985 年面向社会公开发起成立，1990 年 12 月 19 日在上交所上市交易，公司股份全部为流通股，成为第一家全流通上市公司。由于其全流通的特质，爱使电子股权相当分散，股权控制最不稳定，所以上市后不久爱使电子便成为"壳资源"，控制权不断转手。

真空电子：上海真空电子器件股份有限公司，主要生产电视机显像管，在当时算得上是高科技公司。1991 年 11 月公司发行人民币特种股票（B 股），成为国内首家发行 B 股的企业。

申华电工：申华电工创立于 1986 年 7 月 1 日，是最早的股份制试点企业和上市公司之一。1987 年 3 月 30 日，首次向社会公开发行面值 100 元的股票 1 万股，并于1990 年 12 月 19 日在上交所上市交易。

飞乐股份：飞乐音响和飞乐股份是同一批上市的"老八股"，当时飞乐股份控股飞乐音响，为了能够区分，老股民一般将飞乐股份称作"大飞乐"，将飞乐音响称作"小飞乐"。飞乐股份原名为上海飞乐电声总厂，是国内电声行业中第一家股份制试点企业。

豫园商城：1987 年 6 月由原上海市豫园商场改制而成，是上海市首批试行股份制的企业之一。1992 年 5 月，上海豫园商场股份有限公司吸收上海豫园旅游服务公司等 15 家经济实体，重组为上海豫园旅游商城股份有限公司。在有关部门当时给出的批复中，首次出现了"重组"两字。

凤凰化工：浙江省凤凰化工股份有限公司，凤凰化工于 1989 年 3 月向社会公开发行股票，1990 年 12 月 19 日在上交所挂牌上市，曾经作为全国首家异地上市公司的浙江凤凰，被誉为沪市"金凤凰"。

第二章
1991 年：第一次股灾

　　1991 年深圳证券交易所正式开业，中国股票市场沪深两市的格局正式确立。然而，刚开业的深交所需要面对的就是持续下跌的深圳股市，而此时上海股市的运行却格外平稳，在监管制度、技术条件等因素的影响下，沪深股市走出了大分化行情。深圳股市从 1990 年开始下跌一直持续到 1991 年 9 月，跌幅之大堪称中国股市历史上的第一次股灾。为应对市场的持续下跌，深圳市政府采取了救市措施，开创性地设立了证券市场调节基金。9 月份以后深圳股市见底回升，沪市则一路上行，全年看 1991 年算是一个牛市。由于可交易股票数量太少，叠加当时幅度很窄的涨跌停板限制，市场中也经常出现"空涨"和"空跌"现象，中国股市成长过程中需要克服一个又一个问题。1991 年上证综指走势与资本市场大事记如图 2 - 1 所示。

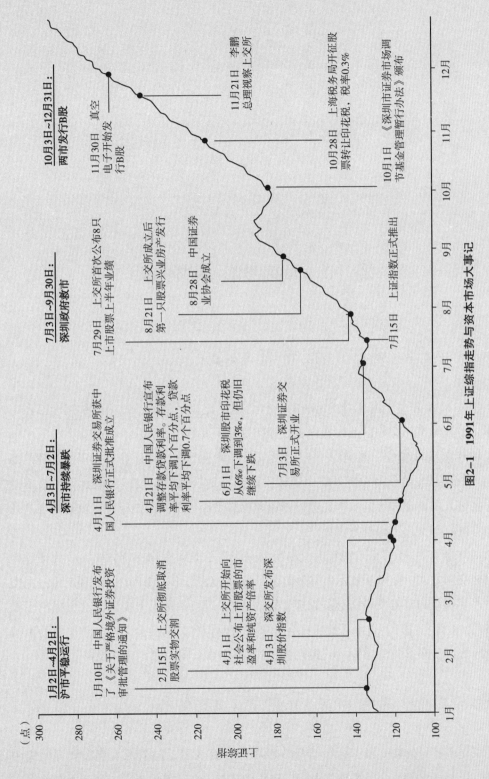

（点）

上证综指

1月2日~4月2日：
沪市平稳运行

1月10日　中国人民银行发布了《关于严格境外证券投资审批管理的通知》

2月15日　上交所彻底取消股票实物交割

4月1日　上交所开始向上市股票提供市盈率和纯资产倍率

4月3日　深交所发布深圳股价指数

4月3日~7月2日：
深市持续暴跌

4月11日　深圳证券交易所获中国人民银行正式批准成立

4月21日　中国人民银行宣布调整存贷款利率。存款利率平均下调1个百分点，贷款利率平均下调0.7个百分点

6月1日　深圳股市印花税从6‰下调到3‰，但仍旧继续下跌

7月3日　深圳证券交易所正式开业

7月3日~9月30日：
深圳政府救市

7月29日　上交所首次公布8只上市股票上半年业绩

8月21日　上交所成立后第一只股票兴业房产发行

8月28日　中国证券业协会成立

7月15日　上证指数正式推出

10月3日~12月31日：
两市发行B股

11月30日　真空电子开始发行B股

11月21日　李鹏总理视察上交所

10月28日　上海税务局开征股票转让印花税，税率0.3%

10月1日　《深圳市证券市场调节基金管理暂行办法》颁布

图2-1　1991年上证综指走势与资本市场大事记

资料来源：Wind资讯。

第一节　大事回顾：深圳救市

一、沪市平稳运行（1 月 2 日～4 月 2 日）

进入 1991 年，上海证券交易所的运行总体是比较平稳的，各项规章制度都在有序推出，证券交易交割运行中的许多技术问题在不断解决完善中。

1991 年 1 月 12 日，中国人民银行发布了《关于严格境外证券投资审批管理的通知》，明确规定："任何在境外以中国或中国某一地区为特定投资对象设立的投资基金，要进入国内证券市场从事证券投资业务，必须经中国人民银行总行审查批准。任何地方政府和部门不得自行审批。"

1991 年 2 月 15 日，上海证券交易所彻底取消了股票实物交割方式，改为证券账户划转交割方式，此举从技术上有效解决了场外股票黑市交易问题。3 月 5 日，上交所通过了《上海证券交易所会员管理暂行办法》，对申请加入上交所的会员提出了具体条件。4 月 1 日，上交所开始通过会员单位营业柜台，向社会公布上市股票的市盈率和纯资产倍率（市净率），方便股民及时了解上市公司信息，理性投资。

二、深市持续暴跌（4 月 3 日～7 月 2 日）

深交所此时仍在"试营业"阶段。1991 年 4 月 3 日，随着深发展股票开始集中交易，至此深圳股票全部实现集中交易和集中过户。4 月 3 日当日，深交所开始发布深圳股价指数，以 1991 年 4 月 3 日为基日，基数为 100，并开始向主管机关、新华社、电台、电视台、深圳特区报、深圳商报发布每日行情。4 月 11 日，深圳证券交易所获中国人民银行正式批准成立。

这里有一件比较有意思的事情，就是虽然上交所正式开业比深交所早，但是深交所的股票价格指数却早于上交所出现，上证综指是 1991 年 7 月 15 日才正式公布的，从 1990 年 12 月 19 日到正式公布前的这段数据是事后追溯的，并不是当时真实公布的指数。

在 1991 年 4 月 3 日深交所正式公布股价指数之前，实际上在对"深圳股票热"的持续政策打压下，深圳股市从 1990 年 12 月开始便持续下跌。4 月 3 日交易所正式公布股价指数（深圳综指）后，股价继续下跌，4 月 4 日便跌破基准 100 点，然后一路持续下跌。深交所规定的跌停板幅度是 0.5%，即每天只允许下跌 0.5%，所以我们在行情软件中可以看到，在 1991 年 4 ~ 8 月，深圳综指一连几个月每天连续一字跌停板。这种钝刀割肉的感觉让人非常不好受，4 月 22 日，深圳股市更是创纪录地出现零成交量的局面。

深圳市场的这波下跌一直持续到 9 月上旬，1991 年 9 月 6 日，深圳综指最低下探到 45.66 点，相比 4 月 3 日指数发布时跌幅已经高达 55%，如果再考虑到从 1990 年 12 月起到 1991 年 4 月 3 日指数发布这段时间的下跌，深圳股票市场的跌幅非常惊人，可以称得上是 A 股历史上的"第一次股灾"。1991 年 4 月 21 日，中国人民银行宣布调整存款贷款利率，存款利率平均下调 1 个百分点，贷款利率平均下调 0.7 个百分点，但在当时的市场环境中，这种货币政策的影响基本都是浮云。6 月 1 日，深圳市政府决定降低股权转让的印花税税率，由向买卖双方分别征收印花税千分之六降低为千分之三，但这依然没能阻止市场的下跌趋势。

1991 年 4 月 16 日，《中华人民共和国国民经济和社会发展十年规划和第八个五年计划纲要》公布，在"八五"期间经济改革的主要任务和措施中指出："继续进行股份制试点，稳步发展金融市场，健全证券流通市场，严格加强管理，并逐步形成规范化的交易制度。""股份制试点"以及"金融市场"被写入国家的正式规划。

三、深圳政府救市（7 月 3 日 ~ 9 月 30 日）

1991 年 7 月 3 日，深圳证券交易所经过一年多筹备和七个多月的试运作后正式开业。全国人大常委会副委员长陈慕华、广东省代省长朱森林、国家体改委副主任刘鸿儒等中央、省和各有关部委负责人，深圳市委书记李灏、市长郑良玉等市委市政府负责人，以及来自海内外各界的贵宾共 600 余人参加了隆重的开业典礼。

刚刚正式开业的深圳证券交易所，首先要面对的就是市场持续下跌的问题。中国股市历史上第一次政府救市开始了，这一次深圳市决定建立证券市场调节基金，也就是后来我们经常听到的平准基金的雏形。1991 年 8 月 19 日，深圳市政府面对市场连续 9 个月持续下跌的严峻局面，不得不召开由企业家参加的"救市"会议，动员机构入市，无果。8 月 21 日、23 日、25 日，政府继续邀请企业家参加"救市"会议，也没有取得实质性进展。

8 月 26 日，深交所副总经理禹国刚将《关于"调节基金"入市的建议》上报深圳市政府。深圳市政府同意筹集 2 亿元资金设立调节基金，在市场上买入股票，这件事在当时是对外保密的。9 月 7 日，调节基金正式进场开始买入。[1] 从盘面情况来看，9 月 7 日以后，深圳综指见底回升，开始进入又一轮持续上涨的趋势之中。这期间，1991 年 8 月 28 日，中国证券业协会成立。

1991 年 10 月 1 日，《深圳市证券市场调节基金管理暂行办法》颁布，明确了调节基金的性质："建立调节基金，是为在股票市场剧烈波动的非常时期，平抑股价，防止大起大落，促进股票市场健康发展。"伴随着调节基金的设立，A 股历史上的"第一次股灾"得到了解救。

四、两市发行 B 股（10 月 3 日~12 月 31 日）

很多投资者都会有这样一个疑问，为什么我们的股市叫"A 股"，这个"A"代表什么？实际上，英文字母 A 并没有具体含义，只是用来区分人民币普通股票和人民币特种股票。当时按照英文字母排序下来，人民币普通股票叫作 A 股，人民币特种股票就叫作 B 股。

B 股的正式名称是人民币特种股票。它是以人民币标明面值，以外币认购和买卖，在上海和深圳证券交易所上市交易的外资股。B 股公司的注册地和上市地都在境内。B 股的产生有其特殊的历史背景，一方面我们希望中国的证券市场对外开放吸引国际投资者参与，另一方面人民币资本项下尚未自由兑换，B 股的出现就是为了解决这个矛盾。

---

[1] 陆一：《政府救市的先例》，载《第一财经日报》2010 年 5 月 31 日，第 A7 版。

B 股市场的创设是一种制度创新。中国人民银行分别在 1991 年 11 月 22 日和上海市政府联合发布了《上海市人民币特种股票管理办法》、在 1991 年 12 月 5 日和深圳市政府联合发布了《深圳市人民币特种股票管理暂行办法》，这标志着在中央政府的许可下，上海和深圳两地开始了证券市场对外开放的试点。

上海这边的第一只 B 股是真空 B。上海真空电子器件股份有限公司（简称"电真空公司"）经上海市人民政府和中国人民银行批准，在原有 2 亿元人民币注册资本金的基础上，增资发行 100 万股 B 股。1991 年 11 月 30 日，电真空公司正式拉开了发行 B 种股票的帷幕，1992 年 2 月 1 日发行结束，2 月 21 日真空 B 股在上海证券交易所上市。

深圳这边的第一只 B 股是深南玻 B。中国南方玻璃股份有限公司于 12 月 10 日完成 B 股发售工作，共 1600 万股，每股 5.3 港元，成为首家完成 B 股配售的公司。1992 年 2 月 28 日，中国南方玻璃股份有限公司 A、B 股同时在深圳证券交易所挂牌买卖。

1991 年末 B 股的发行工作，标志着中国股市开始步入国际化。

此外，国家对于证券交易所的重视和认可程度也在不断提高。1991 年 11 月 21 日，时任国务院总理李鹏视察了上海证券交易所，这是国家领导人首次访问证券交易所，李鹏总理题词"证券交易为社会主义经济建设服务"。[①]

第二节 经济形势：调整见成效，改革向前进

一、经济形势显著好转

1991 年中国经济形势显著好转，各项经济增长指标均有明显回升，而同时通货膨胀尚未显著抬升。

1991 年中国实际 GDP 同比增长 9.3%，增速比上年提高 5.4%；固定资产投资增速从 1990 年的 2.4% 大幅提升到 23.9%；工业增加值同比增速从 1990 年的 3.4% 提升至 14.3%。1991 年经济全面回暖上行，居民消费价格指数（CPI）和工业生产者出

---

① 王振川：《中国改革开放新时期年鉴（1991 年）》，中国民主法制出版社 2014 年版，第 936 页。

厂价格指数（PPI）与此同时也出现了小幅回升，但总体依然可控，1991 年 CPI 同比增速 3.4% 较上一年提高 0.3%，这个上行幅度算是非常小了，1991 年 PPI 同比增速 6.2% 较上一年提高 2.1% 也算还行。

值得一提的是，中国经济 1991 年的全面回暖是在当时全球经济相对疲软的背景下发生的。1991 年的全球经济发展情况是过去十年中相对很差的一年，主要经济指标与过去相比，均处于不景气的状态。单以经济增长速度计算的话，1991 年全球经济基本上处于停滞不增长状态，全球经济 1991 年平均增长率仅为 0.9%[①]，这个数字是 1983 年以来经济扩张速度最低的一年。除东南亚一些国家和地区外，多数国家均处于经济下行周期，发达国家中美国、加拿大、英国、澳大利亚等国家出现了经济衰退，后起的德国、日本经济增速也显著放缓。

从中就可以发现，当时中国经济与全球经济的相关性非常低，中国股市与全球股市的相关性自然就更低了。实际上，在 2001 年中国正式加入世界贸易组织（WTO）之前，我国的经济增长走势经常与全球经济增长走势相背离。

二、改革重要关口

1991 年总量经济政策上延续着 1990 年的相对宽松政策。1991 年 4 月 21 日，中国人民银行 1990 年以来第三次下调存贷款利率，其中城乡居民和企事业单位的活期存款年利率下调 0.36%，3 个月至 5 年期的整存整取存款年利率下调 1.62%，城乡居民储蓄中的零存整取、整存零取、存本取息和向社会发行的 1～3 年期的金融债券等利率也相应下调。贷款利率上，各项贷款年利率平均下调 0.7%，同时规定固定资产贷款，利率一律不得向上浮动。此外，从 1991 年 12 月 1 日，国家停办了从 1988 年开始的对城乡居民 3 年以上定期储蓄存款给以保值贴补利率的优惠。

除了经济总量需求的政策调节外，1991 年更加重要的是在改革上迈开了更大的步子。1991 年在经济和社会环境相对更加适宜的条件下，一系列重要的改革措施陆续出台：商品价格、外贸等领域改革取得了明显效果，成品油、钢材、铁路货运、粮食等调价措施，对解决基础产品价格偏低、促进基础产业发展、减轻财政补贴产生了积极作用；外贸企业实行自负盈亏，加上微调汇率，促进了出口结构的调整，竞相抬

---

① 武士国：《1991 年世界经济回顾与我国 "八五" 面临的国际经济环境》，载《计划经济研究》1992 年第 2 期，第 72～78 页。

价收购的现象明显减少，提高了经营效益，财政对外贸的亏损补贴减少；同时，在住房、劳动工资、社会保障制度、医疗和证券市场试点以及加强宏观调控体系等方面的改革也开始迈出步伐。

更具有重大意义的是，随着改革开放的持续推进、反复探索、不断深入，如何确定未来中国经济体制改革目标模式，成为最核心的问题。1982年，中共十二大确立了"计划经济为主，市场调节为辅"的经济改革思路。1987年，中共十三大，经过系统总结我国经济体制改革的经验，提出了建立"国家调节市场，市场引导企业"的"计划与市场内在统一的体制"，对经济体制改革的目标模式问题做了重大突破。

到1992年中共十四大，中国即将正式确立社会主义市场经济体制，而1991年正是改革的重要关口。在1992年中共十四大召开之前，围绕着未来我国经济发展和改革目标的方向，1991年10月和12月，时任中共中央总书记江泽民先后主持召开了11次座谈会，对中国经济体制改革问题进行探讨和研究。这一系列座谈会，其重大成果为中共十四大确立社会主义市场经济体制的改革目标做了重要准备。

第三节　行情特征：沪深大分化

1991年的A股市场仍处在非常初级的阶段，沪深两市可交易的股票加起来只有14只，上交所8只股票、深交所6只股票。

1991年股市行情的第一个特征是沪市和深市的股价在1991年5~9月期间出现了显著的背离分化，这段时间内，上海证券交易所股票价格指数一路上行，而深圳的股票价格持续下跌（见图2-2）。深圳一直到1991年9月份政府入场救市以后行情才企稳回升，而上海从1991年5月份以后基本上是单边上扬的走势。

当时的市场背景是，中国证监会还没有成立，证券市场的监管主要由上海和深圳地方政府连同中国人民银行上海和深圳分行来进行。同时由于技术等条件限制，当时投资者在上海的部分证券营业部是看不到深圳市场交易的行情信息的，这就使两地的行情出现了巨大的分化走势。而回顾历史，沪深两地如此巨大的分化走势，在A股历史上是第一次，应该说也是最后一次，即使是后面2013年创业板和主板走势的大分化，那也是创业板持续上涨过程中，上证综指震荡走平但并没有大跌。

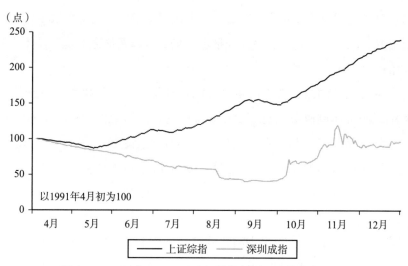

图 2-2　1991 年 4～12 月上证综指与深证成指走势对比

资料来源：Wind 资讯。

此外，从 1991 年 A 股的表现中也可以发现，在 A 股市场早期的历史中，由于种种制度或者技术原因（主要应该还是股票数量太少），股价运行的核心驱动力与基本面等因素关系并不是太大。市场的赚钱效应是引导资金流入或者流出的重要力量，所以往往可以看到行情走势出现很强的路径依赖。

1991 年股市行情的第二个特征是"空涨"和"空跌"现象。当时股票市场真可谓是"僧多粥少"，可交易的股票实在太少了，叠加当时两地交易所把股价波动的涨跌停板幅度控制在一个很小的范围里，很多股票就可能出现完全没有成交量的"空涨"和"空跌"现象，这个在指数层面也可以看到，无论是上证综指还是深圳综指，在当时都经常出现长时间的连续一字板涨停或者跌停，这并不是我们当前的行情软件历史数据不全，而确实是当时的真实交易结果。

为了抑制人为操纵股市避免"空涨"和"空跌"现象，上海证券交易所在 1991 年 9 月 30 日还专门出台了一项政策，对所有上市股票统一以成交量调控价格，规定某种股票累计成交量不足其可上市交易量的 3‰，则取前一营业日该股票的收盘价为当日的收盘价，并以此来计算股价的涨跌幅度。

根据上述规定，当时按 3‰计算，8 种上市股票变动当日收盘价所需达到的交易量分别是：延中实业 2800 股，真空电子 1500 股，飞乐音响 400 股，爱使电子 85 股，申华电工 1100 股，飞乐股份 65 股，豫园商场 40 股，凤凰化工 140 股。达不到这个成交量股票价格就不能变动，当然，类似这类的政策总体上是治标不治本的，市场的发展最后还是有赖于不断增加的新股发行。

　　总体来看，1991 年 A 股市场算是一个牛市，全年上证综指上涨 129%，深圳综指上涨 10.4%（从 9 月的底部起算上涨超过 1 倍）。从个股表现来看，两市交易的个股基本全部上涨，当时沪深交易所会定期发布交易个股的市盈率情况，从估值上看，上交所股票的估值要明显比深交所股票来得高（见表 2－1）。

表 2－1　　　　　　　　　　1991 年沪深两市交易股票基本情况

股票代码	股票简称	交易所	所属行业	1991 年收益率（%）	1991 年底流通市值（亿元）	1991 年底市盈率（倍）
600601	延中实业	上交所	信息设备	91	0.18	172
600602	真空电子	上交所	电子	80	4.59	75
600651	飞乐音响	上交所	电子	124	0.06	116
600652	爱使电子	上交所	综合	199	0.01	236
600653	申华电工	上交所	交运设备	356	0.75	87
600654	飞乐股份	上交所	电子	146	8.08	510
600656	凤凰化工	上交所	化工	544	0.09	116
000005	深原野 A	深交所	房地产	109	3.55	20
000004	深安达 A	深交所	医药生物	−23	0.60	44
000002	深万科 A	深交所	房地产	37	3.46	46
000001	深发展 A	深交所	金融服务	53	7.78	23
000009	深宝安 A	深交所	房地产	174	9.96	35
000003	深金田 A	深交所	综合	168	4.60	26

　　资料来源：Wind 资讯、《上海证券报》和《证券市场导报》。

第三章
1992 年：南方谈话

　　1992 年，邓小平同志南方谈话，"允许看，但要坚决试"① 的明确表态，解决了股票市场"姓资姓社"的长期争论问题，中国股市迎来了新的发展阶段。1992 年 5 月 21 日，上交所放开了股票交易的价格限制，上证综指当日大涨 105%。高速前进中的股票市场自然会面临新的问题，深圳"8·10"风波后直接催生了对全国性证券监管机构的需要，1992 年 10 月国务院证券委员会和中国证监会正式成立。在邓小平南方谈话和中共十四大精神的鼓舞下，1992 年中国经济全面回升，实现了新的高速增长，经济增长速度为最近几年里最高。股票市场全年大幅上涨，房地产板块在投资热和开发区热的环境中表现最为出色。1992 年上证综指走势与资本市场大事记如图 3-1 所示。

---

① 《邓小平文选》第 3 卷，人民出版社 1993 年版，第 373 页。

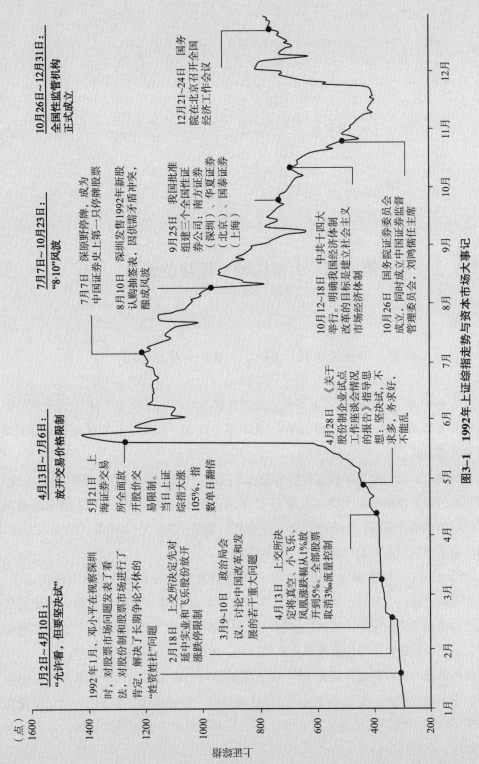

图3-1　1992年上证综指走势与资本市场大事记

资料来源：Wind资讯。

（点）
1600
1400
1200
1000
800
600
400
200

上证综指

1月　2月　3月　4月　5月　6月　7月　8月　9月　10月　11月　12月

1月2日～4月10日：
"允许看，但要坚决试"

1992年1月，邓小平在视察深圳时，对股票市场问题发表了看法，对股份制和股票市场进行了肯定，解决了长期争论不休的"姓资姓社"问题

2月18日　上交所决定先对延中实业和飞乐股份放开涨跌停限制

3月9～10日　政治局会议，讨论中国改革和发展的若干重大问题

4月13日　上交所决定将真空、小飞乐、凤凰涨跌幅从1%放开到5%。全部股票取消3%流量控制

4月13日～7月6日：
放开交易价格限制

5月21日　上海证券交易所全面放开股价交易限制。当日上证综指大涨105%，指数单日翻倍

4月28日　《关于股份制企业试点工作座谈会情况的报告》指导思想：坚决试，不求多，务求好，不能乱

7月7日～10月23日：
"8·10"风波

7月7日　深原野停牌，成为中国证券史上第一只停牌股票

8月10日　深圳发售1992年新股认购抽签表，因供需矛盾冲突，酿成风波

9月25日　我国批准组建三个全国性证券公司：南方证券（深圳）、华夏证券（北京）、国泰证券（上海）

10月12～18日　中共十四大举行。明确我国经济体制改革的目标是建立社会主义市场经济体制

10月26日　国务院证券委员会成立，同时成立中国证券监督管理委员会，刘鸿儒任主席

10月26日～12月31日：
全国性监管机构正式成立

12月21～24日　国务院在北京召开全国经济工作会议

第一节　大事回顾：证监会成立

一、"允许看，但要坚决试"（1 月 2 日～4 月 10 日）

进入 1992 年，股票市场首先顺利完成了 B 股的发行。1992 年 1 月 15 日电真空公司发布了 B 股招股书，确定发行日期在 1992 年 1 月 20～22 日，B 股的发行获得了海外投资者的青睐。

与此同时，上海也对新股发行办法进行了改革。由于上海证券交易所"老八股"可以交易的股票数量实在太少，上海 1992 年决定要增加新股发行数量。考虑到市场新股认购的热情非常高，上海决定学习深圳发行新股的方式，也采取认购证的办法，根据认购证和新股数量的比例，进行摇号抽签。

1992 年邓小平同志南方谈话，无疑对中国资本市场的发展具有里程碑的意义。在南方谈话之前，各界对于股票市场"姓资姓社"的问题长期争论不休，争论的焦点包括：社会主义国家能不能搞股份制？资本市场是资本主义的产物，社会主义能不能有？全民所有制企业股份制改革是搞私有化，将改变其社会主义性质等。

这些争论的焦点问题伴随着 1990 年下半年深圳的股市狂热，更是被推到了风口浪尖，很多观点认为，股票市场是一个投机的场所，会引起社会不安定。所以即使到了 1992 年初，沪深两市交易所正式开业后，还有观点要求关闭股票市场，认为关得越早越好，早关早主动。

1992 年 1 月，邓小平在视察深圳时，对股票市场问题发表了看法："证券、股市，这些东西究竟好不好，有没有危险，是不是资本主义独有的东西，社会主义能不能用？允许看，但要坚决地试。看对了，搞一两年对了，放开；错了，纠正，关了就是了。关，也可以快关，也可以慢关，也可以留一点尾巴。怕什么，坚持这种态度就不要紧，就不会犯大错误。总之，社会主义要赢得与资本主义相比较的优势，就必须大胆吸收和借鉴人类社会创造的一切文明成果，吸收和借鉴当今世界各国包括资本主义发达国家的一切反映现代社会化生产规律的先进经营方式、管理方法。"[①]

邓小平的这一重要讲话，实际上是对股份制和股票市场进行了肯定，解决了长期争论不休的"姓资姓社"问题。

南方谈话之后，中国的股份制改革吃下了"定心丸"。为进一步贯彻南方谈话精神，1992 年 2 月 29 日到 3 月 4 日，国家体改委和国务院生产办公室联合在深圳召开了"股份制企业试点工作座谈会"，参会者包括中央国家机关、省市体改委、金融机构、股份制试点企业等 130 多人，此次会议情况由国家体改委上报国务院。

1992 年 4 月 28 日，《国务院批转国家体改委、国务院生产办关于股份制企业试点工作座谈会情况报告的通知》发布。报告提出下一步进行股份制试点的指导思想是"坚决试，不求多，务求好，不能乱"。要严格按照基本规范进行试点，试出效果来。此后国家各部委陆续出台了一系列关于股份制改革的相关配套措施。

这段时间管理层对 A 股的制度规范已经提到了战略高度，除了一系列管理办法的颁布实施外，对资本市场历史遗留问题的整治也在同步推进，其中最重要的动作就是关闭海南内部交易中心（1992 年 4 月 24 日，海南内部交易中心停业；5 月 1 日，海南内部股票交易中心交易的 3 只股票转为柜台交易），从根本上巩固了沪深两市的交易地位。

二、放开交易价格限制（4 月 13 日~7 月 6 日）

1992 年以前，A 股沪深两市的股票交易价格有很大的限制：一是每日股价有涨跌停限制，而且波动范围很小；二是上交所还有所谓的流量控制，即每天要求成交量达到 3‰以上，否则收盘价按上一日收盘价算。

从 1992 年 2 月份开始，上交所开始逐步放开了股票交易价格的限制。1992 年 2

[①]《在武昌、深圳、珠海、上海等地的谈话要点》，载《邓小平文选》第 3 卷，人民出版社 1993 年版，第373 页。

月 18 日，上交所首先试行放开了飞乐股份和延中实业的股价交易限制。当日延中实业股价大涨 70%、飞乐股份股价大涨 46%，上证综指当日大涨 5.4%。4 月 13 日，上交所决定将真空、小飞乐、凤凰三只股票涨跌幅从 1% 放开到 5%。全部股票取消千分之三的流量控制办法。放开股票交易价格限制在当时绝对是被理解为一种巨大的利好，上交所这边股市行情也是节节攀升，但总体来看，从 2 月到 5 月中旬，股价上涨仍是以一个温和的速度在进行。

1992 年 5 月 21 日，最关键的时刻到了，当天上海证券交易所全面放开股价交易限制，完成了从"一市二制"到"一市一制"的转变，同时实行"T+0"的回转交易制度。所谓"一市二制"即一个市场有两种交易体制，有些有交易价格限制有些没有，股价交易全面放开后，同一市场内所有股票按同样的规则进行交易。5 月 21 日，当日上证综指跳空高开，收盘报收 1266 点，较前一日收盘价 617 点，指数单日大涨 105%！没有看错，就是这个数字，上证综指单日出现了翻倍行情。1992 年 5 月 21 日这个日子在 A 股历史上值得纪念，单日如此巨大的指数涨幅，可谓前无古人、后无来者。此后几个交易日，上证综指继续上涨，但好景不长，上证综指在 1992 年 5 月 25 日达到高点 1422 点后掉头向下，开始了近半年时间的漫长下跌通道，而涨跌停板的制度直到 1996 年底才恢复。

股票价格交易限制全面放开后，上海市各证券公司营业点业务迅速增加，加上新股中签面较广，给柜台受理工作带来极大压力。为此 1992 年 6 月 1 日，上海市开办了文化广场委托点，由上海证券交易所组织会员证券公司前往设摊的集中委托点，向投资者接受卖出委托。由于股民数量众多，文化广场俨然成为一个天然的股票沙龙，成了上海市的一个热点。当时文化广场委托点，主要是为解决小户散户"卖出难"，所以只受理卖出委托不接受买入委托。

这期间，1992 年 6 月 1 日，上海市成立证券管理委员会，7 月 1 日，国务院决定建立证券管理办公会议制度并召开第一次全体会议。

三、"8·10"事件（7 月 7 日~10 月 23 日）

在"5·21"上交所放开股票交易价格限制后，上海股市在几个交易日后便开始了持续下跌。深圳这边起初股价表现相对平稳，但山雨欲来风满楼，1992 年下半年深圳股市一系列事件接踵而来。

首先是深原野事件，成为新中国证券市场建立以来第一起上市公司欺诈案。深原野于1990年2月上市，到1992年4月7日，中国人民银行深圳分行发出公告，以要求深原野配合落实企业利润和归还贷款为由，深原野部分工作人员被带走。此事令市场震惊，但更加令人震惊的事情还在后面。4月18日，深原野起诉人民银行和工商银行，请求法院保护其合法权益。6月20日，人民银行深圳分行再次发布公告，全面披露深原野主要股东润涛公司非法窃取控股地位、虚假投资、非法逃汇、大量占用公司资金等问题。7月7日，深原野股票被正式停牌，这是中国股市中首例股票停牌事件。之后，深原野事件主角彭建东于1993年10月14日在香港被捕，1994年1月3日，深原野股票复牌，香港中国投资有限公司进行重组，深原野也改名为世纪星源。

深原野停牌后仅过了一个月，深市又发生了一件震惊全国的大事件。1992年8月初，深圳新股的认购抽签表发售方案出台：8月9~11日，以发售认购抽签表的方式发行5亿元新股，全市共设300多个发售点。之后，来自全国各地的各路人群涌入深圳，去抢购新股抽签表，从8月7日下午开始，在各发售点前便有人开始排队，很多人露宿街头。8月9日，排了两天两夜的人们终于等到了认购表发售，然而不到半天的时间，抽签表全部售完，有的发售点数千人的长队，只有30多人买到抽签表，而形成对比的是黄牛手上却有很多抽签表在高价兜售，这引起了排队股民的不满。

从1992年8月10日傍晚开始，大批人群开始聚集、开始打出反腐败和要求公正的标语，并阻塞了深南中路，造成交通中断。这就是中国股市著名的"8·10"事件。深圳市政府当夜紧急协商，决定增发500万张新股认购兑换表，事态慢慢得到平息。"8·10"事件后，深圳市政府对这次事件的舞弊情况进行了四个月的清查，对金融、监察、工商、公安等系统涉案人员进行了处理。[1]

受"8·10"事件影响，上海股市从8月10日开始连续三天暴跌，跌幅高达22.2%。在沪指"5·21"过后仍然坚挺的深市自此元气大伤，持续下跌到11月末。

四、全国性监管机构正式成立（10月26日~12月31日）

"8·10"事件过后，沪深两市"跌跌不休"，而管理层对于股份制试点和股市发展的决心丝毫没有动摇，也正是这次事件催生了中国证监会的诞生。在1992年证监会正式成立之前，上海深圳股票市场的监管主要由地方的人民银行完成，缺乏一个全

---

① 袁方：《十年股市风云》，经济科学出版社2011年版，第303页。

国层面统一的监管体制。深原野和"8·10"事件过后，1992 年 10 月 26 日，国务院证券委员会成立，朱镕基副总理兼任主任，刘鸿儒、周道炯任副主任。同时成立中国证券监督管理委员会，刘鸿儒（时任央行副行长）担任第一任主席。

沪深两市在经历了"5·21"暴涨和"8·10"风波后一蹶不振，沪指从最高 1422 点下跌到 400 点，深指也从 2800 多点的位置跌去了一半。到 1992 年 11 月 20 日前后，沪深两市双双蓄力反弹，直至年底，股价又快速上涨，沪市在短短一个半月上涨了近 100%！由此也可以看到当时 A 股市场的波动性巨大，到年末上证综指点位几乎触及 800 点，全年仍有 165% 的惊人涨幅。深市前期跌幅不深，年末指数反弹 50%，上涨 140%。虽然全年风波不断，但指数的不俗表现也算是给 1992 年的 A 股市场画上了圆满的句号。

第二节　经济形势：确立社会主义市场经济体制

一、固定资产投资增速快速上行

在邓小平南方谈话和中共十四大精神的鼓舞下，1992 年中国经济全面回升，实现了新的高速增长，经济增长速度为最近几年里最高。1992 年全年，我国实际 GDP 同比增长 14.2%，增速比上一年提高 4.9%；工业增加值同比增长 21.0%，增速比上一年提高 6.7%；社会消费品零售总额增速、出口同比增速等经济增长指标均比 1991 年有明显提高。与此同时，通货膨胀也有抬头的势头，1992 年全年居民消费价格指数（CPI）和工业生产者出厂价格指数（PPI）同比增速分别为 6.4% 和 6.8%，增速比上一年分别提高 3.0% 和 0.6%。

1992 年宏观经济中已经出现且引起当时警惕的现象就是固定资产投资增速大幅快速上行。1990 年我国固定资产投资增速仅为 2%，1991 年上升到 24%，1992 年进一步上升到 44%，这个数字已经超过了 1985 年时的最高水平（见图 3-2）。固定资产投资高速增长的同时，对应着金融系统信用的快速扩张，1992 年 M1 和 M2 同比增速分别高达 35.9% 和 31.3%。广义货币的快速增长，引起了对通货膨胀的忧虑，当时经济分析中大家特别喜欢用货币增速与经济增长速度之差，来描绘潜在的通货膨胀压力。1993 年固定资产投资增速进一步上行，最后直接导致了国家全面的宏观调控措施。

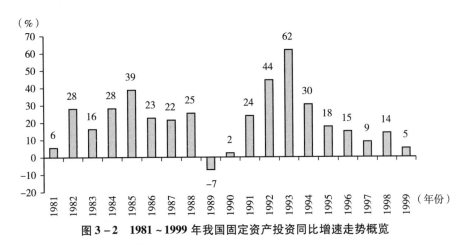

图 3 − 2　1981 ~ 1999 年我国固定资产投资同比增速走势概览

资料来源：国家统计局、Wind 资讯。

二、各项改革措施加速推进

在中国改革开放的历史进程中，1992 年具有重要的意义，1992 年 10 月中共十四大正式确立社会主义市场经济体制的改革目标和基本框架，明确提出让市场在社会主义国家宏观调控下对资源配置"起基础性作用"。

从计划经济到市场经济，中国的经济体制改革是一个逐步完善的过程。1984 年10 月，中共十二届三中全会总结了十一届三中全会以来的经验，把改革从实践层面上升到理论层面，一个重大贡献就是，突破了把计划经济同商品经济对立起来的传统观点，第一次明确提出我国社会主义经济是公有制基础上的有计划的商品经济。

从中共十二大到十三大，以市场化为取向的经济体制改革大大推动了我国经济快速发展。但与此同时，国家经济运行中也出现了一系列的问题，主要包括通货膨胀上升、贫富差距扩大等。为此，1988 年 9 月中共十三届三中全会提出了治理整顿、深化改革方针。面对经济发展中存在的问题，各方面对于经济体制改革在计划与市场方面的争论依然持续不断。

在改革的关键时刻，1992 年邓小平同志在南方谈话中，提出了"三个有利于"的判断标准，即"是否有利于发展社会主义社会的生产力，是否有利于增强社会主义国家的综合国力，是否有利于提高人民的生活水平"。同时，邓小平同志还提出了"计划多一点还是市场多一点，不是社会主义与资本主义的本质区别""计划经济不等于社会主义，资本主义也有计划；市场经济不等于资本主义，社会主义也有市场"

"计划和市场都是经济手段"等重要论断。①

中共十四大确立社会主义市场经济体制的改革目标后，包括转换企业经营体制、股份制试点、价格改革、房地产制度改革等一系列改革措施开始不断加速前进。

第三节　行情特征：房地产热

1992 年 A 股行情从指数层面看是一个牛市，全年上证综指大涨 167%，深圳成指大涨 140%。从个股表现情况来看，1992 年在沪深交易所交易的 53 只 A 股中，全年收益率为正的股票有 31 只，收益率为负的股票有 22 只，全部股票 1992 年收益率中位数仅 8.9%，可见股票间的行情表现分化极大（见表 3 - 1）。

表 3 - 1　　　　　　　　1992 年沪深两市交易股票基本情况

股票代码	股票简称	所属行业	1992 年涨跌幅（%）	股票代码	股票简称	所属行业	1992 年涨跌幅（%）
600605	轻工机械	机械设备	333	000011	深物业 A	房地产	75
600608	异型钢管	信息设备	314	000016	深康佳 A	家用电器	66
600604	二纺机	机械设备	303	000003	深金田 A	综合	60
600607	联合实业	医药生物	254	600651	飞乐音响	电子	56
000002	深万科 A	房地产	232	000001	深发展 A	金融服务	46
600606	嘉丰股份	房地产	213	600602	真空电子	电子	32
600652	爱使电子	综合	207	000012	深南玻 A	建筑建材	23
600603	兴业房产	房地产	198	600654	飞乐股份	电子	20
600620	联农股份	房地产	170	000005	深原野 A	房地产	19
600618	氯碱化工	化工	155	000018	深中冠 A	纺织服装	12
000004	深安达 A	医药生物	152	000017	深中华 A	交运设备	10
600601	延中实业	信息设备	151	000501	鄂武商 A	商业贸易	9
600619	冰箱压缩	家用电器	150	000015	中厨 A	综合	6
600653	申华实业	交运设备	143	600616	第一食品	商业贸易	5
000009	深宝安 A	房地产	94	000505	琼珠江 A	房地产	3

---

① 《邓小平文选》第 3 卷，人民出版社 1993 年版，第 370～383 页。

续表

股票代码	股票简称	所属行业	1992 年涨跌幅（%）	股票代码	股票简称	所属行业	1992 年涨跌幅（%）
000008	深锦兴 A	综合	2	600615	丰华圆珠	化工	−18
600656	凤凰化工	化工	−1	600610	中纺机	机械设备	−19
000020	深华发 A	电子	−3	600655	豫园商城	商业贸易	−21
600617	联华合纤	化工	−6	600622	嘉宝实业	综合	−23
000504	琼港澳 A	信息服务	−7	000019	深深宝 A	食品饮料	−23
000503	琼化纤	信息服务	−11	600611	大众出租	交通运输	−23
000007	深达声 A	家用电器	−13	600614	胶带股份	化工	−25
600612	第一铅笔	轻工制造	−14	000013	深石化 A	化工	−29
600621	金陵股份	电子	−14	600609	沈阳金杯	交运设备	−30
000502	琼能源 A	房地产	−15	000006	深振业 A	房地产	−34
000014	深华源 A	房地产	−16	600613	永生制笔	医药生物	−42
600623	轮胎橡胶	化工	−17				

资料来源：Wind 资讯。

从行情的结构表现来看，涨幅榜排名靠前的上市公司中，房地产行业的公司居多（见表 3 - 1），像深万科 A、嘉丰股份、兴业房产、联农股份等都有超过 1 倍的涨幅，深宝安 A 和深物业 A 也有不错的涨幅。

1992 年房地产板块行情表现较好的背后是当时全社会的房地产热和开发区热。1988 年，全国人大通过了宪法修正草案，宪法第十条第四款"任何组织或者个人不得侵占、买卖、出租或者以其他形式非法转让土地"修改为"任何组织或个人不得侵占、买卖或者以其他形式非法转让土地，土地的使用权可以依照法律的规定转让"。这意味着我国从法律上明确了土地使用权可以转让。

1992 年邓小平南方谈话后，我国房地产业迎来了一个发展高峰，全国各地开始兴办开发区，全国掀起了一片房地产开发的热潮。1992 年全年我国房地产开发的固定投资同比增速为 117.5%，创有历史数据记录以来最高，1993 年房地产开发投资增速进一步上升到 165%（见图 3 - 3）。如果单从同比增速来看，1992 年和 1993 年的房地产热，估计是改革开放以来增速最高的了。

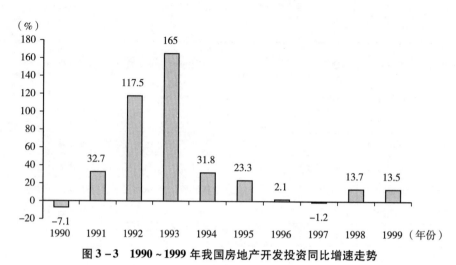

图 3－3　1990～1999 年我国房地产开发投资同比增速走势

资料来源：历年《中国统计年鉴》。

第四章
1993 年：新高，1558

1992 年邓小平南方谈话之后，1993 年中国经济出现了所谓的"四热""四高""四紧""一乱"现象，宏观经济过热的势头异常明显。1993 年下半年国家政策全面收紧，开始了宏观调控的软着陆之路，1993 年 6 月，中共中央、国务院印发《关于当前经济情况和加强宏观调控的意见》，提出了严格控制货币发行、稳定金融形势等16 条加强和改善宏观调控的措施，并同时开始整顿金融秩序。在政策收紧的大背景下，股票市场走出了先扬后抑的走势。在这个过程中，年轻的 A 股市场由"宝延事件"引发了最初的并购浪潮，由此也带来了市场对于"三无概念股"的炒作热情，即无国家股、无法人股、无外资股，因为这样的公司更容易被并购。1993 年上证综指走势与资本市场大事记如图 4 - 1 所示。

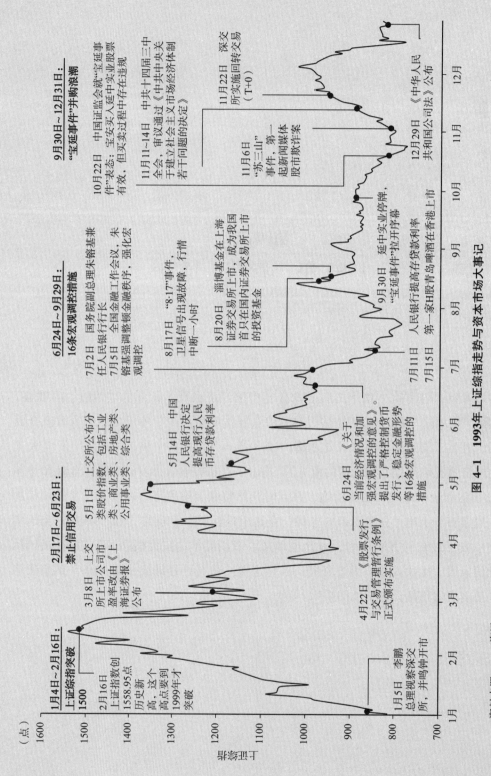

1月4日～2月16日：
上证综指突破
1500

1月5日 李鹏总理视察深交所，并鸣钟开市

2月16日 上证指数创1558.95点历史新高，这个高点要到1999年才突破

2月17日～6月23日：
禁止信用交易

3月8日 上交所上市公司市盈率改由《上海证券报》公布

5月1日 上交所公布分类股价指数，包括工业类、商业类、房地产类、公用事业类、综合类

5月14日 中国人民银行决定提高现行人民币存贷款利率

4月22日 《股票发行与交易管理暂行条例》正式颁布实施

6月24日 《关于当前经济情况和加强宏观调控的意见》，提出了严格控制货币发行、稳定金融形势等16条宏观调控措施

6月24日～9月29日：
16条宏观调控措施

7月2日 国务院副总理朱镕基兼任人民银行行长

7月5日 全国金融工作会议，朱镕基强调整顿金融秩序、强化宏观调控

8月17日 "8·17"事件，卫星信号出现故障，行情中断一小时

8月20日 淄博基金在上海证券交易所上市，成为我国首只在国内证券交易所上市的投资基金

7月11日 人民银行提高存贷款利率

7月15日 第一家H股青岛啤酒在香港上市

9月30日 延中实业停牌，"宝延事件"拉开序幕

9月30日～12月31日：
"宝延事件"并购浪潮

10月22日 中国证监会就"宝延事件"表态：宝安买入延中实业股票有效，但买卖过程中存在违规

11月11～14日 中共十四届三中全会，审议通过《中共中央关于建立社会主义市场经济体制若干问题的决定》

11月6日 "苏三山"事件，第一起新闻媒体股市欺诈案

11月22日 深交所实施回转交易（T+0）

12月29日 《中华人民共和国公司法》公布

图 4-1 1993年上证综指走势与资本市场大事记

资料来源：Wind资讯。

第一节 大事回顾：完善制度建设

一、上证综指突破 1500 点（1 月 4 日 ~ 2 月 16 日）

1992 ~ 1993 年是 A 股市场制度建设的重要里程碑，彼时的 A 股市场波动性大、交易不规范、制度漏洞多，叠加当时还取消了涨跌停限制，因此指数急涨急跌的情况常有出现。

借着 1992 年末股市狂欢的东风，1993 年开年后沪指连连突破 900 点、1000 点、1200 点等多道指数关口。从 1993 年初至 2 月中旬短短一个半月，上证综指上涨了 90%。1993 年 2 月 16 日，沪深股市正式联网，上海股民可以直接买卖深交所股票，当天上证指数创 1558 点历史新高。然而让人始料不及的是，随后 A 股几乎是一路下跌，1558 点的历史高位要到六年后的 1999 年才被突破。再往后看，十五年后的 2008 年 10 月上证综指再度回到 1664 点，二十年后的 2013 年 6 月上证综指回到 1849 点，距离 1993 年 2 月的高点 1558 点都不算太远。

这期间 A 股市场的制度建设也在不断进行。1993 年 1 月 28 日，国务院证券委员会正式明确了中国证监会的职责，中国证券的分散管理状况得到了集中统一领导。2 月 5 日，国务院副总理兼国务院证券委主任朱镕基主持召开国务院证券委员会全体会议讨论并原则通过了《股票发行与交易管理规定（草案）》和《新股承销与认购实施办法》。同时，监管层已经开始就 A 股的各项制度频繁出台文件，如《关于股票公开发行与上市公司信息披露有关事项的通知》、对从事证券业务各项机构资格认证的规定等，由此可见"规范化"是 1993 年监管贯穿始终的主题。

二、禁止信用交易① （2 月 17 日～6 月 23 日）

彼时股市的疯狂上涨其实更多来源于资金的炒作。银证不分的体制使得很多机构大户得以通过证券公司运用银行资金进行信用交易买卖股票，在庞大资金的搅动下，年轻的 A 股很快便成了这些资金操纵者的囊中之物。

不规范的投资行为很快就引起了监管层的注意，其实从 2 月初开始，上交所就发出通知重申交易制度，禁止信用交易，而 3 月份开始监管层遏制信用交易和资金炒作的各项监管制度就已经开始落地了，比如上交所采取了以下措施：（1）限制股票每笔买卖申报数量；（2）缩小申报价格的幅度；（3）取消揭示的买卖总盘；（4）监督各会员单位严格执行《禁止信用交易的通知》，严控透支现象；（5）严格实行代理和自营业务分离的制度。

监管层的一系列动作引起了市场的恐慌情绪，从 2 月 16 日开始，上证综指开始暴跌，一个半月时间跌幅高达 40%，前期涨幅基本消耗殆尽，指数点位又回到 1 月初的水平。

4 月股市经历了一定的反弹，虽然清查信用资金频频吹风，而且 4 月 14 日，《中国证券报》报道，中国人民银行总行决定，在全国全面深入地开展一次金融宏观调控改革，防止信用风险。但具体措施还没有进入密集落地阶段，市场炒作资金仍未死心，在大量买盘的推动下指数上涨了 44%。而这次反弹过后的指数走势，几乎只能用一蹶不振来形容。

1993 年 4 月最重要的事件莫过于具有标志性意义的"股票法"落地。1993 年 4 月 22 日，《股票发行与交易管理暂行条例》正式颁布实施，以《人民日报》为首的全国各大媒体全部刊登了这个条例。该条例详细规定了股票的发行、交易、保管、清算和过户；对上市公司的收购、信息披露做出了规定。《股票发行与交易管理暂行条例》在 1999 年《证券法》正式颁布实行之前，对规范中国股票市场的整体运行具有重要意义。

随着银证脱钩政策的正式落地，1993 年 4 月的小反弹终于宣告结束。5 月 4 日，中国人民银行上海市分行发出《关于理顺本市银行与证券经营机构关系的通知》，规

---

① "信用交易"是当时各种官方文件的标准说法，实际上就是用银行信贷资金投资股市。

定各银行机构不得以任何方式经营证券业务。5月19日，中国人民银行深圳分行发出通报，处罚12家给投资者融资买卖股票的券商。当然，证券市场的乱象只是宏观过热的一个缩影，监管层针对宏观经济过热和金融秩序的整顿也提上了日程，5月、7月人民银行连续两次加息。6月12日，中国证监会又发布《公开发行股票公司信息披露实施细则（试行）》的通知，规定更加严格，增加了"临时报告"等重要内容。

三、16条宏观调控措施（6月24日~9月29日）

1993年上半年，我国宏观经济形势中一系列过热的问题开始不断出现，1993年下半年国家政策全面收紧，开始了宏观调控的软着陆之路。

1993年6月24日，中共中央、国务院印发《关于当前经济情况和加强宏观调控的意见》（简称《意见》）。《意见》指出，我国经济在继续大步前进中，也出现了一些新的矛盾和问题，某些方面的情况还比较严峻。《意见》提出了严格控制货币发行、稳定金融形势等16条加强和改善宏观调控的措施。

1993年7月2日，朱镕基兼任中国人民银行行长。7月5~7日，全国金融工作会议在北京举行，国务院副总理兼中国人民银行行长朱镕基主持会议并做了重要讲话。朱镕基说，这次会议要坚决贯彻落实党中央、国务院关于当前经济工作的一系列重要决策，部署进一步整顿金融秩序，严肃金融纪律，推进金融改革的强化宏观调控的政策措施。[①]

1993年7月7日，国务院证券委发布《证券交易所管理暂行办法》，这是继国务院发布《股票发行与交易管理暂行条例》之后，国家规范证券市场的又一个重要行政法规，是我国首部关于证券交易所如何管理的政策。同时，国家体改委发出《关于清理定向募集股份有限公司内部职工持股不规范做法的通知》，要求各地对内部股进行清理，对未经批准在《国务院办公厅转发国家体改委等部门关于立即制止发行内部职工股不规范做法意见的紧急通知》下发后仍擅自发行内部股的企业按发行价加银行定期存款利息退还现金给职工，并追究当事人责任。

市场在一系列宏观调控和监管加强的利空消息下指数开启单边下跌模式，市场大跌之后，管理层对于股市的态度又转向友好，以期对冲市场由于清查信用资金带来的

---

① 中国社会科学院经济研究所：《中国改革开放以来大事经济辑要：1978—1998》，经济科学出版社2000年版，第1218页。

恐慌情绪。深交所尤为积极，1993 年 5 月 10 日，深交所将股票交易手续费从 5‰ 调低至 4‰，同时，将券商向交易所支付的经手费从按交易手续费的 7% 调低至 6%，向登记公司支付的登记费从按手续费的 5% 调低至 4%。7 月 10 日，深交所公布《深圳市证券经营机构自营业务管理办法》允许券商从事自营业务，明确所谓"自营业务"，是指券商自行买卖在深交所挂牌交易的股票、认股权证、可转换债券和其他派生证券。同时还有 1992 年红股暂缓进入二级市场等具体措施。然而指数下跌的趋势仍然没有停止，7 月中下旬上证和深证纷纷跌出全年最低点。

这里值得一提的是，1993 年 7 月 15 日青岛啤酒股份有限公司在香港发行 H 股股票，成为首家在香港上市的内地企业，它是第一家 H 股公司，同时青岛啤酒又在上交所挂牌，成为国内首家在两地同时上市的公司。

8 月份以后，股市行情从单边下跌转为宽幅震荡，前期由于清查信用资金的股市狂泻也终于止住。监管层此时一方面在巩固其监管成果，另一方面也在着手施计活跃持续下跌的股票市场。1993 年 8 月 15 日，国务院证券委发布了第一部保护公众利益的规定《禁止证券欺诈行为暂行办法》，对内幕交易、操纵市场、欺诈客户、虚假陈述等行为做了严格的禁止规定和处罚办法。8 月 18 日，中国人民银行发出通知，要求各地分行对本地越权审批的金融机构进行清理。上交所根据央行精神，向各券商发出通知，不允许信用交易死灰复燃，对违规会员将进行严肃处理。10 月 23 日，中央办公厅、国务院办公厅也转发了国家经贸委《关于党政机关与所办经济实体脱钩的规定》，指出党政机关不能"以部门名义的经济实体投资、入股"。

四、"宝延事件"并购浪潮（9 月 30 日～12 月 31 日）

如果给 1993 年的股票市场定义关键词，那么除了"监管"之外，"收购大战"也是免不了一提的。1993 年第四季度，年轻的 A 股就迎来了首例收购事件——"宝延风波"。1993 年 9 月 30 日，中国宝安集团股份有限公司宣布持有上海延中实业股份有限公司发行在外的普通股超过 5%，由此揭开中国收购上市公司第一页。紧接着又出现了万科对申华的善意收购，1993 年 11 月 11 日，深圳万科股份有限公司发布公告，称截至 11 月 10 日，已通过上交所合计购入上海申华实业股份有限公司普通股 135 万股，占申华发行在外 270 万股普通股的 5%。"宝延""万申"风波刚息，另一波收购风又起。1993 年 12 月 23 日，深圳"天极"公司参股上海"飞乐音响"股份有限公司，宣称已占该公司可流通 A 股的 5.2%。随后，上海飞乐音响（小飞乐）的大股东上海飞乐股份有限公司（大飞乐）不断增加持股比例以保持大股东地位不变，而这起收购事件最后以天极公司派代表加盟小飞乐公司董事会而告终。这些事件都是历史的插曲，但也足以证明我们的 A 股市场开始不断地长大。

在 1993 年第四季度，监管层也在极力挽救股市的颓势，纷纷出台利好，包括：1993 年 9 月 23 日，中国人民银行总行发布《关于不准擅自提高和变相提高存、贷款利率的规定》，要求各金融机构必须立即进行清理。10 月 24 日，上交所决定从 1994 年 11 月 1 日开始调低 A 股交易收费标准，佣金从成交额的 0.5%/0.6%（上海/外地）统一调低至 0.4%，佣金的起点为 10 元。11 月 22 日，深圳颁布《深圳证券交易所回转交易管理暂行办法》，即日起实施 "T + 0" 回转交易①。所谓回转交易，是指投资者可以在任何营业时间内反向卖出已买入但未完成交收的证券，意在有效吸引场外资金、活跃市场、降低投资人风险。

第二节　经济形势：治理经济过热

一、四热、四高、四紧、一乱

1993 年中国经济出现了过热的势头，剔除物价因素的实际增长指标与 1992 年基本相同，但各项包含价格因素的名义指标均大幅上行。1993 年全年我国实际 GDP 增速为 13.9%，比 1992 年略微下降 0.3%；工业增加值同比增加 20.0%，比 1992 年下降 1.0%。与此同时，各项名义指标大幅飙升，1993 年全年固定资产投资增速同比增速为 61.8%，比前一年提高 17.4%，创改革开放以来最高纪录，且之后也再未被打破过；M1 和 M2 同比增速分别高达 38.8% 和 37.3%，这两个数字也是历史最高纪录，之后再也没有被突破过（见图 4 - 2）；CPI 同比增长 14.7%，通货膨胀达到两位数，比前一年上升 8.3%；PPI 同比增速飙升到 24.0%，较前一年提高 17.2%。

---

① A 股市场最早实行 "T + 0" 回转交易制度是在 1992 年 5 月，上海证券交易所在取消涨跌幅限制后实行了 "T + 0" 回转交易制度。1993 年 11 月，深圳证券交易所也实施了 "T + 0" 回转交易制度。1995 年，出于防范风险的考虑，沪深两市 A 股市场又从 "T + 0" 改回了 "T + 1" 交易制度，并一直沿用至今。

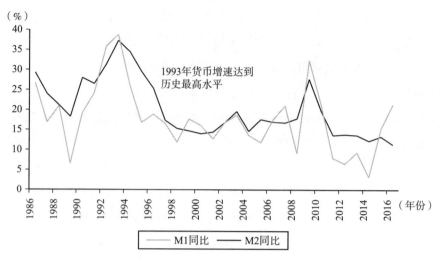

图 4 - 2 1986～2016 年中国 M1 和 M2 同比增速走势概览

资料来源：国家统计局、Wind 资讯。

除了前述总量名义经济数据大幅飙升之外，1993 年我国经济生活中还出现了所谓的"四热""四高""四紧""一乱"的现象。"四热"，即开发区热、房地产热、股票热、集资热；"四高"，即高投资规模、高信贷投放、高货币发行、高物价上涨；"四紧"，即交通运输紧张、能源紧张、重要原材料紧张、资金紧张；"一乱"，即经济秩序混乱，尤其是金融秩序混乱。

二、金融体制改革

面对这样的经济形势，1993 年，党中央下决心让热过了头的经济降降温。下半年，中央出台了针对固定资产投资增长过快等的"一揽子"宏观调控措施，核心是采取适度从紧的财政政策，并与适度从紧的货币政策相配合。

在 1993 年 6 月出台的《中共中央、国务院关于当前经济情况和加强宏观调控的意见》（16 条意见）中，前面 11 条意见均与金融有关，包括：（1）严格控制货币发行，稳定金融形势；（2）坚决纠正违章拆借资金；（3）灵活运用利率杠杆，大力增加储蓄存款；（4）坚决制止各种乱集资；（5）严格控制信贷总规模；（6）专业银行要保证对储蓄存款的支付；（7）加快金融改革步伐，强化中央银行的金融宏观调控能力；（8）投资体制改革要与金融体制改革相结合；（9）限期完成国库券发行任务；（10）进一步完善有价证券发行和规范市场管理；（11）改进外汇管理办法，稳定外汇市场价格。

同时，1993 年 12 月 25 日，国务院发布《关于金融体制改革的决定》，这个文件明确提出了我国金融体制改革的目标，那就是：建立在国务院领导下，独立执行货币政策的中央银行宏观调控体系；建立政策性金融与商业性金融分离，以国有商业银行为主体、多种金融机构并存的金融组织体系；建立统一开放、有序竞争、严格管理的金融市场体系。

第三节 行情特征："三无概念股"

1993 年总体看是一个震荡市，全年上证综指累计上涨 7%，深圳成指累计下跌 4%，沪市表现略好于深市。

1993 年 A 股市场大幅扩容，A 股的股票总数从前一年的 53 只上升至 177 只。其中上涨的股票 59 只，下跌的股票 117 只，1993 年深原野停牌中没有交易。全部个股的全年收益率中位数为 −14.5%，明显低于上证和深证指数的表现，个股赚钱效应较差。

涨幅较大的股票包括爱使股份、延中实业、飞乐音响、嘉宝实业、申华实业、大众出租等，1993 年全年涨幅都在一倍以上。从行业分布来看，房地产行业依旧是表现较好的，涨幅前 20 名个股中占比最高。此外，1993 年沪市的表现也要明显比深市更好些，涨幅榜前 20 名个股中除了琼能源 A 和白云山 A，其他 18 家全部是上交所的上市公司（见表 4 − 1）。

表 4 − 1　　　　　　　　1993 年沪深两市涨幅最大的 20 只股票

股票代码	股票简称	所属行业	1993 年涨跌幅（%）	股票代码	股票简称	所属行业	1993 年涨跌幅（%）
600652	爱使股份	综合	208	600654	飞乐股份	电子	98
600601	延中实业	信息设备	192	600620	联农股份	房地产	94
600651	飞乐音响	电子	181	600686	厦门汽车	交运设备	81
600622	嘉宝实业	综合	107	600639	浦东金桥	房地产	67
600653	申华实业	交运设备	105	600608	异型钢管	信息设备	63
600611	大众出租	交通运输	101	600656	凤凰化工	化工	62

续表

股票代码	股票简称	所属行业	1993 年涨跌幅（%）	股票代码	股票简称	所属行业	1993 年涨跌幅（%）
000502	琼能源 A	房地产	60	600621	金陵股份	电子	45
600655	豫园商城	商业贸易	55	600624	复华实业	综合	42
000522	白云山 A	医药生物	53	600603	兴业房产	房地产	42
600663	陆家嘴	房地产	49	600634	海鸟电子	房地产	42

资料来源：Wind 资讯。

跌幅较大的公司中，北京天龙、琼民源 A、川天歌 A、新锦江、天桥百货、爱建股份、川盐化 A、华联商厦、第一百货、龙头股份、申能股份、乐山电力、哈医药等跌幅都超过了 50%（见表 4 - 2）。

表 4 - 2　　　　　　　　1993 年沪深两市跌幅最大的 20 只股票

股票代码	股票简称	所属行业	1993 年涨跌幅（%）	股票代码	股票简称	所属行业	1993 年涨跌幅（%）
000507	粤富华 A	综合	-38	600650	新锦江	交通运输	-52
000536	闽闽东 A	机械设备	-39	600657	天桥百货	信息服务	-53
000020	深华发 A	电子	-42	600643	爱建股份	金融服务	-55
000018	深中冠 A	纺织服装	-43	000506	川盐化 A	有色金属	-55
000027	深能源 A	公用事业	-43	600632	华联商厦	商业贸易	-58
600600	青岛啤酒	食品饮料	-44	600631	第一百货	商业贸易	-60
000510	川金路 A	化工	-44	600630	龙头股份	纺织服装	-60
600658	北京天龙	信息设备	-50	600642	申能股份	公用事业	-63
000508	琼民源 A	农林牧渔	-51	600644	乐山电力	公用事业	-64
000509	川天歌 A	综合	-51	600664	哈医药	医药生物	-67

资料来源：Wind 资讯。

1993 年行情特征中，有一个叫作"三无概念股"的市场热点。所谓的"三无概念股"，一般指的是无国家股、无法人股、无外资股（B 股）、无内部股、无转配股这"五无"中的三个。但从当时的文献中来看，并没有一致认为"三无"是哪几个，有些媒体报告说的"三无概念股"是无国家股、无法人股、无外资股，也有说"三无概念股"是无国家股、无法人股、无内部股。

"三无概念股"的特点是上市公司股权结构非常分散，没有具备特别优势的大股东，且流通股占比很高。在前文中我们提到过，在 1993 年由"宝延风波"引发了 A 股市场中的一次并购浪潮，"三无概念股"的这种股权特征非常容易成为被并购的对象，所以当时市场一旦开始出现并购和重组的题材炒作，自然就有人想到了"三无概念股"。

当时几个典型的"三无概念股"，比如延中实业、兴业房产、申华实业、飞乐音响、爱使股份在 1993 年股价均有较大涨幅。其中，爱使股份、延中实业、飞乐音响位列涨幅榜三甲，申华实业全年涨幅位列第 5 位，兴业房产也有不俗的表现，全年股价上涨 42%，位列涨幅榜第 19 位（见表 4 - 1）。

第五章
1994 年：第一个全面熊市

　　1994 年中国经济运行中全年 CPI 同比增长 24.1%，超过 20% 的通货膨胀率使 1994 年成为改革开放以后通胀最严重的年份，同时也引发了政府和社会的广泛关注。在宏观经济政策持续收紧的背景下，股票市场从年初开始持续下跌，3 月份管理层开始了第一轮救市，宣布了"四不"政策，针对当时困扰股市情绪的主要问题都做了明确答复。但利好的作用仅仅维持了几天，市场再度陷入持续下跌。7 月底，中国证监会公布了"三大救市政策"，即暂停新股发行、对证券机构融资、吸引外资入场，市场行情开始好转。10 月份国务院宣布从 1995 年起实行"T＋1"交易制度，中国的"T＋0"交易制度正式结束。盘面上看，浦东概念股成为全年市场最大的热点，沪市的表现依然要明显好于深市。1994 年上证综指走势与资本市场大事记如图 5 - 1 所示。

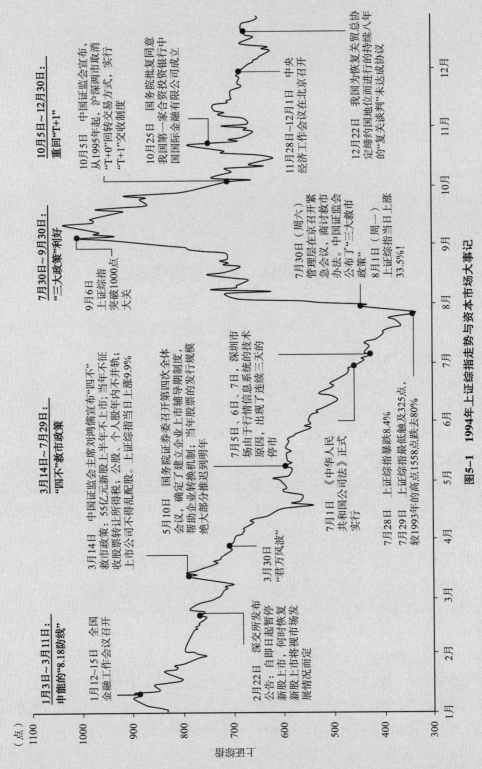

图5-1 1994年上证综指走势与资本市场大事记

资料来源：Wind资讯。

第一节 大事回顾：管理层连续救市

一、申能的"8.18 防线"（1 月 3 日～3 月 11 日）

1994 年 1 月股市走势延续着 1993 年 12 月以来的下跌趋势。到 1994 年 1 月份，市场传言国家股、法人股、内部职工股、配股等都可能要上市流通，市场持续下跌。当时市场认为上证综指 750 点是一个"铁底"①，同时投资者发现申能股份无论大盘怎么下跌，始终不会跌破 8.18 元的价格，申能股份的价格在 8.18 元上每天都有很多大单挂着，被称为"8.18 防线"。1 月 19 日，上证综指盘中跌破 800 点，而始终维持在 8.18 元以上的"申能股份"，首次以 7.71 元作收，"8.18 防线"失守。

1994 年 1 月 12～15 日全国金融工作会议在北京召开，国务院副总理兼中国人民银行行长朱镕基在闭幕会上做了重要讲话，并对金融系统提出了三点要求：第一，要严格控制今年信贷规模总量；第二，在政策性业务分离出去以后，各专业银行向商业银行过渡，今年要大胆探索，跨出开拓性的一步；第三，各级人民银行分行要切实转变职能，在地区金融监管方面发挥主导作用。

鉴于市场持续下跌，1994 年 2 月 22 日，深交所发布公告：自即日起暂停新股上市，何时恢复新股上市将视市场发展情况而定。2 月 25 日，中国证监会发言人就我国证券市场若干改革问题发表谈话，内容为：（1）今年 55 亿元新股发行不排除由于

---

① 读者后续还会看到有很多"铁底"出现，而这些"铁底"大多都是会被跌破的。

市场变化而将一部分结转下年；（2）深交所有权暂停新股上市，事先无须向中国证监会请示；（3）社会募集股份有限公司向职工配售股份问题应规范化。

然而这些并没有能够阻止市场的下跌，到 3 月 2 日上证综指收盘价跌破了 750 点的"铁底"。

二、"四不"救市政策（3 月 14 日~7 月 29 日）

1994 年 3 月 14 日，管理层释放了第一轮救市大招，中国证监会主席刘鸿儒宣布了"四不"政策，即：（1）55 亿元新股半年不上市；（2）今年不征收股票转让所得税；（3）公股、个人股年内不并轨；（4）上市公司不得乱配股。"四不"政策针对当时困扰股市情绪的主要问题都做了明确答复，两市股市表现受此影响大幅上涨，上证综指当日上涨 9.9%。

然而短暂的反弹过后指数继续下跌，1994 年 4 月 12 日，国家税务总局副局长李永贵在北京透露，国家决定今明两年对股票转让所得暂不征税。5 月 10 日，国务院证券委召开第四次全体会议，决定实行企业发行股票前，要经过半年的辅导期；今年股票的发行规模绝大部分推迟到明年；会议提出改进完善新股发行办法，控制溢价水平，降低发行成本；培育机构投资者，设立开放式投资基金，增加长期稳定的投资力量；扩大 B 股试点范围，搞好 H 股上市及监管。在我国建立上市公司辅导制度，这一重大举措具有双重意义，它不仅有利于减缓证券市场的扩容节奏，更重要的是有利于促进上市公司的规范化运作，巩固证券市场健康发展的基石。

当时的利好政策极尽各种方法引导资金参与股市交易，然而投资者早已麻木不仁。特别是到了 1994 年 7 月 28 日，市场恶化的程度超出了投资者的想象，当日上证综指大跌 8.4%。到 7 月 29 日，上证综指最低触及 325 点，较 1993 年的高点 1558 点跌去 80%。

1994 年，从第七个交易日开始上证综指就一路下跌直至 7 月末，整体下跌幅度高达 60%，这期间两波小反弹幅度均不超过 15%。如果从 1993 年 2 月初起算，到 1994 年 7 月底，这轮上证综指的下跌时间超过 17 个月，下跌幅度超过 80%，堪称 A 股历史上的第一次大熊市。

此外，在 1994 年 7 月 5 日、6 日、7 日，深圳市场由于行情信息系统的技术原因，出现了连续三天的停市。同时在 1994 年 7 月份，管理层决定在中国上市公司推广董事会秘书这一制度。

三、"三大政策"利好（7 月 30 日~9 月 30 日）

"四不"政策没有奏效，上证综指跌到了 300 多点，1994 年 7 月底，管理层开始了第二轮救市政策。

1994 年 7 月 30 日，管理层在京召开紧急会议，中国证监会会同国务院有关部门及上海、深圳的负责人商讨救市办法。中国证监会公布了"三大救市政策"，分别是：（1）年内暂停各种新股的发行与上市；（2）有选择地对资信较好的证券机构进行融资；（3）逐步吸引外国基金投入 A 股市场。市场俗称"三大政策"。

1994 年 7 月 30 日（周六）的《人民日报》第一版，以"证监会等部门共商稳定规范培育发展股市措施"为标题公布了"停发新股、允许券商融资、成立中外合资基金"三大政策救市。和前期的"四不"政策相比，"三大政策"更切中要害，将 1993 年剩余的发行额度和 1994 年的发行额度统统暂停。8 月 1 日（周一）市场出现了报复性上涨，上证综指当日上涨 33.5%！此后，8 月 29 日，深交所调低了 A 股交易手续费，证券商向投资者收取的交易手续费一律降为成交金额的 3.5‰。9 月 6 日，上证综指再度突破 1000 点大关，上证综指从 334 点涨至 9 月 13 日的 1033 点，累计涨幅高达 209%！

然而，"三大利好"的激励效应仅仅维持了两个半月，当然，也是因为上证综指反弹过于凶猛，利好出尽后终于在 9 月 13 日触及 1033 点年内高点后开始迅速掉头急转直下，一路急速下跌到 10 月下旬，指数又回到 600 点左右的位置，跌幅 37%。在中国股市的初期发展阶段，暴涨暴跌真可谓是市场的常态。

四、重回"T+1"（10 月 5 日~12 月 30 日）

回顾 A 股市场的早期改革步骤，不得不佩服改革推进的速度是非常快的。在 1995 年以前我们就实现了"无涨跌停限制"和"T+0"交易制度，这些发达国家成熟市场普遍通行的交易制度，后来很多年我们一直在研究讨论。1995 年以前我们也已经有了国债期货交易。

但考虑到市场波动性和风险性等种种原因，管理层最终选择退到"T+1"交易制度。1994 年 10 月 5 日，国务院证券委第四次会议研究决定从 1995 年 1 月 1 日起，沪深两市 A 股和基金实行"T+1"交收制度，"T+0"交易制度正式寿终正寝。

同时，在 1994 年 10 月，中国证监会发出通知，要求配售新股须经过有关部门审批并报证监会复审；配股时间应距前次发行股份募足后一年以上；配股数量不得超过其普通股份总数的 30%；公司连续三年盈利，且资产税后利润超过 10%。不按规定的配股申请将受到否决。市场制度的完善在不断进行中。

1994 年的最后两个半月里，指数结束了急跌的走势，以震荡缓慢下跌收尾，整体涨幅 3%。这期间监管层并没有再出台更多的利好政策，并且重启了新股发行程序。1994 年 10 月 25 日，国务院批复同意中国国际金融有限公司成立，这是中国第一家投资银行公司。10 月 26 日，国务院转批了中国人民银行《关于加强金融机构监管工作的意见》。意见指出，财政部门办的证券机构必须尽快与财政部门脱钩，任何党政机关、部队、团体以及其他国家预算内事业单位、国家政策性金融机构都不得向金融机构投资入股。12 月 7 日监管层重启 IPO。

回看全年的指数走势，整体呈现一个完整的倒 N 字形，全年上证综指下跌 23%，值得铭记的是，A 股在 1994 年构筑了历史的绝对底部，上证综指 325 点的位置在后来再也没有被击穿过。

第二节　经济形势：通货膨胀历史最高

一、成绩显著，问题突出

1994 年中国经济继续保持非常高的增长势头，各项需求普遍旺盛，成绩非常显著。1994 年全年我国实际 GDP 增长 13.0%，比上一年小幅下降 0.9%，依旧保持两位数以上的高增长；工业增加值同比增长 18.8%，比上一年小幅下降 1.2%；固定资产投资增速 30.4%，相较 1993 年的 61.8% 虽然明显下降，但是依然很高。此外，1994 年社会消费品零售总额增速和出口同比增速分别为 30.5% 和 31.9%。总体来看，1994 年各项经济增长指标均有不俗表现。

但 1994 年经济运行中的问题也非常突出，那就是通货膨胀实在是太高了，1994 年 PPI 同比增长 19.5%，较 1993 年的 24% 虽然有所下降，但是全年 CPI 同比增长 24.1%，比 1993 年的 14.7% 大幅攀升。24.1% 以上的 CPI 同比增速成为我国改革开放以来最高的增长速度（见图 5－2）。1994 年的通货膨胀超过了 20%，这引发了政府和社会的广泛关注。

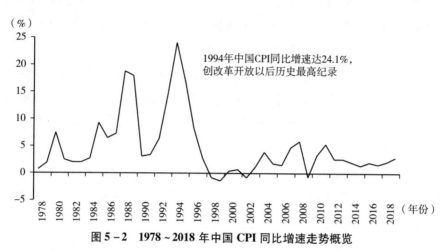

图 5－2　1978～2018 年中国 CPI 同比增速走势概览

资料来源：国家统计局、Wind 资讯。

二、财政分税制改革

1994 年我国在财政、金融、物价、外汇、国企等诸多方面的改革均持续不断推进，这其中，意义最大的莫过于财政的分税制改革。

我国在改革开放前几十年计划经济时代中，财政体制实行的主要是"统收统支"管理方式。这种财政方式权力过于集中，不利于调动地方的积极性。改革开放以后，为了调动企业的积极性，采取了一些"财政包干"的方式，即在一定财政收入基础之上，超收部分中央和地方分成。但这种模式下，多征收的部分要跟中央政府去分，地方有隐藏财政收入的动机，于是出现了所谓的"藏富于企业"和"藏富于地方"的情况，地方政府可以一边跟企业减税降低财政收入，另一边通过收取非税收入的方式来弥补自己的收入。

因此，1994 年财政体制改革前的大背景就是全国财政收入占 GDP 的比重在不断下降，以及财政收入中中央财政收入的比例不断下降（见图 5－3）。1993 年，在经过广泛调查和征求意见之后，决定从 1994 年开始实行财税体制改革。这是改革开放以来，也是新中国成立以来涉及范围最大、调整力度最强、影响最为深远的一次财税改革。

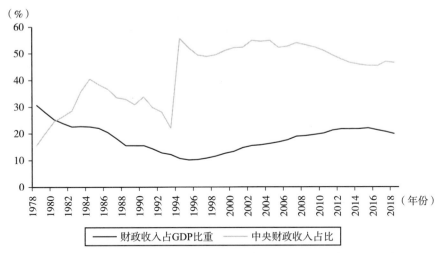

图 5 - 3　1978 ~ 2018 年财政收入占 GDP 比重与中央财政收入占比走势

资料来源：国家统计局、Wind 资讯。

　　1994 年财税改革涉及的内容较多，核心是分税制改革。"分税制"的含义，是在划分事权的基础上，划分中央与地方的财政支出范围。同时，按照税种划分收入，明确中央与地方各自的收入范围，分设中央和地方两套税务机构（国税局和地税局），建立中央对地方的税收返还制度。

　　分税制改革以后，国家财政收入占 GDP 比重逐年上升，中央财政收入占比也出现了明显上升（见图 5 - 3）。从另一个角度看，也正是有了 1994 年的分税制，政府财政支出以及对应的基建投资，对宏观经济的影响越来越大。

第三节　行情特征：浦东概念股

　　1994 年是 A 股正式成立以后的第一个熊市，全年上证综指累计下跌 22%，深圳成指跌幅高达 43%。1994 年两市继续大幅扩容，全部 A 股股票数量从 1993 年的 177 只上升到 287 只。这其中全年股价上涨的股票数量占比 23%，下跌的股票数量占比 77%，全部股票全年收益率中位数是 - 26%。

　　从涨幅榜来看，沪市的表现依然明显好于深市，涨幅前 20 名个股中沪市占 16 只，深市仅有 4 只。涨幅较大的个股像外高桥、深南电 A、凌桥股份都有超过 1 倍的涨幅，房地产行业公司在涨幅排名前 20 的股票中出现次数最多（见表 5 - 1）。

表 5 –1   1994 年沪深两市涨幅最大的 20 只股票

股票代码	股票简称	所属行业	1994 年涨跌幅（%）	股票代码	股票简称	所属行业	1994 年涨跌幅（%）
600648	外高桥	房地产	170	600692	亚通股份	交通运输	48
000037	深南电 A	公用事业	109	600635	浦东大众	公用事业	47
600834	凌桥股份	交通运输	100	000572	琼金盘 A	房地产	46
600639	浦东金桥	房地产	83	600675	中华企业	房地产	43
600820	隧道股份	建筑建材	71	000573	粤宏远 A	房地产	41
600647	新亚快餐	综合	70	600836	界龙实业	轻工制造	38
600611	大众出租	交通运输	70	600630	龙头股份	纺织服装	38
000570	苏常柴 A	机械设备	66	600606	嘉丰股份	房地产	36
600645	望春花	医药生物	58	600625	水仙电器	家用电器	32
600832	东方明珠	信息服务	48	600835	上菱电器	机械设备	29

资料来源：Wind 资讯。

从跌幅榜来看，1994 年跌幅最大的 20 只股票跌幅全部超过了 50%，其中沈阳金杯、西安民生、深中浩 A、桂柳工 A、琼能源 A 等公司跌幅最大，跌幅超过 60%（见表 5 –2）。

表 5 –2   1994 年沪深两市跌幅最大的 20 只股票

股票代码	股票简称	所属行业	1994 年涨跌幅（%）	股票代码	股票简称	所属行业	1994 年涨跌幅（%）
000508	琼民源 A	农林牧渔	–54	000501	鄂武商 A	商业贸易	–56
000002	深万科 A	房地产	–54	000507	粤富华 A	综合	–57
600808	安徽马钢	钢铁	–54	600669	鞍山合成	交运设备	–58
600672	四川广华	化工	–54	600688	上海石化	化工	–58
600664	哈医药	医药生物	–54	000504	琼港澳 A	信息服务	–59
600685	广州广船	交运设备	–55	600609	沈阳金杯	交运设备	–60
600850	华东电脑	信息设备	–55	000564	西安民生	商业贸易	–61
000003	深金田 A	综合	–55	000015	深中浩 A	综合	–63
600813	鞍山一工	机械设备	–56	000528	桂柳工 A	机械设备	–65
600674	四川峨铁	钢铁	–56	000502	琼能源 A	房地产	–69

资料来源：Wind 资讯。

在1994年的市场行情中，最大的热点莫过于"浦东概念股"，领涨的龙头股票是所谓的"一嘴二桥"，即陆家嘴、外高桥、浦东金桥，后来还有一种说法把东方明珠也加上去，就构成了上海证券交易所的"四大天王"。当时有个说法叫作"全国的金融中心在上海，上海的金融中心在浦东，浦东的金融中心在陆家嘴，陆家嘴的中心在东方明珠"。这四只股票在1994年里股价均有很不错的表现，外高桥全年涨幅170%领涨两市所有个股，与第二名深南电A上涨109%相比领先优势不小。浦东金桥和东方明珠都出现在了涨幅榜前10里面，全年分别上涨83%和48%，陆家嘴全年涨幅相对较小。

浦东的开发开放势必带动整个上海的地产、交通、贸易、娱乐等全面地发展，因此除了"四大天王"以外，"浦东概念股"还带动了一大批上海本地股的上涨，包括凌桥股份、隧道股份、新亚快餐、大众出租等，涨幅榜前20的公司中一大批都是浦东概念的相关标的。可以说，"浦东概念股"是A股历史上第一个相对成熟的概念题材板块。

与上海市场"浦东概念股"的火热相比，深圳市场相对比较理性和冷清。1994年深市表现较好的股票（见表5-1），包括深南电A（1994年7月1日上市）、苏常柴A（1994年7月1日上市）、琼金盘A（1994年8月8日上市）、粤宏远A（1994年8月15日上市）等，共同特点是1994年新上市的股票、业绩超群绩优股。

第六章
1995 年：成长中的挫折

1995 年 2 月，资本市场发生了著名的"327"国债期货事件。3 月底，周道炯接替刘鸿儒，成为中国证监会历史上的第二任主席。5 月 17 日，中国证监会发出《关于暂停国债期货交易试点的紧急通知》，实质上叫停了国债期货交易，被股票市场理解为重大利好，因为大量的资金可以从国债期货市场中回流到股票市场。5 月 18 日，两市暴涨，当时交易制度已经从"T＋0"转变为"T＋1"，但还没有涨跌停板限制，上证综指全日涨幅达 31％。"井喷"之后，行情再度回落，并在第四季度持续下跌，年底甚至出现了"日周月年四线皆阴"的尴尬局面。1995 年的行情特征被称为"低价股革命"，一大批绝对股价较低的股票表现较好，从数据分析来看，低价股组合与中价股、高价股组合相比，主要特征是估值要明显更低。1995 年上证综指走势与资本市场大事记如图 6－1 所示。

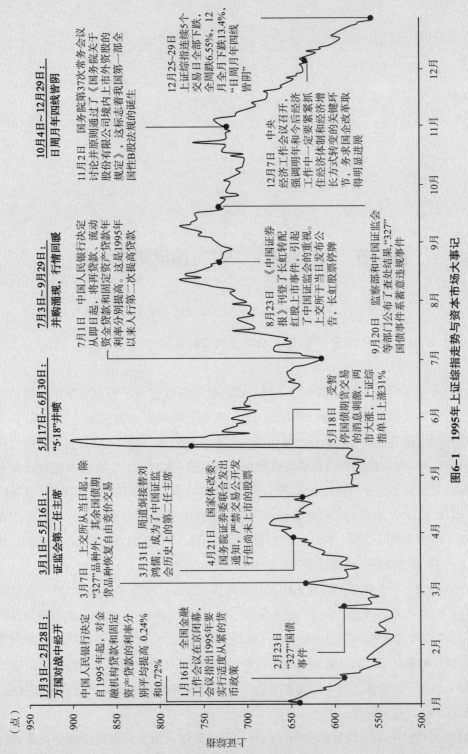

图6-1　1995年上证综指走势与资本市场大事记

资料来源：Wind资讯。

第一节　大事回顾："327"国债期货事件

一、万国对战中经开（1月3日~2月28日）

1994 年末 IPO 重启后 A 股持续下跌，市场情绪极度悲观，资金多集中在国债期货上，股市成交寥寥无几。1995 年刚刚开年，A 股延续弱市行情迎来"开门黑"，上证综指连续下跌了整整一个半月，跌幅高达 17%，1995 年 1 月 19 日，监管层再度叫停 IPO。当然，年初的股票市场确实有不少利空消息：1 月 1 日，央行决定提高对金融机构的贷款利率，平均提高 0.24 个百分点。1 月 3 日，沪深两市正式实行"T + 1"制度。1 月 12 日，山东渤海和君安证券深圳发展中心营业部分别因通过拉高尾市操纵市场、非法获利而受到中国证监会处罚。2 月 7 日，上证综指触及年内最低点，而直到 2 月 17 日，指数才结束震荡下行的趋势。

1995 年 2 月，发生了可以载入中国证券史册的事件，就是著名的"327"国债期货事件。"327"指的不是 3 月 27 日，而是"92（3）国债 06 月交收"国债期货合约的代号。"327"国债应该在 1995 年 6 月到期，按规定，它的兑付价格是按票面利率加上保值补贴率计算，大体在每 100 元债券到期兑付 132 元。考虑到当时市场的银行存款利率和通货膨胀率，这个回报率太低了，所以市场传言财政部可能会提高补贴，到时候以 148 元进行兑付。

但进入 1995 年后，通货膨胀率已经开始见顶回落，而且大幅提供国债补贴会增加巨额的财政负担。所以，当时万国证券联合辽宁国发集团，成了市场空头主力。而另外一边，中国经济开发信托投资公司（简称"中经开"）成为多头主力。

1995 年 2 月 23 日，财政部发布公告称，"327"国债将按 148.50 元兑付，空头判断彻底错误。当日，中经开率领多方借利好大肆买入，将价格推到了 151.98 元。万国证券面临巨额亏损，为了维护自身利益，在收盘前 8 分钟时大举透支卖出国债期货，做空国债，当日开盘的多方全部爆仓，并且由于时间仓促，多方根本没有来得及反应，使这次激烈的多空绞杀终于以万国证券盈利而告终。以中经开为代表的多头，则出现了约 40 亿元的巨额亏损。

1995 年 2 月 23 日晚十点，上交所在经过紧急会议后宣布：1995 年 2 月 23 日 16 时 22 分 13 秒之后的所有交易是异常的、无效的，上交所的这一决定，使万国证券的尾盘操作收获瞬间化为泡影。万国证券亏损 56 亿人民币，濒临破产。受"327"国债期货事件的影响，第二天 2 月 24 日上证综指下跌 5.2%，当日上交所发布关于加强国债期货交易监管工作的紧急通知，其内容主要包括：实行涨跌停板制、加强持仓限额管理、严禁相互借用仓位、控制持仓合约使用结构等。

二、证监会第二任主席（3 月 1 日～5 月 16 日）

"327"国债期货事件过后，管理层出台了一系列制度措施。1995 年 2 月 27 日，中国证监会与财政部联合颁布《国债期货交易管理暂行办法》，就国债期货交易所和国债期货经纪机构的资格条件、国债期货交易管理、经纪业务管理、法律责任等内容做了详尽的规定。

1995 年 3 月 31 日，原国家开发银行副行长周道炯被任命为中国证监会主席，免去刘鸿儒国务院证券委副主任、中国证监会主席职务。周道炯成为中国证监会历史上的第二任主席。

股市从 1995 年 4 月初开始下跌一直到 5 月中旬，其间对于配股从严审批以及国有股上市流通的问题进行了明确规范。4 月 24 日，国家国有资产管理局发布《关于在股份有限公司分红及送配股时维护国有股权益的紧急通知》，要求各部门在决定股份公司分红和送股配股事宜时，正确、有效地行使股权，不得赞同和批准对国有股、国有法人股和个人股采取同股不同权、不同利的方案。

1995 年 5 月 9 日，深交所允许粤华电的法人股转配部分上市交易，此消息一出随即遭到证监会的严厉批评，重申在国务院做出新的规定之前，由国家拥有和法人持有的上市公司股份、配股权和红股出让后，受让者由此增加的股份暂不上市流通，由此制止了粤华电法人股转配上市。5 月 10 日，我国第一部《商业银行法》审议通过，该法最重要的一条规定是商业银行不能参与炒股。5 月 13 日，国务院证券委颁布《证券从业人员资格管理暂行规定》，要求证券从业人员必须通过统一的资格考试，考试由中国证监会统一组织进行。

三、"5·18" 井喷（5 月 17 日~6 月 30 日）

股市行情在 1995 年中出现了一次剧烈的波动。1995 年 5 月 17 日，中国证监会发出《关于暂停国债期货交易试点的紧急通知》，规定各国债期货交易场所一律不准会员开新仓，由交易场所组织会员协议平仓。这相当于证监会在事实上叫停了国债期货交易，这在当时被股票市场理解为重大利好，因为大量的资金可以从国债期货市场中回流到股票市场。5 月 18 日，受暂停国债期货交易的消息刺激，沪深股市齐放异彩。沪市 A 股向上跳空 130 点，以 741.81 点开盘，留下新中国股市上最大的一个跳空缺口。当时 A 股的交易制度虽然已经从 "T+0" 转变为 "T+1"，但是并没有涨跌停板的限制，上证综指全日涨幅达 31%，A 股成交量也巨幅放大至 84.93 亿元，创下 "T+1" 以来的最高纪录。此后两日，上证综指继续高歌猛进，两天分别上涨 12.1% 和 4.9%，三个交易日上证综指累计上涨高达 54%！

当然，这种非理性的上涨必然是不可持续的。1995 年 5 月 22 日，国务院证券委员会在京召开第五次会议，会议决定，1995 年的股票发行要严格掌握进度，控制节奏，均衡上市。会议要求严禁经纪公司从事境外期货交易和外汇按金交易，坚决打击地下期货交易，坚决禁止以远期合同交易为名进行期货交易。同时决定股票发行额度为 55 亿元，将在第二季度下达。市场扩容在当时是重大的利空消息，5 月 23 日，受此消息影响，上证综指当日暴跌 16.4%，并连续下跌三日。短短 6 个交易日，上证综指从不到 600 点上冲至近 900 点随即迅速俯冲到 700 点以下，可谓是惊心动魄的 "过山车" 行情了。

暴涨暴跌过后，指数开始小幅缓慢下跌，从 1995 年 4 月初至 7 月初指数走成了一个比较畸形的倒 N 字形，这期间上证综指整体下跌 1%，指数如过山车般上蹿下跳之后，又回到了原点。

四、并购涌现，行情回暖（7 月 3 日~9 月 29 日）

上半年惊心动魄的行情告一段落，股市在 1995 年 7~9 月迎来了年内的第二波上涨行情。这期间并购题材涌现，是促成这一段反弹行情的主要动力。

1995 年并购事件从年初开始就不断涌现，2 月 8 日，金杯汽车转让 51% 的总股本给一汽集团；5 月 29 日，辽源得亨通过了公司股权及资产重组议案，拟转让国有股；7 月 17 日，四川广华向美国玲珑公司转让国家股 60.5%；8 月 14 日，日本五十铃汽车公司公告称已于 8 月 11 日一次性购买了北京旅行车股份有限公司发行的 4002 万股非流通法人股。

当然，除了并购题材的涌现，监管层的友好态度也对这段时间股票的上涨有所助力，7 月 19 日，劳动部社会保险事业管理局局长韩良诚在"国际社会保障协会亚太地区财务会议"上指出，在现阶段，我国养老保险基金投资不应以银行存款和国债为唯一投资方式，而必须参加股票市场、基金市场、信托贷款市场和房地产市场的投资，拓宽养老基金的投资渠道。

从 8 月中旬到 8 月底指数经历了小幅回调，主要是由于长虹法人股转配股上市流通的事件导致的。早在 5 月份监管层就对法人股转配上市流通的行为做出严厉禁止，然而 8 月份四川长虹因法人股转配的分配方案再次受到管理层处罚。证监会于 24 日宣布对四川长虹进行停牌处理并对其转配红股事件进行调查。

五、日周月年四线皆阴（10 月 4 日~12 月 29 日）

到 1995 年的最后一个季度，大盘在阴云笼罩中持续下跌，跌幅高达 30%，导致股市行情大跌的直接原因就是市场扩容，股票发行不断增加。

1995 年前三个季度，由于"327"国债期货事件、证监会主席换人、长虹配股事件等，新股上市节奏并不快，到第四季度后新股上市数量明显增多。当时市场面临的问题是，一方面要完成 55 亿元的新股发行计划，另一方面还要解决 90 家历史遗留问题企业上市问题。

所谓"历史遗留问题企业上市问题"，指的是 1990 年前已公开发行股票并经国家体改委重新确认但尚未上市的 90 家企业。根据《国务院关于批转国务院证券委员会 1995 年证券期货工作安排意见的通知》，这些属于历史遗留问题，只能根据市场情况逐步解决。鉴于这些企业不断发行股票，从 1995 年到 1996 年上半年，在不超过中国证监会与国家体改委商定的第一批 20 户企业范围内，可视市场情况相机安排上市。对这类企业未安排上市的股票和定向募集公司的股权证，严禁搞任何形式的柜台交易。

因此当时市场扩容压力很大，管理层对市场扩容的决心也很大。股市在 1995 年最后两个月几乎是单边下跌，没有任何反弹。到 1995 年最后一个交易周，12 月 25 ~ 29 日，上证综指连续 5 个交易日全部下跌，全周下跌 6.55%，12 月全月下跌 13.4%，从而出现了 "日周月年四线皆阴" 的场面。

1995 年的 A 股几经风雨，全年指数走势呈现波浪形，整体跌幅 13%，而由于叫停国债期货而引发的股票指数暴涨也作为戏剧性的一瞬间永远留在了 1995 年的指数走势图上。

第二节　经济形势：30%的高利率

一、国企改革 "抓大放小"

在 1993 年和 1994 年连续两年的宏观调控紧缩政策下，1995 年中国经济各项指标增速均有所下降。1995 年全年中国实际 GDP 增长 11.0%，较上一年下降 2.0%；工业增加值同比增长 14.0%，比上一年降低 4.8%；固定资产投资同比增长 17.5%，较 1994 年的 30.4% 有明显回落。1995 年的通货膨胀依然保持在两位数水平，但增速有所下降，全年 CPI 同比增长 17.1%，增速较上一年回落 7.0%，PPI 同比增长 14.9%，增速较上一年回落 4.6%。

1995 年相比于宏观经济层面上的总量平稳，微观经济上企业的日子并不是太好过，有点困难。特别是国有企业，面临的经营困难越来越多，1995 年全国全部国有独立核算工业企业利润总额 665.6 亿元，比 1994 年的 829.0 亿元大幅下降，是自 1990 年来国有企业利润首次整体下滑。与此同时，亏损国有企业的数量和金额还在不断增加。为此，在 1995 年 3 月的《政府工作报告》中明确提出 "今年的经济体制改革，要以国有企业改革为重点"，在 9 月另一个更加重要的文件《关于制定国民经济和社会发展 "九五" 计划和 2010 年远景目标的建议》中，也明确提出了 "把国有企业改革作为经济体制改革的中心环节"。

当时提出的国企改革方针叫作"抓大放小"，就是要抓好大企业、放开小企业。"抓大"方面，1995年国务院确定了57家大型企业集团试点，依据《公司法》对企业集团进行规范。通过国有资产授权经营、建立母子公司体制、兼并参股等途径和方式，强化资产纽带关系，巩固核心企业地位。同时还选择了1000家大型国有企业，进行综合改组。"放小"就是进一步加大改革力度，当时鼓励对于不需要采取国有企业形式的小企业，各地方可以大胆采取转租、出售等方式进行重组优化。

二、储蓄保值贴补

1995年宏观经济另一个重要的突出特征就是当时的利率真的非常高。利率高到多少？长期储蓄存款的实际利率可以高达近30%。

这么高的储蓄存款利率，主要得益于当时央行的"储蓄保值补贴"。1994年以后，央行的存款基准利率其实一直没有变化，以期限最长的"8年以上存款"为例，1994~1995年基准利率一直维持在17.1%。17.1%的利率其实已经很高了，但当时国家为了遏制通货膨胀，鼓励居民增加储蓄减少消费，又增加了"储蓄保值补贴"。

1993年7月11日，经国务院批准，中国人民银行决定再次开办保值储蓄业务。保值储蓄的意思，就是在基准利率以外，国家根据当时实际的通货膨胀与基准利率之间的差异，给予居民储蓄补贴。在当时，人民银行会定期公布"保值补贴率"。例如，1994年12月12日，人民银行公布了1995年1月份的保值补贴率："根据国家统计局统计的社会商品零售和服务项目价格总指数计算，1995年1月份3年期以上定期储蓄存款的保值贴补率为9.84%。凡在该月份内到期的3年、5年、8年期的定期储蓄存款，保值期内除分别按年利率计付利息外，再按上述贴补率给储户贴补。"这意味着当时储蓄存款3年期以上可以获得的实际利率等于基准利率加上保值补贴率。

这个保值补贴率从1993年国家批准开办以后，就呈现出一路上行的走势，从最开始的1.2%一直上升到1995年底的13.2%，13.2%的保值补贴率叠加17.1%基准利率，意味着当时8年以上存款的实际利率可以高达30%（见图6-2）。如此之高的利率，对股票市场而言绝对是重大利空。随后，到1996年，经国务院批准，中国人民银行决定从1996年4月1日起，对3年期以上的人民币定期储蓄存款，不再实行保值。但是在本公告发布前存入的3年期以上的定期储蓄存款，按原定办法继续给予保值。取消保值补贴率，对储蓄存款而言是一种变相的降息，这也是1996年股市行情启动的一个重要原因。

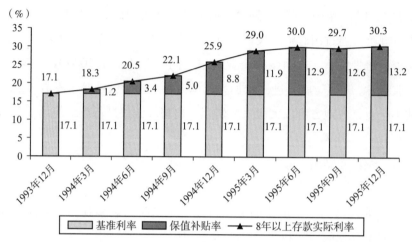

图 6-2　1993 年 12 月～1995 年 12 月 8 年以上存款利率变化情况

资料来源：历年《中国金融年鉴》、Wind 资讯。

第三节　行情特征：低价股革命

1995 年沪深两市总体表现依然不佳，上证综指全年收益率为 -14%，深证成指全年收益率为 -22%。

1995 年 A 股扩容速度明显减缓，全年新增上市公司仅 24 家，A 股上市公司总数从 287 家上升至 311 家。这其中，1995 年全年上涨个股数量占比 20%，下跌个股数量占比 80%，全部个股收益率中位数为 -17.3%。

从行业结构表现来看，1995 年涨幅领先的行业板块分别是食品饮料、钢铁、休闲服务，其中食品饮料板块一枝独秀，全年涨幅 24% 遥遥领先其他行业。跌幅较大的行业主要是交通运输、纺织服装、电子，1995 年全年的累计跌幅分别是 30%、28%、28%（见图 6-3）。

从个股表现情况来看，深市的川老窖 A 全年涨幅第一，累计上涨 144%，是 1995 年唯一全年股价翻倍的个股。涨幅在 50% 的公司包括四川广华、北旅汽车、广电股份、西藏明珠、浙江尖峰、苏常柴 A、青海三普、银广夏 A、一汽金杯、深中集 A，总体数量也不算太多（见表 6-1）。

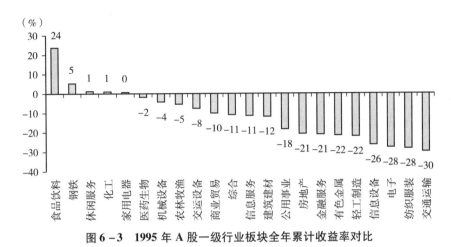

图 6-3 1995 年 A 股一级行业板块全年累计收益率对比

资料来源：Wind 资讯。

表 6-1   1995 年沪深两市涨幅最大的 20 只股票

股票代码	股票简称	所属行业	1995 年涨跌幅（％）	股票代码	股票简称	所属行业	1995 年涨跌幅（％）
000568	川老窖 A	食品饮料	144	000039	深中集 A	机械设备	50
600672	四川广华	化工	98	600602	真空电子	电子	45
600855	北旅汽车	交运设备	91	600809	山西汾酒	食品饮料	45
600637	广电股份	家用电器	79	600669	鞍山合成	交运设备	43
600873	西藏明珠	机械设备	78	000028	深益力 A	医药生物	41
600668	浙江尖峰	建筑建材	76	600813	鞍山一工	机械设备	38
000570	苏常柴 A	机械设备	72	600828	成都商场	商业贸易	37
600869	青海三普	医药生物	72	600846	同济科技	综合	35
000557	银广夏 A	农林牧渔	61	600683	宁波华联	商业贸易	33
600609	一汽金杯	交运设备	55	600688	上海石化	化工	32

资料来源：Wind 资讯。

    1995 年 A 股市场行情有一个突出的特征叫作"低价股革命"，所谓的"低价股"当时指的是绝对股价低，一般每股 5 元以下被理解为是低价股。从金融学原理来说，其实绝对股价是完全没有任何意义的，因为单位股票的股价完全可以通过股票的合并分拆来改变。一只每股 100 元的股票如果拆分为 10 股，就变成了每股 10 元，此时上市公司没有任何改变，持有拆分前的 1 股和拆分后的 10 股股东权益也不会有任何改变，就好比一张 100 元的钞票和 10 张 10 元的钞票，价值量是完全相同的。

如果非要说股价绝对水平低的好处，那可能就是在一定程度内会有一些流动性的好处，因为按照交易规则，最小的交易单位是一手（100 股），单价低意味着一手需要的资金量更小，如果单价特别高，比如每股 1000 元，对应最小交易一手需要 10 万元，意味着一些资金量特别小的投资者无法参与。低价股的这个流动性优势其实也不是那么重要。

但由于某些行为上的偏差，在市场的初期，确实也会有很多人认为低价股未来的涨幅空间比较大。从 1995 年全年的市场表现来看，低价股组合确实有明显的超额收益。如果我们将当时的全部 A 股根据其在 1994 年底时的绝对股价（不复权）进行分组，股价低于 5 元的为一组（低价股组合）、股价为 5～10 元的为一组（中价股组合）、股价高于 10 元的为一组（高价股组合），我们可以看到低价股组合的全年收益率均值和中位数分别是 -1.5% 和 -4.5%，要显著高于中价股组合和高价股组合（见图 6-4）。

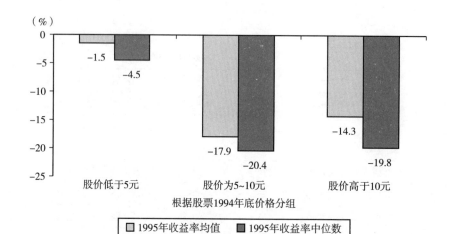

图 6-4　根据 1994 年底绝对股价分组计算 1995 年组合收益率情况

资料来源：Wind 资讯。

当时不少媒体报道认为"低价股革命"反映的是大盘股的优势，因为低价股大多是大盘股。从事后的数据分析来看，情况不是这样的，低价股组合的平均流通市值和总市值确实低于高价股组合，但却比中价股组合高。低价股组合、中价股组合与高价股组合最大的区分特征在估值上，低价股组合的估值要明显更低。

从表 6-2 中可以看到，1994 年底低价股组合的平均市净率为 1.8 倍，中价股组合和高价股组合分别为 3.6 倍和 5.6 倍；1994 年底低价股组合的平均市盈率为 16.6 倍，中价股组合和高价股组合分别为 30.5 倍和 61.5 倍。所以说，1995 年的"低价股革命"行情应该说本质上是一次低估值策略的胜利。

表 6-2　　　　　　　　低价股中价股高价股组合市值和估值对比

组合		1994 年底流通市值（亿元）	1994 年底总市值（亿元）	1994 年底市净率（倍）	1994 年底市盈率（倍）
均值	股价低于 5 元	1.5	11.2	1.8	16.6
	股价为 5~10 元	1.3	8.5	3.6	30.5
	股价高于 10 元	1.7	21.0	5.6	61.5
中位数	股价低于 5 元	1.1	6.4	1.7	15.1
	股价为 5~10 元	1.1	6.9	2.7	22.3
	股价高于 10 元	1.3	11.5	4.5	40.1

资料来源：Wind 资讯。

第七章
1996 年：第一个全面牛市

中国股票市场被称作"政策市"可以说始于 1996 年，正所谓成也"政策"，败也"政策"。从年初开始，首先是国家的宏观调控开始完全转向，货币政策从全面收紧转向了宽松和降息，其次沪深交易所出现了争雄的局面，两地纷纷以拉抬本地龙头股股价的形式，来进行比拼。市场行情一路上涨，9 月份以后，监管层开始试图降温，从 9 月下旬到 12 月中旬，监管层连续发布多项政策措施，被称为"十二道金牌"，但依然没有遏制住牛市前进的步伐。12 月下旬，重磅"炸弹"来袭，《人民日报》头版头条发表特约评论员文章《正确认识当前股票市场》，认为当前股价暴涨是不正常和非理性的，指数连续两天跌停。从行情特征看，以四川长虹为代表的绩优股 1996 年走出了凌厉的走势，A 股市场开始有了关于价值投资理念的探讨。1996 年上证综指走势与资本市场大事记如图 7 - 1 所示。

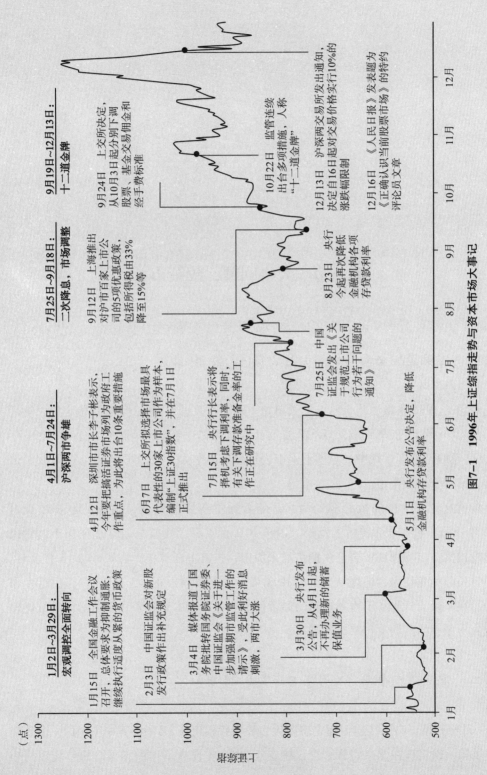

图7-1 1996年上证综指走势与资本市场大事记

资料来源：Wind资讯。

第一节　大事回顾：政策市

一、宏观调控全面转向（1 月 2 日～3 月 29 日）

经历了 1995 年最后两个月的连续单边下跌，A 股进入 1996 年后开始企稳，上证综指从 1996 年 1 月 19 日最低点 512 点起步，进入到一轮大牛市中。此前在 1991 年和 1992 年股市暴涨暴跌中，总体上上市公司数量还是太少，1996 年可以算得上 A 股历史上第一个全面牛市。

成就这轮大牛市的核心驱动力，是随着通货膨胀的回落，国家的经济政策自 1996 年开始从紧缩全面转向了宽松。1996 年 3 月 4 日，证监会通知加强期市监管遏制过度投机，市场理解资金会从期市涌入股市，当日上证综指大涨 8.9%。3 月 8 日，央行行长戴相龙指出，适度从紧的货币政策不等于紧缩银根。3 月 30 日，央行发布公告，从 4 月 1 日起，不再办理新的储蓄保值业务，基本意味着从紧的货币政策已经结束，市场开始预期央行降息的到来。

二、沪深两市争雄（4 月 1 日～7 月 24 日）

4 月份开始，高层接连正面表态要大力发展股票市场，1996 年 4 月 8 日，国务院证券委第六次会议在北京召开，会议确定了 1996 年证券工作的指导思想：实现两个"根本转变"，认真贯彻"法制、监管、自律、规范"的方针，加大监管力度，规范市场行为，积极稳妥地发展债券和股票融资，进一步完善和发展证券市场。

刺激1996年A股行情向上的另一个重要因素，是当时上海和深圳证券交易所出现了竞争的关系，而比拼的关键就是两市的股价上涨幅度和成交量。从"出生"的时间看，深交所试营业的时间要比上交所早18天，但由于1990年下半年的深圳股票热以及1992年的"8·10"事件，深圳股市的发展不如上海，1995年深交所的成交金额大概只有上交所的1/3。甚至当时还出现了所谓的"南雁北飞"事件，广东梅雁公司原定在深圳上市，但考虑到深交所市场低迷，最后舍近求远去上交所上市，这让深圳方面觉得非常需要奋起直追。1996年4月12日，深圳市市长李子彬表示，1996年要把搞活证券市场列为政府工作重点，为此将出台10条重要措施。

当时沪深交易所竞争的方式，除了降低上市交易费用、出台地方扶持政策外，两地政府采取了最直接的方式，支持本地券商自营资金入市，拉抬本地交易所龙头公司股价。深圳这边的龙头毫无疑问当属深发展，上海这边的龙头则有陆家嘴、四川长虹、上海石化、申能股份，号称"四面大旗"。这种地方政府支持的股价竞争模式，使得两市行情节节攀升。1997年6月，新华社发布消息，宣布经查实，1996年约80亿元银行信贷资金违规拆借给部分证券公司炒作股票，相关机构负责人遭免职处分。涉及的金融机构包括深发展、工行上海分行、海通证券、申银万国证券、广发证券和君安证券。

这期间，1996年5月1日，中国人民银行发布公告决定，降低金融机构存贷款利率，存贷款利率分别平均降低0.98%和0.75%，这是央行自1993年以来首次降息。6月7日，上交所决定拟选择市场最具代表性的30家上市公司作为样本，编制"上证30指数"，并在7月1日正式推出，当时不少观点认为，上交所在1996年推出上证30成分股指数，目的也是引导资金形成合力，作为与深市竞争的手段。

三、二次降息，市场调整（7月25日～9月18日）

指数在经历了7个多月的连续大涨之后终于开始技术性调整，之所以说是技术性调整，是因为指数的上涨趋势仍在，这期间监管层延续友好态度，基本面也持续向好，短暂休整之后，股市开始酝酿第二轮更疯狂的上涨。

这一阶段监管层开始关注股票市场对完善企业制度、推进国企改革的重要作用。1996年8月20日，百余家上市公司跨入现代企业制度试点行列，除可享受试点企业优惠政策外，还可在融资、配股、资产重组等五个方面得到支持。8月27日，国务院决定对 300 家重点国企予以新增贷款支持。9 月 2 日，国家经贸委主任陈清泰指出，国企股票上市或职工持股是推进国有企业改革的方向之一。

1996 年 8 月 23 日央行年内宣布二次降息，存贷款利率分别下调 1.5% 和 1.2%。但当时市场出现的一个情况就是，降息前市场在炒作降息预期，等降息真的来临时，就变成利好兑现的利空了，所以两次降息都出现了降息消息公布后，指数连续几日回调的情况。

四、十二道金牌（9 月 19 日～12 月 13 日）

牛市情绪仍在，两市蓄势待发一点即着，短暂调整之后，依然是利好消息不断，A 股迎来了 1996 年的第二轮上涨行情。

1996 年 9 月 12 日，上海市推出对沪市百家上市公司的 5 项优惠政策，包括：所有上市公司所得税由 33% 降至 15%；部分绩优公司将在资本扩充上得到重点支持；企业原向上海房地产局租用的土地、楼房，其产权划至国有控股集团；减轻上市公司的部分包袱；为上市公司的进一步发展提供贷款。

1996 年 9 月 20 日，中国证监会主席周道炯在加拿大蒙特利尔举行的证监会国际组织第 21 届年会上作了题为"证券监管机构的任务和内地与香港证券市场关系"的演讲，他说现阶段我国证券监管机构的主要作用和主要任务表现在两个方面：一是监管市场，二是培育市场。[1] 监管层的表态再次提振了投资者信心，指数连续两个交易日上涨了 11%！而且国内经济稳定向好，物价持续回落，海外股市连创新高，此时不涨更待何时？

从 9 月开始，股票新增开户数迅速增加，全民炒股的氛围迅速蔓延开来，其中既有宏观经济持续向好、政策温和友好的因素，当然也有违规资金操纵、股民盲目跟风以及新闻媒介推波助澜的作用。当时市场上有个说法叫"不怕套，套不怕，怕不套"，回想起来，这个跟 2007 年大牛市的"死了都不卖"，真的有异曲同工之处。

快速上涨之后，管理层意识到了市场风险在积聚，决定对这种非理性的上涨趋势进行干预和威慑，从 1996 年 10 月 22 日至 12 月 13 日连续出台多项监管政策，这些

---

[1]　河边：《周道炯提出现阶段证监会主要作用和任务有二：一是监管市场 二是培育市场》，载《西部金融》1996 年第 10 期，第 50 页。

政策被当时有些媒体称为"十二道金牌"①（具体政策措施见表7-1）。然后市场并不听招呼，反而更加急速地上涨，从11月底至12月上旬上证综指连续突破1000点、1100点、1200点几个重要整数关口，上涨速度远远超过前两次。

表7-1　　　　　1996年管理层连续出台的"十二道金牌"具体措施

日期	政策措施
10月22日	证监会重申严禁证券经营机构信用交易，对违规者一经查实，将严肃处理
10月25日	证监会决定向证券、期货交易所派驻督察员，以加强对证券、期货市场的监督
10月26日	证监会发布《证券经营机构证券自营业务管理办法》，在市场准入、禁止行为以及风险控制等方面做出详细规定
10月30日	证监会向全国各试点期货交易所发出通知，要求加强期货交易实物交割环节管理，规范期货交易所的信息披露
11月1日	证监会发出《关于严禁操纵证券市场行为的通知》，提出对操纵市场行为一经查实，将依法从严惩处
11月12日	证监会发布《境内及境外证券经营机构从事外资股业务资格管理暂行规定》，规定自12月1日起实施
11月15日	证监会主席周道炯在全国证券期货监管授权工作会议上强调，地方证券监管部门要把工作重点转移到监管上来
11月20日	证监会严肃查处海通证券、深圳发展银行在股票交易中非法为客户提供融资案件，对两家证券经营机构给予警告和罚款
12月2日	证监会主席周道炯指出：规范基金业将是1996年一段时期发展投资基金的首要工作；投资基金发展方向应以开放式为主；基金投资方向将以证券投资为主
12月6日	证监会发出通知，要求加强对上市公司临时报告审查，规定上市公司披露临时报告必须经过交易所审核，交易所应当尊重上市公司对指定报刊的选择
12月9日	证监会下发《关于加强证券市场风险管理和教育的通知》，加强风险管理和对投资者的风险教育，提高证券市场防御能力
12月13日	证监会发出通知，规定到1997年2月15日还未获资格证书的券商将不得从事股票承销业务

资料来源：笔者整理。

① "十二道金牌"原指岳飞一天之内接连收到十二道金字牌递发的班师诏，这里说监管政策是"十二道金牌"，也难免有生搬硬套的感觉。

五、《正确认识当前股票市场》（12 月 16～31 日）

连续疯狂大涨之后，上证综指终于在 12 月 9 日触及年内最高点后开始下跌。1996 年 12 月 13 日，监管层宣布 A 股实行"涨跌停板制度"，规定单只股票单日涨跌幅不超过 10%，当日上证综指大跌 5.7%。

1996 年 12 月 16 日，又一个载入中国证券史的事件发生了，当日《人民日报》头版头条发表特约评论员文章《正确认识当前股票市场》，严厉批评股票市场非理性上涨，市场情绪彻底崩溃。文章指出，当前一个时期的股价暴涨是不正常的和非理性的。造成股价暴涨的原因，主要是机构大户操纵市场、银行违规资金入市、证券机构违规透支、新闻媒体推波助澜、误导误信股民跟风等因素。

在《正确认识当前股票市场》发表的同一天，国家计委、国务院证券委宣布，1996 年度新股发行规模为 100 亿元，中国证监会将按照"总量控制、限报家数"的原则下达。12 月 16 日当天两市除了停牌股票外，几乎所有个股全部跌停，上证综指大跌 9.9%，12 月 17 日上证综指再跌 9.4%。上证综指从 12 月 11 日的 1245 点，到 12 月 20 日跌破 900 点，7 个交易日指数狂泻 29%。

随后，政策呵护市场的暖风又开始吹来。1996 年 12 月 18 日，深沪证券交易所总经理就股市大幅波动发表讲话，称投资者对股市应有信心，当前盲目杀跌与前期盲目追涨一样有风险。12 月 25 日，《中国证券报》刊发评论员文章《增强信心，稳定市场》，文章指出，《人民日报》特约评论员文章旨在抑制过度投机、挤干股票泡沫、保护中小投资者利益，这一目的已经达到，投资者应对中国证券市场的健康发展充满信心。12 月 27 日，《中国证券报》《证券时报》《上海证券报》等同时刊发署名文章《透过现象看本质：对近两周股市的思考》。文章指出，过度投机得到了初步抑制，股价向合理方向回归，近两周股市的变化也表明广大投资者对中国股市长期发展充满了信心。

回首 1996 年，涨跌皆因政策，中国股市被烙上了深刻的"政策市"印记。

第二节　经济形势：经济全面降温

一、通货膨胀得到有效控制

通过几年的宏观调控，1996年中国经济各项增长指标继续回落。1996年全年实际GDP增长9.9%，增速比上一年下降1.1%；工业增加值同比增长12.5%，增速比上一年下降1.5%；固定资产投资同比增长14.8%，增速比上一年下降2.7%；社会消费品零售总额同比增长20.1%，增速较上一年回落6.7%。虽然这几个经济增长指标1996年均有所回落，但总体看绝对水平依然非常高。

1996年经济增长指标中出口出现明显大幅回落，全年出口同比增速为1.5%，较前两年有非常大的下滑，1994年和1995年出口的同比增速分别为31.9%和22.9%。1996年出口增速大幅下滑，主要的原因是国家对外贸政策做了一些调整。第一，从1月1日起，出口退税率由原来的17%、13%、6%下调为9%、6%、3%。第二，从4月1日起，关税总水平由35.3%降至23%；取消176项进口商品的配额许可证和进口控制措施；原则上停止进口关税和进口环节的税收减免和优惠，对进口设备和原材料等一律按法定税率征收关税和进口环节税。第三，从4月1日起，外贸加工企业加工贸易料件银行保证金台账制度扩大至全国每省区市的一个试点地区试点，7月1日起在全国全面实施。

1996年中国经济最大的成就，是经过几年的努力，通货膨胀终于得到了控制。1995年我国的CPI和PPI同比增速分别是17.1%和14.9%，在两位数的水平上，1996年CPI和PPI同比增速分别大幅下降至8.3%和2.9%，可以说治理通货膨胀取得了巨大的成效，而且自此以后，我国再也没有出现过两位数以上的通货膨胀水平。

二、货币政策开启降息周期

解决了通货膨胀以后，就为后续的各项政策打开了空间。1996年货币政策的基调虽然还是"适度从紧"，但实质已经完全变了，从1996年开始中国的货币政策正式进入一轮大的降息周期中，这个过程一直持续到了2002年。

1996 年 4 月 1 日，央行停办了居民储蓄的保值补贴业务，在前文中笔者分析过，当时的保值补贴率实际上是非常高的，取消了存款储蓄的保值补贴，是一种变相的降息方式，鼓励居民减少存款增加消费。

1996 年 5 月 1 日，央行年内第一次下调了存贷款利率，其中存款利率平均下降0.98%，贷款利率平均下降 0.75%。8 月 23 日，央行年内第二次降息，这次降息中存款利率平均下降 1.5%，贷款利率平均下降 1.2%。从 1996 年开始，我国利率出现了趋势性下行（见图 7-2），之后，无论是存贷款利率还是国债到期收益率，都再也没有出现过 10% 以上两位数的水平。

图 7-2　1990～2019 年 5 年期以上中长期贷款利率走势

资料来源：Wind 资讯。

第三节　行情特征：价值投资开始萌芽

1996 年沪深两市全年大涨，上证综指全年累计上涨 65%，深圳成指涨幅更是高达 226%。

伴随着牛市的火热行情，沪深两市 1996 年再度大幅扩容，A 股上市公司总数从311 个上升到 514 个。其中，1996 年全年上涨个股数量占比 79%，下跌个股数量占比21%，全部个股收益率中位数为 44.9%。1996 年 A 股上市公司总数单年增加约65%，这个扩容速度在历史上算是非常高的了。1996 年股市的经验，反过来看也说明了一个问题，就是"IPO 规模和数量增加股价受到压制"这个逻辑是不对的。多数情况下，并不是说 IPO 多了股票供给多了，所以股价就下跌了，而恰恰是股价上涨的过程中，往往 IPO 会多发。

从行业板块结构来看，1996 年全部板块均大幅上涨，其中涨幅较大的行业板
块是家用电器、金融服务、农林牧渔，涨幅分别为 209%、199%、183%，涨幅相
对较小的板块是轻工制造、信息服务、交通运输，涨幅分别为 47%、54%、57%
（见图 7 - 3）。

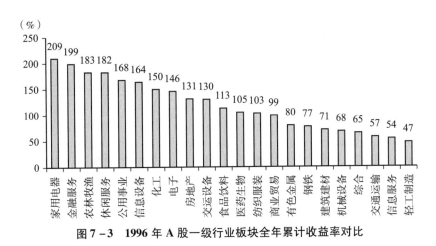

图 7 - 3　1996 年 A 股一级行业板块全年累计收益率对比

资料来源：Wind 资讯。

一、香港回归概念，深市明显更强

如前所述，1996 年的 A 股行情中出现了沪深两地争雄的情况，从实际表现来看，
深市的股价表现要更胜一筹。除了深证成指涨幅要明显高于上证综指外，从涨幅榜个
股表现中也可以发现，1996 年涨幅最大的前 20 只股票中，深交所股票有 17 只，上
交所股票仅有 3 只（见表 7 - 2）。

表 7 - 2　　　　　　　　　　1996 年沪深两市涨幅最大的 20 只股票

股票代码	股票名称	所属行业	1996 年涨跌幅（%）	股票代码	股票名称	所属行业	1996 年涨跌幅（%）
000508	琼民源 A	农林牧渔	957	000031	深宝恒 A	房地产	517
000551	苏物贸 A	公用事业	717	000046	南油物业	房地产	498
000571	新大洲 A	交运设备	568	000021	深科技 A	信息设备	478

续表

股票代码	股票名称	所属行业	1996 年涨跌幅（%）	股票代码	股票名称	所属行业	1996 年涨跌幅（%）
000001	深发展 A	金融服务	414	000501	鄂武商 A	商业贸易	317
000034	深华宝 A	信息设备	404	000020	深华发 A	电子	308
600839	四川长虹	家用电器	382	600690	青岛海尔	家用电器	300
000514	渝开发 A	房地产	360	000019	深深宝 A	食品饮料	292
000530	大冷股份	机械设备	357	600698	济南轻骑	交运设备	292
000510	川金路 A	化工	335	000016	深康佳 A	家用电器	283
000520	武凤凰 A	化工	322	000027	深能源 A	公用事业	281

资料来源：Wind 资讯。

1996 年深圳市场表现能够明显好于上海，有一个重要的催化剂就是香港回归。香港将在 1997 年 7 月 1 日正式回到祖国的怀抱，因此市场在 1996 年时对"香港回归概念"是抱有很大的热情的。

中国香港当时是"亚洲四小龙"之一，根据《中国统计年鉴 1995》统计，香港当时人口 592 万人，地区 GDP 总量 1162 亿美元，约为 1994 年时我国内地 GDP 的 1/5。当时香港的经济体量，回归之后对内地经济会产生重大的影响。深圳和香港仅一桥之隔，自然是近水楼台先得月，深圳本地的房地产、公用事业等股票自然受到市场的极力追捧。

二、四川长虹的价格战

从行业板块表现情况看，1996 年涨幅最大的行业板块是家用电器，板块全年涨幅高达 209%（见图 7-3）。家用电器板块中，涨幅最大的个股是四川长虹，全年累计上涨 382%（见表 7-2）。

四川长虹可谓是当时市场的明星公司、龙头公司，最著名的莫过于其在 1996 年发起的"彩电价格战"。1996 年，当时国内大尺寸屏幕的彩电市场基本还是被国外进口品牌垄断。1996 年 3 月，长虹彩电以同样的技术、同样的质量却比进口品牌便宜的策略大幅降价让利消费者，开启了对进口品牌彩电的价格战。长虹宣布在全国范围内降价 18%，争夺市场份额。

经此一役，长虹在国内彩电市场的市场占有率大幅提升，同时也对国产彩电的翻身有着非常积极的影响，国产彩电销量大幅增长。从股市表现来看，1996～1997年，家用电器板块的股价有非常大的超额收益（见图7-4）。

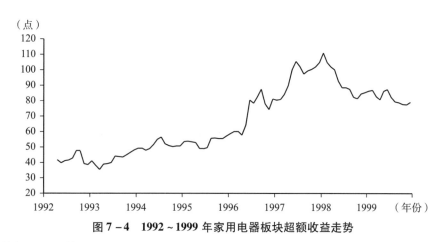

图7-4 1992～1999年家用电器板块超额收益走势

资料来源：Wind资讯。

三、绩优股与价值投资理念

在经历了此前"三无概念股""浦东概念股""低价股革命"等主题炒作之后，1996年A股市场出现了比较明显的绩优股行情特征，代表公司就是沪市的四川长虹和深市的深发展A，这些公司在当时的确有很好的业绩表现。

当时的市场并没有太多关于价值投资的理念，这些业绩好的公司也不像后来被称为"价值股"或"成长股"，而是被称作"绩优股"。1997年1月24日，《上海证券报》一篇《价值投资：不重表象重内质》的文章中提道："投资股票不研究企业无异于赌博，作为一个整体，企业本身具有价值，股票的市场价值即价格只是投资者对企业整体价值的一种判断，由于受诸多不确定因素的影响，这种市场化的价值定位常与公司价值相背离，股票价格的波动正是这种背离程度的外在化表现。"在笔者看到的资料里，这可能是最早用"价值投资"做标题的主流财经媒体文章了。

纵观A股的历史，但凡谈论价值投资比较多的年份，总体特征基本都是"低估值""大市值"公司跑赢市场的风格。1996年也不例外，如果按照1995年底所有个股的市盈率进行分组，就可以发现低估值的组合平均收益率在1996年要远高于高估值组合（见图7-5）。

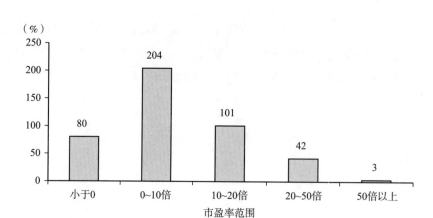

图 7 - 5　1996 年不同市盈率范围股票组合收益率中位数对比

注：根据 1995 年底股票市盈率进行分组。

资料来源：Wind 资讯。

第八章
1997 年：牛年牛市

　　1997 年中国经济成功实现了软着陆，亚洲金融危机的影响还没有显现，我们在较高的实际经济增速下，将通货膨胀率大幅降低。股票市场上，从年初开始行情再度进入主升浪，到 4 月份，上证综指突破了 1996 年 12 月《人民日报》发表《正确认识当前股票市场》特约评论员文章前的高点位置。随后国家宣布为支持国家重点大中型企业发股上市，大幅增加新股发行规模，俗称"放松股根"。市场行情从 5 月份开始掉头向下，7 月份周正庆接替周道炯成为中国证监会第三任主席，9 月份以后监管态度再度转向增强市场信心，行情开始逐渐企稳。1997 年是 A 股上市公司的"资产重组年"，全年有将近 1/3 的上市公司进行资产重组，到第四季度几乎每天都有公司资产重组的公告。1997 年上证综指走势与资本市场大事记如图 8 - 1 所示。

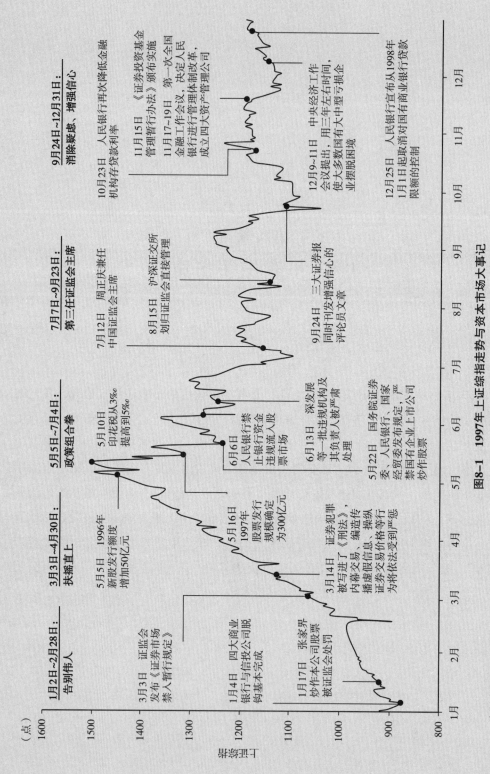

图8-1 1997年上证综指走势与资本市场大事记

资料来源：Wind资讯。

第一节　大事回顾：放松"股根"

一、告别伟人（1月2日~2月28日）

1996年的狂欢行情终于在年末被管理层接连的强势政策遏制住，从12月上旬开始指数从1200点狂泻而下，最低到855点，直至年末几个交易日才艰难守住900点。然而这只是狂欢的插曲，进入1997年后，两市在四川长虹和深发展的带动下吹起了价值回归的春风，指数又一路狂奔而上，其间几乎没有任何回调。

1997年伊始发生的"琼民源事件"是彼时股票市场狂热的缩影。上市后的第二年，琼民源公司便开始走下坡路，经营业绩不佳，股价表现平平。然而经过一番精心操作包装后，从1996年7月1日起，琼民源股价在短短几个月内翻了数倍。1997年1月22日琼民源发布年报称，1996年该公司净利润比上年同比增长1291倍，分配方案为10送7转增2.8股（即每10股送转9.8股），年报公布后，其股价继续大幅飙升。随之而来的还有各种争议和怀疑，公司对于如此高利润的来源并不能给出合理的解释，随后深交所宣布对其停牌。1997年3月，琼民源公司全部董事在讨论琼民源利润分配的股东大会上集体辞职，导致琼民源无人申请复牌。为此，监管部门对琼民源进行了调查，最后确认其制造虚假财务数据。琼民源事件是我国证券市场自建立以来最严重的一起证券欺诈案件①。

1997 年 2 月 17 日，因市场传言，当日大跌 8.9%，不过次日 2 月 18 日上证综指又大幅上涨 7.6%。2 月 20 日清晨开盘前，新闻中传来噩耗，一代伟人邓小平同志于 1997 年 2 月 19 日在北京逝世，享年 93 岁。沪深两市大幅低开，上证综指当日低开 9.6%，几近全部跌停，随后市场行情企稳回升，最终收盘时上证综指微涨 0.2%。

二、扶摇直上（3 月 3 日～4 月 30 日）

1997 年 3 月份以后，在深发展和四川长虹两只股票的带领下，两市行情高歌猛进，深成指在 3 月下旬突破了 4000 点，沪指也逼近 1200 点，距离 1996 年 12 月的最高点也只是一步之遥了。

1997 年 3 月 3 日中国证监会发布了《证券市场禁入暂行规定》，3 月 14 日新修订的《中华人民共和国刑法》在八届全国人大五次会议上获通过，证券犯罪被写进了刑法，从此内幕交易、编造传播虚假信息、操纵证券交易价格等犯罪行为将依法受到严惩。4 月 24 日中国证监会决定开展"证券期货市场防范风险年"活动。但这丝毫不改股指一路上行的趋势，到 5 月初，上证综指已经接近 1500 点的历史最高点。

三、政策组合拳（5 月 5 日～7 月 4 日）

1996 年 12 月《人民日报》发表《正确认识当前股票市场》文章前的上证综指高点是 1258 点，等到了 1997 年 4 月，上证综指已经完全突破了这个高点。为了进一步遏制股市的疯狂式上涨，一连串政策组合拳开始出台，这一次就不再仅仅是停留在倡导式的宣传层面，而是有实实在在的具体措施。

1997 年 5 月 5 日，管理层宣布为支持国家重点大中型企业发股上市，增加 1996 年新股发行额度 50 亿元，加上已公布的 100 亿元，1996 年新股发行额度为 150 亿元。这种扩大股票供给的做法，当时有个称呼叫作"放松股根"，跟人民银行"放松银根"对应。市场不予理睬，5 月 5 日当日上证综指大涨 4.0% 收报 1449 点。5 月 10 日

---

① 1998 年 4 月 29 日，由有关部门组成的调查小组在进行了长达一年多的调查之后，公布了琼民源 1996 年年报严重失实的结果，有关造假者承担了应有的刑事责任。1997 年 3 月 10 日《刑法（修订草案）》增加了打击证券欺诈犯罪的内容，琼民源案是 1997 年 10 月实施新刑法以来，首次使用证券犯罪条款的案件。

（周六），国务院将证券交易印花税税率从 3‰上调至 5‰。又是一个重大利空，市场继续不予理睬，5 月 12 日（周一）上证综指再涨 2.3% 收报 1500 点。

1997 年 5 月 16 日，又一个重磅"炸弹"来袭，国家计委、国务院证券委确定 1997 年股票发行规模为 300 亿元。这要比调整后的 1996 年股票发行规模还要再增加一倍。同时 5 月 16 日，沪市的"河北威远""东大阿派"和深市的"深能源 A""泸州老窖"四只股票均因为价格波动异常被交易所停牌，这是沪市首次因个股异常波动而被暂停交易的事件。这下市场受不了了，5 月 16 日当日上证综指大跌 7.2%。事情还没完，5 月 22 日，国务院证券委、中国人民银行、国家经贸委发布《关于严禁国有企业和上市公司炒作股票的规定》，严禁国有企业上市公司炒作股票，规定要求：上市公司不得动用银行信贷资金买卖股票，不得用股票发行募集资金炒作股票，也不得提供资金给其他机构炒作股票，上证综指当日再度大跌 8.8%。

随后，1997 年 5 月 28 日，证监会设立举报中心，方便社会公众对证券市场违法行为进行举报。6 月 6 日，人民银行发文禁止银行资金通过各种形式违规流入股票市场①。6 月 13 日《人民日报》披露了管理层对深发展、工行上海分行和几家券商等一批违规机构做出了处罚决定。6 月 16 日银行间债券交易启动，商业银行从此正式离开证券交易所市场。6 月 18 日深发展对动用信贷资金炒作自己股票的行为发表公开致歉，并声称于 4 月 17 日已卖出所有本公司股票。此前一直作为领头羊的深发展自此次处罚后在此轮漫长的熊市中几乎再无行情。

在一连串政策组合拳的打击下，上证综指从 5 月初的 1500 点快速下跌至 7 月初的 1097 点，两个月的时间内跌幅达 26.9%。

四、第三任证监会主席（7 月 7 日~9 月 23 日）

市场行情从 7 月初开始企稳。1997 年 7 月 12 日周正庆接替周道炯成为中国证监会第三任主席。

7 月份以后，金融风暴开始在东南亚国家蔓延。1997 年 7 月 2 日，泰国宣布取消

---

① 1997 年 6 月，人民银行发布了《中国人民银行关于各商业银行停止在证券交易所证券回购及现券交易的通知》，要求商业银行全部退出上海和深圳交易所市场，商业银行在交易所托管的国债全部转到中央国债登记结算有限责任公司；同时规定各商业银行可使用其在中央结算公司托管的国债、中央银行融资券和政策性金融债等自营债券通过全国银行间同业拆借中心提供的交易系统进行回购和现券交易，这标志着机构投资者进行债券大宗批发交易的场外市场——银行间债券市场正式启动。

泰铢对美元的联系汇率制，实行浮动汇率制。当天，泰铢兑换美元的汇率下降了17%，外汇及其他金融市场一片混乱。8 月 5 日，危机重重的泰国，同意接受国际货币基金组织附带苛刻条件的备用贷款计划及一揽子措施。一时间东南亚各国的外汇市场和股票市场如多米诺骨牌一样纷纷遭受重创，而 A 股表现却恰恰相反，在经历了 5 月过后的急速下跌之后进入了盘整回升的阶段。

这期间管理层对于严抓监管、规范资本市场的总路线依然没有改变。1997 年 8 月 15 日，国务院决定将上海证券交易所和深圳证券交易所划归中国证监会直接管理，从而正式确立了从地方政府管辖转变为中央统一管理的体制。同一天，上交所更换领导人，屠光绍为新任总经理。9 月 4 日，深交所也更换了领导人，桂敏杰任总经理。

1997 年 9 月 12 日，中共十五大正式开幕。A 股市场中长期以来存在一种"维稳行情"的预期，就是在重大事件（两会、党代会、国庆、奥运会等）之前，市场预期管理层会有意维持较好的股市行情，但一旦重大事件正式开始发生，市场又会认为这是利好兑现。1997 年也是这个样子，随着中共十五大的正式召开，市场反而认为这是利好出尽了，上证综指在 9 月 11～23 日出现了一波快速下跌，最低探至 1025 点。

五、消除疑虑、增强信心（9 月 24 日～12 月 31 日）

监管政策明确转向的标志性事件是三大证券报在 1997 年 9 月 24 日同时发表增强信心的评论员文章，《中国证券报》发表《眼观大势、增强信心》，《证券时报》《上海证券报》刊登《消除顾虑，增强信心》，上证综指当天上涨 6.5%。自此，指数急速下降的趋势算是稳住了，股市开始缓慢稳步上行。

然而此时危机已经蔓延至全亚洲，东南亚金融风暴也演变为亚洲金融危机。1997 年 10 月国际炒家移师国际金融中心香港，矛头直指香港联系汇率制，全球股市发生暴跌。不过在 1997 年第四季度的这场全球金融风暴中，A 股几乎没有受到任何影响。这期间管理层对于股市采取"两条腿走路"的策略，一方面对股市的整体态度仍然是比较温和的，货币政策也转向宽松；另一方面对于资本市场乱象坚决打击，规范市场投资行为。

1997 年 10 月 16 日，周正庆发表《积极稳妥发展证券市场》，指出目前我国证券市场正处在发展的初级阶段，市场需求的培育将会是一个较长的过程，尚不存在大规模扩容的条件，A 股在 16 日、17 日两天连续大涨。10 月 23 日，人民银行发布公告，存贷款利率分别降低 1.1% 和 1.5%。11 月 10 日，国家计委、财政部联合发出通知，降低证券期货市场监管费率，沪深两个交易所证券交易监管费降低 20%，各期货交易所期货市场监管费用降低 10%。11 月 14 日，国务院证券会颁布实施《证券投资基金管理暂行办法》。

1997 年 11 月 17～19 日，时值亚洲金融危机爆发期间，第一次全国金融工作会议召开，决定人民银行进行自身管理体制变革的大手术，并成立四大资产管理公司，以处理从国有四大行剥离的不良资产。12 月 9～11 日在京召开的中央经济工作会议提出，用三年左右时间，使大多数国有大中型亏损企业摆脱困境，力争到 20 世纪末使大多数国有大中型骨干企业初步建立起现代企业制度。这两次会议奠定了后续几年我国国企改革和金融改革的方向，也成为后面市场行情热点追逐的方向。

第二节　经济形势：中国经济"软着陆"

一、高增长低通胀的奇迹

1997 年中国经济的表现应该说是可圈可点的，高增长、低通胀，亚洲金融危机的影响还没有明显出现。1997 年全年中国实际 GDP 增长 9.2%，增速比 1996 年小幅回落 0.7%；工业增加值同比增长 11.3%，增速比上一年小幅回落 1.2%；固定资产投资同比增长 8.8%，增速比上年下降 6.0%。社会消费品零售总额增速和出口同比增速分别为 10.2% 和 21.0%，总体都还算不错。

到 1997 年底，中国宏观经济成功地实现了"软着陆"，其核心标志就是在实际经济增速没有大幅回落的情况下，通货膨胀降到了一个非常低的水平，而且许多此前经济运行中存在的过热和混乱局面也得到了很好的解决。1997 年全年我国 CPI 同比增长仅 2.8%，相较于前一年的 8.3% 增速大幅回落；PPI 同比增速已经下滑至零以下达 -0.3%，较前一年的 2.9% 增速进一步回落。

解决了通货膨胀的瓶颈之后，1997 年货币政策进一步放松，中国人民银行宣布，自 1997 年 10 月 23 日起，降低存贷款利率，其中存款利率平均降低 1.1%，贷款利率平均降低 1.5%，以进一步减轻企业财务负担，支持国有企业改革。这是自 1996 年开启降息周期以来人民银行的第三次降息。

二、国企改革三年脱困

1997 年 9 月，中共十五大在北京召开。中共十五大对我国的所有制理论和实践都有重大的突破意义，中共十五大报告中提出了一系列新的论断，包括："公有制为主体、多种所有制经济共同发展，是我国社会主义初级阶段的一项基本经济制度"；"要全面认识公有制经济的含义。公有制经济不仅包括国有经济和集体经济，还包括混合所有制经济中的国有成分和集体成分"；"公有制实现形式可以而且应当多样化。一切反映社会化生产规律的经营方式和组织形式都可以大胆利用。要努力寻找能够极大促进生产力发展的公有制实现形式。股份制是现代企业的一种资本组织形式，有利于所有权和经营权的分离，有利于提高企业和资本的运作效率，资本主义可以用，社会主义也可以用"；等等。

感兴趣的读者应该可以发现，在我国相关的经济统计数据中（比如《中国统计年鉴》），"国有企业"最早的称呼是"全民所有制企业"，后来变成"国有独立核算企业"，再后来变成"国有及国有控股企业"，也就是当前的用法。

此外，1997 年提出的一个重要改革措施就是国企改革的"三年脱困"。这个在 1997 年的中央经济工作会议中被明确提出，目标是用三年左右的时间，通过改革、改组、改造和加强管理，使大多数国有大中型亏损企业摆脱困境，力争到 20 世纪末使大多数国有大中型骨干企业初步建立起现代企业制度。1998 年要以纺织行业为突破口，推进国有企业改革，努力使部分企业经营状况明显好转。在一些重要行业或关键领域组建一批大型企业集团，同时采取改组、联合、兼并、租赁、承包经营和股份合作制、出售等形式，加快放开搞活国有小企业的步伐。

国有企业三年脱困的目标，实际上是股票市场 1997～2000 年这段时间内资产重组题材此起彼伏一直有行情的重要经济基础。

第三节　行情特征：资产重组年

1997 年沪深两市表现依然不错，上证综指和深证成指均有 30% 的涨幅。

1997 年市场继续大幅扩容，两市 A 股上市公司总数从 514 家提高到了 720 家，增幅约 40%。这其中，1997 年全年股价上涨公司数量占比 64%，全年股价下跌公司数量占比 36%。全部 A 股上市公司 1997 年收益率中位数是 11.3%。

从行业涨跌幅排行来看，1997 年涨幅靠前的板块主要是公用事业、信息设备和家用电器，涨幅分别为 84%、76% 和 73%。涨幅排名靠后的板块主要是采掘、轻工制造和休闲服务，全年涨幅分别为 1%、9% 和 12%。钢铁板块全年下跌 15%，是唯一一个下跌的板块（见图 8-2）。

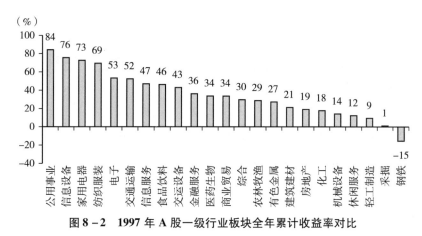

图 8-2 1997 年 A 股一级行业板块全年累计收益率对比

资料来源：Wind 资讯。

一、科技板块大放异彩

以信息设备和信息服务为代表的高科技板块在 1997 年里大放光彩，除了指数整体涨幅较大外，可以发现 1997 年涨幅最大的 20 只个股中，排名靠前的有多个科技股公司，排名前三的均为科技公司，其中深科技 A 全年涨幅 289% 傲视群雄，排名第二的风华高科和排名第三的国嘉实业也分别有 237% 和 221% 的巨大涨幅（见表 8-1）。

表 8-1 1997 年沪深两市涨幅最大的 20 只股票列表

股票代码	股票简称	所属行业	1997 年涨跌幅（%）	股票代码	股票简称	所属行业	1997 年涨跌幅（%）
000021	深科技 A	信息设备	289	000519	蓉动力 A	机械设备	208
000636	风华高科	电子	237	600788	达尔曼	轻工制造	208
600646	国嘉实业	信息服务	221	600839	四川长虹	家用电器	207
600718	东大阿派	信息服务	220	000670	天发股份	化工	204

续表

股票代码	股票简称	所属行业	1997 年涨跌幅（%）	股票代码	股票简称	所属行业	1997 年涨跌幅（%）
600607	联合实业	医药生物	197	000836	天大天财	信息服务	159
600810	神马实业	化工	177	000682	东方电子	信息服务	155
000050	深天马 A	电子	171	600745	康赛集团	纺织服装	155
600690	青岛海尔	家用电器	168	000582	北海新力	交通运输	154
000623	吉林敖东	医药生物	166	600866	星湖股份	医药生物	152
000027	深能源 A	公用事业	161	600739	辽宁成大	商业贸易	152

资料来源：Wind 资讯。

　　科技股浪潮的背后是 20 世纪 90 年代中后期我国计算机产业的迅猛发展。在 1997 年之前的七年中，我国计算机产业的年增长率在 30% 以上，1996 年实现行业总产值 298 亿元，同比增长 48%；市场销售额达 920 亿元，同比增长 49.6%。计算机产业在当时已经成为我国经济发展的重要增长点，从事计算机产品生产与经营的企业也成了国家产业政策重点扶持的对象。

　　在行业快速发展中，企业的数量和质量都有明显的提升。在硬件的制造上，到 1996 年我国 PC 制造业已逐步成熟起来，国产 PC 的市场竞争力大大增强，出现了联想、长城、方正等一大批国产品牌，1996 年以联想、长城为代表的国产 PC 打破了进口 PC 垄断中国市场 10 多年的局面。软件开发方面，伴随着软件市场供给和需求大幅增长，北大方正、东大阿派、中软、希望等骨干企业已经具备了相当的技术及经济实力，一批从事网络系统集成、软件开发与信息服务的计算机企业正逐步走向成熟。

　　从股市的表现来看，从 1996 年开始一直到 2000 年 3 月，A 股市场中的信息设备板块一直有非常好的超额收益表现（见图 8-3）。

二、降息周期中的公用事业板块

　　1997 年另一个表现非常不错的板块是公用事业板块，其实主要是电力板块表现较好，所以当时市场说的主要是"能源板块"有很好的表现。

　　1997 年涨幅较好的公用事业板块股票包括深能源 A（全年上涨 161%）、浦东大众（全年上涨 136%）、漳泽电力（全年上涨 126%）、韶能股份（全年上涨 124%）、深南电 A（全年上涨 100%）等。

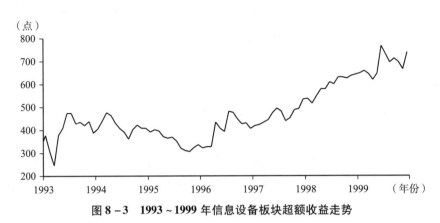

图 8 - 3　1993 ~ 1999 年信息设备板块超额收益走势

资料来源：Wind 资讯。

　　公用事业板块从走势上看，从 1996 年下半年开始一直到 1997 年底，这段时间内有非常明显的超额收益（见图 8 - 4）。这背后的主要逻辑应该就是降息带来的利好影响，在 1998 年亚洲金融危机对中国经济产生实际冲击之前，1996 ~ 1997 年这段时间内，国内经济处在经济增长还不错、货币政策开始降息的环境。这对于重资产、高股息的公用事业板块非常有利。

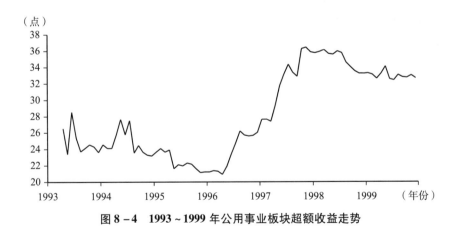

图 8 - 4　1993 ~ 1999 年公用事业板块超额收益走势

资料来源：Wind 资讯。

三、重组概念登上历史舞台

　　1997 年中国 A 股市场并购重组如火如荼，据统计，1 ~ 12 月沪深两市进行资产重组的上市公司共计 246 家，其中沪市 139 家、深市 107 家，占全部上市公司比例将近 1/3。① 而且其中半数以上上市公司的重组公告是下半年公布的，到第四季度几乎每天都会有上市公司资产重组的消息传来。

资产重组在 1997 年特别是下半年的大爆发，与当时的政策背景密切相关，1997 年中共十五大报告明确提出了"对关系国民经济命脉的重要行业和关键领域，国有经济必须占支配地位。在其他领域，可以通过资产重组和结构调整，以加强重点，提高国有资产的整体质量"。

从资产重组的形式来看，主要包括以下几种：第一，收购兼并，尤其是对同行业企业的成功购并，这可以有助于上市公司在短时期内迅速提高生产能力，实现规模经营。第二，股权转让，1997 年下半年开始，国家股、法人股有偿转让开始逐渐增加并呈现加速发展的势头，但在当时股权分置改革尚未完成之际，在我国占上市公司股本总额的 70% 的国家股、法人股是不能上市流通的，这个流通问题如何解决越来越受到关注。第三，借壳上市，这主要就是看中了上市公司"壳"的价值，上市公司地位可以形成巨大的融资优势和品牌优势，对上市公司来说，其"壳"的资源在当时 IPO 数量有限的情况下，的确是非常宝贵的。第四，资产置换，上市公司将亏损或微利的资产置换出去，再注入优质资产，从而达到提高上市公司资产质量的目的，为上市公司增添新的利润增长点。

资产重组在当时引发了市场极大的关注度和热情，公告重组的股票往往会出现明显的股价上涨。

---

① 苏中一、鲁宾：《1997 年上市公司资产重组的统计分析》，载《证券市场导报》1998 年第 3 期，第 34～35 页。

第九章
1998 年：惊涛骇浪

　　1998 年，在国内特大洪水和亚洲金融风暴的双重冲击下，中国经济面临巨大考验，实际 GDP 增速跌破 8%。国家由此做出了扩大内需，实行积极的财政政策，加强基础设施建设，进行房地产、教育、医疗市场化改革等一系列政策决定。股票市场最开始并没有受到海外市场的冲击，指数从年初开始到 5 月份一路走高，6 月份以后随着国内特大洪水来袭以及香港金融保卫战的打响，股市出现了快速下跌，9 月份起市场逐步企稳反弹。从行情特征上看，资产重组题材依然是市场最强的行情主线，高科技板块表现依旧出色，但 1998 年一大批绩优股股价出现了大幅下跌，使价值投资的理念在中国市场上受到了挫折。1998 年也是中国公募基金行业启动的元年，1998～1999 年，中国诞生了第一批公募基金管理公司，俗称"老十家"。1998 年上证综指走势与资本市场大事记如图 9 - 1 所示。

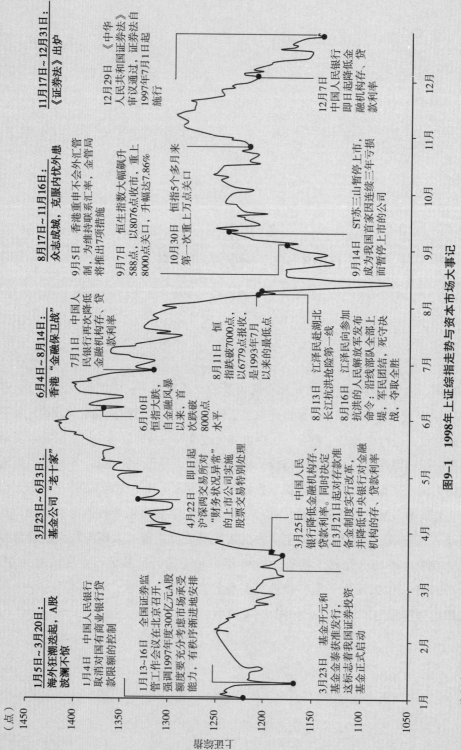

图9-1 1998年上证综指走势与资本市场大事记

资料来源：Wind资讯。

1月5日~3月20日：
海外狂潮迭起，A股波澜不惊

1月4日 中国人民银行取消对国有商业银行贷款限额的控制

1月13-16日 全国证券监管工作会议在北京召开，强调1997年度300亿元A股额度要充分考虑市场承受能力，有秩序渐进地安排

3月23日 基金金泰获准发行，这标志着我国证券投资基金正式启动

3月23日~6月3日：
基金公司"老十家"

3月25日 中国人民银行降低金融机构存、贷款利率，同时决定自3月21日起对存款准备金制度实行改革，并降低中央银行对金融机构的存、贷款利率

6月4日~8月14日：
香港"金融保卫战"

7月1日 中国人民银行再次降低金融机构存、贷款利率

6月10日 恒指大跌，自金融风暴以来，首次跌破8000点水平

4月22日 即日起沪深两交易所对"财务状况异常"的上市公司实施股票交易特别处理

8月11日 恒指跌破7000点，以6679点报收，是1993年7月以来的最低点

8月13日 江泽民赴湖北长江抗洪抢险第一线

8月16日 江泽民向参加抗洪的人民解放军发布命令：沿线部队全部上堤，军民团结，死守决战，夺取全胜

8月17日~11月16日：
众志成城，克服内忧外患

9月5日 香港重申不会外汇管制，为维持联系汇率，金管局将推出7项措施

9月7日 恒生指数大幅飙升588点，以8076点收市，重上8000点关口，升幅达7.86%

10月30日 恒指5个多月来第一次重上万点关口

9月14日 ST苏三山暂停上市，成为我国首家因连续三年亏损而暂停上市的公司

11月17日~12月31日：
《证券法》出炉

12月29日 人民共和国证券法》审议通过，证券法自1997年7月1日起施行

12月7日 中国人民银行即日起降低金融机构存、贷款利率

第一节 大事回顾：抗洪救灾与金融风暴

一、海外狂潮迭起，A 股波澜不惊（1 月 5 日～3 月 20 日）

1997 年下半年席卷全亚洲的金融风暴依然没有消散，1998 年的新年钟声刚刚敲响，国际炒家便迫不及待地对亚洲货币市场再度发起强烈攻势。

1998 年初至 3 月底的这段时间，亚洲各国汇市股市纷纷暴跌，亚洲金融危机持续恶化，国际金融形势也不甚明朗。1 月 7 日，亚洲爆发新一轮货币危机，各国股市普遍下跌，其中新加坡股市下跌 4.9%，创 5 年新低。1 月 8 日，印度尼西亚外汇市场和股市同时出现暴跌，雅加达股市综合指数单日跌幅 12%。同日，日本大藏省公布了对投机行为加强监管和控制的紧急对策，严格控制股票卖空。2 月 11 日，印度尼西亚政府宣布将实行印度尼西亚盾与美元保持固定汇率的联系汇率制，以稳定印度尼西亚盾，此举遭到国际货币基金组织及美国、西欧的一致反对。国际货币基金组织称将撤回对印度尼西亚的援助，印度尼西亚陷入政治经济大危机。3 月 17 日，由于韩国逾 6000 亿美元的庞大债务，韩国将批准外资在韩国进行敌意收购及合并。

与此同时，国内经济形势相对稳定，A 股受外围股市暴跌影响较少，在 1 月初至 2 月初经历短暂的上涨后便开始震荡下跌，整体在维持窄幅震荡。1998 年 3 月 19 日，新任总理朱镕基举行首次记者招待会，着重谈了"一个确保，三个到位和五项改革"。其中专门提到了"人民币不贬值"和"亚洲金融危机不会影响到中国金融改革预定的进程，也不会影响中国金融保险事业的对外开放政策"。

二、基金公司"老十家"（3 月 23 日~6 月 3 日）

1998 年对于中国资本市场一个重要的变革，就是开启了基金发展的崭新一页。1998 年 3 月 23 日，依据《证券投资基金管理暂行办法》，首获中国证监会批准的开元证券投资基金和金泰证券投资基金，在证券交易所公开上网发行。这标志着我国证券投资基金正式启动。1998～1999 年，中国诞生了第一批公募基金管理公司，分别是 1998 年成立的华夏基金、华安基金、国泰基金、鹏华基金、南方基金、博时基金，以及 1999 年成立的嘉实基金、长盛基金、大成基金、富国基金。这 10 家基金管理公司，被市场称为"老十家"，对后续我国证券基金行业的发展有着重要影响。

1998 年 3 月下旬开始，A 股市场进入快速上涨阶段，而 1998 年的第一波上涨行情真正的启动开始于中国人民银行的"双降"政策，也正是这时候开始监管层对于股市态度已经有了明确的转向。3 月 25 日起中国人民银行决定即日起降低金融机构存贷款利率，并对存款准备金制度进行改革，降低中央银行对金融机构的存贷款利率，这是中国人民银行自 1985 年以来首次下调存款准备金率。3 月 27 日，中国证券史上首批真正的证券投资基金，开元、金泰证券投资基金正式成立。随后两日，股市连续两天大涨，累计涨幅近 5%。4 月 7 日，基金开元、基金金泰两只证券投资基金分别在深沪交易所上市交易。

加强金融监管和维护市场信心是 1998 年管理层监管思路的两个重要方向，因此这期间金融监管和制度建设的步伐依然没有放松。1998 年 4 月 8 日，中国人民银行颁布实施《企业债券发行与转让管理办法》。4 月 22 日，沪深交易所宣布，将对财务状况或其他状况出现异常的上市公司股票交易进行特别处理（special treatment），在简称前冠以"ST"，ST 股正式登上历史舞台。4 月 29 日，中国证监会依法查处"琼民源案"，并对参与这起证券欺诈案的单位和个人做出严肃处理。5 月 12 日，江泽民总书记在中共中央举办的第七次法制讲座上强调要切实加强金融法治建设，高度重视金融安全工作。

虽然外围市场并不平静，但从 3 月底到 6 月初，A 股在诸多利好中持续上涨了两个月，涨幅近 20%，可谓是一枝独秀的亮丽风景了。

三、香港"金融保卫战"（6 月 4 日～8 月 14 日）

然而，从 6 月初开始，股市行情急转直下。导致当时市场大跌的原因可能主要是两个，一是国内特大洪水来袭，二是亚洲金融危机引起的香港"金融保卫战"。

一方面，从 1998 年 6 月初开始，长江发生了自 1954 年以来的又一次全流域性大洪水。截至 1998 年 8 月 22 日初步统计，全国共有 29 个省（区、市）遭受了不同程度的洪涝灾害，受灾面积 3.18 亿亩，成灾面积 1.96 亿亩，受灾人口 2.23 亿人，直接经济损失达 1666 亿元。[①]

另一方面，亚洲金融风暴已经进入了最后的攻坚战。1998 年 6 月 9 日，日元汇率大跌，在日元大跌的带动下，亚洲区汇市股市大幅下跌，纽约股市也在 6 月 11 日出现深跌。7 月 24 日，穆迪将日本列为降级观察名单，导致日本股市及日元齐挫。对国内 A 股市场影响最大的是国际金融炒家对香港港元和港股的狙击。1998 年 6 月 10 日，香港股市大幅下挫，恒生指数自亚洲金融风暴以来，首次跌破 8000 点水平。到 8 月 11 日，恒生指数跌破 7000 点，是 1993 年 7 月以来的最低点。

在此期间，股票市场似乎对铺天盖地而来的政策利好完全免疫。1998 年 6 月 12 日，印花税税率由 5‰调整为 4‰，上证综指仅在当天上涨 2.6%，随后便再次进入下跌通道。7 月 1 日，中国人民银行再次降低金融机构存、贷款利率以及中央银行准备金存款利率和再贷款利率，而上证综指在第二天小幅上涨 1.2% 之后仍然继续下跌。7 月 8 日，经国务院批准，中国证监会决定下半年再推出 5 家证券投资基金，进一步扩大试点基金数量。8 月 11 日，证监会发布了《关于证券投资基金配售新股有关问题的通知》，明确新股配售等一系列问题。彼时一连串的实质性重磅利好给 A 股带来的仅是一两个交易日的狂欢，指数持续阴跌两个半月。

四、众志成城，克服内忧外患（8 月 17 日～11 月 16 日）

或许是巧合，也或许是偶然中存在必然性，从时间上看，1998 年 6～8 月间 A 股市场的大幅下跌，与当时的抗洪救灾和香港"金融保卫战"高度吻合。

---

① 水利部办公厅、国家防汛抗旱总指挥部办公室：《'98 中国大抗洪》，黄河水利出版社 1998 年版，第 35 页。

　　1998 年 8 月 13 日，中共中央总书记江泽民赴湖北长江抗洪抢险第一线，看望、慰问、鼓励广大军民，指导抗洪抢险斗争。8 月 16 日，江泽民向参加抗洪的人民解放军发布命令：沿线部队全部上堤，军民团结，死守决战，夺取全胜。[①] 8 月 24～29 日，第九届全国人大常委会第四次会议在北京举行，温家宝代表国务院向全国人大常委会报告全国抗洪抢险的情况，抗洪抢险已经取得重大胜利。

　　与此同时，8 月 14 日，香港特别行政区政府表示，将动用外汇基金，在股票和期货市场上采取相应行为，打击金融市场投机，维持相关金融市场的秩序。受此影响，恒生指数当日大幅上扬 8.5%。9 月 5 日，香港金融管理局总裁任志刚重申，香港特区不会实施外汇管制，为维持联系汇率，香港金融管理局将推出七项措施。10 月 30 日，香港股市大幅上升，恒生指数收市时报 10155 点，这是港股 5 个多月来第一次重上万点关口。

　　随着洪水退去与香港金融市场逐步稳定，A 股开始触底反弹，走出了 1998 年的第二波上涨行情。相比于上半年的上涨周期而言，这次反弹持续的时间更长，从 8 月中旬直到 11 月中旬共三个月的时间，但反弹的速度相对缓和，指数上涨了 21%，涨幅和前一次反弹差不多。从政策导向上看，第二季度、第三季度其实是货币政策明显宽松化，而第四季度在监管层的发言中则多次出现了"积极的财政政策"的表述。这说明 1997 年底中央经济工作会议对于 1998 年稳中求进、财政货币政策适度从紧的定位已经明确发生了改变。

五、《证券法》出炉（11 月 17 日～12 月 31 日）

　　市场行情从 11 月下半月起再度转向，上证综指从 11 月 17 日开始再度下行直至年末，一个月时间下跌了 11% 多。虽然监管层抛出了橄榄枝，表示明年将继续采取积极的财政政策，并在 12 月 7 日再度降低存贷款利率 0.5%。但始终没能扭转指数"跌跌不休"的局势。

　　当时影响市场的最重要事件无疑是《证券法》的审议。1992 年 8 月，全国人大财经委成立证券法起草小组，然而从 1996 年起《证券法》的审议就没有了新的进展，从 1998 年 9 月开始《证券法》的审议再度提速，成为市场的焦点。1998 年 12 月 29 日，九届全国人大常委会第六次会议审议通过《证券法》，自 1999 年 7 月 1 日起施

---

　　① 周庆钱等：《气吞山河的历史画卷——一九九八中国抗洪抢险纪实》，载《人民日报》1998 年 9 月 9 日。

行。《证券法》的出台从长期来看对中国资本市场的发展必然是利好的，但在当时短期看它可能改变不少交易的形成，成为一个不确定性，有点类似于新增合规禁止事项。

例如，《证券法》中规定直接影响股市资金的条文有：国有企业以及国有资产控股的企业不得炒作上市交易的股票；禁止银行资金违规流入股市；只有综合类证券公司才有自营资格；客户的交易结算资金必须全额存入指定的商业银行，单独立户管理，严禁挪用客户交易结算资金等。市场认为，如果完全落实以上规定，许多与国有企业和银行资金有牵连的机构资金必须撤出股市，不是综合类证券公司的自营资金也必须撤出股市，而且一些非法挪用了客户保证金炒作股票的资金也必须退出股市。

因此在1998年最后两个月《证券法》提交审议，重大问题尚未明确之时，投资者都抱着谨慎的心态看待市场。

第二节 经济形势：亚洲金融危机冲击

一、扩大内需刺激经济

1998年在国内特大洪水和国外亚洲金融危机的双重冲击下，中国经济面临了巨大的考验。全年实际GDP同比增长7.8%，增速比上一年下降1.4%，这个增速要低于年初定下的8%经济增速目标，比改革开放以来的年平均增长率9.8%以及1992～1997年的年平均增长率11%都要低。工业增加值、社会消费品零售总额、出口等同比增速均较上一年明显回落。通货膨胀全面进入负增长，全年CPI和PPI同比增长分别为-0.8%和-4.1%。

这种背景下，使得1998年宏观调控政策发生了明显转向，国家做出了扩大内需、实行积极的财政政策、加强基础设施建设、推动经济发展和保持人民币汇率稳定等重大决策。

财政政策方面，1998年3月的《政府工作报告》中提出的还是要"继续实行适度从紧的财政政策。严肃财经纪律，努力增收节支，控制债务规模，继续压缩财政赤字"。到7月份的全国财政工作会议，就明确提出要"采取更加积极的财政措施，加大对基础设施建设的投入力度，以有效地启动经济"。8月底，国家增发了1000亿元国债，中央财政赤字由年初预算的460亿元扩大至960亿元。这已经完全不同于"软着陆"时期的"双紧"经济政策了。

货币政策方面，1998 年 1 月 1 日，央行取消了贷款限额控制，将更多的贷款自主权留给商业银行。同时，1998 年央行将法定存款准备金率从 13% 下调为 8%。随着经济下行压力的不断增加，1998 年 3 月、7 月、12 月，中国人民银行先后三次降低存贷款利率，其中存款利率累计下降近 1%，贷款利率累计下降近 2%。总体来看，1998 年的货币政策从遏制通货膨胀转向了防止通货紧缩。

二、房地产、教育、医疗市场化改革

除了传统意义上的财政政策和货币政策以外，1998 年国家开始了对房地产、教育、医疗的市场化改革，这些领域此前支出基本完全由国家财政负担，改革后使得市场发挥更大的作用，在当时无疑起到了扩大消费刺激经济的作用。

这些市场化改革措施中，对宏观经济和股票市场影响最大的当属房地产的市场化改革。1998 年 7 月，《国务院关于进一步深化住房制度改革，加快住房建设的通知》发布，提出了发展住房交易市场、加快住房建设的改革目标。从这个时刻起，我国已经实施了四十年的福利分房制度正式退出历史舞台，住房的投资建设和购买销售都进入市场化阶段。

从 1998 年开始，房地产几乎可以称得上是经济周期之母了。一方面，房地产庞大的体量和巨大的产业链，使其对宏观经济增长产生了极其巨大的影响。每一轮房地产周期都带来了整个宏观经济和股票市场的巨大波动。另一方面，持续上行的房价使政府对于房地产行业经常出台打压政策，然后就是不断地反反复复，打压、刺激、打压、刺激、打压，房地产周期在随后的二十多年里不断演绎。

第三节　行情特征：题材炒作风

1998 年指数层面 A 股市场有所回落，同时沪深分化也较大，上证综指全年仅小幅下跌 4%，深圳成指跌幅较大，全年下跌 30%。1998 年全部股票中，上涨股票数量占比 54%，下跌股票数量占比 46%。全部个股全年收益率中位数为 2.1%，个股收益率中位数表现明显强于指数表现，说明非权重股比权重股有更好的表现。

行业结构表现中，高科技板块领涨，信息服务和信息设备分列行业涨幅榜前两位，全年涨幅分别为24%和17%。消费类板块表现相对较差，家用电器、交运设备、食品饮料位列行业涨幅榜最后，全年分别下跌20%、19%、12%（见图9-2）。

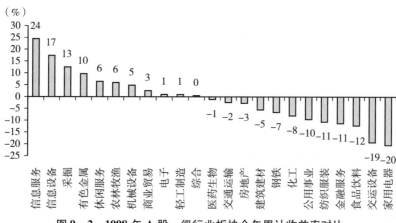

图9-2 1998年A股一级行业板块全年累计收益率对比

注：由于没有显示小数点后的数据，相同的数字反映在图示上会有微小的差异，下同。
资料来源：Wind资讯。

一、资产重组题材是行情主线

延续1997年的市场风格，1998年A股市场行情的主线依然是资产重组。1998年中股价能够实现翻番的股票，大部分是进行了资产重组的上市公司。在20世纪末，市场追逐生物科技、信息技术等高新技术产业，很多上市公司通过资产重组把主业变更为计算机软件、生物医药等新兴产业，从而成为"黑马股"。

表9-1报告了1998年沪深两市涨幅最大的20只股票，其中大部分在1998年出现过资产重组活动。

表9-1 　　　　　　　　1998年沪深两市涨幅最大的20只股票

股票代码	股票名称	所属行业	1998年涨跌幅（%）	股票代码	股票名称	所属行业	1998年涨跌幅（%）
000633	合金股份	机械设备	414	000695	灯塔油漆	化工	224
600669	鞍山合成	化工	318	000048	康达尔A	农林牧渔	202
600657	天桥百货	信息服务	267	600699	辽源得亨	化工	186

续表

股票代码	股票名称	所属行业	1998 年涨跌幅（％）	股票代码	股票名称	所属行业	1998 年涨跌幅（％）
600057	厦新电子	信息设备	183	000583	托普软件	信息服务	128
600647	ST 粤海发	综合	177	000509	天歌集团	综合	124
000549	湘火炬 A	汽车	167	000693	泰康股份	信息服务	119
000677	山东海龙	化工	166	600077	精工集团	信息设备	118
601607	上海医药	医药生物	162	000776	延边公路	交通运输	117
600117	西宁特钢	钢铁	150	000525	宁天龙 A	化工	115
600676	交运股份	交运设备	138	600747	大显股份	电子	113

资料来源：Wind 资讯。

以涨幅榜排名前三的合金股份（全年涨幅 414%）、鞍山合成（全年涨幅 318%）和天桥百货（全年涨幅 267%）为例：

合金股份（沈阳合金股份有限公司）是一家以生产高强度耐蚀合金材料、特种缆线及镍合金材料为主的大型骨干企业。1998 年 6 月，合金股份与北京太空梭娱乐设备有限公司共同开发合金材料游乐设备的市场，推出了"挑战者"号时空穿梭机（一种游乐园里的娱乐设备）。9 月，合金股份宣布收购上海星特浩企业有限公司75% 的股权，该公司主要生产电动工具，属电动工具行业。

鞍山合成，公司主要从事涤纶丝产品的生产，业绩一直处于较低水平。1998 年公司进行了一系列的资产重组，主营业务从纺织向医药生物领域进军。鞍山合成先是出资收购了鞍山胜宝医学生物工程公司 75% 的股权，该公司主要产品包括铁蛋白、白细胞介素等。随后，鞍山合成转让所属长丝车间资产，将这些资金全部投入生物工程公司，用于开发、研制和报批项目。

天桥百货，1998 年 12 月，北京北大青鸟有限责任公司分别受让北京市崇文区国有资产经营公司和北京住宅开发建设集团总公司所持的天桥百货法人股共计 1127 万股，占总股本的 12.31%，成为其第一大股东。北大青鸟是以开发、生产、经营计算机软件为主体的高科技信息企业集团。此前，该公司已经受让了占总股本 4.45% 的天桥百货法人股，并将原控股子公司北大青鸟商用信息系统有限公司的 80% 股权转让给天桥百货。

二、高科技旗帜不倒，绩优股栽跟头

除了资产重组主题之外，1998 年还有两个比较鲜明的行情特征，一个行情特征是科技股的旗帜不倒，信息服务和信息设备分列行业涨幅榜前两名（见表 9 - 2）。这一波科技股行情是伴随着当时全球的互联网革命诞生的，从时间上看，从 1996 年一直延续到了 2000 年 3 月左右。

表 9 - 2 　　　　　　　1997 年底 A 股市值最大的 20 家公司在 1998 年的涨跌幅

股票名称	所属行业	1997 年底总市值（亿元）	1998 年涨跌幅（％）	股票名称	所属行业	1997 年底总市值（亿元）	1998 年涨跌幅（％）
四川长虹	家用电器	593	- 44	上海汽车	交运设备	131	5
深发展 A	金融服务	352	- 35	一汽轿车	交运设备	121	- 38
申能股份	公用事业	319	- 33	青岛海尔	家用电器	120	- 39
陆家嘴	房地产	242	- 32	仪征化纤	化工	119	- 26
上海石化	化工	198	- 27	粤电力	公用事业	116	- 16
深科技 A	信息设备	185	- 34	深能源 A	公用事业	105	- 47
东方航空	交通运输	169	- 37	东方通信	信息设备	104	- 20
吉林化工	化工	163	- 11	唐钢股份	钢铁	104	- 30
马钢股份	钢铁	136	- 19	广州控股	公用事业	99	- 7
原水股份	公用事业	132	- 10	氯碱化工	化工	82	- 1

资料来源：Wind 资讯。

另一个行情特征是在 1998 年大量的绩优股股价出现了大幅下跌。表 9 - 2 报告了 1997 年底 A 股市值最大的 20 家公司在 1998 年的涨跌幅。这 20 家公司股价在 1998 年平均下跌 25％，其中市值最大的五家公司四川长虹、深发展 A、申能股份、陆家嘴、上海石化，股价跌幅相对更大。

前文中曾经提到过，1996 年 A 股历史上第一次出现了价值投资理念，提倡投资者学习美国普通股民，长期持有绩优股股票。而到了 1998 年，伴随着绩优股股价的大幅下跌，A 股历史上价值投资理念的第一次实践可以说是失败了，题材炒作的风头开始越来越盛。

　　实际上，再往后看，无论是价值投资，还是大市值公司、绩优股等，这类公司总体上，其业绩都是与宏观经济基本面关联度更高，所以也往往都是在宏观经济环境相对较好的时间里，股价能够取得更好的表现，如后面的 2003 年、2007 年、2017 年等。而 1998 年由于亚洲金融危机的冲击，中国经济出现了很大的下行压力，应该说这是绩优股栽跟头的主要原因。

第十章
1999年：第二次大牛市

　　1999年留给人们最深刻的记忆莫过于"5·19"行情了。1999年5月19日，A股市场行情突然大爆发，然后以极快的速度开始上攻，上证综指从5月17日的低点1047点到6月30日的高点1756点，两个月的时间里指数涨幅高达68%。"5·19"行情的背后，一方面是在货币政策和财政政策刺激下，中国经济出现了复苏的拐点信号，PPI同比增速在1999年开始向上回升；另一方面是美国纳斯达克市场的网络股欢腾开始映射到中国市场，科技股和网络股也成为中国A股市场上绝对的领涨板块。行情的高速发展，使得很多传统的估值指标开始失效，市场对科技股和网络股的探讨从"市盈率"转向了"市梦率"。1999年上证综指走势与资本市场大事记如图10-1所示。

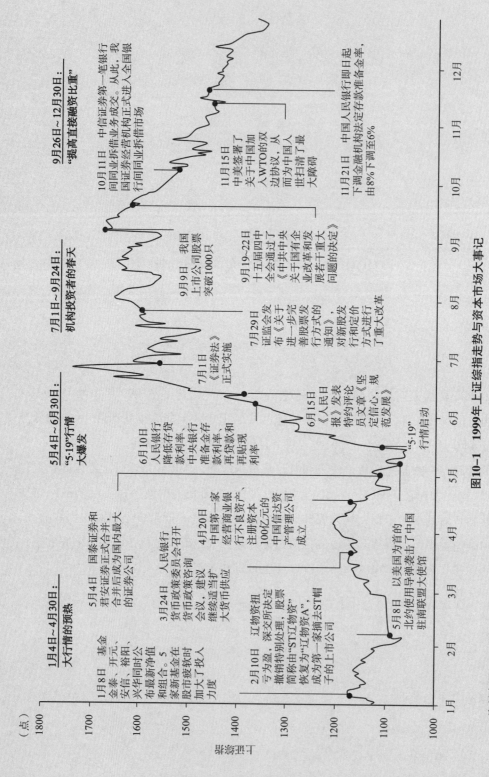

图10-1 1999年上证综指走势与资本市场大事记

资料来源：Wind资讯。

第一节　大事回顾：股市发展新阶段

一、大行情的预热（1月4日~4月30日）

经历了亚洲金融危机的血洗，1999年初整个市场的情绪仍处于十分脆弱的状态。1999年1月23日，中国人民银行货币政策委员会例会指出，1999年要实行适当的货币政策，保持对经济增长必要的支持力度。可以说管理层对于1999年政策上的定调明显是积极的，但指数的走势却不尽如人意，从年初至2月初一直处于震荡下跌的趋势。

1999年2月初至4月初，市场酝酿了一轮温和的上涨行情，上证综指上涨了13%左右，其间管理层不断重申积极的政策方向。3月5日，九届全国人大二次会议在京开幕，朱镕基总理在《政府工作报告》中说，今年经济增长预期目标7%左右，必须继续扩大内需，实施积极的财政政策，进一步做好金融工作，防范金融风险，贯彻《证券法》规范发展证券市场。3月24日，人民银行货币政策委员会召开货币政策咨询会议，分析了当前金融经济形势，建议继续适当扩大货币供应，保持对经济增长的支持力度，防止通货膨胀。虽然这段时间政策方向上是积极的，但并没有实质性利好出现，加上3月底北约轰炸南联盟事件也间接影响到了股市，不温不火的市场行情下，指数从4月9日开始再度回调。

总体而言，1999年前四个月的股市行情属于窄幅震荡，由于《证券法》出台在即，市场也有对于《证券法》中一些规定的担忧。这期间，1999年4月20日，中国第一家经营商业银行不良资产、注册资本100亿元的中国信达资产管理公司成立。

二、"5·19" 行情大爆发（5 月 4 日~6 月 30 日）

五一过后，1999 年 5 月 4 日，国泰证券有限公司和君安证券有限公司正式合并，合并后的新公司净资产总额超过 30 亿元，成为国内最大的证券公司。5 月 5 日，中共中央政治局决定，将于 1999 年秋天召开中共十五届四中全会，全会的主要任务是就对国企改革和发展的重大问题作出决定。这几天股市表现相对平稳。

1999 年 5 月 8 日（周六）北京时间上午 5 时左右，以美国为首的北约使用导弹袭击了中华人民共和国驻南斯拉夫联盟共和国大使馆，造成馆舍破坏和人员伤亡，我国政府提出最强烈抗议。受此消息影响，5 月 10 日（周一）上证综指大跌 4.4%。市场很多观点本以为股市行情会进一步下跌，但峰回路转，5 月 10 日之后市场并未继续大幅下跌。一周多时间过后，1999 年 5 月 19 日，两市行情突然大爆发，当日上证综指大涨 4.6%，由此开启了一段非常著名的 "5·19" 行情。

随着指数的不断上扬，一系列的实质性利好也开始陆续放出。1999 年 5 月底开始，一大批券商开始陆续增资，5 月 24 日，经中国证监会批准，湘财证券注册资本将从 1 亿元人民币增至 10 亿元人民币，另有 8 家券商已提出申请，中国证监会正在审批。增资后的券商可以为市场带来更多的自营资金投入。6 月 1 日，为促进 B 股市场发展，国务院决定从 6 月 1 日起，B 股交易印花税税率由 4‰降至 3‰。6 月 3 日，证监会发布《关于企业发行 B 股有关问题的通知》，企业发行 B 股将不受所有制形式限制。6 月 10 日，中国人民银行决定降低金融机构存款利率 1 个百分点、贷款利率 0.75 个百分点，并同时降低央行存款准备金率、再贷款和再贴现率。

1999 年 6 月 15 日，《人民日报》头版头条发表了《坚定信心，规范发展》的特约评论员文章，文章指出"近期股市企稳回升反映了宏观经济发展的实际状况和市场运行的内在要求，是正常的恢复性上升"。这相当于官方对这轮行情表示了充分的支持和肯定，另外，文章也透露了一系列即将落实的利好，比如"券商拆借、国债回购、增资扩股、扩大投资基金试点"等，这都对稳定投资者情绪、进一步催化行情爆发起到了重要作用。这篇特约评论员文章的作用与 1996 年 12 月 16 日的《正确认识当前股票市场》相比，简直就是一个天上一个地下。

1999 年 6 月 22 日，上证综指以 1564 点的点位收盘，突破了此前 1993 年时的最高点 1558 点，创下历史新高。从 5 月下旬到 6 月底短短一个半月的时间，上证综指涨幅高达 60%！1999 年的夏天注定令人难以忘怀！

三、机构投资者的春天（7 月 1 日~9 月 24 日）

正当市场欢欣鼓舞之际，"5·19"行情也差不多到了尾声。1999 年 7 月 1 日，《中华人民共和国证券法》正式实施，作为新中国第一部证券法典，其实施标志着我国新兴证券市场具备了持续、稳定、健康发展的法律基础。但证券法实施当日就给市场来了一记闷棍，当日上证综指大跌 7.6%。

从政策层面来看，这个时期的管理层态度还是十分友好的。当时的政策导向叫作"双向扩容"，就是一方面要增加 IPO、配股等股权融资，扩大市场的融资功能，另一方面又要扩大市场的资金来源，主要的渠道是发展机构投资力量。可以说，中国的机构投资时代开始正式来临。

扩充机构投资者力量的途径主要包括这几点：第一，1999 年证券公司开始第一轮大规模的增资扩股，以增强券商自营投资的实力。第二，允许券商进入银行间市场融资，提高其融资能力。8 月 19 日，中国人民银行发布《证券公司进入银行间同业市场管理规定》和《基金管理公司进入银行间同业市场管理规定》，进一步支持股市的发展，解决券商和基金的资金需求问题，指数当日上涨 3.5%。第三，允许国有企业投资股市。9 月 3 日，证监会下发《关于法人配售股票有关问题的通知》，国有企业、国有资产控股企业、上市公司所开立的股票账户，可用于配售股票，也可用于投资二级市场股票，但在二级市场买入又卖出同一种股票的时间间隔不得少于 6 个月。也就是说，时隔两年后，管理层终于彻底推翻了 1997 年 5 月 21 日明确禁止国企和上市公司炒股的政策。第四，允许保险资金间接投资股市。10 月 26 日，保险公司购买证券投资基金间接进入证券市场的方案获得国务院批准。当时保险公司还是只能通过购买基金间接入市，且规定购买基金的比例不超过保险公司总资产的 5%。

总体来看，从 1999 年 7 月初开始一直到 9 月底，市场进入一个高位震荡的过程中。这期间，1999 年 9 月 9 日我国上市公司总数突破 1000 家，中间股市迈上了一个新的台阶。

四、"提高直接融资比重"（9 月 26 日~12 月 30 日）

市场行情从 1999 年 9 月中下旬开始一直到年底，改变了此前震荡的走势，变成了单边下行持续下跌。其间也有重大利好，9 月 21 日，中国人民银行决定即日起延长个人住房贷款期限、降低贷款利率，以支持城镇居民购房。11 月 15 日，中美两国签署了关于中国加入世界贸易组织的双边协议。这标志着中美之间关于中国加入世贸组织的双边谈判正式结束，从而为中国入世扫清了最大障碍。11 月 21 日，中国人民银行即日起下调金融机构法定存款准备金率，由 8% 下调到 6%。但这些基本无济于事。

1999 年第四季度对市场影响最大的莫过于中共十五届四中全会上提出"提高直接融资比重"，市场担心过度扩容造成的股票大量供给冲击。

1999 年 9 月 19～22 日，中共十五届四中全会在北京举行，全会审议并通过了《中共中央关于国有企业改革和发展若干重大问题的决定》（以下简称《决定》）。这次的《决定》，在谈到直接融资时用了一个新的提法，叫作"提高直接融资比重"，这与过往年份中的"以间接融资为主、直接融资为辅"有明显不同。这个提法的背景就是要去解决当时国有企业负债率过高、资本金不足的问题。

对于"提高直接融资比重"的内涵，《决定》原文写得已经很清楚了："符合股票上市条件的国有企业，可通过境内外资本市场筹集资本金，并适当提高公众流通股的比重，有些企业可以通过债务重组，具备上市条件后上市。允许国有及国有控股企业按规定参与股票配售，选择一些信誉好、发展潜力大的国有控股上市公司，在不影响国家控股的前提下，适当减持部分国有股，所得资金由国家用于国有企业的改革和发展。要完善股票发行、上市制度，进一步推动证券市场健康发展。"

这在当时把市场吓坏了，又是"筹资"、又是"减持"，"提高直接融资比重"成为当时财经媒体讨论的焦点。当时不少观点拿出中国的"股票市值占 GDP 比重""直接融资占全部融资比重"等指标出来跟发达国家进行对标，这一算就非常恐怖，由此导致指数一路下滑。

1999 年的最后一个季度，指数在国有股减持的阴霾下持续下跌，三个半月上证综指跌幅 18%。当然，全年来看，指数仍有 21% 的涨幅，指数点位也触及新高，表现也是不俗了。

第二节　经济形势：新旧转换重要关口

一、通货紧缩，全方位政策刺激

中国经济自 1993 年采取宏观调控措施进行软着陆，到 1999 年已经进入尾声。

1999年全年我国实际GDP增长7.7%，较上一年继续下降0.1%；工业增加值同比增长8.9%，比上一年微增0.1%；固定资产投资同比增长5.1%，比上一年13.9%的增速有明显回落。社会消费品零售总额和出口的同比增速分别为6.8%和6.1%，总体还算可以。1999年经济中遇到的比较大的麻烦是通货紧缩，全年CPI和PPI分别同比增长−1.4%和−2.4%，通货紧缩下企业的经营效益面临着巨大的考验。

1998年和1999年中国实际GDP增速分别是7.8%和7.7%，除了1989年和1990年这两年硬着陆调整以外，这个增速自改革开放以来算是最低的水平了。为此，从1998年开始，国家采取了一系列的经济刺激手段，到1999年财政和货币的刺激力度都在加大。

一方面，1999年中国人民银行采取了多种货币政策措施，以支持经济增长。中国人民银行从1999年6月10日起降低存贷款利率，并同时降低央行准备金存款利率、再贷款和再贴现利率。其中存款利率平均下降1%，贷款利率平均下降0.75%，这是自1996年以来的第7次降息。11月又将法定存款准备金率由8%下调至6%。

另一方面，1999年国家还采取了非常积极的财政政策，包括在1999年下半年增发600亿元长期国债，主要用于基础设施和重点行业的技术改造；提高机关事业单位职工工资和社会保障"三条线"的水平，增加职工收入刺激消费。同时在1999年的中央经济工作会议中，还明确提出了实施"西部大开发"战略。从财政数据中可以明显看到，从1998年开始一直到2002年，我国财政赤字占GDP的比重逐年提高，明显超过了20世纪80年代中期到90年代的水平（见图10−2），当然，这个赤字数字如果再去与金融危机后的情况相比，也是小巫见大巫。

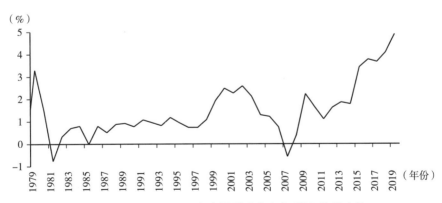

图10−2 1979~2019年中国财政赤字占GDP比重走势

注：财政赤字＝财政支出−财政收入，正数代表财政有赤字，负数代表财政有盈余。

资料来源：Wind资讯。

二、债转股

1999 年经济政策的另一项重大措施就是推进了国有企业"债转股"，这项措施的大背景就是"国有企业三年脱困"的目标。1999 年 7 月，国家经贸委、中国人民银行联合颁发了《关于实施债权转股权若干问题的意见》，表示将由国有商业银行组建金融资产管理公司，依法处置银行原有的不良信贷资产，同时为支持国有大中型企业实现三年改革与脱困的目标，设立金融资产管理公司作为投资主体实行债权转股权，企业相应增资减债，优化资产负债结构。

当时成立了华融、信达、东方和长城四大资产管理公司（AMC）。在成立四大资产管理公司时，财政部对其各提供 100 亿元的资本金，然后中国人民银行又提供5700 亿元的再贷款，最后四大资产管理公司向对口银行和国家开发银行发行 8200 亿元的专项金融债券，财政部对债券偿还提供支持。所以从本质上看，这一轮债转股实际上就是国家买下了相关的不良资产。

实施债转股以后最大的变化，就是中国商业银行的不良率出现了明显下滑，这是后来银行股行情大爆发的重要因素。

第三节　行情特征：市梦率的网络股

1999 年 A 股市场总体表现不错，上证综指和深圳成指全年分别上涨 19% 和14%。两市 900 多只股票中，全年股价上涨公司数量占比 67%、下跌公司数量占比33%，全部 A 股上市公司 1999 年股价收益率中位数为 11%。

从行业结构表现来看，1999 年表现较好的主要是科技板块，信息服务、电子、信息设备等行业在涨幅榜排名靠前，全年涨幅分别为 56%、41%、36%。顺周期板块表现相对较差，交运设备、建筑建材和钢铁等在涨幅榜上排名靠后，全年涨幅分别为 5%、6% 和 7%（见图 10-3）。

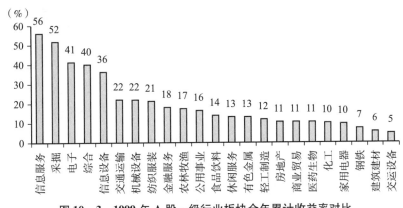

图10-3 1999年A股一级行业板块全年累计收益率对比

资料来源：Wind资讯。

一、"5·19"行情启动的逻辑

1999年的"5·19"行情在A股历史上非常有名，这波行情上涨速度快、幅度大，上证综指从5月17日的低点1047点到6月30日的高点1756点，两个月的时间里指数涨幅高达68%。

关于"5·19"行情启动的原因，一直没有明确的定论或者市场共识，所以也就有不少观点认为这是一场说来就来的行情。从研究的角度来看，如果一次行情启动的原因最终归结于说来就来，那这就是一个纯粹的偶然性事件，失去了研究的价值，因为这就跟买彩票一样变成了一件碰运气的事情，研究或者不研究都一样。

从1999年的文献资料来看，当时市场人士认为"5·19"行情启动的原因主要是增量资金入场，包括发行上市的新证券投资基金、居民储蓄转化而来的投资资金、实体经济投资转移而来的投资资金、境外资金的流入等。这种说法在当时证券类报纸上出现的频率较高。增量资金入场推升股票价格，这个说法是市场接受度最高的逻辑，不只在"5·19"行情，在此后的每一轮行情中都会被拿来反复提及。除了前述几种增量资金会入场，2008年以后大家还最喜欢说的一个增量资金，就是居民资产配置从房地产到股票，钱从楼市流入股市。

但实际上，增量资金入场推升股市，或者说股票价格是由资金驱动的，这个命题值得斟酌。其主要问题在于，每一个行情中增量资金流入与市场行情都是同步的，"增量资金"或者还有一个市场特别喜欢说的"风险偏好"，都不是领先指标，而且这个解释原因本身是无法预判的。一般情况下，"增量资金"都是伴随着"股价上涨"同时发生的,"增量资金"是行情发展中表现出来的一个现象,而不是启动的逻辑原因。

笔者认为,推动 1999 年"5·19"行情启动的原因,可能主要还是经过几年的"软着陆",中国经济开始见底回升了,最直接的数据变化,就是进入 1999 年以后工业品价格 PPI 同比增速开始回升了。从时间上看,1999 年开始的行情,最后结束于 2001 年 6 月,这个时间段正好对应着经济的全面复苏,一直到 2001 年后全球经济衰退导致了中国经济二次探底。

但从行情的结构性特征来看,1999 年的市场行情并不是经济复苏的逻辑,而是科技股、网络股行情,"5·19"行情启动后,沪市网络股的"三驾马车"东方明珠、真空电子、广电股份的涨幅很快就超过了 100%。或许这就是 A 股市场中经常出现的"蓝筹搭台、题材唱戏"特征吧。

二、从"市盈率"走向"市梦率"

A 股市场历史上的第一次科技股大行情,从 1996 年开始一直延续到 2000 年 3 月,1999 年正好处在行情的高潮时期。当时美国纳斯达克网络股神话已经传到中国,国内各项政策也大力扶持高新技术产业,市场对科技股和网络股都极为追捧。

行情发展到一定程度之后,就遇到了一些问题,股票的估值实在没法看了。于是,在 1999 年,A 股市场第一次出现了对"市梦率"的讨论。"市梦率"是与"市盈率"对应的,"市盈率"是上市公司市值与当前盈利的比值,但很多网络股公司的业务代表着未来的方向,但是就是短期内还没有业绩或者是亏损的,那怎么办?于是有了"市梦率"的概念,"市梦率"是一个非常不严谨的定义,基本意思就是股票价格是要对企业未来的梦想进行定价,当时的提法叫作"不怕做不到、就怕想不到、只要想得到、就有可能炒得到"。

应该说,"市梦率"概念本身的出现,就是资产价格泡沫化的一个特征。现在想想,笔者可能会觉得 1999 年人们用"市梦率"去估值非常可笑,但这个问题我们不能用后视镜去看,后来 2007 年、2015 年市场巅峰时刻的逻辑,又何尝不是"市梦率"呢。

对于类似"市梦率"的股价泡沫化阶段,笔者认为有两点经验教训值得学习。第一,任何资产价格的泡沫化必然有其合理性原因,否则也不至于会泡沫化,但千万不要用这些合理性原因去说"这一次不一样",试图否定资产价格泡沫。在 1999 年,你可以去说，网络产业距离收获的季节还有一段较长的时期，好比一个嗷嗷待哺的婴儿，而这段时间又是其生长最快的时期，会令父母们（投资者）兴奋不已，所以对一个婴儿你的估值方法一定不是"市盈率"而应该是"市梦率"。这些说法在事中看都对，在事后看又都是错的。

第二，从投资上讲，高估值投资标的，估值高了还有可能更高，但是很难维持住。在市场情绪上行期，高估值股票的估值实际上是很难算出天花板的，不过从历史经验看，这类股票的高估值是横不住的，也就是估值基本上都是大起大落，不会走出类似汉字"厂"字形走势。如果估值能横住，那么每年股价的收益率就基本等于业绩增速，但是很少看到高估值品种估值能够横住。对投资而言，这意味着对于这类股票，绝大多数情况下，我们只能赚估值的钱，而等不到赚业绩钱的时候。所以，对于这种高估值品种，最后市场都是"景气周期的趋势投资者"，不太会出现想象中的"第一阶段赚估值、第二阶段赚业绩"的情况。

第十一章
2000 年：站上 2000 点

　　2000 年的股市受到政策面和基本面的双重利好，一方面国务院和中国证监会出台了一系列利好股票市场的政策；另一方面 2000 年中国经济触底反弹结束了此前七年的下行周期，物价也结束了连续几年的通货紧缩开始逐步回升。这种背景下 2000 年 A 股出现了大涨行情，上证综指全年上涨 52%，站上了具有历史意义的 2000 点，在全球股市中表现遥遥领先，为中国股市十周年献上了最好的贺礼。2000 年上证综指走势与资本市场大事记如图 11 - 1 所示。

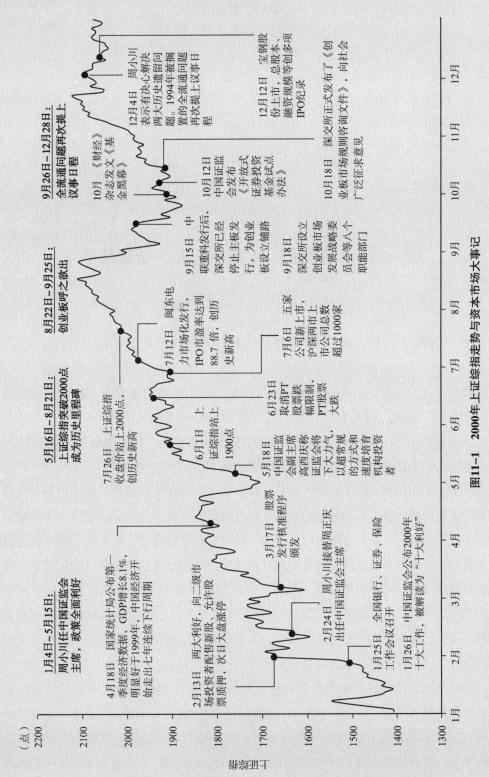

图11-1 2000年上证综走势与资本市场大事记

资料来源：Wind资讯。

1月4日～5月15日：
周小川任中国证监会主席，政策全面利好

4月18日 国家统计局公布第一季度经济数据，GDP增长8.1%，明显好于1999年，中国经济开始走出七年连续下行周期

2月13日 两大利好，向二级市场投资者配售新股，允许股票质押，次日大盘涨停

3月17日 股票发行核准程序颁发

1月25日 全国银行、证券、保险工作会议召开

2月24日 周小川接替周正庆出任中国证监会主席

1月26日 中国证监会公布2000年十大工作，被解读为"十大利好"

5月16日～8月21日：
上证综指突破2000点成为历史里程碑

7月26日 上证综指收盘价站上2000点，创历史新高

6月1日 上证综指站上1900点

5月18日 中国证监会副主席高西庆称证监会将以超常规速度培育和速度培育机构投资者

6月23日 取消PT股票跌停股票跌幅限制，PT股票大跌

7月12日 闽东电力市场化发行，IPO市盈率达到88.7倍，创历史新高

7月6日 五家公司新上市，沪深两市上市公司总数超过1000家

8月22日～9月25日：
创业板呼之欲出

9月15日 中联重科发行后，深交所已经停止主板发行，为创业板铺设铺路

9月18日 深交所设立创业板市场发展战略委员会等八个职能部门

9月26日～12月28日：
全流通问题再次提上议事日程

10月《财经》杂志发文《基金黑幕》

12月4日 周小川表示有决心解决两大历史遗留问题。1994年被搁置的全流通问题再次提上议事日程

12月12日 宝钢股份上市，总股本、融资规模等创IPO纪录

10月12日 中国证监会发布《开放式证券投资基金试点办法》

10月18日 深交所正式发布了《创业板市场规则咨询文件》，向社会广泛征求意见

第一节　大事回顾：A 股十周年，全球最牛

一、新班子上任，政策全面利好（1 月 4 日～5 月 15 日）

2000 年 1 月 4 日，新千年的第一个交易日，中国股票市场交易系统成功地解决了"千年虫"问题，迎来了新千年的开门红，当日上证综指大涨 2.9%。

进入 2000 年后，政策对于股票市场可以说是全面利好，这使得股市一扫 1999 年第四季度连续下跌的阴霾，进入一轮新的上涨周期。

1 月 6 日，中国证监会主席周正庆发表文章《为建设发展健康、秩序良好、运行安全的证券市场而努力》，被市场理解为重大利好，上证综指当天大涨 3.8%，次日再涨 3.6%。1 月 25 日，全国银行、证券、保险工作会议召开，国务院总理朱镕基发表重要讲话。他指出，金融系统要正确处理支持经济发展与防范金融风险的关系，使二者更好地结合起来，而不能对立起来。1 月 26 日，新闻报道中国证监会主席周正庆在全国证券期货工作会议上部署了 2000 年十项工作，包括设立高新技术板为高新技术企业发行上市创造更加优惠的条件、取消股票发行的指标分配方法、提高直接融资比重、促进上市公司并购重组等，被解读为"十项利好"。

2 月 13 日，中国证监会发布两项重大利好：一是中国证监会发布向二级市场投资者配售新股的通知；二是同时发布《证券公司股票质押贷款管理办法》，允许股票质押。2 月 14 日，春节后的第一个交易日，上证综指大涨 9.1% 指数几乎涨停，是 1996 年设立涨跌停板制度以来单日指数最大涨幅。2 月 24 日，周小川接替周正庆出

任中国证监会主席，中国证券市场进入一个新的时代。

3 月 17 日《股票发行核准程序》颁布，同时颁布《股票发行上市辅导暂行办法》，股票发行审核制度市场化程度加快，股票发行价格采取了市场定价方法，中国证监会不再对股票发行市盈率进行限制，当日上证综指大涨 3.2%。3 月 27 日，上证综指一举突破"5·19"行情创下的 1756 点的高点，收于 1776 点，创历史新高。3 月 30 日上证综指站上 1800 点。

4 月 5 日中国证监会对拟公开发行股票公司、证券公司发出通知，发行股票公司采取法人配售方式不再受总股本和规模比例的限制。4 月 18 日，国家统计局新闻发言人刘成相在国务院新闻办举行的中外记者招待会上指出，2000 年第一季度我国国民经济运行开局良好。初步测算，第一季度 GDP 增长 8.1%，增速显著高于 1999 年。

截至 4 月底上证综指 2000 年累计已经上涨 34%，由于前期涨幅过大，市场在 5 月初出现了连续五根阴线的调整，上证综指回落到 1800 点以下。

二、历史的里程碑：2000 点（5 月 16 日~8 月 21 日）

5 月 18 日，中国证监会副主席高西庆在题为"高速发展中的中国证券市场"的演讲中表示，在今后的一段时间内，中国证监会将下大力气，以超常规的方式和速度培育机构投资者，发展包括证券投资基金、保险基金、养老基金在内的各种类型的机构投资者，当日上证综指上涨 1.9%。

随后指数开始了一段连续拉升，5 月 22 日中国证监会主席周小川视察深交所，当日上证综指大涨 2.6%，再度突破 1800 点。6 月 1 日，上证综指收于 1903 点，收盘站上 1900 点。6 月 17 日深交所和上交所公布《上市股票暂停上市处理规则（修订稿）》，规定 PT 股票申报价格涨幅不得超过 5%，不设跌幅限制。

7 月 6 日，沪深两市上市公司总数突破了 1000 家的整数关口。行情在 7 月 11 日突破 6 月份的震荡区间后进入了连续创历史新高的阶段。7 月 11 日上证综指收盘报 1961 点创历史新高，7 月 12 日、7 月 13 日、7 月 14 日上证综指连续三天创历史新高，7 月 19 日上证综指盘中首次突破 2000 点收盘报 1998 点，7 月 26 日上证综指收盘报 2012 点首次站上 2000 点创历史新高。

7 月 27 日~8 月 21 日，上证综指以小幅慢涨的形式不断向上攀升，这期间共 18 个交易日，其中有 15 个交易日上证综指收盘价创历史新高。到 8 月 21 日，上证综指最高摸到 2115 点，收盘报 2109 点。

三、创业板呼之欲出（8 月 22 日～9 月 25 日）

8 月 22 日～9 月 25 日，股市出现了一波明显的调整，上证综指最低跌破 1900点到 1874 点。造成指数调整的原因是多方面的，一方面是纯粹涨多了以后技术上有调整的需要，截至 8 月 21 日，上证综指 2000 年累计涨幅已经高达 54.3%，指数有获利回吐正常调整的需要；另一方面在 9 月份对市场影响较大的就是深交所将有可能很快设立创业板（二板）市场，市场有大幅扩容的可能，从而对投资者造成了负面影响。

设立创业板（二板）是当时国家既定的政策方针，1999～2000 年各项政策都在有序推进，市场也一直有传闻，2000 年 7 月 24 日中国证监会副主席梁定邦在亚太金融学会第七届年会上表示，目前二板市场的相关条例正在制定中，希望 2000 年底或2001 年初能够推出二板市场。

不过传闻毕竟是传闻，A 股历史中政策传闻太多了，创业板（二板）的具体推出时间此前谁也不清楚，但 9 月份的两个重要事件让市场明白创业板（二板）马上就要来了：

2000 年 9 月 15 日，中联重科（000157）在深交所上网发行后，深交所在事实上已经停止了在主板市场上的新股发行，开始为创业板的推出铺路。2000 年 9 月 18日，深交所设立创业板市场发展战略委员会、国际专家委员会两个专门委员会和发行上市部等八个职能部门，标志着创业板市场的组织体系基本建立。

根据当时《中国证券报》的相关报道，创业板（二板）推出后首批上市的公司可能在 50 家左右，而且非常有可能全流通，这在大涨之后对市场形成了一定的利空。

| 专栏 11-1 | 创业板（二板）的初次搁浅 |

国家酝酿在深圳推出创业板的想法从 1998 年时就有了，1998 年 12 月，国家发展计划委员会向国务院提出"尽早研究设立创业板块股票市场问题"，国务院要求中国证监会提出研究意见。从 1998 年到 2000 年 10 月，新板块的名称经历了"高

新技术企业板块""第二交易系统""二板市场"到"创业板"的变化。直到 2000 年 10 月 19 日深圳证券交易所公布相关咨询文件后，新板块的名称最终被确定为"创业板"。

1999 年 3 月，中国证监会第一次明确提出"可以考虑在沪深证券交易所内设立高科技企业板块"。1999 年 8 月，中共中央、国务院出台《关于加强技术创新，发展高科技，实现产业化的决定》，适当时候在现有的上海、深圳证券交易所专门设立高新技术企业板块。

2000 年 2 月，深圳证券交易所高新技术板工作小组成立，以做好高新技术企业板的各项准备和建设工作。2000 年 4 月，中国证监会向国务院报送《关于支持高新技术企业发展设立二板市场有关问题的请示》。2000 年 5 月，国务院讨论中国证监会关于设立二板的请示，原则同意中国证监会意见。2000 年 10 月 18 日，深圳证券交易所正式发布了《创业板市场规则咨询文件》，面向社会各界广泛征求意见和建议。

按照上述进度，正常情况下创业板的推出就只是一个时间问题了，但后来从 2000 年 9 月开始美国纳斯达克指数连续暴跌，确认了互联网泡沫的破灭，再到 2001 年 6 月开始 A 股连续大跌，使管理层更加重视防范风险，创业板在当时最终搁浅了。

2001 年 11 月 7 日，朱镕基总理表示，吸取我国香港市场与世界其他市场的经验，把主板市场整顿好后，才推出创业板市场。在证券市场未整顿好之前，如果贸然推出创业板市场，担心会重复出现主板市场的错误和弱点。

四、超常规发展与"基金黑幕"（9 月 26 日～12 月 28 日）

市场在经历了 9 月份的一轮大幅调整后，从 9 月底开始慢慢回升。2000 年市场最大的特征是经济转好（后有详述）以及政策支持，因此在调整之后，股市重回升势，到年底收盘时上证综指重新站上 2000 点，收在 2073 点。

如前所述，2000 年政策对股市几乎是全方位支持利好的，这其中有一点就是当时提出了要"超常规发展"各类机构投资者，这其中受影响最大的就是公募基金。但在 2000 年 10 月，《财经》杂志刊登了一篇重磅文章《基金黑幕——关于基金行为的研究报告解析》，引起了市场的轩然大波。文章称"跟踪 1999 年 8 月 9 日至 2000 年 4 月 28 日期间，国内 10 家基金管理公司旗下 22 家证券投资基金在上海证券市场上大宗股票交易记录"，指出基金不仅没有起到稳定市场的作用，而且存在违法操作，如通过"对倒"和"倒仓"来制造虚假的成交量。

《基金黑幕——关于基金行为的研究报告解析》一文在 A 股历史中影响很大，现在几乎所有写 A 股历史的书籍都会专门讨论这个专题，一些当时的细节如嘉实内斗、成思危批评基金、中国证监会表态等，相关的书籍中都有详细描述，我们这里就不再赘述了。

但文章对 A 股走势和基金发展趋势都没有产生太多的实际效果。一是市场在 2000 年 10 月和 11 月连续攀高，收复了此前 9 月份下跌的失地，二是 2000 年 10 月 12 日，中国证监会正式发布《开放式证券投资基金试点办法》，标志着基金发展进入一个新的阶段。

2000 年底时留给市场的潜在风险主要有两个：一是 A 股历史中不断循环往复的现象，股市涨多了各种监管就会趋严，11 月 24 日，中国证监会新闻发言人就加强市场监管、打击操纵市场行为、保护投资者利益等问题发表了谈话，表示中国证监会正在实行一系列旨在加强市场监管的重要措施。在 2001 年马上我们就会看到各种监管治理和打击造假。二是 2000 年 12 月 4 日，中国证监会主席周小川表示，证监会有决心妥善解决 A 股、B 股和国有股不流通两大历史遗留问题。1994 年被搁置的全流通问题再次提上议事日程。"国有股减持"问题浮出水面，最终造成了 2001 年股市大跌的直接导火索。

2000 年正好是中国股市成立十周年，这是一个美好的年份，全年上证综指上涨 52%，这个涨幅在 2000 年互联网泡沫破灭全球股市大跌的背景下，无疑是最鲜艳亮丽的。

第二节　经济形势：大转机，七年经济下滑终结

2000 年的经济基本面有如下几个特点：一是中国经济的长周期底部开始出现，2000 年 GDP 触底反弹结束了此前七年的连续下行；二是 CPI 和 PPI 同比增速上行，结束了此前连续几年的通货紧缩局面；三是经济政策继续强调扩大内需，货币政策延续着自 1996 年降息周期以来的相对宽松状态，资金利率维持低位。这种情况下 2000

年 A 股的估值大幅上行，上证综指平均市盈率从年初不到 50 倍提升到年底近 65 倍，但全部 A 股 2000 年的净利润仅小幅回升，高估值与业绩增速出现了明显不匹配，这就为 2001 年的股市留下了极大的隐患。

一、经济长周期底部出现

2000 年中国 GDP 实际增速 8.5%，较 1999 年提高 0.8%，结束了自 1993 年以来中国经济连续七年的下行走势（见图 11-2）。虽然在当时无论政府、学术界还是市场人士，对 2000 年中国经济回升究竟是反弹还是反转有不少的分歧，且 2001 年因为全球经济衰退的原因，中国经济增速回升的趋势中间还有反复，但事后来看，2000 年无疑是中国经济新一轮上升周期的起点。

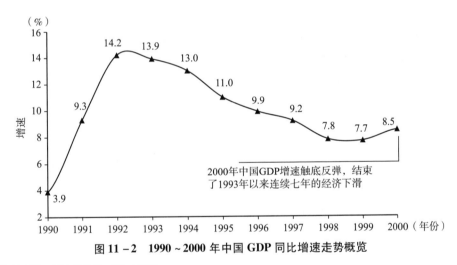

图 11-2　1990～2000 年中国 GDP 同比增速走势概览

资料来源：国家统计局、Wind 资讯。

除了经济增速回升以外，2000 年中国经济另一个显著变化就是走出了通缩。此前从 1997 年 6 月到 1999 年 12 月，我国的 PPI 同比经历了连续 31 个月的负增长，而同时从 1998 年 4 月到 2000 年 1 月，CPI 同比也经历了连续 22 个月的负增长。无论从中央经济工作会议精神还是政府工作报告中都可以看到，在当时解决物价通货紧缩是一个棘手的经济问题。而到了 2001 年 1 月和 2 月，PPI 和 CPI 同比都纷纷转正，中国经济走出了通缩（见图 11-3）。

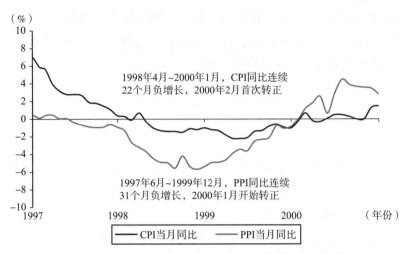

图 11 - 3　1997～2000 年中国 CPI 和 PPI 月度同比走势情况

资料来源：国家统计局、Wind 资讯。

从历史经验来看，当经济走出通缩物价指数转正时，股票市场往往都会有一番不错的上涨行情。

二、政策友好，资金利率维持低位

2000 年的各项政策对股票市场都是非常友好的，这体现在以下几个方面：

第一，证券市场出台了多项利好政策。包括：一是实行新股发行改革，从审批制转向核准制，向二级市场投资者市值配售新股；二是进行"双向扩容"，在扩大 IPO 的同时，积极引入各类资金入市，允许"三类企业"入市①，以超常规的方式和速度培育机构投资者，允许保险公司资金间接入市等；三是允许券商的增资扩股资金、股票抵押贷款资金和从银行拆借市场获得资金入市。

第二，经济政策始终强调扩大内需没有转向收紧。2000 年的经济形势虽然不错，但经济政策依然延续此前"扩大内需"的总方针，无论是 2000 年 3 月的政府工作报告还是 2000 年 11 月的中央经济工作会议，都强调"坚持扩大内需的战略方针""实施积极的财政政策，是当前扩大内需所采取的重大措施""要继续实行稳健的货币政

---

① 1999 年 7 月 29 日，中国证监会发布《关于进一步完善股票发行方式的通知》，允许国有企业、国有资产控股企业和上市公司三类企业投资股票一级市场。9 月 8 日，又发布了《关于法人配售股票有关问题的通知》，允许三类企业投资股票二级市场，但买卖的时间间隔至少要 6 个月。

策，努力发挥金融对经济增长的促进作用"。

第三，货币政策延续宽松，资金利率维持低位。2000年货币政策整体动作非常小，除了2000年8月1日央行正式启动国债正回购操作外，全年货币政策基本延续着1996年降息以来的政策态度，因此在整个2000年市场的资金利率都维持在一个较低的位置。

三、股票市场估值大幅提升

在经济回升、走出通缩、政策利好、利率维持低位的大背景下，2000年的A股市场走出了一波大牛市。从股价上涨的驱动因素来看，2000年A股的上涨主要靠的是估值的大幅提升，上证综指市盈率（TTM）从年初的47倍大幅上行到年底的65倍（见图11-4）。

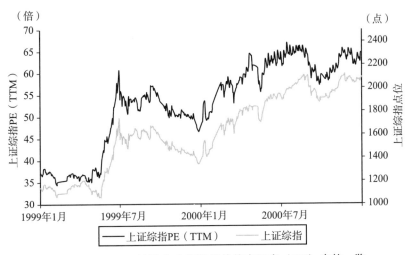

图11-4 1999~2000年上证综指估值市盈率（PE）走势一览

资料来源：Wind资讯。

另外，虽然2000年整体经济形势不错，但上市公司业绩表现却很一般（见图11-5），2000年中报全部A股上市公司累计归属母公司所有者净利润增速是10.1%，而下半年随着全球经济出现回落，上市公司业绩出现了明显下滑，2000年全年全部A股上市公司累计净利润增速仅2%。

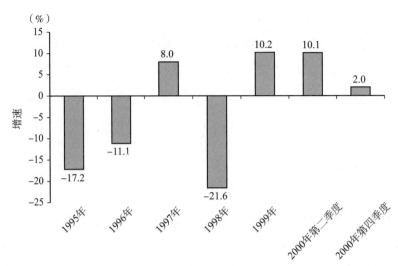

图 11 - 5   1995～2000 年全部 A 股上市公司归属母公司所有者净利润增速情况

资料来源：Wind 资讯、笔者计算。

这种高估值下估值继续抬升，与低业绩增速非常不匹配，这就为后续的市场留下了极大的隐患，2001 年我们马上就会看到，当经济二次探底且政策不再那么友好时，股市出现了剧烈大幅的下跌。

在此对上市公司利润增速的数据做个说明：本书中涉及的所有有关上市公司整体归属母公司所有者净利润增速，均为笔者自行计算。经常摸索数据的读者会注意到，不同数据库中的各类上市公司整体净利润增速数据会略有差异，这主要是因为使用样本不同造成的，例如，是否使用上市前的数据、不同年份上市公司数量不同如何调整等。本书计算上市公司整体净利润增速时，遵循以下原则：第一，如无特殊说明，利润数一律使用上市公司归属母公司股东的净利润（归属母公司所有者净利润）；第二，仅使用上市公司上市以后的财务数据；第三，计算历史利润增速时，包含了当前已经退市了的历史样本标的；第四，采用"可比口径"计算增速，即计算同比增速时要求该上市公司数据同时出现在当期和基期，当期和基期计算整体利润增速时的样本数是相同的。

第三节   行情特征：资产重组浪潮盛况空前

2000 年股市是一个大牛市，全年的行情特征体现在：

（1）市场整体大幅上涨。由图 11－6 可以看出，上证综指全年上涨 52%，Wind 全 A①全年上涨 57%。个股平均涨幅比指数更大，全部个股收益率算术平均值是 69%、全部个股收益率中位数 61%，有 97% 的个股是上涨的②。

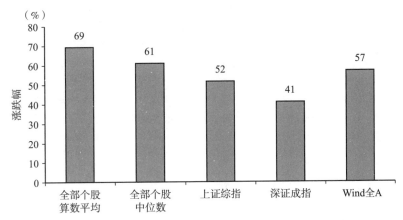

图 11－6　2000 年 A 股主要指数及全部个股平均涨跌幅对比

资料来源：Wind 资讯、笔者计算。

（2）3 月份前是"科技股"和"网络股"的神话，出现了一大批大牛股。行情大概 3 月份见顶，时间点上，与当时美股纳斯达克指数见顶的时间大致吻合。

（3）2000 年 3 月份以后，整体上材料板块是一直有超额收益的。这其中建筑材料行业表现最好，全年累计上涨 102%，在所有行业中排名第一（见图 11－7）。

（4）与 2000 年的大牛市行情相映照的，是当时中国上市公司盛况空前的资产重组浪潮。1000 家上市公司中有小一半公司在搞各种重组。

（5）回顾 2000 年的市场行情，确实你怎么看都是那么的"不价值"。这种"不价值"体现在：首先，市值越小涨幅越高，但这不是最主要的不价值；其次，最主要的不价值体现在公司 ROE 越差，股价表现越好，亏损股组合涨幅第一。

---

① "Wind 全 A"即 Wind 全部 A 股指数（881001），该指数以沪深两市全部 A 股上市公司作为样本，反映两市所有 A 股上市公司股价整体走势。

② 关于个股样本范围的说明：从 2000 年开始，本书中涉及个股统计时，样本选择范围为前一年 7 月 1 日以前上市的上市公司。例如，在统计 2000 年个股收益率表现时，全部个股的选择范围是 1999 年 7 月 1 日以前上市的公司。这样做的目的主要是剔除新股涨跌幅异常特征对于统计量的影响。

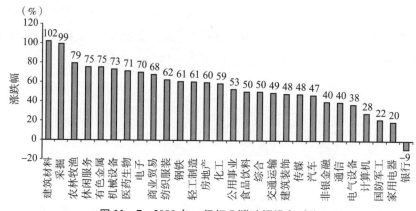

图 11-7　2000 年一级行业涨跌幅排名对比

资料来源：Wind 资讯。

一、"网络神话"的高潮与落幕

2000 年行情最开始还是延续着"科技股"和"网络股"的神话，这期间出了一大批后来耳熟能详的大牛股，像上海梅林、综艺股份、清华紫光、亿安科技、海虹控股、中科创业等。亿安科技成为 A 股历史上第一只股价超过 100 元的大牛股。

"科技股"和"网络股"的神话大概在 2000 年 3 月份见到高点后结束，从时间上说，A 股"科技股"和"网络股"的结束时间与当时美股纳斯达克指数见顶的时间大致是吻合的。信息技术板块在 2000 年前两个月有大幅的超额收益，然后行情出现了急转直下（见图 11-8）。

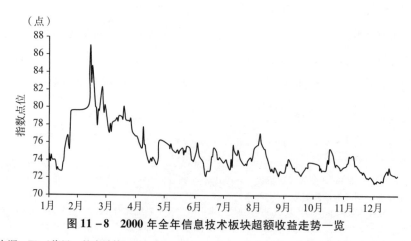

图 11-8　2000 年全年信息技术板块超额收益走势一览

资料来源：Wind 资讯、笔者计算。

|专栏 11 –2|　　　　　　　　　　**时代的风口与本土的企业**

　　投资中最大的幸事，莫过于当时代的风口来临时，能出现本土的优势企业。当企业个体的风采与历史的际遇碰撞之际，能够火花四射斑斓夺目，成为资本市场中最闪耀的明星。在 A 股市场早期历史中，几次全球产业变革之风吹来时，A 股市场一直苦于没有很好的投资标的。2000 年全球互联网浪潮中，中国的科技产业才刚刚起步，基本没有具备竞争优势的龙头企业。2015 年移动互联网浪潮中，几家互联网巨头企业也都不在 A 股市场上市。

　　中共十八大以后，中国资本市场发展取得了长足进步，先后完成了设立科创板并试点注册制、创业板注册制改革、新三板改革、成立北交所、提高上市公司质量、保护投资者权益等多项重大改革任务，资本市场服务实体经济的能力不断增强。对 A 股市场投资者而言，最重要的是见证了一大批具有核心竞争优势的中国上市公司崛起。

二、经济复苏下的周期股行情

　　从 2000 年市场表现的行业结构上看，简单来说 2000 年 3 月以前是科技股的行情，3 月份以后主要是周期股有超额收益，这背后对应了 2000 年中国经济开始企稳复苏。虽然 2001 年由于全球经济衰退，中国经济有二次探底的问题，但在 2000 年的时候是不知道的。2000 年 3 月份以后，整体上材料板块是一直有超额收益的（见图 11 –9）。

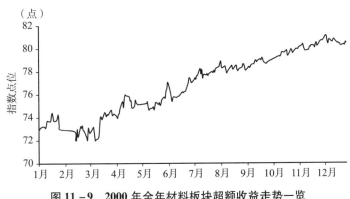

图 11 –9　2000 年全年材料板块超额收益走势一览

资料来源：Wind 资讯、笔者计算。

三、怎么看都不太有"价值"的行情特征

与 2000 年的大牛市行情相映照的，是当时中国上市公司盛况空前的资产重组浪潮。截至 2000 年 8 月底，涉及资产重组的 411 家上市公司公告的重组事件达 800 多起，重组类型已不再局限于简单的资产剥离注入及资产置换，而是出现了债务重组、吸收合并、回购、债转股和股权质押等新方法、新思路。值得注意的是，63 家大股东易主的上市公司中有 27 家在短短的半年时间展开了一系列重组进行产业与资产调整，压缩了"后重组"的进程。[①]

411 家上市公司搞重组，要知道当时 A 股上市公司总数也就 1000 多家，差不多小一半的公司都在进行各种重组。上市公司各种重组招蜂引蝶，所以现在去回顾 2000 年的市场行情，确实你怎么看都是那么的"不价值"。

这种"不价值"体现在：首先，市值越小涨幅越高，但这不是最主要的不价值；其次，最主要的不价值体现在公司 ROE 越差，股价表现越好，具体见图 11 - 10。

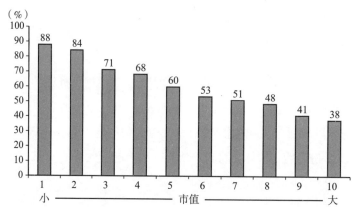

图 11 - 10　2000 年全部个股按市值大小分十组各组合全年收益率

注：按市值分组，组合年收益率中位数。
资料来源：Wind 资讯、笔者计算。

如果按上市公司过去三年的年化复合 ROE 进行分组，可以发现十个组合中，ROE 最低的那组（全部都是亏损股）在 2000 年的涨幅是最大的（见图 11 - 11）。重组嘛，自然亏损公司逆袭的空间更大。

---

① 《2000 年公司重组回顾与前瞻》，载《财经时报》2000 年 9 月 16 日。

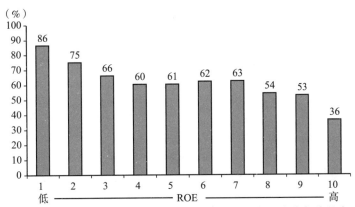

图 11 – 11　2000 年全部个股按 ROE 高低分十组各组合全年收益率

注：按过去三年年化 ROE 分组，组合年收益率中位数。

资料来源：Wind 资讯、笔者计算。

第十二章
2001 年：监管年，2245

    2001 年的中国股市基本是围绕着"监管""整顿""打假"这些关键词展开的，中国证监会重拳打击各种违法违规行为。6 月 14 日的"国有股减持"政策成为股市下跌的直接导火索，上证综指 2245 点的历史高点拉开了五年熊市的序幕。股市的下跌既有外因更有内因，这个内因就是 2001 年在中国经济二次探底和打击财务造假之下，A 股上市公司业绩增速大幅负增长 42%，成为 A 股历史上业绩最差的年份，所以即使在 10 月"国有股减持"被叫停、11 月降低印花税后，股市依然没有起色。2001 年上证综指走势与资本市场大事记如图 12 − 1 所示。

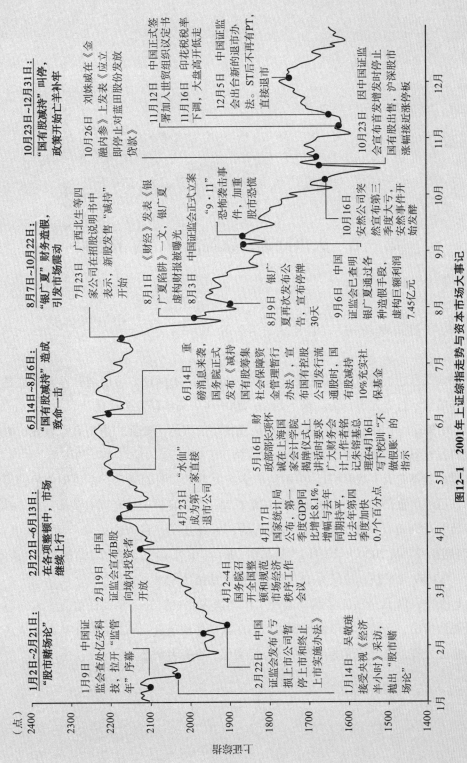

图12-1 2001年上证综指走势与资本市场大事记

资料来源：Wind资讯。

第一节　大事回顾：铁腕治理，打击造假

一、"股市赌场论"（1 月 2 日～2 月 21 日）

如前文所述，在 2000 年底股市一片大涨声中，中国证监会已经开始着手准备加强市场监管、打击违法行为。果不其然，2001 年一开年证监会就展开了一系列行动。

1 月 9 日，中国证监会宣布对持有亿安科技股票的主要账户进行重点监控，查处亿安科技这只中国历史上的首个百元股，拉开了 2001 年"监管年"的序幕。

紧接着第二天 1 月 10 日，中国证监会有关负责人明确表示，中科创业最近的股价暴跌已经严重影响到了股票市场的正常秩序，中国证监会正会同有关部门对涉嫌操纵股价的行为进行调查，对违法违规行为，一经查实，将依法采取严厉打击措施。（中科创业股票从 2000 年 12 月 25 日起到 2001 年 1 月 10 日，连续 10 个交易日跌停，股价从 33.59 元下跌，最低为 11.71 元，最大跌幅达 65%。）

1 月 13～14 日全国证券期货监管工作会议在北京召开，中国证监会主席周小川到会强调指出，当前要对市场反映强烈的庄家操作股市等问题进行集中查办、依法定性、依法处理，以维护证券市场秩序、切实保护投资者利益。

1 月 14 日，吴敬琏接受央视《经济半小时》采访时，抛出了"股市赌场论"[1]，引发了各界对证券市场极大的争论。2 月 11 日，董辅礽、厉以宁、萧灼基、韩志国、吴晓求等五位重量级经济学家，在北京召开"关于如何正确评价中国股市发展状况"的恳谈会，联手反驳"股市赌场论"。

"股市赌场论"抛出后，次日 1 月 15 日上证综指大跌 3.4%。至 2 月 21 日，在"股市赌场论"和中国证监会打击操纵股价的影响下，上证综指累计下跌 7.9%。

这中间的一个插曲是 2001 年 2 月 19 日中国证监会宣布 B 股向境内投资者开放，随后，上证 B 股指数从 2 月 23 日的 83 点上涨到最高 5 月 31 日的 241 点，上涨幅度达 200%。但根据当时的规定，要到 6 月 1 日以后才允许境内居民个人使用 2 月 19 日后存入的外汇交易 B 股，而此后 B 股大跌，6 月后入市的资金亏损很大。

二、整顿中继续前行（2 月 22 日~6 月 13 日）

之后中国证监会的监管力度在不断加大。首先是一次重要的人事任免，2001 年 2 月香港证监会原副主席兼营运总裁史美伦，被引进担任中国证监会副主席。这位曾以铁腕监管著称的"铁娘子"，在中国内地也展开了霹雳行动。由此，中国证监会加大了监管力度，积极查处上市公司的违规违法事件，对操纵中科创业、亿安科技股价的行为进行了查处，对银广夏、通海高科、麦科特、蓝田股份、东方电子等一大批违法违规的上市公司进行了立案稽查。

2 月 22 日，中国证监会发布《亏损上市公司暂停上市和终止上市实施办法》。该办法规定，连续三年亏损的公司，如果不能在限期内实现盈利，将依法被终止上市。[2] 4 月 23 日，"PT 水仙"作为中国第一家直接退市的公司，成为我国证券市场上第一只被摘牌的股票。

4 月 24 日，国务院召开全国整顿和规范市场经济秩序工作会议，朱镕基总理到会讲话，会议决定成立全国整顿和规范市场经济秩序领导小组。4 月 2 日，为加强上市公司监管，促进上市公司规范运作，中国证监会发布实施了《上市公司检查办法》

---

[1] 吴老的主要观点有三个方面：一是中国的股市很像赌场，而且很不规范。即使是赌场里面也有规矩，比如你不能看别人的牌。而我们的股市里，有些人可以看别人的牌，可以作弊，可以搞诈骗。坐庄、炒作、操纵股价可以说是登峰造极。二是全民炒股。三是中国股市目前的平均市盈率已高达 60~80 倍，没有哪个国家的经济能长期支持这么高的市盈率。

[2] 《中国证券报》2001 年 2 月 24 日报道。

和《上市公司董事长谈话制度实施办法》。4 月 17 日，全国人大常委会决定 2001 年将对《证券法》实施情况开展执法检查，检查的重点是证券法律法规体系建设、集中统一的监管体制的落实和运作、证券公司和上市公司遵守《证券法》以及对投资者特别是中小投资者权益的保护等情况。4 月 24 日，中国证监会对联合操纵亿安科技股票价格的广东 4 家投资顾问公司作出行政处罚决定，没收其违法所得 4.49 亿元，并处以等量的巨额罚款。

5 月 16 日，财政部部长项怀诚在上海国家会计学院揭牌仪式上讲话时要求广大财务会计工作者铭记朱镕基总理在 4 月 16 日下午考察学院时写下校训"不做假账"的指示。

2 月 22 日～6 月 13 日，各方面的声音都表明 2001 年市场监管将不断趋严，但在这个过程中 A 股市场是在不断上涨的，6 月 13 日上证综指报 2242 点，较 2 月 21 日时上涨 17.4%。

这段时间内股市涨得这么好，一个可能的重要原因是 2001 年第一季度中国经济表现非常好，在 2000 年下半年以后全球经济增速趋缓之际，2001 年第一季度的中国经济一枝独秀。4 月 17 日，国家统计局公布，2001 年第一季度 GDP 同比增长 8.1%，增幅与 2000 年同期持平，比 2000 年第四季度加快 0.7 个百分点，呈现出稳定增长的态势，与世界经济增长减缓形成鲜明对照。

三、致命一击，"国有股减持"（6 月 14 日～8 月 6 日）

6 月 14 日，媒体重磅消息来袭，国务院于 6 月 12 日正式发布《减持国有股筹集社会保障资金管理暂行办法》，宣布国有控股公司发行流通股时，国有股减持 10% 充实社保基金。7 月 23 日，新股发售"国有股减持"正式开始，广西北生等四家公司在招股说明书中表示，将有 10% 的国有股存量发行，其定价即为新股发行价。

这个政策的出台对市场可谓是致命一击，当天上证综指摸高到 2245 点创历史新高后随即开始下跌，当日上证综指下跌 1.8%。更要命的是，虽然"国有股减持"的政策后来在当年就被暂停，次年就被国务院正式终止，但这依然无法阻止中国股市的连续下挫，从上证综指的 K 线走势来看，2001 年 6 月 14 日的"国有股减持"拉开了后面 A 股市场连续四年熊市的序幕。

虽然本书在后续部分会着重分析从 2001～2005 年 A 股市场连续下跌背后的经济和基本面原因，但不可否认的是，从时间上看 2001 年 6 月 14 日政策的发布正巧打在了指数的历史新高上，一分不差，真的是太巧了！2245、"国有股减持"、998成为一直萦绕在A股市场投资者脑中的关键词。

6月14日~8月6日，上证综指基本就是单边下跌的走势，连续跌、大幅跌、加速跌，到8月6日第一波下跌结束时，上证综指收报1882点，较6月13日下跌16.1%。

四、"银广夏"事件：屋漏偏逢连夜雨（8月7日~10月22日）

8月7~10日股市得到了短暂的喘息机会，上证综指小幅反弹从1882点回升到1955点，随即又开始了第二波下跌，这波下跌速度更快、幅度更大，以至于后来对股市各种质疑的声音都不绝于耳，"股市推倒重来""中国股市索性关掉算了"的提法也层出不穷。

这个阶段中对股市负面影响最大的是"银广夏"这个昔日市场普遍认可的"白马大蓝筹"，其财务造假问题的爆发和发酵。银广夏公司全称为广夏（银川）实业股份有限公司，证券简称为"银广夏"。1994年6月上市的银广夏，曾因其骄人的业绩和诱人的前景而被称为"中国第一蓝筹股"。1999年12月30日银广夏股价忽然启动，1年后猛涨6倍，成2000年最热股票。

2001年8月，《财经》杂志发表《银广夏陷阱》一文，银广夏虚构财务报表事件被曝光。[①] 8月3日，中国证监会对银广夏公司正式立案调查。8月6日，调查组进驻银广夏，对公司整体情况进行调查，初步认定银广夏存在造假问题，"重灾区"是银广夏控股公司天津广夏公司。

8月8日，银广夏发布公告，承认天津广夏公司的确存在产品产量、出口数量、结汇金额及财务数据不实，问题严重、涉及面广、需要彻查。8月9日银广夏再次发布公告，宣布停牌30天。2001年8月25日，财政部发出通知严查上市公司造假行为。

9月6日中国证监会新闻发言人在北京表示，证监会已查明银广夏公司通过各种造假手段，虚构巨额利润7.45亿元，同时还查明中天勤会计师事务所及其签字注册会计师违反有关法律法规，为银广夏公司出具了严重失实的审计报告。证监会已依法将银广夏事件涉嫌证券犯罪人员移送公安机关追究其刑事责任。

---

① 又是《财经》杂志，真是厉害。

9 月 10 日，停牌一个月的银广夏以跌停板价格复牌，随后一路狂跌。经过史无前例的 15 个连续跌停，股价从停牌前的每股 30 多元跌至不到每股 7 元。

屋漏偏逢连夜雨，"国有股减持"和"银广夏"事件交错之时，美国的负面事件也开始给 A 股市场来添乱了。一个是"安然事件"，美国能源巨头安然公司财务造假丑闻曝光令全世界震惊，在全世界制度最规范的美国股市，用的是全世界最精英的安达信会计师事务所，都能有如此财务造假，更何况"一塌糊涂"的 A 股市场。另一个是 2001 年发生的"9·11"事件，使市场担心全世界范围内的经济衰退发生。

到 10 月 22 日，上证综指连续下跌后击穿 1600 点，收报 1520 点，较 8 月 6 日下跌 19.2%。

五、亡羊补牢的政策修正（10 月 23 日～12 月 31 日）

击穿 1600 点后，救市政策开始来了！

10 月 22 日晚间，叫停了"国有股减持"。中国证监会宣布，考虑到有关具体操作办法尚需进一步研究，经报告国务院，决定在具体操作办法出台前，停止执行《减持国有股筹集社会保障资金管理暂行办法》第五条关于"国家拥有股份的股份有限公司向公共投资者首次发行和增发股票时，均应按融资额的 10% 出售国有股"的规定。

10 月 23 日，因中国证监会宣布首发增发时停止国有股出售，沪深股市几乎所有个股全部涨停，当日上证综指上涨 9.9%，报 1671 点，指数涨停。

10 月 24 日上证综指高开然后低走，当日指数上涨 2.8%，但在随后几个交易日中，股市又开始了连续的下跌，11 月 7 日上证综指大跌 4.6% 再度击穿 1600 点。11 月 10 日《人民日报（海外版）》[①] 发表了《中国股市不能推倒重来》一文，止住了指数连续下跌的势头。

11 月 12 日，中国正式签署加入世贸组织议定书。11 月 16 日重大利好再度来临，财政部调低了股票交易印花税率，当日上证综指高开低走全天上涨 1.6%。此后指数出现了近两周的上扬，到 12 月初时再度转入下跌通道。

到年底，上证综指收报于 1646 点，2001 年全年累计下跌 20.6%。

---

① 《人民日报》在中国的宣传体系中举足轻重，在中国股市发展中重要的转折点上也往往都能看到《人民日报》的身影。但实际上，股市中流传的很多关于《人民日报》的观点，并非真正刊登在《人民日报》报刊上的，可能是"人民网"的观点，也可能是《人民日报（海外版）》的观点，甚至在自媒体时代也有些是人民日报社终端转发的其他文章。本书在引用观点时，会特别注意——核查相关观点的正式出处。

| 专栏 12 -1 | **中国股市退市制度的形成**

　　1994 年实施的《中华人民共和国公司法》原则上规定了上市公司在一定条件下暂停上市和终止上市的情形，但在当时的条件下，长时间都没有真正实施。

　　1998 年 4 月，上交所和深交所同时宣布，根据 1998 年实施的股票上市规则，将对财务状况或其他状况出现异常的上市公司的股票交易进行"特别处理"（special treatment，ST），并在证券名称前标示 ST。ST 公司的股票涨跌幅限制为 5%。1999 年 4 月，"厦海发"因为连续两年亏损成为首家 ST 公司。财务状况或其他状况出现异常主要是指两种情况：一是上市公司经审计连续两个会计年度的净利润均为负值；二是上市公司最近一个会计年度经审计的每股净资产低于股票面值。

　　1999 年《中华人民共和国证券法》实施后，上交所和深交所宣布，上市公司出现连续三年亏损等情况，其股票将暂停上市。从 1999 年 7 月 9 日起，对这类暂停上市的股票实施"特别转让（particular transfer，PT）服务"。根据当时的规定，上市公司 PT 以后如果再度连续三年亏损，则终止上市，但如果上市公司 PT 以后三年内有任意一年实现盈利，则可以申请恢复上市交易。第一批 PT 公司股票有"PT 双鹿""PT 农商社""PT 苏三山""PT 渝太白"等。PT 公司与正常上市公司的区别在于：一是交易时间不同，特别转让仅限于每周五的开市时间内进行，而非逐日持续交易；二是 PT 公司股价也有 5% 的涨跌幅限制。

　　2001 年 2 月，中国证监会发布规定，正式取消 PT 制度，上市公司连续三年亏损即停止交易，证券交易所不再提供特别转让服务。暂停交易后第一个会计年度仍然继续亏损的，将直接终止上市。2001 年 4 月，"PT 水仙"（代码 600625）成为 A 股市场中首家退市公司。

第二节　经济形势：全球经济衰退中二次探底

　　2001 年中国经济在全球经济衰退中出现了二次探底，出口增速大幅回落、CPI 和 PPI 再度进入负增长。但宏观经济整体上看还可以，并不是特别糟，全年 GDP 增速 8.3% 仅比上一年下滑 0.2%。要命的是 2001 年上市公司业绩增速大幅负增长，成为

A 股历史上业绩表现最差的一年，造成业绩大幅下滑的原因可能有三个：一是经济下行对业绩产生负面影响；二是从 2001 年起实行的新会计制度对业绩产生"挤泡沫"效应；三是打击财务造假对上市公司夸大利润形成了威慑。2001 年一个重大的制度变革是，中国证监会要求从 2002 年第一季度起，在所有上市公司实行编制披露季度报告制度。

一、二次探底，出口大幅下滑

全球经济在 2000 年下半年已经出现了明显的放缓迹象，但全球经济增速放缓对中国经济的影响相对略微滞后，如前所述，2001 年第一季度中国 GDP 的表现依然非常强劲，这支撑了股市在 2001 年上半年的持续上行。但从第二季度开始，中国经济增速也开始了二次探底的过程。

2001 年中国经济的二次探底，除了 GDP 增速回落外，主要体现在两个方面：一是 2001 年全球经济衰退中我国出口增速大幅下滑，出口增速从最高的 30% 左右一路下降至 5%（见图 12-2），这决定了国家经济政策对内需的进一步重视；二是在经历了 2000 年 CPI 和 PPI 同比增速转正之后，2001 年两个指标再度转入负增长，中国经济进入二次通缩的过程。

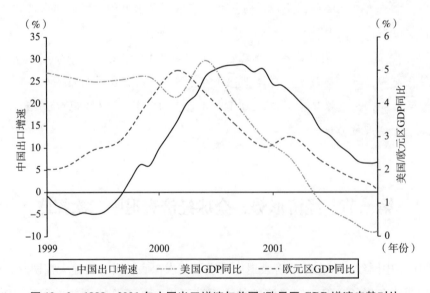

图 12-2　1999～2001 年中国出口增速与美国/欧元区 GDP 增速走势对比

资料来源：国家统计局、Wind 资讯。

二、货币政策稳健，利率维持低位

从货币政策的角度来看，2001年的货币政策基本没有太大变化，按照2001年第四季度货币政策执行报告的说法："2001年，受世界经济增长明显减速的影响，我国经济增长的外部环境发生了显著变化。货币政策的主要任务是，贯彻落实中央扩大内需的方针，继续执行稳健的货币政策，灵活运用各种货币政策工具，适当增加货币供应量，调整信贷结构，维护金融稳健运行，保持物价和人民币汇率的稳定，支持国民经济持续快速健康发展。"全年的货币政策主要做了三件事：公开市场操作管理基础货币、上调了再贴现利率、调整了外币利率，并没有采取进一步宽松或者收紧的措施。

总体来看，应当说2001年的货币政策总体还是相对友善的，我们看到回购利率和贷款基准利率都维持在1996年下行以来的低位水平（见图12-3）。

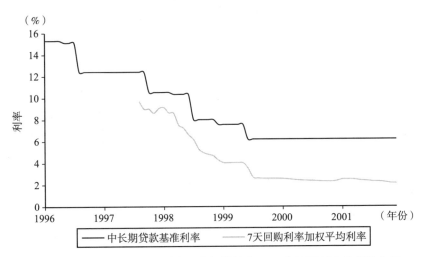

图12-3 回购利率和贷款基准利率都维持在1996年下行以来的低位水平

资料来源：中国人民银行、Wind资讯。

三、上市公司业绩历史最差

对2001年股票市场影响最大的基本面因素应该说不直接是经济增长的二次回落，因为毕竟2001年中国GDP增速仍有8.3%，仅比2000年时小幅回落0.2%。更重要的一点是，2001年的上市公司业绩表现很差，而且是非常差，差到基本上是历史上

最差的水平。根据我们的统计 2001 年全部 A 股归属母公司所有者净利润增速是
−42%，差不多就是利润下滑一半的态势，这与 8% 以上的经济增速形成了很大的反
差（见图 12 −4）。

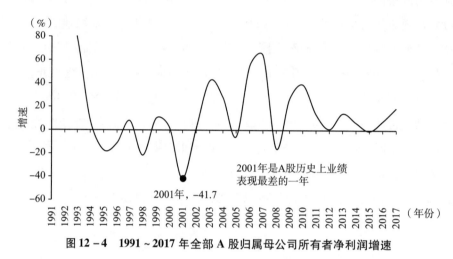

图 12 −4　1991～2017 年全部 A 股归属母公司所有者净利润增速

资料来源：Wind 资讯、笔者计算。

　　从这个角度来说，很多时候我们去谴责股票市场没有反映经济基本面，这个说法
是需要慎重的。本质上来说股票价格是对上市公司经营状况的反映，如果上市公司经
营状况在特定时期内与宏观经济发生了明显的背离，股票市场不反映宏观经济变化也
就挺正常了。

　　造成 2001 年上市公司业绩表现极差的原因可能有三个：

　　第一，经济回落中企业效益回落的幅度更大。实际上不仅是上市公司，2001 年
规模以上工业企业利润增速的回落幅度也很大，单季度利润增速同比增速从第一季度
的 46% 下滑到第二季度的 15% 再到第三季度和第四季度进入负增长。

　　第二，2001 年实行了新的会计制度对企业利润产生一定影响。从 2001 年 1 月 1
日起，上市公司开始执行新《企业会计制度》和《企业会计准则》及其补充规定。
其中影响较大的规定是在计提短期投资、长期投资、存货、应收账款这四项减值准备
的基础上，新增加对固定资产、在建工程、无形资产、委托贷款这四个项目的计提。
新的会计制度对上市公司业绩产生了"挤泡沫"的效应，相关研究发现，实行新会
计制度后并进行追溯调整后，上市公司 2000 年及以前年度业绩大大下降。

　　第三，打击财务造假会对上市公司夸大利润形成威慑。2001 年先后爆发了"银

广夏事件""蓝田股份事件"等多个重大财务造假违规事件，而同时美国也曝出了"安然事件"的财务造假丑闻，在监管重压之下，上市公司的财务操作显然会有所收敛，这也是造成 2001 年上市公司业绩数字如此难看的原因之一。

四、2002 年起上市公司开始要求披露季报

根据《证券法》规定，上市公司和公司债券上市交易的公司，应当在每一会计年度结束之日起四个月内，向国务院证券监督管理机构和证券交易所报送年度报告，应当在每一会计年度的上半年结束之日起两个月内，向国务院证券监督管理机构和证券交易所报送中期报告。也就是说根据《证券法》，上市公司只需要公布中报和年报，并不需要公布季报。

2001 年起中国证监会加强了对上市公司信息披露的要求，4 月 12 日，中国证监会发布《公开发行证券的公司信息披露编报规则第 13 号——季度报告内容与格式特别规定》，要求上市公司披露季度财务报告，这是中国证监会实施强制性信息披露监管的又一重要举措，标志着我国证券市场开始逐步实施季度信息披露制度，从而进一步与国际接轨。

根据要求，股票交易实行特别处理的上市公司应尽量编制并披露季度报告，同时鼓励其他上市公司编制并披露季度报告。2001 年第三季度结束后，将对股票交易实行特别处理的上市公司提出强制性披露要求，必须编制并披露季度报告，其他上市公司尽量编制并披露季度报告。

从 2002 年第一季度起，所有上市公司将实行编制披露季度报告制度。

五、2001 年 A 股盈利和估值变化趋势回顾

2001 年 A 股上市公司利润增速大幅下滑，是 A 股历史上上市公司利润增速最低的一年。2001 年全部 A 股、主板、非金融上市公司归属母公司所有者净利润增速 -42%，较上年下降 44%。从趋势上来看，2001 年利润增速的下滑延续了 2000 年的趋势，但下滑的幅度远胜于 2000 年（见图 12 -5）。

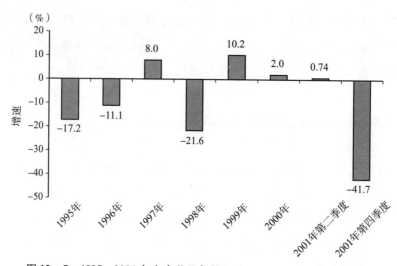

图 12－5　1995～2001 年上市公司归属母公司所有者净利润增速情况

资料来源：Wind 资讯、笔者计算。

2001 年整体利率水平维持低位，但 A 股估值在第一季度之后就持续回落（见图 12－6），以上证综指计算，从年初的 64.7 倍（TTM）下降至 40.4 倍（TTM），跌幅高达 37%，而影响 2001 年估值走势最主要的因素就是基本面的变化。

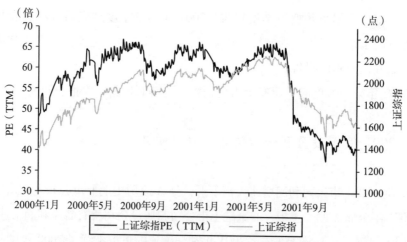

图 12－6　2000～2001 年上证综指走势和估值走势对比

资料来源：Wind 资讯。

上文提到，2001 年第一季度中国 GDP 的表现依然非常强劲，估值和盈利在第一季度都是上涨的，这支撑了股市在 2001 年上半年的持续上行。但从第二季度开始，受到全球经济衰退的影响，中国经济增速开始回落，GDP 和出口增速下降，通缩压力渐显，而与此同时上市公司业绩的回落幅度更大，估值大概从 6 月份开始迅速下行直至年底。2001 年指数估值和业绩的走势几乎完全一致。因此可以说，2001 年股市的走势基本是受宏观因素主导的，虽然 GDP 增速仍然不低，但经济的大幅回落确实大幅拖累了上市公司业绩，也严重影响了对未来基本面的判断。

第三节　行情特征：当"入世"遇到"国有股减持"

2001 年股市先扬后抑，在"国有股减持"影响下总体大跌，全年的行情特征体现在：

（1）市场整体大幅下挫。由图 12 - 7 可以看出，上证综指全年下跌 21%，Wind 全 A 全年下跌 24%。个股平均跌幅与指数相当，全部个股收益率算术平均值是 - 23%、全部个股收益率中位数是 - 24%，有 93% 的个股是下跌的。

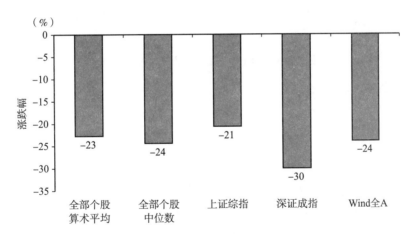

图 12 - 7　2001 年 A 股主要指数及全部个股平均涨跌幅对比

资料来源：Wind 资讯、笔者计算。

（2）中国经济真正进入一轮新的周期是从 2002 年开始的。所以在此之前的 2000 年和 2001 年驱动股市行情的主要变量，应该说并不是公司或者行业的基本面，而更多的是各种预期和主题概念。

（3）2001 年股市的结构表现上有如下几个看点：一是 2001 年最热门的主题概念无疑是"入世概念"，中国加入 WTO 了。从行情上看，纺织服装、交通运输（港口）、机械设备这几个行业板块的表现都相对较好（见图 12-8）。二是 2001 年 2 月，人类基因组遗传密码精确图宣告绘制完成，生物制药是 2001 年股市的一个重要主题热点。三是中国股市此前一直高估值的逻辑很大程度在于市场认可流通股的"含权"价值，"国有股减持方案"中提出以市场价格减持国有股时，市场就"炸锅了"，这相当于完全否定了以前市场认可的高估值溢价逻辑。

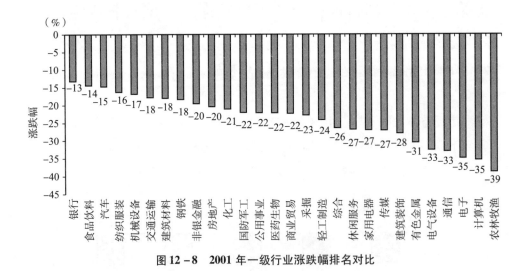

图 12-8　2001 年一级行业涨跌幅排名对比

资料来源：Wind 资讯。

一、WTO 概念股（入世概念）

2001 年中国经济在全球经济衰退中出现了一定的下滑，总体而言，中国经济真正进入一轮新的周期是从 2002 年开始的。所以在此之前的 2000 年和 2001 年驱动股市行情的主要变量，应该说并不是公司或者行业的基本面，而更多的是各种预期和主题概念。

2001 年最热门的主题概念无疑是"入世概念"，中国加入 WTO 了。"入世概念"引发的行情逻辑有好几个，包括：第一，加入 WTO 后，我国可获得多边、稳定、无条件的最惠国待遇，并以发展中国家身份获得普惠制等特殊优惠待遇，这有利于实现市场的多元化，使我国的出口贸易有较大的增加；第二，加入 WTO，中国的国内市场，尤其是服务市场将更加开放，外商直接投资的总量将大幅增加；第三，中国的劳动力资源优势将得到充分发挥，像服装、纺织、玩具等劳动密集型产业将如鱼得水；等等。

从行情上看，在"入世概念"热点的催化下，2001年纺织服装、交通运输（港口）、机械设备这几个行业板块的表现都相对较好。

二、21世纪最具潜力行业生物制药

2001年另一个比较出彩的主题热点是生物制药。21世纪初，很多人认为，信息科技和生物技术两大领域将成为21世纪最具发展潜力的产业。当时的世界首富比尔·盖茨预测，超过他的下一个世界首富必定来自生物科技领域。

促使生物制药行情在2001年展开的另一个催化剂是2001年2月人类基因组遗传密码精确图宣告绘制完成，这是人类在认识自身方面取得的一个里程碑式的重大突破，被认为标志着生物经济时代的大幕已经拉开。

三、国有股减持问题

"国有股减持"是一个既定的政策方针。从当时的宏观经济和资本市场现实来看，"国有股减持"主要为了解决两个问题：

一个是国有企业的改革问题。中共十五届四中全会精神已经非常明确，国家将对不同的行业采取不同的措施，做到有进有退，有所为有所不为。对于一些关系国民经济命脉的重要行业和关键领域继续保持控股地位，对于一些新兴产业和高技术产业占据重要地位，对于一般竞争性行业和一般加工产业则不实行完全控股。国有股的退出实质上给予了股票市场很大的机会。

另一个要解决的是国有股不流通问题。A股市场存在流通股和非流通股，是一个历史遗留问题，这个制度问题对股票市场是极为不利的，因为大股东股份不能流通，可以压根不去关心股价。所以当时很多大股东的违规行为都是掏空上市公司，利用上市公司地位为母公司融资。根据我们的统计（见图12-9），到2001年底时，A股流通市值占总市值的比例大概仅有30%。

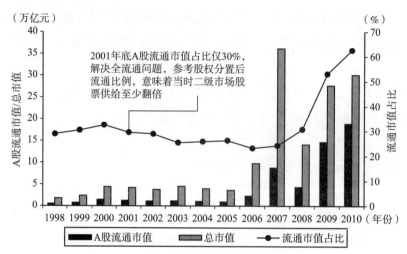

图 12 - 9　1998～2010 年 A 股总市值及 A 股流通股占比情况

资料来源：Wind 资讯。

从长远发展来看，"国有股减持"无论是从国企改革还是全流通的角度来看，都是有利的制度性建设。问题出在减持的价格上，因为长期以来 A 股股价估值都极高，这在当时被很多市场人士解读为是"含权"的估值溢价。这个"含权"含的就是流通股流通的溢价，当时很多观点认为，如果非流通股按照净资产（PB = 1）的对价来进行全流通，那市场的估值一下子就下来了。

所以，当 2001 年 6 月份"国有股减持方案"中提出以市场价格减持国有股时，市场的反应是极其负面的。一方面，"国有股减持"会使市场上的流通股大幅增加；另一方面，2001 年"国有股减持方案"中提出的价格市场无法接受。从 2001 年到 2005 年股权分置改革实施，"全流通问题"成为 A 股市场的达摩克利斯之剑。

第十三章
2002 年：时运不济

2002 年是中国经济强势复苏的一年，各项经济增长指标全面回升，经济反弹的幅度远超预期。然而在国有股减持政策不明朗的情况下，2002 年股市的开局延续了 2001 年的下跌态势。随后，在降息等政策面不断利好的推动下，上证综指从 2 月初开始迎来了小幅反弹行情。此轮温和反弹行情一直持续至 4 月底，但期间的涨幅也在随后到来的 5 月的连续下跌中基本回吐。6 月 23 日，管理层宣布停止国有股减持，市场出现了当年的第二波快速反弹行情，千股涨停，沪指迎来了 2002 年著名的"6·24 行情"。然而此轮反弹昙花一现，从 6 月下旬到年底，持续的下跌整理氛围一直充斥着股市，最终 2002 年的上证综指收于全年收盘价最低点 1358 点，至此 2001 年与 2002 年的下跌已将 2000 年的涨幅尽数抵销，股市重回三年前的起点。2002 年上证综指走势与资本市场大事记如图 13 - 1 所示。

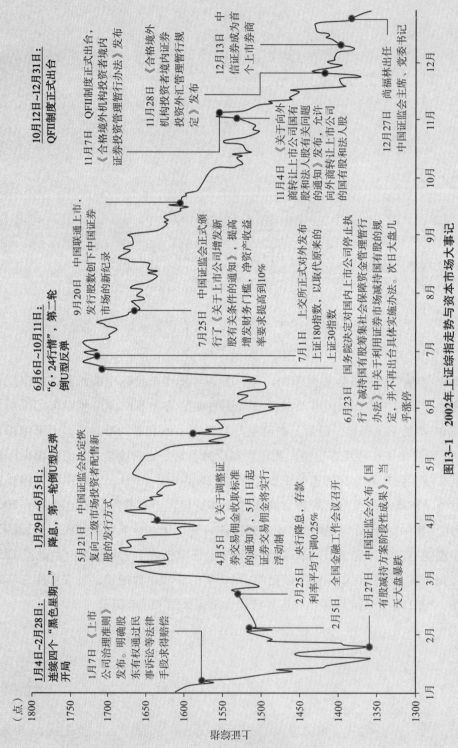

图13-1 2002年上证综指走势与资本市场大事记

资料来源：Wind资讯。

1月4日~2月28日：
连续四个"黑色星期一"开局

1月7日 《上市公司治理准则》发布。明确股东有权通过民事诉讼等法律手段求得赔偿

2月5日 全国金融工作会议召开

2月25日 央行降息，存款利率平均下调0.25%

1月27日 中国证监会公布《国有股减持方案阶段性成果》，当天大盘暴跌

1月29日~6月5日：
降息，第一轮倒U型反弹

5月21日 中国证监会决定恢复向二级市场投资者配售新股的发行方式

4月5日 《关于调整证券交易佣金收取标准的通知》，5月1日起证券交易佣金将实行浮动制

6月23日 国务院决定对国内上市公司停止执行《减持国有股筹集社会保障资金管理暂行办法》中关于利用证券市场减持国有股的规定，并不再出台具体实施办法。次日大盘儿平涨停

7月1日 上交所正式对外发布上证180指数，以取代原来的上证30指数

6月6日~10月11日：
"6·24行情"，第二轮倒U型反弹

9月20日 中国联通上市，发行股数创下中国证券市场的新纪录

7月25日 中国证监会正式颁行了《关于上市公司增发新股有关条件的通知》，提高增发财务门槛，净资产收益率要求提高到10%

11月4日 《关于向外商转让上市公司国有股和法人股有关问题的通知》发布，允许向外商转让上市公司的国有股和法人股

12月27日 尚福林出任中国证监会主席、党委书记

10月12日~12月31日：
QFII制度正式出台

11月7日 QFII制度正式出台，《合格境外机构投资者境内证券投资管理暂行办法》发布

11月28日 《合格境外机构投资者境内证券投资外汇管理暂行规定》发布

12月13日 中信证券成为首个上市券商

(点)

1800
1750
1700
1650
1600
1550
1500
1450
1400
1350
1300

上证综指

1月 2月 3月 4月 5月 6月 7月 8月 9月 10月 11月 12月

第一节　大事回顾：高密度政策利好下依然弱市

一、连续四个"黑色星期一"开局（1 月 4 ~ 28 日）

2002 年股市延续了 2001 年底的下跌态势，并且以更加夸张的连续四个"黑色星期一"开局。

1 月 7 日（星期一），中国证监会、国家经贸委联合发布实施《上市公司治理准则》。该准则指出，上市公司的治理结构，应确保所有股东享有平等地位；当股东权利受到侵害时，有权通过民事诉讼等法律手段求得赔偿。当天上证综指下跌 0.9%，跌破 1600 点，报 1597 点。

1 月 14 日（星期一），"黑色星期一"再度上演，当天上证综指大跌 3.3%，跌破 1500 点。1 月 15 日，最高人民法院发布《关于受理证券市场因虚假陈述引发的民事侵权纠纷案件有关问题的通知》，规定自该通知发布之日起，人民法院开始有条件受理和审理因虚假陈述引发的证券市场民事侵权纠纷案件，当天上证综指下跌 1.7%。

1 月 21 日（星期一），"黑色星期一"连续第三次上演，当天上证综指大跌 3.4%，击穿 1400 点，两市近 200 只个股跌停。1 月 23 日股市报复性反弹上涨 6.3%，上证综指重新站上 1400 点，报 1445 点。

中国证监会规划发展委员会 1 月 27 日在网上公布《国有股减持方案阶段性成果》，披露了 1 月 21 日召开的国有股减持专家评议会上，形成的国有股减持的框架性和原则性方案——折让配售方案。该方案的主要内容是，用一部分非流通股，在全流通预期下，向全体投资者公开竞价发售。同时，根据全流通股价与市价的差额，通过配股或送股的方式，对流通股股东的损失进行补偿。从而在稳定的市场运行条件下，实现国有股减持和非流通股的流通。

1 月 28 日（星期一），"黑色星期一"连续第四次上演，由于担心大小非股东操纵全流通股价，当天上证综指暴跌 6.3%，再度击穿 1400 点收于 1360 点。截至 1 月 28 日，2002 年开年上证综指累计下跌已达 17.4%。

| 专栏 13 – 1 | "红色星期五"与"黑色星期一"

A 股市场在熊市中经常会出现"红色星期五"与"黑色星期一"行情，即市场在星期五上涨和在星期一下跌概率较大，这背后的逻辑主要在于投资者与政策的博弈。因为很多政策往往会在周末出台，因此投资者就会在周五买入博弈周末有利好政策，从而造成市场在周五上涨，而一旦利好政策落空，周一市场便会迎来下跌。反之，在牛市行情中，则经常会出现"黑色星期五"（因为担心周末出利空政策）和"红色星期一"的行情特征。

二、降息，第一轮倒 U 型反弹（1 月 29 日~6 月 5 日）

1 月 29 日上证综指上涨 2.4% 开启了 2002 年股市的第一轮反弹。1 月 30 日，中国证监会召开市场分析座谈会，与会者呼吁要注意保护投资者利益，增强投资者的信心。周小川主席在会上指出，保护投资者利益是监管层的一贯理念。任何改革举措只有在市场稳定和投资者权益得到保护的前提下，才能得以顺利推进。1 月 31 日，上证综指大涨 6.8% 收报 1492 点。

2 月 5～7 日，全国金融工作会议在北京举行。江泽民、朱镕基作重要讲话，会议对加强金融监管、推进国有商业银行改革等重点任务提出了具体要求。会议指出，证券市场在经济发展中的作用日益重要，规范和发展证券市场的方针不会改变。稳定是发展的基础，要加强和改进证券监管，提高市场信息的真实性和透明度，依法严厉打击造假账、发布虚假信息、操纵市场和内幕交易等违法违规行为，保护投资者特别是中小投资者的合法权益。2 月 7 日，上证综指大涨 2.0%，站上

1500 点，收报 1515 点。

2 月 8 日，中国证监会在京召开全国证券期货监管工作会议。中国证监会党委书记、主席周小川传达了全国金融工作会议精神，总结了 2001 年证券期货监管工作，并就进一步贯彻落实全国金融工作会议精神和做好 2002 年证券期货市场监管工作进行了全面部署。当日上证综指小幅回落。

2 月 21 日（沪深股市春节休市期间），中国人民银行宣布降低金融机构人民币存、贷款利率。此次降息，金融机构各项存款年利率在现行基础上平均下调 0.25 个百分点，其中活期存款利率由 0.99% 下调为 0.72%；1 年期定期存款利率由 2.25% 下调为 1.98%。各项贷款年利率在现行基础上平均下调 0.5 个百分点，其中 6 个月期贷款利率由 5.58% 下调为 5.04%；1 年期贷款利率由 5.85% 下调为 5.31%。2 月 25 日春节后第一个交易日，上证综指上涨 1.6%，收报 1530 点。

3 月 5 日，朱镕基总理在九届全国人大五次会议上作政府工作报告时强调，将进一步规范和发展证券市场，严肃查处金融机构违法违规经营行为，依法查处金融欺诈、非法集资、操纵证券市场和内幕交易、恶意逃废债务等行为；严厉打击做假账等违法行为。当日上证综指大涨 2.2%。

3 月 11 日下午举行的九届全国人大五次会议记者招待会上，中国人民银行行长戴相龙在回答记者提问时说，中央银行应该支持资本市场的发展，他希望 8 万多亿元储蓄更多地流向资本市场。同时戴相龙还说央行将批准更多的证券公司到拆借市场。当日上证综指上涨 1.5%。

1 月 29 日~3 月 21 日，股市完成了一轮有力的反弹，其间上证综指上涨 24% 收复了开年以来的失地。但转头股市就进入了第一轮倒 U 型反弹走势的右侧。

4 月 5 日，证券交易佣金将开始实行浮动制。中国证监会、国家发展计划委、国家税务总局联合发布了《关于调整证券交易佣金收取标准的通知》。该通知规定，自 2002 年 5 月 1 日起，A 股、B 股、证券投资基金的交易佣金实行最高上限向下浮动制度，证券公司向客户收取的佣金（包括代收的证券交易监管费和证券交易所手续费等）不得高于证券交易金额的 3‰，也不得低于代收的证券交易监管费和证券交易所手续费等。

5 月 21 日，中国证监会恢复和完善向二级市场配售新股方式。中国证监会 5 月 21 日发出《关于向二级市场投资者配售新股有关问题的补充通知》，决定恢复向二级市场投资者配售新股的发行方式。

3 月 22 日~6 月 5 日，指数持续下跌，1 月 29 日~6 月 5 日，上证综指的整个走势差不多是一个倒 U 型，右侧一端略短，意味着第一轮反弹总体还是留下了一点涨幅，6 月 5 日上证综指收报 1462 点，较 1 月 28 日上涨 7.5%。

三、"6·24 行情"，第二轮倒 U 型反弹（6 月 6 日～10 月 11 日）

6 月 7 日，中国人民银行决定撤销中国经济开发信托投资公司（中经开），停止该公司除证券经纪业务以外的其他一切金融业务活动，清算期间，该公司下属的证券交易营业部交由中国银河证券有限责任公司托管经营。中国金融史上赫赫有名的"3·27 国债期货"事件主角中经开，正式告别了历史舞台。

6 月 21 日，针对上市公司增发新股存在的主要问题，中国证监会制定了《关于进一步规范上市公司增发新股的通知》的征求意见稿，抬高了上市公司申请增发的门槛。规定增发的条件之一是，申请增发公司最近三个会计年度加权平均净资产收益率平均不低于 10%，且最近一年不低于 10%。当日上证综指大涨 3.1%。

6 月 23 日（周日），国务院决定，除企业海外发行上市外，对国内上市公司停止执行《减持国有股筹集社会保障资金管理暂行办法》中关于利用证券市场减持国有股的规定，并不再出台具体实施办法。6 月 24 日，受停止减持国有股等利好消息刺激，沪深股市出现井喷行情，沪深股指分别上涨 9.3%，两市有近 900 只股票达到涨幅限制，俗称"6·24 行情"，上证综指收报 1707 点。6 月 25 日，上证综指巨幅震荡，最高摸到了年内高点 1749 点。

7 月 1 日，上交所正式对外发布上证 180 指数，以取代原来的上证 30 指数。上证 180 指数以 2002 年 6 月 28 日上证 30 指数收盘点数为基点。新编制的上证 180 指数的样本数量扩大到 180 家，流通市值占到上海股票市场流通市值的 50%，成交金额所占比重也达到 47%。

从当时的市场观点来看，很多人认为当时市场整体的估值水平太高，上交所发布上证 180 的目的是拉低大盘指数的估值市盈率，从而可以使得股市有更佳的投资价值，有估算认为上证 180 指数的市盈率比上证综指低 10 左右。

"6·24 行情"的脉冲大致在 7 月上旬结束，随即股市进入到第二轮倒 U 型反弹走势的右侧。

7 月 25 日，经广泛征求意见后，中国证监会正式颁行了《关于上市公司增发新股有关条件的通知》，对增发的条件作出补充规定：公司申请增发时，其门槛数据线应满足最近三个会计年度加权平均净资产收益率平均不低于 10%，且最近一个年度不低于 10% 的要求，但对涉及重大重组的公司重组后首次申请增发新股的，其收益率指标仍设为 6%，且募集资金量可超过公司上年度末经审计的净资产值。

9 月 20 日中国联合通信股份有限公司发行 50 亿 A 股，其中 55%，即 27.5 亿股按市值向二级市场投资者定价配售，中国联通发行股数创下中国证券市场的新纪录。

7 月 10 日～10 月 11 日，市场基本上就是在不断地连绵下跌，第二轮倒 U 型反弹比第一轮更不如，基本上是从哪里来回哪里去，"6·24 行情"的战果到 10 月份已经基本荡然无存。

四、QFII 要来了（10 月 12 日～12 月 31 日）

2002 年第四季度的行情在 10 月中旬至 11 月上旬纠结、缠斗震荡一个月以后，11 月 8～12 日用连续三根阴线的形式跌破了前期低点，之后就是一轮新的下跌，最终 2002 年末上证综指再度跌破 1400 点，回到了两轮反弹的起点处。

除了行情以外，2002 年第四季度最值得关注的是中国证券市场的进一步对外开放。

11 月 4 日，经国务院批准，中国证监会、财政部和国家经贸委联合发布《关于向外商转让上市公司国有股和法人股有关问题的通知》，允许向外商转让上市公司的国有股和法人股。允许向外商转让国有股法人股，把中国证券市场并购重组推向新阶段，将提升中国上市公司整体质量，为中国证券市场的持续稳定健康发展打下良好基础。

11 月 7 日，QFII 制度正式出台。中国证监会与中国人民银行 11 月 7 日联合发布了《合格境外机构投资者境内证券投资管理暂行办法》，允许合格的境外机构投资者，在一定规定和限制下通过严格监管的专门账户投资境内证券市场。该办法将于 2002 年 12 月 1 日正式实施，标志着境内证券市场大门向境外机构投资者正式开放。

11 月 28 日，国家外汇管理局发布《合格境外机构投资者境内证券投资外汇管理暂行规定》，对于托管人管理、投资额度管理、账户管理、汇兑管理和监督管理等内容作了更加明确的规定。规定单个合格投资者申请的投资额度不得低于等值 5000 万美元的人民币，不得高于等值 8 亿美元的人民币。规定将于 2002 年 12 月 1 日起施行。

除了 QFII 以外，中国证券市场对外开放在其他领域也开始有了突破，备受瞩目的中外合资证券公司和基金公司开始先后成立。10 月 16 日，首家中外合资基金管理公司获准筹建，国泰君安和德国安邦组成了国安基金公司。12 月 19 日，首家合资券商获准成立，湘财证券与法国里昂证券组成华欧国际证券有限公司。

12 月 13 日，中信证券正式公布招股说明书，成为首支发行股票的证券公司。

12 月 27 日中国证监会召开处级以上干部大会，尚福林出任证监会主席、党委书记。12 月 28 日，第九届全国人大常委会通过决定，免去戴相龙的中国人民银行行长职务，任命周小川为中国人民银行行长。

2002 年底，中国证券市场正式从"周小川时代"走向"尚福林时代"。

回顾整个 2002 年，股市的利好政策可谓层出不穷，1～2 月间的各项会议都在反复强调保护投资者权益，2 月 21 日央行降息，4 月 5 日佣金实施市场化改革、降低证券交易成本，5 月 21 日恢复向二级市场投资者配售新股，6 月 24 日停止在二级市场减持国有股，7 月 25 日提高增发新股"门槛"，11 月 8 日宣布 QFII 将正式实施，等等。但即使在如此高密度的政策利好下，2002 年的股市依旧羸弱，全年上证综指下跌 17.5%，收报 1358 点。

第二节　经济形势：经济超预期，央行再降息

一、强势复苏新一轮周期基本得到确认

2002 年的中国经济实际表现要远好于预期，各项经济增长指标全面回升超过上一年。全年 GDP 实际增速 9.1%，较上年大幅上行 0.8%；固定资产投资累计同比增速达到 18.3% 较上年提高 3.9%，其中制造业固定资产投资增速超过 30%；工业增加值累计同比增速 12.6% 较上年提高 2.7%。在这种背景下，2002 年工业企业利润同比增速出现了显著回升，单季度同比增速从第一季度的 -9% 大幅回升到第四季度的 38%。

中国经济新一轮的上行周期在 2002 年时基本已经得到了确认。2002 年中国经济运行中一个曾令人担忧的问题是通货紧缩，如前所述，CPI 和 PPI 同比在 2000 年转正后 2001 年因为全球经济衰退的原因再度进入负增长。在整个 2002 年中，CPI 和 PPI 的走势基本是 U 型的，全年大多数时间里物价处于负增长区间，到年底时 CPI 和 PPI 同比增速再度转负为正。

二、"首次"也是"最后一次"降息

由于 2001 年中国经济再度进入到通货紧缩的原因，2002 年 2 月 21 日，经国务院批准，中国人民银行再次降低了金融机构存贷款利率。其中，存款利率平均下调0.25 个百分点，贷款利率平均下调 0.5 个百分点。

根据中国人民银行的测算，1996 年以来中国人民银行连续八次降息，金融机构存款平均利率累计下调 5.98 个百分点，贷款平均利率累计下调 6.97 个百分点。降息对降低国债和政策性金融债发行成本、减轻企业利息支出、刺激投资和消费、支持实施积极财政政策发挥了重要作用。

2002 年 2 月的降息是进入 21 世纪后中国人民银行的"首次"降息，也是 2008年金融危机以前的"最后一次"降息，自此以后中国经济进入到一轮新的上行周期，防止经济过热逐渐成为宏观调控的主要目标，货币政策开始逐步收紧的过程。

|专栏 13 - 2| **1996 ~ 2002 年的八次降息历程**

第一次降息（1996 年 5 月 1 日）：存、贷款年利率平均降幅分别为 0.98% 和0.75%。

第二次降息（1996 年 8 月 23 日）：存、贷款年利率平均降幅分别为 1.5% 和1.2%。

第三次降息（1997 年 10 月 23 日）：存、贷款年利率平均降幅分别为 1.1% 和1.5%。

第四次降息（1998 年 3 月 25 日）：存、贷款年利率平均降幅分别为 0.16% 和0.6%。

第五次降息（1998 年 7 月 1 日）：存、贷款年利率平均降幅分别为 0.49% 和1.12%。

第六次降息（1998 年 12 月 7 日）：存、贷款年利率平均降幅均为 0.5%。

第七次降息（1999 年 6 月 10 日）：存、贷款年利率平均降幅分别为 1% 和 0.75%。

第八次降息（2002 年 2 月 21 日）：存、贷款年利率平均降幅分别为 0.27% 和0.5%。

三、2002 年 A 股盈利和估值变化趋势回顾

2002 年 A 股上市公司利润增速较上年有所提升（见图 13 - 2），虽然由于税改因素的影响，上市公司利润绝对增速仅有个位数，但相比于 2001 年接近 - 41.7% 的利润增速来看确实是有很大改善的。2002 年全部 A 股归属母公司所有者净利润增速为 1.5% ，较上年提升 43.2% ，第三季度利润大幅改善，累计增速由负转正。

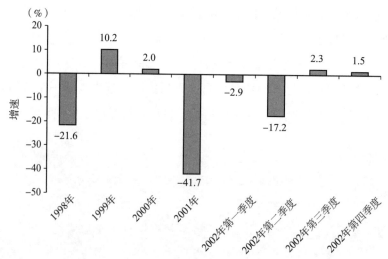

图 13 - 2　1998～2002 年全部 A 股上市公司归属母公司所有者净利润增速情况
资料来源：Wind 资讯、笔者计算。

2002 年 A 股的估值变化由两个阶段构成。第一，8 月份以前，在央行降息和国务院决定停止在国内证券市场减持国有股利好的刺激下，股市节节攀升，市场的市盈率水平也在一路向上，这个过程中对应的正好是上市公司利润同比增速的大幅回升。特别是在 7 月份以前，长端利率（十年期国债到期收益率）不断下行也对估值提升有促进作用（见图 13 -3）。第二，8 月份以后市场的估值出现了明显的回落，上证综指市盈率（TTM）从 57 倍回落到 45 倍左右，对于这段变化的理解，我们认为可能是两方面原因造成的：一是上市公司业绩增速回升趋势在第四季度没有了，第四季度利润增速较第三季度还有所下滑；二是从 7 月份以后随着通胀的逐渐回升，利率出现了明显上升。

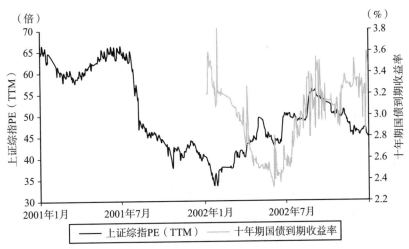

图13-3　2002年7月之前长端利率的下行在一定程度上拔高了估值

资料来源：Wind资讯。

第三节　行情特征：新的成长性行业开始出现

2002年股市总体全面下跌，全年的行情特征体现在：

（1）指数有较大幅度的下跌。由图13-4可以看出，上证综指全年下跌18%，Wind全A全年下跌20%。个股平均跌幅与指数相当，全部个股收益率算术平均值是-20%、全部个股收益率中位数是-23%，有89%的个股是下跌的。

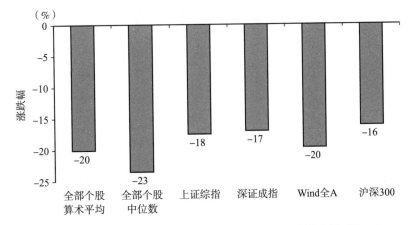

图13-4　2002年A股主要指数及全部个股平均涨跌幅对比

资料来源：Wind资讯、笔者计算。

（2）从 2002 年开始，中国进入了新一轮的经济上行周期，这个过程中培育了一大批新兴的快速成长行业，"新成长行业""入世对外开放""国企改革"构成了当时股票市场的主要矛盾。

（3）2002 年股市的结构表现上有如下几个看点（见图 13 – 5）：一是钢铁行业进入高速成长期，钢铁行业生产和消费总量均创历史最高水平。从 2002 年开始到 2007 年前，钢铁行业虽不断有政策打压，但 ROE 一直在 10% 以上，股价有超额收益，这和 2010 年以后的房地产行业非常相似。二是 2002 年是汽车行业爆发的元年，全年汽车产销量增速高达 38%，钢铁和汽车这两个新兴行业在 2002 年行业涨跌幅榜中排名靠前。但汽车行业后来出现了增量不增利的局面，股价表现没有钢铁表现好，这个在后面再详述。三是 2002 年市场行情的另一个特点是"外资并购主题"的兴起，这个热点是在当时中国已经加入世界贸易组织和国有企业改革的大背景下出现的。医药行业 2002 年的行情与外资并购主题有不小的关系。

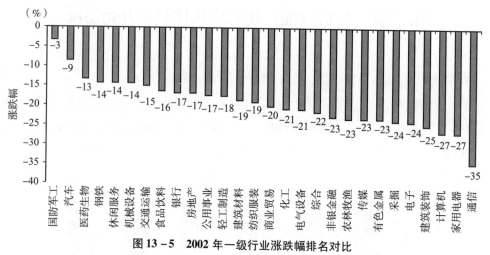

图 13 – 5   2002 年一级行业涨跌幅排名对比

资料来源：Wind 资讯。

一、快速成长期的钢铁行业

2002 年中国经济进入新一轮的上行周期后，出现了一大批进入快速成长期的行业，钢铁行业就是当时最典型的代表。

2002 年，钢铁行业生产和消费总量均创历史最高水平，价格也在板材的带动下强劲复苏。从 2002 年开始，中国的钢铁行业进入到一轮快速的成长时期，这个过程一直到2008年金融危机才结束。

虽然在2003年经济过热以后，2004年开始，国家对钢铁行业开始了一系列抑制过热的政策措施，如2004年的"铁本事件"等。但不可否认的是，2007年以前的中国钢铁行业是一个好行业，企业利润非常好，钢铁上市公司ROE在2003~2007年一直维持在10%以上，股价也反映了这个财务特征，2007年以前总体上钢铁股一直都是有超额收益的。具体见图13-6。

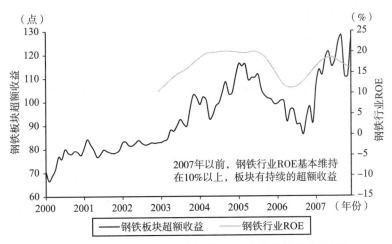

图 13-6　2000~2007年钢铁板块ROE与超额收益走势对比

注："钢铁板块超额收益"是指钢铁板块指数与上证综指相除，数值向上表明钢铁板块股价表现好于上证综指整体。

资料来源：Wind资讯、笔者计算。

从行业利润好、政策打压、股价有超额收益这三个特点来看，2007年以前的钢铁行业与2010年以后的房地产行业有非常相似的地方。

二、汽车行业爆发的元年

2002年很多时候被誉为中国汽车产业爆发的元年，当年汽车销量324万辆，增速达到了37.5%（2001年是17.5%），从2002年开始，中国的汽车产业进入了一轮高速成长期（见图13-7）。第一季度汽车产量增长18.1%，上半年增长29.4%，第三季度增长33.2%，全年增长38.5%，呈逐季加快态势。

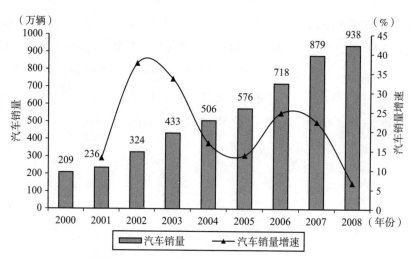

图 13－7   2000～2008 年汽车销量及增速情况

资料来源：国家统计局、Wind 资讯。

造就 2002 年中国企业产业进入高速增长的原因是多方面的，包括：一是宏观国民经济持续快速增长，使国民收入和企业盈利水平有效增长，成为汽车行业持续发展的强劲动力；二是居民收入的快速增加，市场需求急剧扩大；三是市场准入制度放宽增加了汽车产品的有效供给，进而大大促进了需求的增长。民营资本、外资相继进入轿车、客车和零部件行业，供给主体多元化促进了市场竞争，令产品供给日益丰富，价格水平不断降低，进而极大地刺激了用户的购车欲望。

2002 年全年汽车行业涨幅是 －9%，相对收益在市场中还是非常领先的，涨幅榜排名第二（见图 13－5）。但值得注意的是，快速成长并不等于企业盈利，后面我们会看到，在汽车产业快速成长的同时，企业资本支出大幅增加，最后导致了 2004 年和 2005 年增收不增利情况的出现。

三、外资并购主题兴起

2002 年市场行情的另一个特点是"外资并购主题"的兴起，这个热点是在当时中国已经加入世界贸易组织和国有企业改革的大背景下出现的。

加入 WTO 以后，中国加快了对世界开放的进程，这一过程给国际商业资本进入中国带来了巨大机会。但对外资来说，一则不少政策对外资的持股比例是有限制的，二则外资并不是特别了解中国市场，完全从零开始建立生产销售网络，成本高时间长，因此并购中国企业成为一条捷径。

2001 年 11 月，中国证监会、财政部和国家经贸委联合发出《关于向外商转让上市公司国有股和法人股有关问题的通知》，随后有关部门又发布了《利用外资改组国有企业暂行规定》《合格境外机构投资者境内证券投资管理暂行办法》等政策法规，外资并购的政策障碍已经基本被扫清，预示着中国股市的对外开放进程已经进入了一个新阶段，外资并购的热潮正在慢慢掀起。比如 2002 年涨幅榜里靠前的医药行业，就是外资并购主题当时重点关注的板块。按照"入世"规定，2003 年 3 月 1 日国内将向外资开放药品分销与批发业务。

第十四章
2003 年：价值投资与核心资产

　　2003 年在美元持续贬值和人民币升值的预期下，各路"热钱"开始持续流入中国，经济出现了过热状态，而货币政策也结束了自 1996 年以来的宽松，开始逐步转向收紧周期。2003 年上证综指的开局扭转了 2002 年的下跌局面，并在第一季度持续温和上涨。在 4 月份"非典"暴发后，A 股一路走低连续下跌。11 月 13 日，上证综指下探至 1307 点的低点，创下 2000 年以来的新低。从风格上来看，2003 年的股市呈现出"强者恒强"的结构性牛市。随着 QFII 制度的实施，社保基金的入市以及合资券商的加速建立，机构投资者队伍不断壮大，市场投资理念出现了变化，价值投资理念在 2003 年的股市大行其道。2003 年上证综指走势与资本市场大事记如图 14 – 1 所示。

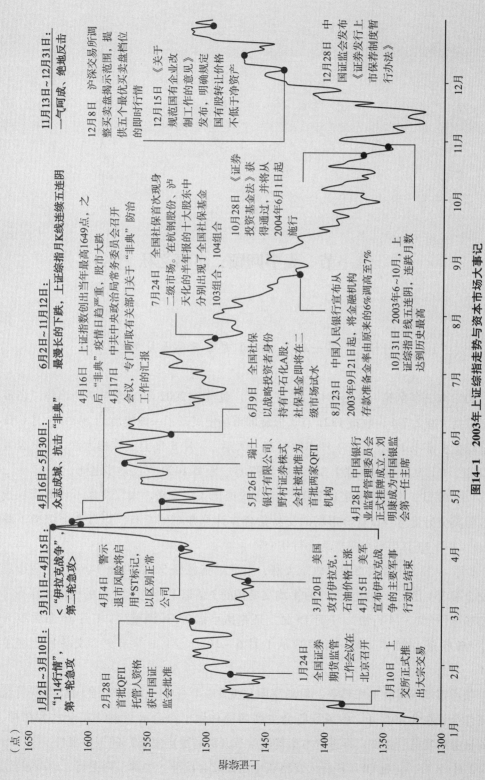

图14-1 2003年上证综指走势与资本市场大事记

资料来源：Wind资讯。

第一节　大事回顾：多事之秋

一、"1·14 行情"，第一轮急攻（1 月 2 日～3 月 10 日）

2003 年开年的第一个交易日（1 月 2 日）延续着 2002 年持续下跌的趋势，当日上证综指大跌 2.7%，收报 1321 点。但旋即市场便展开了一波凌厉的上攻。1 月 6 日上证综指上涨 1.1%，1 月 7 日小幅震荡一天后，1 月 8 日上证综指大涨 3.0% 收报 1372 点，1 月 9 日再度大涨 1.8% 收报 1397 点，距离 1400 点仅一步之遥。

1 月 10 日，上交所决定自 2003 年起正式推出大宗交易。大宗交易不计入当日指数，但其交易量与当日竞价市场的交易量合并计算并对外发布，当日上证综指下跌 0.9%。1 月 13 日市场小幅震荡上行 0.1%。

1 月 14 日，沪深两市股市放量大涨，上证综指暴涨 5.8% 收报 1467 点，两市总成交金额 354 亿元，是此前几个月平均交易额的 3 倍以上，1 月 14 日的股市大涨当时被市场称作"1·14 行情"。1 月 15 日上证综指小幅 0.5% 调整后，1 月 16 日再度大涨 1.8% 收报 1485 点。第一轮急攻从 1 月 6～16 日，上证综指 9 个交易日上涨了 13%。

随后市场继续着上涨趋势，但斜率明显变平。1 月 24～26 日，全国证券期货监管工作会议在北京召开。中国证监会主席尚福林做了《全面贯彻落实十六大精神，做好证券期货监管工作，推进资本市场的改革开放和稳定发展》的工作报告。

2 月 28 日，首批 QFII 托管人资格获中国证监会批准。中国工商银行、中国银行、中国农业银行、中国交通银行、中国建设银行 QFII 托管人资格获中国证券监督管理委员会批准，QFII 正式到来越来越近。

截至 3 月 3 日，上证综指收报 1525 点，到达了 2003 年第一轮上涨的高点，此时指数较 1 月 3 日的低点累计上涨 16%。随后市场出现一定的调整，3 月 4 ~ 10 日走出了连续五根阴线，到 3 月 10 日上证综指收报 1469 点。

二、伊拉克战争，第二轮急攻（3 月 11 日 ~ 4 月 15 日）

3 月 11 ~ 26 日，股市经历了大约两周时间的横盘震荡，指数波动的幅度很小，到 3 月 26 日上证综指收报 1456 点，比 3 月 10 日仅小幅下挫 13 个点。

从 3 月 27 日起股市展开了 2003 年的第二轮急攻，3 月 27 日上证综指大涨 3.0% 收报 1499 点，3 月 28 日小幅调整后，3 月 31 日和 4 月 1 日继续连续上涨收报于 1523 点。

4 月 4 日，上海和深圳证券交易所发布《关于对存在股票终止上市风险的公司加强风险警示等有关问题的通知》。存在股票终止上市风险的公司，交易所对其股票交易实行"警示存在终止上市风险的特别处理"，在公司股票简称前冠以"＊ST"标记。

4 月 2 ~ 8 日，市场在经历了一周左右的横盘调整后，4 月 9 日股市继续上攻，当日上证综指上涨 1.5% 收报 1544 点。4 月 8 ~ 15 日，股市连涨 6 天，到 4 月 15 日收盘上证综指收报 1631 点，全年累计涨幅达到了 20%。

2003 年股市第二轮急攻，全球发生的最大事件无疑是"伊拉克战争"，虽然战争对中国股市很难说得出直接的因果关系，但在时间上还是非常吻合的。2003 年 3 月 20 日，以英美军队为主的联合部队向伊拉克发动代号为"斩首行动"和"震慑"行动的大规模空袭和地面攻势。布什在战争打响后向全国发表电视讲话，宣布推翻萨达姆政权的战争开始，强调战争将"速战速决"。仅仅 1 个月后，4 月 15 日，美军宣布伊拉克战争的主要军事行动已结束，联军"已控制了伊拉克全境"。4 月 15 日正好是上证综指在 2003 年收盘价的最高点。

三、众志成城，抗击"非典"（4 月 16 日 ~ 5 月 30 日）

2003 年是多事之秋，国际上"伊拉克战争"以外，国内有"非典"疫情的肆虐。特别在 4 月份，全国人民自上而下神经高度紧绷，抗击"非典"成为全国上下的首要任务，在各种主流媒体上，"非典"的新闻报道迅速取代了伊拉克战事。

4 月 15 日，卫生部公布，截至 4 月 15 日上午，全国的"非典"病例是 1435 例，死亡 64 例。其中，广东 1273 例、死亡 45 例，而北京只有 37 例、死亡 4 例。4 月 17 日，中共中央政治局常务委员会召开会议，专门听取有关部门关于非典型肺炎防治工作的汇报，并对做好这项工作进行了进一步研究和部署。

4 月 20 日发生了一系列大事，卫生部部长党组书记张文康、北京市委副书记市长孟学农被免职。卫生部副部长高强在第三次新闻发布会上宣布，全国的病例已经上升到 1807 例，其中死亡 79 人；北京的病例突然飙升至 339 例，死亡人数上升至 18 人。非典被列入我国法定传染病。4 月 22 日王岐山出任北京市代市长。4 月 24 日北京市中小学开始停课两周，对人民医院实行整体隔离。4 月 26 日国务院副总理吴仪兼任卫生部部长。

股市从 4 月 16 日起开始掉头向下，4 月 16～25 日股市出现了一波急跌，8 个交易日内，上证综指累计下跌 1631 点至 1487 点，跌幅达 8.8%。急跌之后，市场展开了一波反弹，到 6 月 2 日达到反弹高点 1577 点。

2003 年 4 月份还发生了一件对中国金融市场影响重大的事件，4 月 28 日中国银行业监督管理委员会正式挂牌成立，刘明康成为中国银监会第一任主席，中国银监会根据国务院授权，行使原由中国人民银行履行的监督管理职权。

此外，5 月 26 日，中国证监会宣布，批准瑞士银行有限公司、野村证券株式会社两家机构合格境外机构投资者（QFII）资格。这是 QFII 制度实施以来，经批准进入中国证券市场投资的首批境外机构。

四、最漫长的下跌（6 月 2 日～11 月 12 日）

2003 年从 6 月 3 日起至 11 月 12 日，股市出现了近半年时间的连绵不断的下跌，下跌让人感觉好像永无止境。这期间也有发生过对市场利好的事件，全国社保资金开始入市，QFII 资金开始入市。

6 月 9 日全国社保基金理事会以战略投资者身份持有的中石化 A 股股票，已正式委托给博时和华夏两家基金公司运作。这意味着社保基金即将开始在股票二级市场试水。

7 月 9 日瑞银集团买入宝钢股份、上港集箱、外运发展和中兴通讯，从而宣告 QFII 第一单诞生。受此消息影响，当天，4 只个股全部放量上行。

7 月 24 日，在杭钢股份、泸天化的半年报的十大股东中分别出现了全国社保基金 103 组合、104 组合，这是社保基金首次现身半年报，这两只股票也是全国社保首次现身二级市场的重仓股。

10 月 28 日《证券投资基金法》在十届全国人大常委会第五次会议上获得通过，并将从 2004 年 6 月 1 日起施行，证券投资基金法将为基金的规范运作提供法律保障。

从 1990 年 12 月上海证券交易所成立，一直到 2020 年 12 月，在长达近 30 年的时间里，如果以月线为标准，上证综指最多的连跌月数是 5 个月，历史上一共出现过 5 次；连续下跌 4 个月一共出现过 10 次；连续下跌 3 个月一共出现过 25 次。

实际上，从数据上观察可以发现，大多数 4 个月或者 5 个月的月线连跌多数是发生在 20 世纪 90 年代股市成立的初期。2003 年 6～10 月的月线五连阴是 2000 年以后股市发生的第一次，可谓是"最漫长的下跌"，可能市场没曾想到的是，仅仅过了一年，到 2004 年，"最漫长的下跌"再度发生，上证综指再次出现月线五连阴的悲惨场面。

五、绝地反击（11 月 13 日～12 月 31 日）

从 6 月到 11 月上旬，股市连跌了近半年，上证综指从 6 月 2 日的 1577 点跌至 11 月 12 日的 1318 点，跌幅达 16.4%。这种情况是与当时的中国经济发展形势完全背离的，如后续所述，2003 年中国经济在加速上行，企业盈利水平大幅改善，而且海外的"热钱"开始不断涌入。从 2003 年 11 月 13 日股市开始反攻，一直到 2004 年 4 月中旬左右，这波反攻成为股权分置改革完成前 A 股市场最有力的一波行情。

2003 年市场最后一个半月的行情基本上是一气呵成的，一路上行几乎没有任何调整。11 月 13 日～12 月 31 日，共计 35 个交易日，其中 23 个交易日股市是上涨的。11 月 24 日上证综指突破 1400 点整数关口，12 月 23 日上证综指终于再度突破 1500 点，截至 12 月 31 日，上证综指收报 1497 点，较 11 月 2 日的低点上涨 13.6%。

在股票市场不断上扬的同时，各项完善资本市场基础制度的政策规范性文件也在陆续出台：

12 月 10 日，经国务院批准，中国证监会发布《中国证券监督管理委员会股票发行审核委员会暂行办法》，自公布之日起施行。该暂行办法对发审委制度做了较大的改革，中心思想是全力提高发审委工作的透明度，强化发审委委员的专家功能，加大发审委委员的审核责任，提高审核质量，将发审委工作置于社会监督之下。

12 月 15 日，国有资产监督管理委员会发布了《关于规范国有企业改制工作的意见》。明确规定，上市公司国有股转让价格在不低于每股净资产的基础上，参考上市公司盈利能力和市场表现合理定价。

12 月 28 日，中国证监会发布《证券发行上市保荐制度暂行办法》，自 2004 年 2 月 1 日起施行。

2003 年全年上证综指累计上涨 10.3%，收报 1497 点，是自 2245 点到 998 点五年熊市中唯一一个上涨的自然年度。

第二节　经济形势：投资高歌猛进，货币开始收紧

一、加速上升中"过快"问题开始出现

正如当年中央经济工作会议所言，2003 年中国经济"遇到的困难比预想的大，但是取得的成绩比预想的好"。上半年"非典"疫情对我国产生了很大的影响，但这无碍中国经济的强劲上升势头。2003 年中国经济的各项指标都呈现出了加速上升的势头。全年 GDP 实际增速 10.0%，较上年大幅上行 0.8%，达到了两位数的增长速度；固定资产投资累计同比增速达到 29.1%，较上年大幅提高 10.8%；工业增加值累计同比增速 17.0%，较上年提高 4.4%。全年工业企业利润总额同比增长 44%，增速较上年提高 22%。

2003 年中国经济的一大特色就是"过快"，各项指标都有增速"过快"的势头，基础货币增长过快、信贷投放过快等，这其中最核心的还是固定资产投资增速过快。2003 年固定资产投资累计同比增速达到 29.1%，其中 6 月份投资增速最高时累计同比增速达到了 32.8%，之后随着政府关于控制开发区规模、制止一系列生产能力过剩产品的重复建设政策的出台，投资增速略有小幅回落。

从固定资产投资的结构来看：一是制造业投资出现了明显加速，2003 年制造业投资累计增速达到了惊人的 62%，增速比 2002 年大幅提高 31%；二是地方政府开始萌发了投资冲动，基建投资增速在 2003 年突然大幅崛起至 35%，增速比 2002 年提高了 29%；三是房地产投资增速虽然没有出现加速度，但已经连续多年维持在 20% 以上。

固定资产投资增速过快使得一方面从 2003 年开始，我国电力、交通运输等出现了短缺；另一方面，原材料和大宗商品价格节节攀升，从 2002 年第四季度起 PPI 价

格就以高于 CPI 的幅度快速上涨。在这样的背景下，给投资降温逐渐成为宏观调控的主要目标，2003 年起货币政策开始发生了转向。

二、热钱大幅涌入，货币政策转向

在美元持续贬值和人民币升值的预期下，2003 年各路"热钱"开始持续流入中国。企业或者个人的外汇"热钱"流入中国以后可以向商业银行兑换成人民币，商业银行再将这些外汇跟中国人民银行进行兑换，这就会形成所谓的央行"外汇占款"，即央行向市场投放基础货币来回收流入的外汇资金。在中国特定的汇率制度下，一直到 2014 年以前，"外汇占款"一直是我国央行进行基础货币投放的重要途径。

以央行口径的外汇占款计算①，2003 年全年外汇占款增加 1.15 万亿元，同比多增加 6850 亿元（见图 14 - 2）。这导致了 2003 年中国人民银行基础货币余额为 5.23 万亿元，同比增长 16.7%，增幅比上年末提高 4.9 个百分点。②

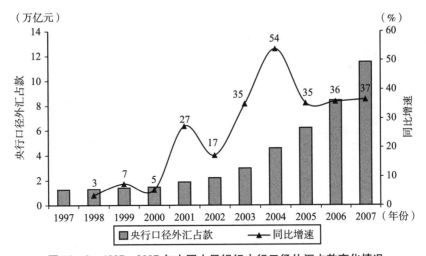

图 14 - 2　1997 ~ 2007 年中国人民银行央行口径外汇占款变化情况

资料来源：中国人民银行、Wind 资讯。

---

　　①　外汇占款是央行或其他金融机构收购外汇资产而相应投放的本国货币。在我国的实践中，外汇占款一般有"央行口径"和"金融机构全口径"两个统计口径分类。央行口径的外汇占款反映了中国人民银行为了吸收流入的外汇而投放的人民币基础货币。

　　②　资料来源：中国人民银行《2003 年四季度货币政策执行报告》。

针对外汇占款投放基础货币大幅增长的情况，中国人民银行一方面通过发行央行票据等方式，加大基础货币回笼力度；另一方面经国务院批准，中国人民银行从 2003 年 9 月 21 日起，将存款准备金率由 6% 调高至 7%。提高存款准备金率意味着从 2003 年起，货币政策结束了自 1996 年以来的宽松，开始逐步转向收紧周期。

| 专栏 14 – 1 | 没见过的，是最可怕的

　　2003 年 A 股经历了从 6 月初至 11 月上旬的持续下跌行情，下跌的原因主要归于流动性收紧。但 2003 年的货币收紧，其实主要体现在 8 月份中国人民银行宣布提高存款准备金率，并且从数据上看长端利率要到 10 月份以后才有明显回升，之前一直也都处在相对较低位置。换言之，2003 年虽然可以说货币政策在收紧，但其实也并没有那么"紧"。

　　那为什么会对股市产生这么大的影响呢？这可能主要在于当时的市场参与者多数没有经历过货币政策收紧，没见过的事情一旦发生是最可怕的。中国货币政策在 1996~2002 年一直是持续宽松的，1996 年以前入行的投资者特别是机构投资者在 2003 年时恐怕占比也不会太多。

　　类似的逻辑后面还会看到，比如 2012 年中国经济增速系统性下台阶、2021 年欧美通货膨胀创 40 多年历史新高等，都是在当时环境下市场投资者从未经历过的，从而引发了市场大幅波动。

三、2003 年 A 股盈利和估值变化趋势回顾

　　2003 年 A 股上市公司利润增速较上年大幅提升，全部 A 股归属母公司所有者净利润增速为 42.3% 左右，较上年提升幅度为 41%，从增速来看，上市公司利润在 2003 年实现了质的飞跃。当然这个既有基本面的因素，也有上文提到的 2002 年税改的因素。

　　整体看 2003 年全年业绩增速是大幅提升的，然而估值却一路下滑。以上证综指计算，2003 年底市盈率（TTM）在 36.6 倍，较 2002 年底大幅下降 18%，全年仅在最后一个半月有 16% 的涨幅（见图 14 – 3）。

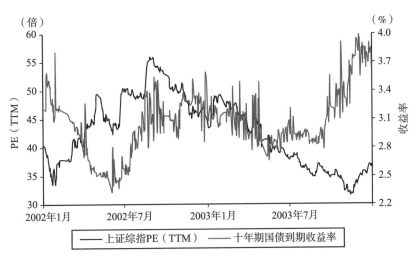

图 14 – 3　2002 ～ 2003 年上证综指市盈率（PE）与长端利率走势对比

资料来源：Wind 资讯。

2003 年估值一路下行的主要原因，是市场对经济过热引发的货币政策转向的预期。从 2002 年底至 2003 年初工业增加值同比和 PPI 同比迅速飙升，"热钱"不断涌入，市场对于政策收紧的预期不断升温，从而导致估值的持续下行，而下半年货币政策的收紧也确实发生了。而年末估值反弹的主要原因在于第三季度和第四季度上市公司业绩增速的持续回升。

第三节　行情特征："五朵金花"

2003 年股市是 2245 点到 998 点，在这几年中相对算是不错的一年，全年的行情特征体现在：

（1）出现结构性分化，指数在涨而个股跌的多。上证综指全年上涨 10%，Wind 全 A 全年下跌 3%。个股表现要明显差于指数表现，全部个股收益率算术平均值是 –12%、全部个股收益率中位数是 –18%，有 75% 的个股是下跌的。具体见图 14 – 4。

（2）2003 年股市上市公司业绩增速在提升，但估值在下降。全年全部 A 股归属母公司所有者净利润增速有 42%，较 2002 年有大幅提高，但估值在下降，上证综指市盈率（TTM）全年回落 18%。主要原因是市场对经济过热引发的货币政策转向的预期。

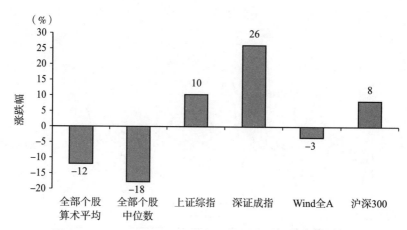

图 14 - 4　2003 年 A 股主要指数及全部个股平均涨跌幅对比

资料来源：Wind 资讯、笔者计算。

（3）结构表现上有如下几个看点：第一，"价值投资"理念大行其道，市场追逐"核心资产"，这跟之后 2017 年的情况非常相似。所谓"价值投资"行情，大致体现在这几个维度：一是高 ROE 组合收益率表现显著好于低 ROE 组合；二是低估值（低PE、低 PB）组合收益率表现显著好于高估值组合；三是大市值组合收益率表现显著好于小市值组合。第二，行业上看，出现了所谓的"五朵金花"行情。以钢铁、汽车、金融、石化、电力五大行业龙头企业为首的大盘蓝筹股展开了一轮气势如虹的涨升，成为 2003 年整个市场的旗帜（见图 14 - 5）。这背后反映了 2003～2004 年间中国经济重工业重投资的发展特征。

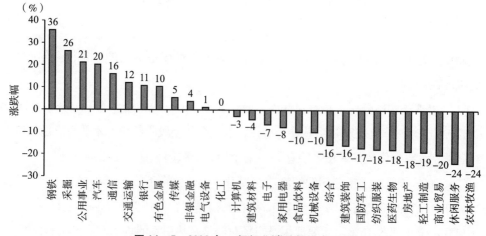

图 14 - 5　2003 年一级行业涨跌幅排名对比

资料来源：Wind 资讯。

一、价值投资理念大行其道

2003 年股市行情的最大特征就是"价值投资"行情。大盘蓝筹股的走强不仅缘于基本面的强劲支撑，也源于过去几年制度变革带来的投资理念变化。自 2001 年以来，机构投资者队伍不断壮大，如基金的扩容、券商的扩募等，并且 QFII 资金也在 2003 年正式进入我国证券市场，他们的投资理念对市场产生了重大影响。

所谓"价值投资"行情，大致体现在这几个维度：第一，高 ROE 组合收益率表现显著好于低 ROE 组合；第二，低估值（低 PE、低 PB）组合收益率表现显著好于高估值组合；第三，大市值组合收益率表现显著好于小市值组合。

在"价值投资"理念的指引下，2003 年市场产生了对"核心资产"的追逐。这里我们引用几个《中国证券报》在 2003 年的相关标题，供读者参考：《股市核心资产正在形成》《"核心资产"仍是主流》《核心资产范围正在扩延》《核心资产始终将是第一参照物》《科技股正在成为新核心资产》《行情演绎仍看核心资产》《核心资产，越陈越香》《核心资产：坚守与寻找并行不悖》《坚定价值理念、锁定核心资产》等。

2003 年的"价值投资""核心资产"与 2017 年何其相似！

二、重工业重投资时代

从行业属性看，2003 年非常突出的就是"五朵金花"行情。2003 年开年以后，市场行情中的"五朵金花"闪亮登场。以钢铁、汽车、金融、石化、电力五大行业龙头企业为首的大盘蓝筹股展开了一轮气势如虹的涨升，成为 2003 年整个市场的旗帜。

全年钢铁行业累计上涨 36% 排名第一，采掘（石油煤炭）行业上涨 26%，公用事业（电力）行业上涨 21%，汽车行业上涨 20%，银行板块全年上涨 11%。

"五朵金花"行情是在 2003 年中国经济重工业重投资经济大背景下发生的。2002 年中国经济已经进入新一轮增长期，随着 GDP 的高速增长，钢材、水泥、煤炭、电力等出现了涨价和供不应求的状况，而且受国际市场影响，石油、有色金属等也出现了大幅涨价的局面。

2003 年，全国工业增加值增长 12.6%，其中规模以上工业增长 17%，增速比上年加快 4.4%。分行业看，电子通信设备制造、交通运输设备制造、电气机械及器材制造、冶金和化工五大行业是带动工业生产快速增长的主要力量，共拉动工业增长 8.7%。①

从图 14-6 中可以看到，2003 年和 2004 年，中国重工业企业的营收增速要显著高于轻工业企业。2003 年重工业企业营收增速 38%（轻工业 18%）、2004 年重工业企业营收增速 45%（轻工业 28%）。这个重工业和轻工业增速巨大的缺口，要到 2004 年开始全面遏制经济过热，2005 年以后才开始收窄。

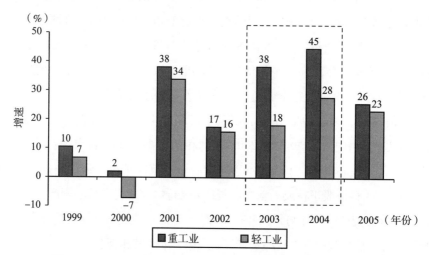

图 14-6　1999～2005 年中国重工业和轻工业企业营收增速对比

资料来源：国家统计局、Wind 资讯。

---

① 转引自：《2013 年第四季度中国货币政策执行报告》。

第十五章
2004 年：夭折的牛市

2004 年是股票市场制度建设的重要一年，不同于以往侧重调控市场点位的涨跌，这一轮的制度建设以国务院的九条意见为代表，更多地从市场化以及运行机制上重新定义中国证券市场。2004 年有两波行情，一是前 4 个月的跨年度上攻行情，二是 9 月份的井喷行情。而"国九条"则是贯穿全年的主线。在 2 月初"国九条"政策利好的催化下，股指一路顺势上攻至 4 月初的 1783 点，创出全年最高点位。但是，宏观政策的收紧、上市公司国有股流通办法将适时出台使得股指结束反弹一路走熊，9 月创出全年新低。此后，温家宝总理要求抓紧落实"国九条"的消息，引发股指的强劲反抽，但随后再度转为下跌，至年末股指较上年下跌 15.40%。2004 年上证综指走势与资本市场大事记如图 15 - 1 所示。

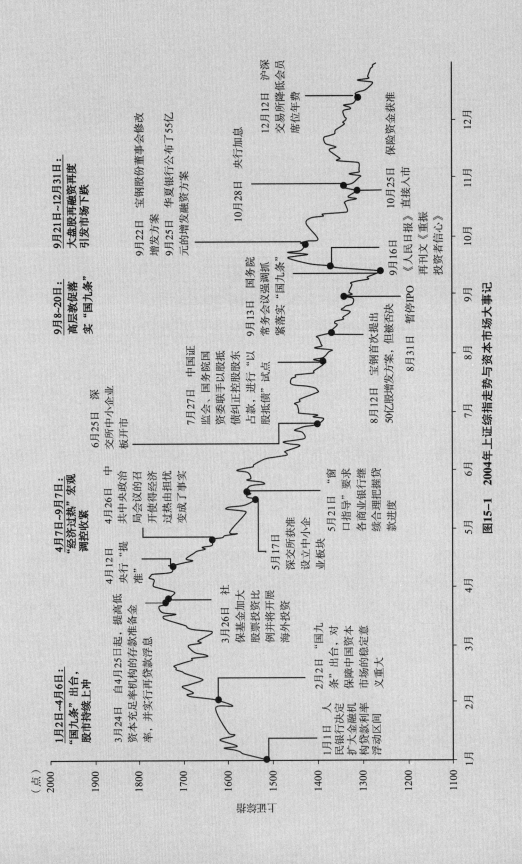

图15—1 2004年上证综指走势与资本市场大事记

1月2日~4月6日：
"国九条"出台，
股市持续上冲

4月7日~9月7日：
"经济过热"宏观
调控收紧

9月8~20日：
高层敦促落
实"国九条"

9月21日~12月31日：
大盘股再融资再度
引发市场下跌

1月1日 人
民银行决定
扩大金融机
构贷款利率
浮动区间

2月2日 "国九
条"出台，对
保障中国资本
市场的稳定意
义重大

3月24日 自4月25日起，提高低
资本充足率机构的存款准备金
率，并实行再贷款浮息

3月26日 社
保基金加大
股票投资比
例并将开展
海外投资

4月12日 央行"提
高存款准备金"

4月26日 中
共中央政治
局会议的召
开使得经济
过热由担忧
变成了事实

5月17日
深交所获准
设立中小企
业板块

5月21日 "窗
口指导"要求
各商业银行继
续合理把握贷
款进度

6月25日 深
交所中小企业
板开市

7月27日 中国证
监会、国务院国
资委联手以股抵股东
债纠正控股股东
占款，进行"以
股抵债"试点

8月12日 宝钢增发方案
50亿股增发方案，但被否决

8月31日 暂停IPO
宝钢首次提出

9月13日 国务院
常务会议强调抓
紧落实"国九条"

9月16日
《人民日报》
再刊文《重振
投资者信心》

9月22日
增发方案
宝钢股份董事会修改

9月25日 华夏银行公布了55亿
元的增发融资方案

10月28日 央行加息

10月25日
直接入市
保险资金获准

12月12日 沪深
交易所降低会员
席位年费

(点)
2000
1900
1800
1700
1600
1500
1400
1300
1200
1100

1月 2月 3月 4月 5月 6月 7月 8月 9月 10月 11月 12月

第一节　大事回顾："国九条"的制度建设

一、"国九条"出台（1 月 2 日~4 月 6 日）

2 月 2 日，国务院《关于推进资本市场改革开放和稳定发展的若干意见》（简称"国九条"）出台。该意见提出鼓励合规资金入市，支持保险资金以多种方式直接投资资本市场，逐步提高社保基金、补充养老金等投入资本市场的资金比例，积极稳妥解决股权分置问题，稳步解决目前上市公司股份中尚不能上市流通股份的流通问题。"国九条"的推出表明政府高层对健康发展中国资本市场、努力保护广大中小投资者利益的决心，对保障中国资本市场的稳定意义重大，《中国证券报》发表社论《资本市场翻开新的一页》指出，"国九条"的发布表明，中国资本市场的改革与发展，不仅屡屡被提上最高决策议程，而且将要进入全面实施与推进的新进程。

股市在"国九条"的利好刺激下持续上冲，年初至 4 月初上证综指上涨 17%，然而好景不长，随着宏观调控政策的收紧，股市随即开始下跌，刚企稳的牛市行情半路夭折。

二、"经济过热"宏观调控收紧（4 月 7 日~9 月 7 日）

4 月开始，对于经济过热的担忧导致宏观调控出现了明显的紧缩势头，指数也开始掉头向下。央行宣布自 4 月 25 日起，提高存款准备金率 0.5 个百分点，即存款准备金率由现行的 7% 提高到 7.5% 。同时根据差别存款准备金率制度要求，资本充足率低于一定水平的金融机构，将执行 8% 的存款准备金率。4 月 26 日，中共中央政治局会议分析当前经济形势，指出经济运行中出现的一些新的矛盾和问题，突出表现在固定资产投资规模过大，特别是一些行业投资增长过快，导致信贷投放增幅过大，造成"煤电油运"供应趋紧。这次会议的召开使得经济过热问题从担忧变成了事实，宏观政策的进一步收紧已是板上钉钉的事。5 月 21 日，央行召开"窗口指导"会议，要求各商业银行继续合理把握贷款进度，防止大起大落，支持经济平稳增长。

与此同时，宏观调控的相关配套措施也逐渐落地：提高钢铁、电解铝、水泥、房地产四大行业固定资产投资项目资本金比例，以及严控贷款规模等随之而来的利空再度加剧了股市的下跌。6 月 25 日，中小企业板块正式登场，而持续下行的股指使得众多中小板投资者被高位深套，与此同时 7 月开始关于股权分置改革的传闻，以及 7 月底中国证监会"以股抵债"的提法，使得投资者对诸多市场制度改革的判断不甚明朗，加之 8 月宝钢提出 50 亿股增发方案，整体市场情绪处于比较脆弱的状态。

8 月底中国证监会叫停了新股发行，但市场依然继续下跌。8 月 31 日在大盘逼近 1300 点，投资者亏损惨重的情况下，中国证监会公布《关于首次公开发行股票试行询价制度若干问题的通知（征求意见稿）》，并宣布在该通知正式公布前，暂不安排首次公开发行股票，但上市再融资除外。自 4 月初至 9 月初指数一直处于单边下跌的行情中，其间几乎没有任何反弹，整体跌幅高达 25% 。

三、高层敦促落实"国九条"（9 月 8～20 日）

9 月 13 日，国务院总理温家宝在国务院常务会议上明确强调要抓紧落实"国九条"各项措施。受此利好影响，市场信心大增，14 日便站上 1300 点，当日《人民日报》还破例给予了报道。9 月 16 日，《人民日报》再次报道这几日的行情并配文《重振投资者信心》。在管理层和官媒的大力鼓舞下，指数在 9 月 8～20 日短短十几天上涨了 16% ，虽然比较短暂，但这年内的第二段上涨行情和年初的上涨阶段涨幅基本相当。但事后证明这疯狂的上涨行情仅是短线资金的炒作，股市不久便再度下跌。

四、大盘股再融资引发市场再度大跌（9 月 21 日~12 月 31 日）

引发市场回调的导火索是宝钢和华夏银行的再融资方案。9 月 22 日，宝钢股份董事会修改了增发方案，并于 9 月 27 日获股东大会通过，9 月 25 日华夏银行又公布了 55 亿元的增发融资方案。与此同时，监管层对券商资管业务的清理也加速了市场下跌。10 月 21 日，中国证监会又发布了《关于证券公司开展集合资产管理业务有关问题的通知》。该通知在《证券公司客户资产管理业务试行办法》原则规定的基础上，对证券公司设立集合资产管理计划、开展集合资产管理业务的具体操作及监管事宜进行了详细的规定。目前仅允许创新试点类证券公司试行办理此项业务，这意味着券商资管业务将会遭到全面清理规范。在诸多利空消息的影响下，指数连续一个月加速下跌。

大盘急速下跌之后开始盘整，其间各种利好利空交织，大盘走势并不明朗。10 月 25 日，中国保监会和中国证监会联合发布《保险机构投资者股票投资管理暂行办法》，允许保险机构直接投资股票市场。但与此同时，10 月 28 日央行宣布开始上调金融机构存贷款基准利率，并放宽人民币贷款利率浮动区间和允许人民币存款利率下浮。这是自 1995 年 7 月以来央行首次上调存贷款利率。也就是说，虽然股市羸弱，但经济依旧存在过热的现象，然而在如此弱势的市场情绪下，加息无异于雪上加霜。

11 月上旬监管层出台系列措施落实"国九条"，指数再度小幅反弹但随后便再度下跌，最后一个季度市场仍以遗憾收官。这期间虽然监管层出台各种利好政策，但均没有实质性的直接利好激活市场情绪。11 月 4 日，中国人民银行、中国银监会、中国证监会联合发布修订后的《证券公司股票质押贷款管理办法》，放宽了一系列质押条件，但提高了警戒线水平。12 月 8 日，中国证监会发布《关于加强社会公众股股东权益保护的若干规定》，其中作为保护社会公众股股东最重要的措施"上市公司分类表决制度"浮出水面。12 月 10 日，中国证监会就出台 IPO 询价制度作出安排，同时沪、深证券交易所于 12 月 12 日降低会员席位年费。就这样 2004 年最后一个季度从大盘股的再融资开始，指数呈现震荡下跌趋势，9 月底至年末下跌 12.6%，全年遗憾收场。

五、插曲："九破"1300""

2004 年第四季度的行情还有一个小插曲，就是上证综指经过反复来回挣扎后，终于跌破了 1300 点的"政策铁底"，这在当时引起的影响极大。因为各种原因，从 2002 年开始，1300 点就一直被认为是市场的"政策底"和"铁底"，从 2002 年到 2004 年第三季度，上证综指曾先后有几次跌破 1300 点后，立马展开一波像样的反弹。

2004 年 9 月上证综指跌破 1300 点后，3 个交易日内收回，然后一波快速上涨。到 2004 年 10 月，指数开始在 1300 点附近展开了鏖战。上证综指先后在 10 月 22 日、26 日，11 月 2 日、5 日、8 日、9 日，12 月 13 日、15 日，先后 8 次盘中击穿 1300 点然后又被拉回。但无奈大势所趋、覆水难收，到 2004 年 12 月 17 日，上证综指第 9 次跌破 1300 点后，终于再难收回，预示着指数进入到下一个台阶区间（见图 15 - 2）。

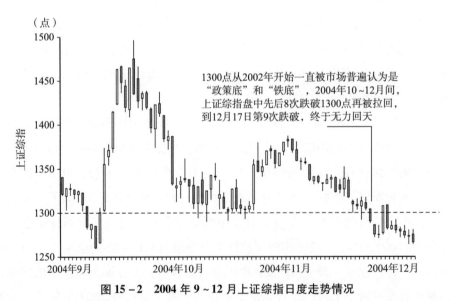

图 15 - 2　2004 年 9～12 月上证综指日度走势情况

资料来源：Wind 资讯。

第二节　经济形势：暴风雨下的"宏观调控"

一、"急刹车"，遏制经济过热

2004 年，世界经济开始了全面复苏，中国经济继续强劲上升。2004 年中国经济的各项指标均延续着良好的表现。全年 GDP 实际增速 10.1%，较上年提高 0.1%，继续保持着两位数的增长速度；固定资产投资累计同比增速达到 28.5%，较上年小幅回落 0.6%，继续保持着很高的增长速度；工业增加值累计同比增速 16.7%，较上年小幅下降 0.3%，全年工业企业利润总额同比增长 57%，增速较上年大幅提高 13%。社会消费品零售总额名义同比增速 13.3%，比上年提高 4.2%。

2004 年宏观经济运行的核心特征就是"经济过热"引致的"宏观调控"。2004 年第一季度，我国制造业投资增速就达到了 75.8%，在 30 个制造业行业中，有 8 个行业投资增速超过 100%，有 14 个行业投资增速超过 50%，尤其是中央严格控制的钢铁、水泥行业的投资增速仍然分别高达 107% 和 101%。同时，新开工项目大量增加，2004 年第一季度新开工项目 19234 个，比 2003 年同期多增加了 4561 个。[①]

经济过热导致全国 23 个省区市出现了拉闸限电，到处缺煤、缺油，运输极度紧张。2004 年从年初开始，各项宏观调控政策陆续出台，政策之多、密度之高、力度之大，都是前所未有的，宏观调控如暴风雨般席卷着中国大地。

| 专栏 15－1 | **2004 年中国遏制经济过热宏观调控历程** |

2004 年 2 月 4 日，国务院召开了"严格控制部分行业过度投资电视电话会议"，部署严格控制部分行业过度投资工作。明确提出要制止钢铁、电解铝和水泥行业的过度投资。

---

① 此处数据引自：国家发改委宏观经济研究院课题组：《当前固定资产投资降温势在必行》，载《经济研究参考》2004 年第 71 期，第 9～10 页。

2 月 10 日，全国银行、证券、保险工作会议在北京召开，要求加强货币信贷总量调控，严格控制对部分过度投资行业的贷款。随后中国银监会开始对钢铁、水泥、电解铝三大行业的信贷资金进行专项检查，此后，国家环保总局、中国证监会、国土资源部也加入检查队伍。

3 月份，国家发改委宣布，原则上不再新批钢铁企业，不再审批电解铝生产建设项目，严格禁止新建和扩建有关水泥生产项目。

4 月 9 日，温家宝总理主持召开国务院常务会议时强调，要进一步采取有力措施，有效遏制投资过快增长势头，保持经济平稳较快发展，同时强调必须适度控制货币信贷增长。

4 月 25 日，国务院发出通知，提高钢铁、电解铝、水泥、房地产开发投资项目的资本金比例。其中，钢铁业资本金比例由原来的 25% 提高到 40%，水泥、电解铝、房地产开发由原来的 20% 提高到 35%。

4 月 26 日，中共中央政治局召开会议，要求统一思想，控制经济过热。

4 月 28 日，温家宝主持召开国务院常务会议，研究整顿土地市场治理工作，责成江苏省和金融监管部门对铁本项目涉及的有关责任人作出严肃处理。

4 月 29 日，国务院发出通知，决定花半年左右时间集中整顿土地市场，要求各地各部门在一个半月内对所有在建、拟建固定资产投资项目进行全面清理。重点清理钢铁、电解铝、水泥、党政机关办公楼和培训中心、城市快速轨道交通、高尔夫球场等项目以及 2004 年以来所有新开工的项目。

4 月 30 日，央行、国家发改委、中国银监会联合下发《关于进一步加强产业政策和信贷政策协调配合，控制信贷风险有关问题的通知》，要求进一步控制信贷规模，降低风险。

二、货币政策 9 年来首次加息出现

2004 年央行再次提高法定存款准备金，并建立了差别存款准备金率制度。针对投资需求过旺、货币信贷增长偏快、通货膨胀压力加大等问题，央行于 2004 年 4 月 25 日再次提高金融机构存款准备金率 0.5 个百分点，以控制货币信贷总量过快增长，保持国民经济持续快速健康发展，这是自 2003 年 9 月提高存款准备金率 1 个百分点之后再度提准。与此同时，央行从 2004 年 4 月 25 日起实行差别存款准备金率制度，

金融机构适用的存款准备金率与其资本充足率、资产质量状况等指标挂钩，对资本充足率低于一定水平的金融机构实行相对较高的存款准备金要求，建立起正向激励与约束机制。

9 年来首次加息，充分发挥利率杠杆的调控作用。为控制基础货币投放，中国人民银行从 2004 年 3 月 25 日起，将用于金融机构头寸调节和短期流动性支持的再贷款利率统一加 0.63 个百分点，再贴现利率加 0.27 个百分点。而且 2004 年迎来了我国货币政策的重要转折点，中国人民银行决定从 2004 年 10 月 29 日起上调人民币存、贷款基准利率。一年期存、贷款利率上调 0.27 个百分点，其他各档次存、贷款利率也相应调整，中长期存、贷款利率上调幅度大于短期。这是我国自 1995 年以来的首次加息。

三、2004 年 A 股盈利和估值变化趋势回顾

2004 年 A 股上市公司利润增速较上年有所下降，但绝对增速仍然不低，全部 A 股 2004 年全年归属母公司所有者净利润累计增速为 28%，较上年下降 14% 左右，但增速下降主要是由于第四季度上市公司利润的严重下滑，而 2004 年前三季度上市公司利润累计增速均超过了 40%（见图 15-3）。

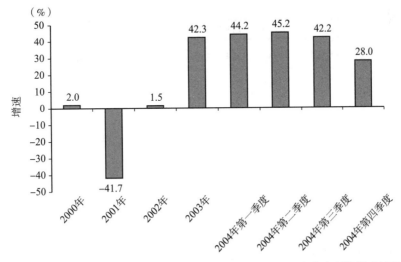

图 15-3　2000~2004 年全部 A 股上市公司归属母公司所有者净利润增速情况

资料来源：Wind 资讯、笔者计算。

在业绩增速下降的同时，2004 年指数总体的估值水平也大幅回落。以上证综

指计算，2004 年底全年市盈率（TTM）21.5 倍，较 2003 年底大幅下降 41%。值得注意的是，上半年上市公司盈利增速并没有太大变化，但估值却在第一季度小幅上冲后迅速下降，这和中央抑制经济过热的"急刹车"政策转向有直接关系。在政策调控下我们看到 GDP 增速和固定资产投资以及信贷增速在第一季度之后便出现了大幅下滑，也就是说，政策上的明确转向使得市场对于后一阶段的经济增速比较悲观，由此出现了估值先行下杀的情况。

而下半年上市公司利润增速也出现了下滑，第四季度上市公司利润增速从 40%以上迅速下降至 30%以下，叠加持续上行的利率，估值持续走弱（见图 15 - 4）。

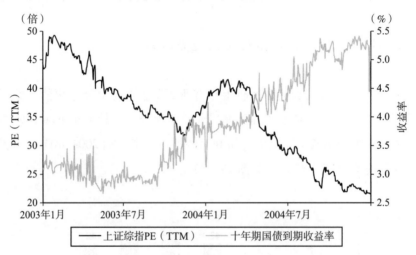

图 15 - 4　2003～2004 年上证综指市盈率（PE）与长端利率走势对比

资料来源：Wind 资讯。

第三节　行情特征：从"五朵金花"到"煤电油运"

2004 年在全面遏制经济过热的背景下，年初的牛市最终夭折了，全年的行情特征体现在：

（1）市场总体跌幅较大。上证综指全年下跌 15%，Wind 全 A 全年下跌 17%。全部个股收益率算术平均值是 - 15%、全部个股收益率中位数是 - 19%，全年上涨个股占比 22%，下跌个股数占比 78%。具体见图 15 - 5。

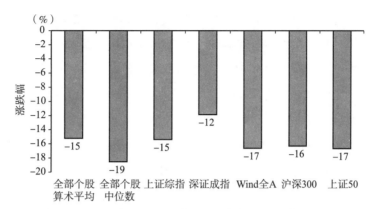

图 15 - 5　2004 年 A 股主要指数及全部个股平均涨跌幅对比

资料来源：Wind 资讯、笔者计算。

（2）2004 年股市下跌主要"杀"的是估值，上市公司业绩是提升的。全年全部
A 股归属母公司所有者净利润增速有 28%，但估值大幅下跌，上证综指市盈率
（TTM）全年回落 41%，导致了股市的大跌。经济政策全面收紧、利率大幅上行，是
导致股市估值大幅下降的主要原因。

（3）行业表现上有如下几个看点（见图 15 - 6）：一是行情从"五朵金花"转到
了"煤电油运"，在当时全国各地出现了断电拉闸和运力紧张的情况，国家各项政策
都重点保障"煤电油运"，煤炭、电力、石油、运输在涨跌幅榜上排名靠前。二是传

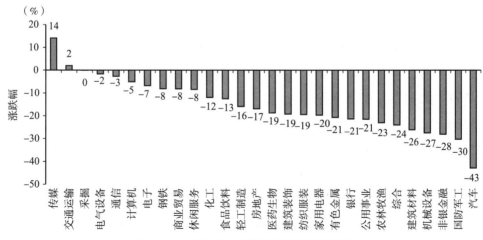

图 15 - 6　2004 年一级行业涨跌幅排名对比

资料来源：Wind 资讯。

媒行业由于对外资开放涨幅榜第一。根据"入世"承诺，到 2005 年有一批行业需要对外资开放，传媒是其中之一。2004 年，随着国家广电总局相关政策的公布，传媒开始对外资逐步开放，由于中资 51% 控股的要求，传媒公司成为稀缺的外资并购对象。三是汽车行业增收不增利跌幅较大。汽车行业从 2002 年销量开始爆发，而同时行业也开始了大量的资本支出，到 2004 年，汽车行业产能大幅增加价格下降，2004 年和 2005 年连续两年汽车行业利润总额同比负增长。四是全球半导体周期在 2004 年达到了一轮高点，从而使得电子行业在涨跌幅榜上也相对领先。

一、全方位保障缓解煤电油运紧张矛盾

"煤电油运"即煤炭、电力、石油、运输。在 2003 年固定资产投资突飞猛进的情况下，作为国民经济重要保障的"煤电油运"出现了严重的供给不足，当时全国各地出现了断电拉闸和运力紧张的情况。

2004 年的股市行情，由此从 2003 年的"五朵金花"行情转向了 2004 年的"煤电油运"行情。从当年的行业涨跌幅排名榜中明显可以看到，除了排名第一的传媒行业以外，第二、第三、第四名全部是"煤电油运"的相关行业，交通运输、采掘（煤炭和石油）以及电力设备。

"煤电油运"当时的问题有多严重？我们从当时的政府文件中就可以看出：

"煤电油运的稳定供应是保障国民经济平稳较快增长的重要环节。2003 年以来，随着国民经济进入新一轮增长周期，各方面对煤电油运的需求增长很快，超过了供给的增长速度，煤电油运供需矛盾日益突出。进入 2004 年后，供应紧张的状况继续加剧，供需出现了难以平衡的'硬缺口'。煤电油运紧张引起了各方面的高度重视。"[①]

2003 年的中央经济工作会议指出要"紧紧抓住结构调整这条主线"，并提出"要努力缓解经济发展中的瓶颈制约。进一步安排好电源和电网建设，加强大型煤炭基地的建设，加快重要交通干线和枢纽的建设"。

2004 年的中央经济工作会议提出，"进一步缓解煤电油运紧张矛盾。要继续加强经济运行调节，努力增加有效供给，严格控制不合理需求，搞好各方面综合协调"，将其作为"全面落实科学发展观，保持经济平稳较快发展"的重要方面。

---

① 引自：《2003 年以来煤电油运供需矛盾突出》，http：//www.gov.cn/ztzl/2006 - 07/01/content_324508.htm，2006 年 7 月 1 日。

二、传媒：外资并购的稀缺资源

2004年行业涨幅排名第一的是传媒行业，全年行业累计上涨14%，在所有行业中遥遥领先。2004年传媒行业的行情应该说主要不是基本面驱动的，至少从我们统计的上市公司业绩来看，传媒上市公司归属母公司所有者净利润增速在2004年和2005年都是负增长的。

传媒行业行情2004年出现的主要原因是加入世贸组织后，传媒行业将对外资开放。根据有关规定，入世三年后我国很多行业，都要进入向外资全面开放的实施阶段，传媒就是其中的一个行业。

2004年，随着国家广电总局《电影企业经营资格准入暂行规定》和《中外合资、合作广播电视节目制作经营企业管理暂行规定》的公布，传媒开始对外资逐步开放。以上规定允许外资媒体公司可以入股国内广播电视节目制作经营企业，但中方投资人持股不得少于51%以确保控股地位。传媒板块也就成为外资并购的热点，相关的上市公司由此成为稀缺的并购标的资源。

2004年在传媒上市公司中发生的另一件重要事件是电广传媒的"以股抵债"。2004年9月23日，电广传媒董事会发布公告称，其控股股东的"以股抵债"方案日前正式获得中国证监会的核准，并已实施股份注销。电广传媒成为自中国证监会、国务院国资委启动"以股抵债"试点以来的首家成功实施"以股抵债"的上市公司。

此次"以股抵债"，电广传媒控股股东湖南广播电视产业中心将以其所持电广传媒公司7542万股抵偿其所欠电广传媒的债务及利息合计5.4亿元。"以股抵债"实施以后，湖南广播电视产业中心持股比例将由50%下降到36%，而流通股东的股份比例则由46%上升到59%。

"以股抵债"这种债务重组的方式，从事后的角度来看，无疑存在着诸多法律问题和道德风险问题，所以后来这种操作模式也基本停止了。但在当时，这种新的重组方式无疑也成为市场的热点，成为传媒板块行情的催化剂。

三、"增收不增利"的汽车行业

2002年是汽车行业爆发的一年，2003年汽车行业位列"五朵金花"之一，2004年汽车行业大跌43%，涨跌幅位列所有行业中倒数第一。

高速成长的中国汽车行业究竟发生了什么？一个重要原因是在行业连续高速增长之后，到 2004 年的时候行业进入了一个"增收不增利"的发展阶段。2004 年和 2005 年连续两年，规模以上汽车制造行业营收增速虽有所下滑，但仍有 20% 和 13% 的正增长速度，但对应的利润总额则出现了大幅的负增长，2004 年利润总额负增长 7%，2005 年负增长 24%（见图 15-7）。

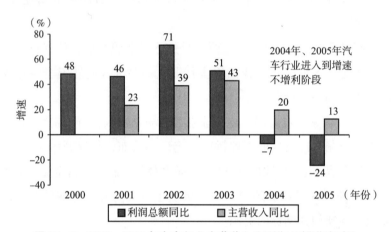

图 15-7 2000～2005 年汽车行业主营收入和利润总额增速对比

资料来源：国家统计局、Wind 资讯。

为什么利润会有大幅负增长？因为行业的高速发展使得行业资本支出大幅增加，汽车行业的固定资产投资增速 2002 年达到了 46%，2003 年达到了 76%（见图 15-8），大量产能释放以后，产品就有很大的价格压力，从而进入到一个量增、价

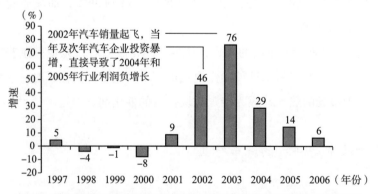

图 15-8 1997～2006 年汽车行业固定资产投资累计同比增速情况

资料来源：国家统计局、Wind 资讯。

跌、利润负增长的阶段。汽车行业在 2002～2005 年间的行业发展轨迹，事实上很有代表性，很多行业都出现过类似的发展特征。

四、电子：第一轮半导体周期高点

2004 年另一个行业特征是全球半导体周期在 2004 年达到了一轮高点，从而使得电子行业在涨跌幅榜上也相对领先。

回顾 2000～2020 年这段历史，全球半导体行业出现过三轮显著的周期高点，分别出现在 2004 年、2010 年、2017 年。从 A 股的表现来看，在这三轮半导体周期中，股票市场对应的行业板块均有不错的表现。而且周期的循环特征也在一直出现，电子行业在 2004 年表现很好，2005 年跌幅第一；2010 年大涨，2011 年大跌；2017 年大涨，2018 年大跌。

2003～2004 年全球半导体产业链的强劲复苏，驱动力主要源自个人电脑（很多是笔记本电脑替换台式机）和手机的大量普及，个人电脑和手机的销量均出现了大幅增长。2003 年费城半导体指数大涨 76%。

全球半导体产业链的强劲复苏对中国经济和上市公司的影响主要体现在电子产品出口增速的大幅提高（见图 15-9）。2002 年我国电子产品以美元计价出口金额同比增速已经到了 42%，这一年的高增速在很大程度上是由于 2001 年负增长低基数的原因，2003 年继续高增长 44%，2004 年增速进一步加快到 62%。

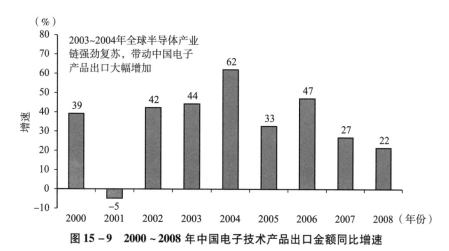

图 15-9　2000～2008 年中国电子技术产品出口金额同比增速

资料来源：海关总署、Wind 资讯。

第十六章
2005 年：998，历史大底

　　2005 年是中国股市的转折年，在解决股权分置、制度创新、金融创新及券商治理等方面均取得了突破性的进展。股指虽一度击穿千点，但在一系列利好支持下，股指力挽狂澜走出了跨年度的回稳行情。从走势上看，上证指数开年受交易印花税税率下调及保险资金获准独立入市等利好的影响，在 2 月底创出全年新高。但此后扩容压力不断，宝钢 50 亿股的增发更是令市场失血，股指一路下挫阴跌 4 个月。5 月底暂停再融资和新股发行，市场才在两次探底之后开始回稳，9 月全面股改步入操作阶段，市场情绪缓慢升温。指数整体走势呈现 W 型，全年下跌 8.33%。2005 年上证综指走势与资本市场大事记如图 16－1 所示。

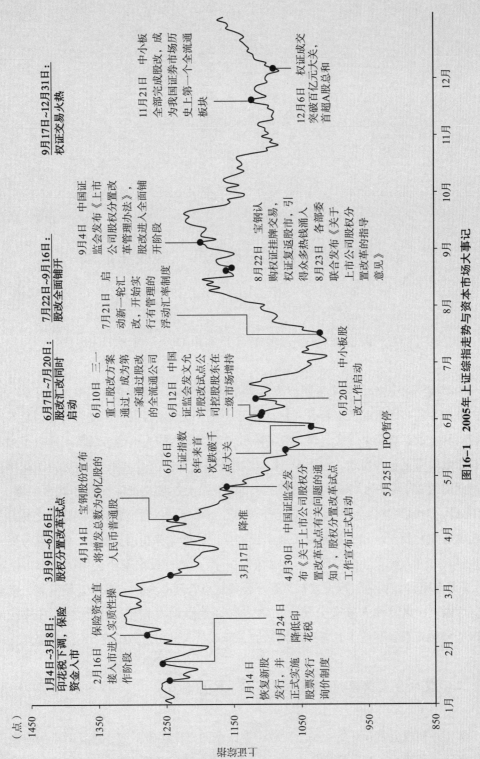

图16-1 2005年上证综指走势与资本市场大事记

资料来源：Wind资讯。

（点）

1月4日~3月8日：印花税下调，保险资金入市

1月14日 恢复新股发行，并正式实施股票发行询价制度

1月24日 降低印花税

2月16日 保险资金直接入市实质性操作阶段

3月9日~6月6日：股权分置改革试点

3月17日 降准

4月14日 宝钢股份宣布将增发总数为50亿股的人民币市普通股

4月30日 中国证监会发布《关于上市公司股权分置改革试点有关问题的通知》，股权分置改革试点工作宣布正式启动

5月25日 IPO暂停

6月6日 上证指数8年来首次跌破千点大关

6月7日~7月20日：股改汇改同时启动

6月10日 三一重工股改方案通过，成为第一家通过股改的全流通公司

6月12日 中国证监会发文允许股改试点公司控股股东在二级市场增持

6月20日 中小板股改工作启动

7月22日~9月16日：股改全面铺开

7月21日 启动新一轮汇改，开始实行有管理的浮动汇率制度

8月22日 宝钢认购权证挂牌交易，权证复返股市，引得众多热钱涌入

8月23日 各部委联合发布《关于上市公司股权分置改革的指导意见》

9月4日 中国证监会发布《上市公司股权分置改革管理办法》，股改进入全面铺开阶段

9月17日~12月31日：权证交易火热

11月21日 中小板全部完成股改，成为我上国证券市场历史上第一个全流通板块

12月6日 权证成交突破百亿元大关，首超A股总和

第一节 大事回顾：改革年：股改 + 汇改

一、印花税下调，保险资金入市（1 月 4 日～3 月 8 日）

2005 年开年伊始，受恢复新股发行等消息的影响，市场持续下跌。1 月 14 日，中国证监会宣布即日起恢复新股发行，并正式实施股票发行询价制度。市场消化新股发行的利空消息直至 1 月底，印花税的降低和保险资金的入市给市场情绪注入了强心针，指数攀升至年内高点。1 月 24 日，经国务院批准，证券（股票）交易印花税税率由此前的 2‰调整为 1‰。这也是证券市场上第七次调整证券交易印花税税率。2 月 16 日，中国保监会会同中国证监会下发《关于保险机构投资者股票投资交易有关问题的通知》及《保险机构投资者股票投资登记结算业务指南》，这也意味着保险资金直接入市进入实质性操作阶段。与此同时，商业银行设立基金公司的试点办法出台，2 月 20 日，《商业银行设立基金管理公司试点管理办法》公布并开始实施，商业银行可以直接出资设立基金公司。在诸多利好消息的提振下，指数在 2 月底触及1328 点年内高位。尽管 1 月份有小幅回调，但截至 3 月初指数仍有 6% 的涨幅。

二、股权分置改革试点（3 月 9 日～6 月 6 日）

从 3 月初两会召开开始，关于股权分置改革的讨论层出不穷，市场对于国有股流通的问题十分担心，交易情绪低迷。3 月 17 日，央行宣布降低超额准备金存款利率，然而市场仍然继续下跌，3 月 30 日一条关于"国有股 30 年内不流通"的假消息推动大盘强劲反弹，一周后再度下跌。4 月 30 日，中国证监会发布《关于上市公司股权分置改革试点有关问题的通知》（以下简称《通知》），股权分置改革试点工作宣布正式启动。虽然《通知》规定了国有股流通上市的锁定期，但国有股流通后对市场流动性的担忧已然成为这段时间加速市场下跌的主要原因。

除了"股改"之外，4 月 14 日，宝钢股份宣布将增发总数为 50 亿股的人民币普通股，5 月份出现了证券公司的"关门潮"。南方证券、北方证券、亚洲证券由于违规相继被关闭，这些消息都对市场的交易情绪有很大的打击，虽然监管层在 5 月底叫停了新股发行，但市场仍"跌跌不休"。6 月 6 日，上证指数 8 年来首次跌破千点大关，回到三位数。在 3 月开始的这波下跌周期中指数跌幅高达 21.5%。

三、股改和汇改同时启动（6 月 7 日～7 月 20 日）

6～7 月这段时间是"股改"和"汇改"同时推进的重要时刻，也是股指两次探底的过程。一方面，股权分置改革取得突破性进展。6 月 10 日三一重工股权分置改革方案获得通过，成为中国证券市场第一个通过股权分置改革实行全流通的上市公司。6 月 17 日国务院国资委公布了《国务院国资委关于国有控股上市公司股权分置改革的指导意见》，该意见要求，国有控股上市公司及其国有股股东，以及各级国有资产监督管理机构要从改革全局出发，积极支持股权分置改革工作。同日，三一重工实施股改方案，改名"G 三一"，股价跌去 30%。第一批股改试点把股市带入了全新的"G 时代"。6 月 20 日，中国证监会又公布了第二批股权分置改革试点公司名单，共有 42 家上市公司进入试点，其中 10 家中小板公司榜上有名。中小板股改正式拉开序幕。

除了股改之外，另一个股票市场的重要变革就是权证的再次登场。7 月 18 日，沪深交易所分别推出了经中国证监会核准通过的《权证管理暂行办法》。这表明权证产品即将重返中国证券市场。

另一方面，我国迎来了汇率制度的重要变革。7 月 21 日，央行发布《关于完善人民币汇率形成机制改革的公告》。自 2005 年 7 月 21 日起，我国开始实行以市场供求为基础、参考一篮子货币进行调节、有管理的浮动汇率制度。人民币汇率不再钉住单一美元。美元对人民币交易价格调整为 1 美元兑 8.1100 元人民币，作为次日银行间外汇市场上外汇指定银行之间交易的中间价，人民币在此后的三年中持续升值。这次汇改开启了人民币长期升值的大周期。

其间政策层面虽有利好，但大盘却反复震荡并于 7 月中旬二度筑底。6 月 12 日中国证监会制定了《关于实施股权分置改革的上市公司的控股股东增持社会公众股份有关问题的通知（草案）》，将允许股权分置试点公司控股股东在二级市场增持流通股。6 月 13 日财政部、国家税务总局发布《关于股息红利个人所得税有关政策的通知》，对个人投资者从上市公司取得的股息红利所得，暂减按 50% 计入个人应纳税所得额，依照现行税法规定计征个人所得税。

自 6 月初至 7 月底虽然指数整体只有 1% 的跌幅，但波动性较大。6 月初指数击穿 1000 点以后，在首家银行系基金获准成立、中国证监会公布《上市公司回购社会公众股份管理办法（试行）》等朦胧利好下开始了一小波反弹趋势，随后在 6 月底再度下跌，7 月中旬二度寻底。

四、股改全面铺开（7 月 22 日~9 月 16 日）

随着股改的全面铺开，指数在 7 月底触底后开始反弹，而权证的热炒成了市场情绪升温的重要因素。继 7 月 18 日，沪深交易所推出《权证管理暂行办法》之后，8 月 18 日，上海证券交易所发布《关于宝钢权证上市交易有关事项的通知》，并于次日和中国证券登记结算有限责任公司联合发出通知，对权证的交易资格和结算资格管理作出了规定。8 月 22 日宝钢认购权证挂牌交易，阔别九年的权证复返股市，T+0 交易及炒新情结引得众多热钱涌入。

股改在这时已经到了遍地开花的阶段。8 月 23 日，中国证监会、国务院国资委、财政部、中国人民银行、商务部联合发布《关于上市公司股权分置改革的指导意见》；9 月 4 日，中国证监会发布《上市公司股权分置改革管理办法》，9 月 7 日，沪、深两大交易所等出台《上市公司股权分置改革业务操作指引》及《上市公司股权分置改革说明书格式指引》，上市公司股改全面推开。这段时间市场情绪明显修复，入市开户资金大增，指数阶段性涨幅 16%，是本年度股市走势最好的一个阶段。

五、权证交易火热（9 月 17 日~12 月 31 日）

9 月 19 日开始，A 股再度开始下跌，至 11 月指数才小幅反弹，整体跌幅 5%。这段时间股权分置改革已经进入中后期，而权证交易火爆成了这个时期的重要市场特征。11月21日，中小板最后一家公司黔源电力股改方案获得通过，至此中小板50家公司全部完成股改，成为我国证券市场历史上第一个全流通板块。11月22日，上海证券交易所发布《关于证券公司创设武钢权证有关事项的通知》，该通知明确，取得中国证券业协会创新活动试点资格的证券公司可作为"创设人"，按照通知的相关规定创设权证。至此，市场议论已久的权证产品创设机制得以建立。2005年12月6日权证成交突破百亿元大关，首超A股总和，仅有的6只权证品种竟然创下了101.8亿元的成交量，创下了世界权证市场单日成交金额的最高纪录。

第二节　经济形势：宏观好、微观差

一、经济过热得到了有效控制

2005年中国经济再度加速上行。全年GDP实际增速11.4%，较上年提高1.3%，连续第四年加速上行，连续第三年保持着两位数的增长速度；固定资产投资累计同比增速达到27.2%，较上年小幅回落1.3%，继续保持着很高的增长速度；工业增加值累计同比增速16.4%，较上年小幅下降0.3%，全年工业企业利润总额同比增长13%，增速较上年大幅下降43%。社会消费品零售总额名义同比增速12.9%，比上年小幅回落0.4%。

除了GDP增速进一步加速上行外，2005年宏观经济另外有两个特点值得注意，一是固定资产投资增速开始保持平稳，没有进一步上行，2004年的"经济过热"问题得到控制。二是通货膨胀得到了有效控制，物价增长速度被压了下来，2005年CPI基本运行在2%不到的区间内，PPI单月同比增速从2004年底的7.1%大幅下降到2005年底的3.2%。

二、汇改开启人民币长期升值通道

经国务院批准，中国人民银行宣布自2005年7月21日起，开始实行以市场供求为基础、参考一篮子货币进行调节、有管理的浮动汇率制度。7月21日以后，人民币对美元汇率有贬有升，弹性逐渐增强。

从 2005 年 7 月汇改之后，人民币汇率便开启了长达 10 年的升值通道，截至 2015 年 5 月，人民币对美元汇率从 8.3 左右下降至 6.1 附近，升值幅度高达 26%（见图 16-2）。在人民币汇率新机制的运行下，汇率波动的弹性增强，人民币汇率的升值本身是对中国经济的实际体现，汇率的市场化定价意味着国内资本市场和资产的全球定价，这对于资本市场来说具有划时代的重要意义。

图 16-2　2000～2017 年人民币对美元汇率长期走势情况

资料来源：Wind 资讯。

| 专栏 16-1 | 历次汇率改革 |

1979～1984 年：人民币经历了从单一汇率到复汇率再到单一汇率的变迁。

1985～1993 年：官方牌价与外汇调剂价格并存，向复汇率回归。

1994 年：实行以市场供求为基础的、单一的、有管理的浮动汇率制度。实行银行结售汇制，取消外汇留成和上缴，建立银行之间的外汇交易市场，改进汇率形成机制。

2005 年 7 月：建立健全以市场供求为基础的，参考一篮子货币进行调节，单一的、有管理的浮动汇率制。

2015 年 8 月：中国人民银行宣布改革人民币汇率中间价形成机制，由原来做市商报价基础上加权决定的不透明定价，转变为做市商在银行间市场开盘前参考上日收盘价，综合考虑外汇供求情况以及国际主要货币汇率变化形成的透明定价。

三、宏观经济不错，上市公司利润零增长

导致宏观经济和上市公司利润出现明显分化的主要原因，是上市公司行业结构和宏观经济结构的明显差异。2005 年所有 A 股上市公司利润结构中占比最大的是上游资源品行业，占所有上市公司利润的 70% 以上（见图 16-3）；而宏观经济中对 GDP 增速贡献最大的是第二、第三产业，而且可以看出在 2005 年第一季度其实出现了第三产业贡献度的大幅提升和第一产业贡献度的大幅下降。

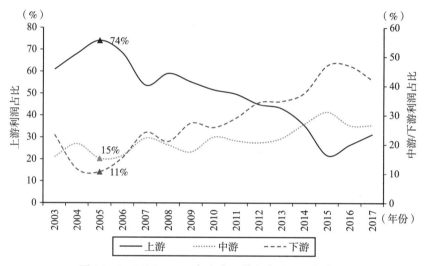

图 16-3 2003～2017 年上中下游上市公司利润占比

资料来源：国家统计局、Wind 资讯。

那么什么样的经济环境会导致上市公司利润走势和宏观经济出现背离呢？——工业生产者出厂价格指数（PPI）和居民消费价格指数（CPI）走势的分化。2005 年整体的通胀环境是 PPI 下降，CPI 在第一季度冲高回落后全年走势基本持平。在这种情况下，上游行业的利润增速出现了明显的下降，下游的利润增速出现了回升。由于 2005 年上市公司上游利润占比超过 70%，是上市公司利润的主要组成部分，因此上游利润增速的变化对上市公司利润增速变化的影响更大，上市公司整体的利润增速受到上游行业利润下滑的影响从而表现不佳（2005 年采掘行业指数大幅下行）。而 CPI 的上涨最直接的影响就是提升下游行业的利润，也可以看到 2005 年上市公司下游行业的利润环比确实出现了明显改善。

而和上市公司利润结构不同的是，国民经济中第三产业和第二产业对 GDP 增速的贡献度几乎是决定性的，因此我们可以看到当 CPI 和 PPI 出现"剪刀差"（CPI 基本不变而 PPI 大幅下降）时，上游行业的利润将严重被挤压，而下游行业，尤其是第三产业几乎不受影响，甚至还由于 2005 年第一季度 CPI 的大幅回升而实现利润增速的大幅提升，并由此带动了整个宏观经济增速的大幅提升。

四、2005 年 A 股盈利和估值变化趋势回顾

2005 年 A 股上市公司利润增速较上年大幅下降，全部 A 股上市公司 2005 年归属母公司所有者净利润增速为 -5.6%，较上年下降 37%。从第一季度开始上市公司利润增速便出现了大幅下滑，而随后的三个季度业绩增速每况愈下，最后以负增长收尾（见图 16 - 4）。

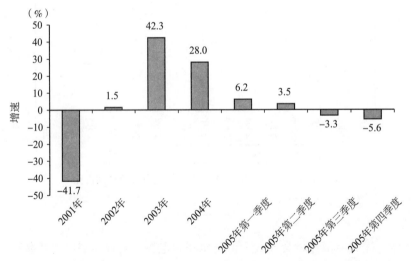

图 16 - 4　2001～2005 年全部 A 股上市公司归属母公司所有者净利润增速情况

资料来源：Wind 资讯、笔者计算。

2005 年业绩增速大幅下滑的同时，2005 年指数估值也有所下降。以上证综指计算，2005 年底全年市盈率（TTM）为 18.2 倍，较 2004 年底下降 15%（见图 16 - 5）。

2005 年指数估值的下跌集中在上半年，但上半年里的长端利率其实是持续下跌的，那么导致估值下跌的主要因素就是对基本面的预判。值得注意的是，虽然 GDP 增速大幅回升，但 PPI、采购经理指数（PMI）和投资增速在上半年出现了显著下降，

而 2005 年的上市公司结构中上游资源类行业的上市公司占比高达 70% 以上，因此从 A 股业绩预期的角度看，上游行业利润的下滑几乎就意味着 A 股整体利润的下滑。2005 年估值的下行其实就反映了市场预期"经济过热"的政策目标不发生转向的情况下 A 股利润将面临进一步下滑的判断。

图 16 – 5　2004 ~ 2005 年上证综指市盈率（PE）与长端利率走势对比

资料来源：Wind 资讯。

｜专栏 16 – 2｜　　　　　　　　　　金融指标对经济指标的领先性

在 A 股的研究方法论框架中，一个有力的武器就是"金融指标领先性"特征。金融指标是经济增长的领先指标，先有融资信用扩张再有经济复苏回暖，这决定了股票市场会因为金融指标的回暖而率先启动，不会等到经济增速盈利增速等基本面指标变化再启动。例如，2005 年年中上证综指最低到 998 点然后见底企稳，此时金融数据大体从 2005 年第三季度开始出现拐点向上，而上市公司盈利同比增速要到 2006 年第二季度才出现回升，金融数据领先了将近三个季度。又如，2009 年初那次上证综指从 1664 点大涨至 3478 点的行情，金融数据从 2008 年底开始向上，而经济增长指标要到 2009 年 7 月左右才开始全面回升，金融数据领先了又有将近三个季度，实际上，如果等到 2009 年 7 月基本面数据完全回暖后才开始入场，行情基本就已经结束了。

但需要注意的是，金融指标领先性特征是一个中国特色，从全球范围看并不普遍适用。这背后的原因可能主要来自我国经济周期驱动力的差异。如果完全按照市场逻辑，银行由于自身的风险偏好，一般不会在企业最困难的时候给其加大融资，所以在欧美等国我们看到的是金融指标滞后于经济指标。但我国往往使用国企和基建进行逆周期调节，因此会出现资金先到位然后开始投资的逻辑顺序。

第三节 行情特征："遍地黄金"可以回看但很难预见

2005 年又是一年熊市，上证综指最低跌到了 998 点的历史大底，全年的行情特征体现在：

（1）指数全部下跌，个股绝大多数下跌。上证综指全年下跌了 8%、Wind 全 A 全年下跌了 12%。全部个股收益率算术平均值是 -13%、全部个股收益率中位数是 -18%，全年上涨个股数占比 24%、下跌个股数占比 76%（见图 16 - 6）。

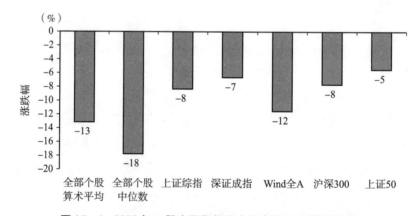

图 16 - 6 2005 年 A 股主要指数及全部个股平均涨跌幅对比

资料来源：Wind 资讯、笔者计算。

（2）上市公司净利润增速下滑是 2005 年股市下跌的最主要因素。2005 年由于 PPI 回落以及当时 A 股上市公司行业构成的特点，全部上市公司净利润增速在经济还很好的情况下出现了负增长（详见前节分析），全年业绩负增长 5.6%，与上证综指

8% 的跌幅基本也差不多。

（3）行业表现上有如下几个看点（见图 16 – 7）：一是银行板块在改革之后盈利能力和资产质量均有大幅改善，全年行业涨幅榜第一，从 2005 年起银行板块开启了一轮上升通道；二是 2004 年全面遏制经济过热之后，PPI 大幅下行，居民收入和消费增速开始起来，消费品板块在 2005 年表现靠前。我们认为这是 2000 年以后的第一轮"后周期属性"；三是电子信息等行业出现增量不增收的现象，行业盈利大幅下滑，股价表现靠后。

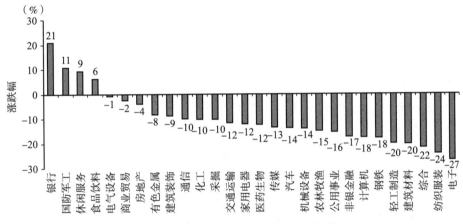

图 16 – 7　2005 年一级行业涨跌幅排名对比

资料来源：Wind 资讯。

（4）此外，我们认为在 2005 年底市场的主要的错判是没有预见到 2006 年和 2007 年企业盈利的大幅回升，因为在 2005 年时盈利增速仍在负增长。这是导致 2005 年底估值基本跌到此前历史的最低处，随后 2006 年和 2007 年大牛市的重要原因。

一、银行：新兴的"成长性"行业

亚洲金融危机以后，中国商业银行的问题不断暴露出来。当时很多国际国内主流媒体对中国金融都有非常严峻的描述，例如，"中国的金融是一个大定时炸弹，随时都可能爆炸""中国的商业银行技术上已经破产"。当时，大型商业银行报告的不良资产率是 25%，市场的估计基本在 35%～40%。[①]

2003 年以后，国家决定启动大型商业银行股份制改革，创造性地运用国家外汇储备注资大型商业银行，按照核销已实际损失掉的资本金、剥离处置不良资产、外汇储备注资、境内外发行上市的财务重组"四部曲"方案，全面推动大型商业银行体制机制改革。

商业银行改革以后，我国银行的盈利能力和资产质量出现了大幅提升。例如，深圳发展银行的不良贷款率由 2000 年的 21.32% 下降至 2005 年的 9.33%；浦发银行不良贷款率由 2000 年的 13.17% 下降至 2005 年的 1.97%；招商银行则由 2000 年的 13.62% 下降至 2005 年的 2.58%。[②]

在这样的背景下，2005 年银行板块涨幅排名第一，全年在大盘下跌的情况下累计上涨 21%。2005 年可以称得上是 A 股银行股的元年，当时的中国银行业绝对属于成长性行业。2001～2005 年上市银行的归属母公司所有者净利润平均增速在 24% 左右，而且到 2005 年、2006 年随着经济的彻底好转，银行业的利润增速出现了加速上行的趋势。2006 年以后上市银行越来越多，银行之后逐渐成为 A 股中利润占比和市值占比最大的行业。也是从 2005 年开始，银行股股价整体进入了一轮上行通道（见表 16－1）。

表 16－1　　　　　　　　2017 年底前全部 A 股上市银行上市时间情况

证券名称	上市时间	证券名称	上市时间
平安银行	1991 年 4 月 3 日	交通银行	2007 年 5 月 15 日
浦发银行	1999 年 11 月 10 日	宁波银行	2007 年 7 月 19 日
民生银行	2000 年 12 月 19 日	南京银行	2007 年 7 月 19 日
招商银行	2002 年 4 月 9 日	北京银行	2007 年 9 月 19 日
华夏银行	2003 年 9 月 12 日	建设银行	2007 年 9 月 25 日
中国银行	2006 年 7 月 5 日	农业银行	2010 年 7 月 15 日
工商银行	2006 年 10 月 27 日	光大银行	2010 年 8 月 18 日
兴业银行	2007 年 2 月 5 日	江苏银行	2016 年 8 月 2 日
中信银行	2007 年 4 月 27 日	贵阳银行	2016 年 8 月 16 日

[①] 周小川：《大型商业银行改革的回顾与展望》，载《中国金融》2012 年第 6 期，第 10～13 页。

[②] 唐震斌、崔娟：《〈下波行情谁最红〉之银行股——结构牛市新的"领头羊"》，载《证券导刊》2006 年第 38 期，第 50～52 页。

续表

证券名称	上市时间	证券名称	上市时间
江阴银行	2016 年 9 月 2 日	上海银行	2016 年 11 月 16 日
无锡银行	2016 年 9 月 23 日	吴江银行	2016 年 11 月 29 日
常熟银行	2016 年 9 月 30 日	张家港行	2017 年 1 月 24 日
杭州银行	2016 年 10 月 27 日		

资料来源：Wind 资讯、笔者整理。

二、投资下行中的消费回升（第一轮后周期属性）

这里我们先简要地介绍下所谓的"后周期属性"。关于后周期属性明确的定义，笔者的理解是经济运行中不同变量拐点出现的时间点会有先后。一般情况下投资在经济增长中的波动性最大，经济的起落一般多是由投资驱动的，中国经济历史中几次所谓的"软着陆"也一般多指由投资过热导致的价格暴涨后的回落。

在这个过程中，我们往往会注意到一个现象，就是消费增速拐点的出现一般会相对滞后于投资或者 PPI 拐点的出现，这个是我们所理解的"后周期属性"。"后周期属性"出现的潜在可能逻辑，具体可以见图 16 - 8。

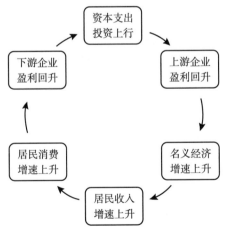

图 16 - 8 宏观经济内部循环逻辑结构

资料来源：笔者整理。

从这个角度出发，2000 ~ 2020 年，我国经济运行过程中大概出现过三次"后周期属性"：

第一次就是在 2005 年，随着 2004 年全面遏制经济过热，到 2005 年固定资产投资和 PPI 增速全面回落，居民收入和消费增速在 2005 年和 2006 年开始加速上升。

第二次是在 2010 年和 2011 年，随着 2009 年经济 V 型反转后，GDP 增速的高点出现在 2010 年第一季度，而居民收入增速的高点出现在 2011 年第四季度，这两年出现了所谓的"喝酒吃药"行情。

第三次是在 2017 年，供给侧结构性改革以后，PPI 大幅上行，整体经济名义增速向上的拐点在 2016 年第一季度出现，居民收入增速拐点在 2017 年第一季度出现，在整个 2017 年出现了大消费龙头白马股行情。

在 2005 年消费品板块的表现已经开始出现，食品饮料、商业贸易和旅游行业的涨幅排名都相对领先，而到了 2006 年大消费板块的行情开始出现了爆发。

三、"历史大底"下错判了什么

事后来看，2005 年底的市场无疑是一个"历史大底"，但这显然是事后看到的，如果事前知道 2006 年和 2007 年会有波澜壮阔的牛市，市场在 2005 年也不会跌这么多。

那么 2005 年底时市场错判了什么呢？从估值的角度看，2005 年底的 A 股市场估值跌到了 2000 年以来的最低点（见图 16-9），从估值的分布来看，0～30 倍市盈率的公司数量大概达到了 46%，这个数字从历史上来看，也反映出估值已经很便宜了。但估值低必有低的合理性，估值低不会是市场向上的充分条件[①]。

我们认为市场当时错判的因素，或许主要还是在于没有预见到 2006 年和 2007 年企业盈利能力的大幅好转。这个在当时确实是非常不容易预见到的，因为如前所述，2005 年上市公司利润的情况又非常差，第三季度报告归属母公司所有者净利润累计增速 -3.3%，年报累计增速进一步下滑（2005 年年报披露期限是 2006 年 4 月）。

脱离线性外推的预测很难，需要很大的勇气和远见，但一旦成功，会有丰厚的回报，正如 2005 年大底！

---

① 单纯因为跌多了或者估值低而判断股市会起来，等于假设此前市场的下跌都是错误的，完全否认市场的有效性，这种假设下等于在认同市场是遵循随机游走的规律。

图 16 – 9 1995~2017 年上证综指估值（PE）长期走势

资料来源：Wind 资讯。

四、从 2245 点到 998 点，对股市与经济背离的反思

上证综指在 2001 年最高走到 2245 点之后便连续下跌，到 2005 年最低的时候跌破 1000 点，达到 998 点的位置。2001~2005 年，五年上证综指的涨跌幅分别为 −21%、−18%、10%、−15%、−8%。其间虽然 2003 年指数是收涨的，但一般投资者习惯于把 2001~2005 年的指数从 2245 点到 998 点统称为"五年熊市"。

然而这五年中，中国经济的表现又是非常好的，这就使得投资者对中国股市运行的逻辑产生了极大的怀疑。"中国股市没有价值投资的土壤""中国股市是纯粹政策市""中国股市就是炒作""股市是经济的晴雨表在中国是不成立的"等观点大概都是这样一个意思。

究竟为什么会出现"五年熊市"以及股市和经济的背离呢？笔者的看法是：

第一，最大的问题是上市公司利润和宏观经济的背离。

股价反映公司利润，公司利润受宏观经济影响，股价和经济一致性的前提是公司利润和经济走势是一致的。然而，恰恰在这"五年熊市"中，中国上市公司的业绩与中国宏观经济的走势并不一致。

2001~2005 年，五年时间里中国的名义 GDP 累计增长了 87%，年化复合增速高达 13.3%，宏观经济确实很好。但上市公司按可比口径（即计算增速时本年和上一年样本范围一致）计算的五年归母净利润累计仅有 1.7%，也就是说 2001~2005 年，上市公司利润增速基本上是零增长（见图 16 – 10）。五年零增长，股市怎么涨?！

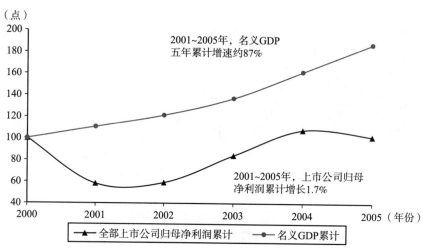

图 16 – 10　2001～2005 年上市公司利润与名义 GDP 对比

注：以 2000 年为 100 点。

资料来源：国家统计局、Wind 资讯、笔者计算。

造成这五年里上市公司利润与宏观经济高度背离的原因是多方面的，包括：一是 2005 年以前包括银行在内的大部分中国经济的中流砥柱企业都没有上市；二是上市公司构成上的原因，2005 年将近 3/4 的上市公司属于上游企业，与国民经济结构大不相同，详见本章前述分析；三是经济政策制度的因素，2002 年取消上市公司所得税优惠后，上市公司实际税率逐年提高；四是打击财务造假等因素，2001 年业绩增速为 –42%，利润差不多砍了一半，与当时打击财务造假有很大关系。

第二，各种制度建设都在还高估值的历史旧账。

最后一个问题就是一直到 2004 年时，A 股市场估值一直都很高，且长期偏高，2005 年时是真降下来了。当然，有各种理由可以去支持高估值的合理性，正如 2004 年关于 A 股定价权大讨论一般。

但即使你找到了高估值的合理性，顶多也就是支持不跌的理由，高估值下要想股价继续上涨也做不到。因为高估值下大股东和上市公司一定会去想办法配股增发，想尽办法融资，即所谓的"圈钱"。

而从 2000～2005 年管理层的各项改革措施（包括发展机构投资者、大型国企上市、IPO 制度改革、股权分置改革等）的结果来看，都是在不断消除中国股市长期高估值的根基，孕育之后价值投资的土壤。

第十七章
2006 年：天时、地利、人和

　　2006 年是中国股市发生转折的突破之年，在股改、汇改奠定的基本制度的支持下，上市公司的质量出现了全面提升，主营业务收入与净利润等指标均创下了有史以来的最高水平；与此同时，在低利率的市场环境下，货币的流动性十分充足，M1、M2 高增长，人民币升值，国际热钱持续流入。充裕的流动性推动资产价格持续上涨，因此 2006 年房地产市场、债券市场、股票市场都处于价格较为坚挺的状态。在基本面和流动性的有力支撑下，沪深股指连创历史新高，上证指数涨幅高达 130%，成为 2006 年全球表现最佳的股市之一，并创下有史以来最大成交量。2006 年上证综指走势与资本市场大事记如图 17 - 1 所示。

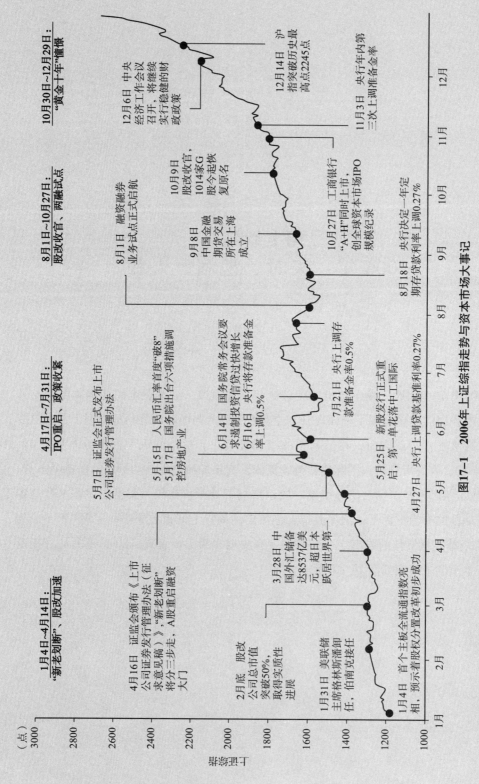

图17-1 2006年上证综指走势与资本市场大事记

资料来源：Wind资讯。

第一节　大事回顾：进入全流通时代

一、"新老划断"、股改加速（1 月 4 日～4 月 14 日）

2005 年 4 月，A 股正式启动股权分置改革，并在事实上导致了股票市场暂停融资，当时市场的焦点无疑就是"新老划断"[①]问题。进入 2006 年后，股权分置改革的速度开始加快。1 月 4 日，首个主板全流通指数新上证综指（代码 000017）正式亮相，该指数样本股由沪市现有 G 股组成。1 月 13 日，中国证监会公布 2006 年证券期货监管策略，2006 年将稳步推进股改，尽快制定股票首次公开发行上市等五项配套规章，并推出全流通下多样化的证券发行制度。到 2 月底，两市股改公司总市值突破 50%，取得实质性进展。3 月 22 日，《国务院 2006 年工作要点》公布，在对证券工作的具体要求中提出年内基本完成上市公司股权分置改革。

2005 年启动的人民币汇率改革也同样成效显著。2006 年 1 月，银行间外汇市场引入询价交易方式和做市商制度，逐渐实现市场化定价。人民币的持续升值使市场对基本面、对资产价格上涨的信心大增，这也是 2006 年股市持续走牛的重要原因。人民币对美元汇率中间价从 2005 年底的 8.07 升值至 2006 年第一季度末的 8.02。在 2006 年初，宏观调控经济过热和资产价格上涨的预期已经出现，但总体并不算特别

[①]　"新老划断"，是指划定一个时间点，之后首次公开发行公司发行的股票不再区分上市和暂不流通的股份。

严重。3 月 5 日的《政府工作报告》明确提出，要继续解决部分城市房地产投资规模过大和房价上涨过快的问题，由此也引发股市在 3 月上旬小幅调整。

A 股走势在 2006 年开年后总体表现平稳向上，到 4 月初上证综指突破 1300 点，创阶段性新高。这期间，1 月 31 日美联储主席由本·伯南克接任艾伦·格林斯潘①。3 月底媒体报道，中国外汇储备达 8537 亿美元，超过日本跃居世界第一。

二、IPO 重启、政策收紧（4 月 17 日~7 月 31 日）

4 月 16 日，融资重启的实质性政策来了，证监会就《上市公司证券发行管理办法》向社会公开征求意见（5 月 6 日正式发布），明确表示要在当前继续推进股权分置改革的背景下恢复上市公司再融资。"新老划断"拟分三步走：第一步，恢复不增加即期扩容压力的定向增发以及以股本权证方式进行的远期再融资；第二步，择机恢复面向社会公众的其他方式的再融资；第三步，择机选择优质公司，启动全流通条件下的首次公开发行。5 月 18 日证监会发布《首次公开发行股票并上市管理办法》。加上已施行的《上市公司证券发行管理办法》，"新老划断"两个最重要的标志性文件全部出台，标志着"新老划断"全面启动。

5 月 25 日，中工国际公布招股意向说明书，标志着暂停了一年之久的 IPO 再度重启，是全流通条件下的首单 IPO。6 月 19 日中工国际正式在二级市场流通，首日涨幅最高突破 575%！然而在接下来的 5 个交易日中工国际一字跌停，并且跌势一直延续至 8 月底。中工国际的疯狂表现也给监管层带来了新的市场行为监管难题。与此同时，我国证券市场的全流通大幕随着首家股改公司三一重工 G 股的流通交易正式开启。新股发行造成的打新资金流出在当时成为一种利空，例如，7 月 18~21 日 4 天内，将有 5 只新股先后进行网上发行。由于新股资金需在 5 日内循环，因此上述 5 只新股的申购资金将肯定无法套期使用，A 股市场的存量资金将面临又一次全面检验。

在 IPO 重启之际，各项经济紧缩政策开始陆续出台，尤其是在房地产和信贷领域。4 月 28 日，央行全面上调各档次贷款利率 0.27%，其中，5 年期以上的银行房贷基准利率由 6.12% 上调至 6.39%。5 月 17 日，国务院常务会议提出了促进房地产

---

① 格林斯潘于 1987 年 8 月正式执掌美联储，他成功应对了 1987 年 10 月美国的"黑色星期一"股灾，也正是从那次开始，美联储有了因为资产价格暴跌而实施救助政策的实践。

业健康发展的六条措施（"国六条"）。5 月 29 日，国务院办公厅出台《关于调整住房供应结构稳定住房价格的意见》（九部委"十五条"），对"国六条"进一步细化，而且在套型面积、小户型所占比率、新房首付款等方面作出了量化规定，提出 90 平方米、双 70% 的标准。同时，央行多次召开"窗口指导"会议，要求商业银行合理均衡发放贷款。6 月底和 7 月底央行两次宣布上调存款准备金。7 月 26 日，国税总局宣布从 8 月 1 日开始，各地税务局将在全国范围内统一强制性征收二手房转让个人所得税。

在 IPO 重启与政策收紧的背景下，A 股市场从 5 月下半月起从之前的单边上涨转入震荡行情，这个过程一直持续到大约 7 月底，这段时间也是 2006 年全年股市表现最弱的阶段。在此期间，5 月 15 日，人民币对美元汇率中间价突破 8∶1 的心理关口，达到 1 美元兑 7.9982 元人民币。

| 专栏 17 -1 | **经济上行期中的政策收紧与市场调整**

按照本书的基本分析框架（详见第三十五章），在经济上行期中的股市高点一定会出现在经济周期高点之后，这期间出现的各种政策收紧，只会造成股市阶段性调整，而不会导致牛熊转换。2006 年中国经济进入新一轮上行周期，也正如预料之中前前后后出现了多次的政策收紧，2006 年 5 ~ 7 月间的股市震荡就属于这种典型的"经济上行期中的政策收紧与市场调整"。这种政策收紧导致的震荡或者下跌，仅仅是调整，不太可能是牛熊转换，类似的调整性质行情还包括 2007 年 5 ~ 6 月、2010 年 4 ~ 6 月、2017 年 4 月、2021 年 2 ~ 3 月等，这种行情算是较具有普遍性的规律特征。

三、股改收官、两融试点（8 月 1 日 ~ 10 月 27 日）

8 月份以后，各项政策进一步紧缩基本已经没有悬念成为市场共识。2006 年上半年就已经完成了全年信贷目标的近九成，8 月 9 日央行发布的第二季度货币政策执行报告，明确表示下半年将合理控制货币信贷增长。8 月 18 日，央行再度宣布加息，一年定期存贷款利率上调 0.27%，这是 2004 年 10 月 29 日以来央行首次同时上调存、贷款利率。9 月 6 日，建设部、国家发展改革委、工商总局将联合在全国范围内集中开展为期一年的房地产交易秩序专项整治活动，包括捂盘惜售、囤积房源等恶意炒作行为在内的 6 类违法违规行为将成为此次整治行动的重点打击对象。在中国经济全面欣欣向荣之际、在股市经历过 5～7 月的震荡调整之后，市场对政策收紧已经开始麻木了。8 月份以后市场开始摆脱震荡逐步向上，并在 10 月初突破了年内高点，10 月 24 日上证综指收盘价突破 1800 点。

到 10 月份以后，中国的股权分置改革也已经接近尾声开始收官。10 月 9 日，沪深交易所发出通知，对有关股改公司的股票简称作出调整。沪深两市主板已完成股权分置改革的 1014 家公司将摘去"G"帽，恢复原来的股票简称；而没有完成股改的公司，股票简称前面加"S"。从"G"到"S"，这意味着我国资本市场的股权分置改革已经基本完成。10 月 20 日，中国工商银行 IPO 发行价格确定，超额配售选择权行使前"A＋H"发行规模合计达 191 亿美元，创全球资本市场历史最大规模的首次公开发行。股改后工商银行的上市具有标志性意义，工行上市后将成为历史上首只在香港和内地市场同步同价上市的股票和中国内地 A 股市场上市值最大的上市公司。10 月 27 日，中国工商银行在香港、上海两地同时上市。

此外，融资融券业务也在 2006 年第三季度开始推进。7 月 2 日《证券公司融资融券业务试点管理办法》《证券公司融资融券业务试点内部控制指引》正式出台，将于 8 月 1 日起执行，证券公司融资融券业务试点正式启航。9 月 8 日，中国第四家期货交易所中国金融期货交易所股份有限公司在上海成立，市场预计股指期货的推出也指日可待。

四、"黄金十年"憧憬（10 月 30 日～12 月 29 日）

10 月底开始，A 股市场进入加速上涨阶段，大盘蓝筹股的强势启动成为市场的核心驱动力。2006 年底中国加入世贸组织的过渡期即将结束，根据加入世贸组织的承诺，中国将在 2006 年 12 月 11 日前向外资银行开放对中国境内公民的人民币业务，并取消开展业务的地域限制以及其他非审慎性限制，在承诺的基础上对外资银行实行国民待遇。2006 年 11 月 16 日，中国银监会宣布中国银行业将在当年 12 月 11 日前向外资银行全面开放。此时银行业的全面开放成为银行股上涨的催化剂，在银行股的强势上涨中，11 月 20 日上证综指收盘突破 2000 点整数关口。2000 年 7 月 19 日，上证综指首次突破 2000 点大关，阔别五年回归 2000 点 A 股市场非常激动。11 月 27 日，人民币中间价和市场价大涨百点破 7.85 关口。

在指数不断创新高之际，市场出现了对未来"黄金十年"的憧憬。12月5日，《上海证券报》发表文章《"黄金十年"刚刚开始》①，提出"往后看，中国证券市场黄金十年才刚刚开始，这是境内外机构投资者对中国证券市场未来发展的一致看法。这一普遍的乐观态度源于中国宏观经济近几年来超预期的持续稳定增长，以及国内证券市场股权分置改革的顺利实施等良性推动因素"。12月14日，上证综指突破历史最高点2245点，开启了中国股市的新纪元。12月14日，首次中美战略经济对话在北京开幕，与日后的贸易争端截然不同，当时的中美经贸合作关系虽然也有分歧，但总体上双方都愿意朝着健康的发展方向前进。12月17日，中央经济工作会议闭幕，提出要合理控制赤字与投资、明年继续实施稳健的财政政策。12月25日，两市第一龙头股工商银行涨停激发圣诞行情，上证综指突破2400点。

2006年是中国股市历史中重要的一年，股权分置这一重要改革成功完成。截至2006年底，沪深两市已完成或者进入股权分置改革程序的上市公司共1301家，占应改革上市公司的97%，对应市值占比98%，未进入改革程序的上市公司仅40家，中国股市正式进入到全流通时代。全年上证综指大涨130%，点位创历史新高，也给市场交出了满意的答卷。

第二节　经济形势：近乎完美的经济状态

一、高增长、低通胀，经济运行不能再好

2006年中国经济继续保持着非常良好的运行状态。全年GDP实际增速12.7%，较上年提高1.3%，自2002年以来连续五年加速上行，连续四年保持着两位数的增长速度；固定资产投资累计同比增速达到24.3%，较上年小幅回落2.9%，继续保持着很高的增长速度；工业增加值累计同比增速16.6%，较上年小幅上升0.2%，全年工业企业利润总额同比增长32%，增速较上年大幅上升18%。社会消费品零售总额名义同比增速13.7%，增速比上年提高0.8%。

2006年的中国经济运行状态可以说近乎完美，"高增长、低通胀"的美好预期在

---

① 《上海证券报》2006年12月5日，第3版。

实现，经济增速加速上行，政府和市场普遍担心的"固定资产投资反弹压力"没有出现，通货膨胀低位运行且有所回落，全年CPI累计同比增速仅1.5%，比2005年还要下降0.3%，全年PPI累计同比增速3.0%，比上一年下降1.9%。企业经济效益情况也非常好，工业企业和上市公司利润增速均大幅回升，没有出现2005年时"宏观好、微观差"的问题。综观2000~2017年的中国经济运行状况，笔者感觉2006年的情况应该是最好的，没有之一。

二、加息+升准，但市场利率未升

中国人民银行在2006年针对经济中出现的投资增长过快、信贷投放过多、贸易顺差过大，以及环境、资源压力加大等问题，货币政策已经开始了持续收紧的势头。

（1）全年累计发行央行票据3.65万亿元，同比多发行8600亿元，同时引导央行票据发行利率稳步上行，全年1年期央行票据发行利率上升90个基点，进而影响货币市场利率逐步回升。

（2）除加大公开市场操作力度外，分三次上调金融机构存款准备金率共1.5个百分点。2006年7月5日、8月15日、11月15日分别提高存款准备金率0.5个百分点。截至2006年底，我国大型存款类金融机构存款准备金率达到了9.0%。

（3）两次上调金融机构存贷款基准利率。第一次是自4月28日起上调金融机构贷款基准利率。其中，金融机构一年期贷款基准利率上调0.27个百分点，由5.58%提高到5.85%。第二次是自8月19日起上调金融机构人民币存贷款基准利率。其中，金融机构一年期存款基准利率上调0.27个百分点，由2.25%提高到2.52%；一年期贷款基准利率上调0.27个百分点，由5.85%提高到6.12%。

虽然2006年货币政策在不断收紧，前后两次加息和三次提高存款准备金率，但是由于2006年通货膨胀始终维持在一个相对较低的位置，且比2005年还有所下降，所以我们看到市场的长端利率（十年期国债到期收益率）在2006年完全没有受到货币政策的影响，始终维持在3.1%左右的低位（见图17-2），这对2006年的股票市场是一个重大的利好影响。

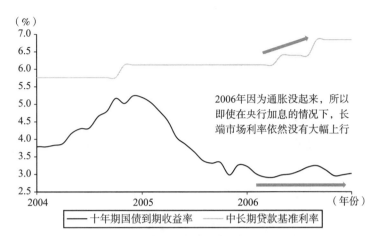

图 17 – 2　2004～2006 年十年期国债到期收益率与中长期贷款基准利率对比

资料来源：中国人民银行、Wind 资讯。

三、2006 年 A 股盈利和估值变化趋势回顾

2006 年 A 股上市公司利润增速较上年大幅改善，尤其是主板，实现了由负增速到超高利润增速的巨大飞跃。相比之下，中小板利润增速改善不大，主板增速远超中小板。2006 年全部 A 股上市公司归属母公司所有者净利润增速 55%，较上一年大幅增长 61%。主板利润增速 56%，较上年上升 62%，中小板增速 24%，较上年小幅增长 2%；非金融归属母公司所有者净利润增速 51%，较上年上升 57%，非金融剔除"两油"利润增速达到了 58%，增速环比提升 71%（见图 17 – 3）。

2006 年 A 股估值全年基本处于持续上升通道，以上证综指计算，市盈率从年初的 18.2 倍（TTM）上升至 36.8 倍（TTM），涨幅高达 101%。2006 年估值上行的主要原因：一是上市公司业绩的大幅改善和持续增长。从累计增速看，第四季度较第一季度上市公司业绩累计增速提升了将近 70%。二是较低的利率水平。虽然 2006 年货币政策在不断收紧，前后两次加息和三次提高存款准备金率，但通货膨胀始终维持在一个相对较低的位置，长端利率也始终没有起来（见图 17 – 4）。应该说 2006 年 A 股实现了"戴维斯双击"，而高增长、低通胀完美的基本面则是支持全年估值上行的最主要因素。

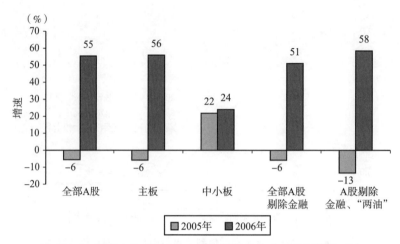

图 17-3　2005 年和 2006 年 A 股各板块上市公司利润增速对比

资料来源：Wind 资讯、笔者计算。

图 17-4　2005~2006 年上证综指市盈率（PE）与长端利率走势对比

资料来源：Wind 资讯。

第三节　行情特征：人民币升值的狂欢

2006 年的中国股市大幅上涨，由此开启了一轮 A 股历史上最大的牛市，全年的行情特征体现在：

（1）指数和个股全部大幅上涨。上证综指全年上涨130%，Wind全A全年上涨112%；全部个股收益率算术平均值是95%，全部个股收益率中位数是73%；全年上涨个股数占比97%，下跌个股数占比3%。有近七成的股票2006年涨幅超过50%（见图17-5）。

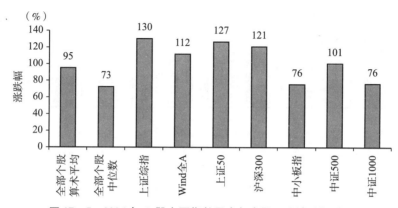

图17-5 2006年A股主要指数及全部个股平均涨跌幅对比

资料来源：Wind资讯、笔者计算。

（2）2006年A股市场形成了"戴维斯双击"，企业盈利增速和估值水平双双大幅提升，全年全部A股归属母公司所有者净利润增速高达55%，一扫2005年负增长的阴影。同时由于2006年通胀始终没有起来，利率维持低位，股市的市盈率在2006年也有大幅提高。

（3）行业表现上有如下几个看点（见图17-6）：一是银行板块继续领涨。在遏制经济过热使得2004年和2005年新增信贷大幅收缩后，2006年新增信贷开始扩张，从而使得银行板块业绩大幅提升。而中国银行港股上市且估值大幅高于A股银行股，成为重要催化剂。二是处于黄金成长期的房地产行业，2006年在人民币升值的核心逻辑驱动下，2006年有巨大涨幅。而同时新会计准则规定投资性房地产可以按公允价值计价，无疑又成为房地产股上涨的助推器。三是在2005~2007年，中国的居民收入和居民消费增速进入了加速上行阶段，2006年食品饮料板块有很好的表现，当年茅台价格第一次超过了五粮液。我们认为这个阶段的消费股行情更多的是"总量扩张"，而非"消费升级"，这是跟之后所不同的。

（4）人民币升值成为股市的一个重要上涨逻辑。2005年7月我国进行了汇改，到2006年上半年，人民币对美元升值接近3%，对欧元和日元升值的幅度更大一些。

在当时政府承诺不会再次使用行政手段一次性升值的情况下，对人民币持续升值的预期一直存在于市场中。

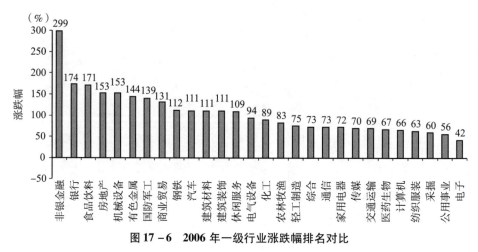

图 17 – 6　2006 年一级行业涨跌幅排名对比

资料来源：Wind 资讯。

一、银行：牛市中没有终点的成长性

银行板块在 2005 年涨幅排名第一，2006 年再接再厉继续领跑，全年涨幅高达 174%，在所有行业中排名第二，仅次于牛市中 beta 属性①最强的券商行业。

2006 年银行股大涨背后的基本面原因非常清晰，银行的业绩增速在 2006 年出现了加速上行，2005 年全年银行的归属母公司所有者净利润增速是 26%，2006 年增速达到了 61%（见图 17 – 7）。2006 年银行板块净利润增速大幅上行的主要原因是新增贷款增速出现了大幅提升。在经历了 2004 年遏制经济过热时全年新增贷款增速 – 18.0% 和 2005 年新增贷款低增速 3.8% 后，2006 年全年商业银行新增贷款增速达到了 33.9%。

---

① 根据资本资产定价模型（capital asset pricing model，CAPM）的观点，单只股票或者组合的期望收益率取决于无风险利率和资产的风险溢价，模型用系数 beta（β）度量了资产的风险程度，股票或者组合的 beta 系数越高说明其波动性越大，即市场好的时候涨得多、差的时候跌得多。市场分析中一般认为，券商板块由于其经营特点，beta 系数往往较高，用"beta 属性强"这种习惯性说法来表示券商在牛市中股价的弹性较大。

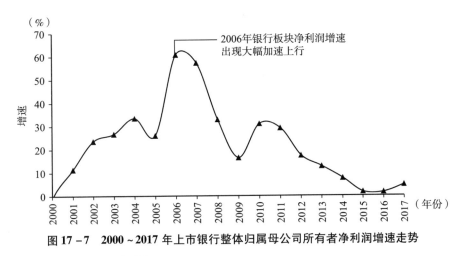

图 17-7　2000~2017 年上市银行整体归属母公司所有者净利润增速走势

资料来源：Wind 资讯、笔者计算。

2005~2007 年可谓是银行业的黄金时间，股价与业绩齐飞，当时很多观点认为："只要经济增长就会要求货币供应量的增长，导致居民收入水平的提高，因此，银行是我国经济的长期稳定增长最大受益者，与其他行业相比较，除非发生经济危机，否则银行业的发展是没有终点的。"

此外，2006 年港股也成为 A 股银行股大涨的重要催化剂，首先是港股中交通银行与建设银行均有较大涨幅，远强于香港恒生金融指数和恒生指数。其次，2006 年中国银行在香港上市，且其估值大幅高于 A 股银行股水平，成为 2006 年银行股股价上涨的重要催化剂。

当时的银行股绝对是成长股逻辑和估值，招商银行 2006 年底的市盈率超过了 40 倍，新上市的工商银行年底时市盈率（TTM）更是突破了 50 倍，这在后来银行股个位数市盈率、整体市净率破净时代中是无法想象的。正如在后文板块轮动逻辑中总结的，A 股投资追逐成长的风格是不变的，变的是成长的内容，不同时代有不同的成长板块。

二、黄金成长期的房地产股

除了银行，2005~2007 年间自身行业成长性非常好，且能够充分受益于人民币升值的行业就是房地产，2006 年房地产板块全年涨幅 153%，排名第四。

看好房地产股的理由有很多：第一，房地产行业作为国民经济的支柱产业不会变；第二，行业仍处于上升通道，商品房市场不会发生逆转；第三，地产真实需求巨大，销售前景乐观，房地产价格未来仍会保持稳步向上的态势；第四，行业调整使优质地产企业获得超常的发展机遇，重点地产公司业绩未来仍将保持较高速度增长；第五，重点地产股估值偏低，折价幅度较大；第六，人民币升值将是一个长期的过程，房地产股受惠较大。[①]

2006 年促使房地产行业股价大涨的催化剂，我们认为主要有两个：一是人民币的升值预期使得投资者希望获得人民币计价的本地资产，从这个角度讲，房地产无疑是最好的；二是新会计准则发布，并将于 2007 年 1 月 1 日起在上市公司施行。新会计准则出台后，投资性房地产可以使用公允价值计量，这对拥有大量投资性房地产的企业来说，企业价值有巨大的重估空间。

2006 年 3 月 14 日，温家宝总理在两会记者招待会上表示，那种行政性的、一次性的，使人民币或升或降的事情不会再存在了，也不会再发生出其不意的事情了。7 月 18 日，国家统计局新闻发言人郑京平介绍 2006 年上半年国民经济运行情况时，再度重申：人民币汇率形成机制还有需要进一步完善的地方，但是行政性、一次性地使人民币升值或贬值，或是出其不意地调整，是不会再发生了。

鉴于当时中国经济的实际情况，市场普遍认为人民币有很大的升值空间和需求，"不会一次性地使人民币升值"，等于压制了升值的速度延长了升值的路径，反而在一定程度上使得升值的预期不断升级发酵。

三、"总量扩张"下的食品饮料行情

2005~2007 年，我国居民收入和居民消费都进入了加速上升的过程（见图 17-8）。如果说 2005 年的消费有更多的"后周期属性"，那么到 2006 年和 2007 年，随着全球经济的强势上行，消费增速的加速更多的就是经济强劲中的一部分。

在 2006 年的股市行情中，食品饮料行业再度表现出色，全年涨幅 171%，位列所有行业中的第三。行业增速高是推动板块上涨的最大逻辑。

不同于 2011 年以后看到的情况，我们认为，2005~2007 年以食品为代表的消费品行情，主要的逻辑是"总量扩张"，而非"消费升级"，后者更代表一种总量不变情况下的结构性变化。从数据中可以看到，2005~2011 年中国的白酒产量始终保持

---

① 方焱：《地产股"四小龙"腾飞在即》，载《证券导刊》2006 年第 12 期，第 62~63 页、第 3 页。

着高增长，且增速在不断提高。这和 2016 年、2017 年的白酒行情有很大差别。另外，2006 年对白酒行业而言，还有一件事值得记忆，那一年，市场上茅台酒（53 度）价格首次超过五粮液（52 度）。[①]

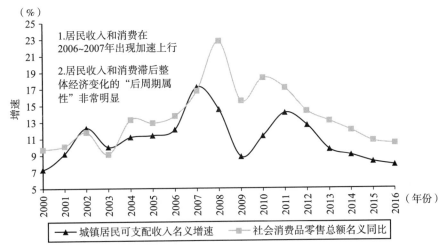

图 17 – 8 2000 ~ 2016 年居民可支配收入与社会消费品零售总额增速对比

资料来源：国家统计局、Wind 资讯。

---

① 陈静：《2006 年白酒销售收入近千亿 同比增长 31%》，载《食品科技》2007 年第 3 期，第 71 页。

第十八章
2007 年：6124，死了都不卖

2007 年，中国股市爆发有史以来最大规模的一次牛市，股权分置改革释放制度性红利，以基金为代表的金融资本第一次登台与产业资本博弈。通胀持续飙升，经济过热，国内外流动性过剩，其间央行十次提准、五次加息，甚至美国次贷危机的逐渐升级都没有抑制住 A 股疯狂上涨的步伐。2007 年全年 A 股上证综指涨幅 94%，其间仅 6 月和 11 月经历了一定程度的回调，可以说是 A 股历史上前无古人，后无来者的大牛市行情了。2007 年上证综指走势与资本市场大事记如图 18 - 1 所示。

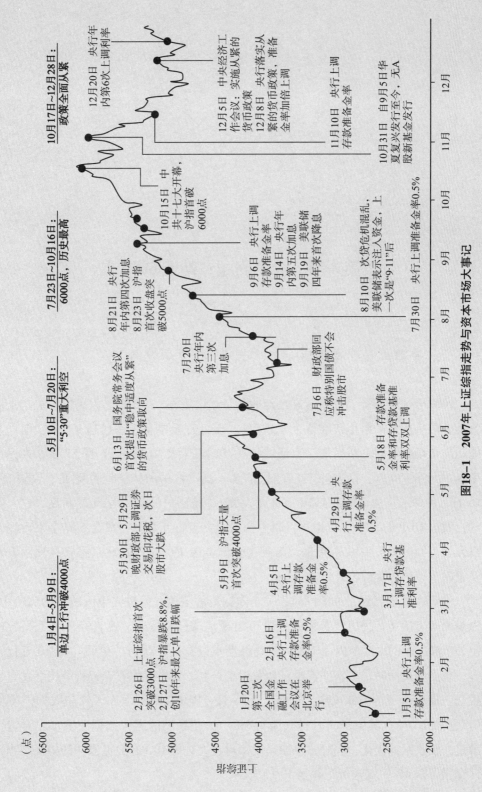

图18-1 2007年上证指数走势与资本市场大事记

资料来源：Wind资讯。

追寻价值之路：1990~2023 年中国股市行情复盘

第一节　大事回顾：站上 6000 点

一、单边上行冲破 4000 点（1 月 4 日~5 月 9 日）

2007 年开年伊始，央行就在继续收紧货币政策，1 月 5 日，人民银行决定上调存款类金融机构人民币存款准备金率 0.5%，至此存款准备金率已达 9.5%。但这并不能阻止市场人气的不断聚集，上证综指在开门红后持续上涨。1 月 11 日，人民币汇率盘中大涨 130 点，13 年来首次超过港元，预示着中国经济地位更上一层楼。1 月 15 日，沪深股市总市值冲上 10 万亿元大关，并创出 10.44 万亿元的新高，这一数字约占我国 GDP 的 52%。其中，贵州茅台盘中突破百元大关，成为 5 年多来市场首只百元股。同时，1 月 19~20 日，第三次全国金融工作会议在北京举行，预示着新一轮金融改革的大幕即将开启。

然而在 A 股持续上冲的同时，关于泡沫论的争论开始进入中国股市的舆论中心。先是谢国忠撰文，提出要警惕内地股市出现泡沫；紧接着，著名经济学家吴敬琏指出，A 股火爆的主要原因在于国内流动性严重过剩，并认为"热钱"有 30 万亿元之多；几乎与此同时，多家外资投行如摩根士丹利、汇丰、德意志银行等相继发布研究报告，提示 A 股的泡沫风险。直至 1 月 25 日，国家统计局公布了通胀数据，2006 年 CPI 上涨 1.5%，其中，12 月份大涨 2.8%，大超预期的通胀数据引发市场对货币政策进一步收紧的担忧，同时，叠加兴业银行超大规模 IPO 和股市泡沫的担忧，当日上证综指下跌 4%，并连续下跌至 1 月底。

2 月开始，指数在大盘股强势上涨的带动下持续上攻。2 月 16 日狗年最后一个交易日央行继续收紧货币政策，宣布提高存款准备金率 0.5%。2 月 26 日，农历新年后的第一个交易日，市场仍然小幅上涨，且上证综指收盘价历史性地第一次突破 3000 点。然而第二个交易日，A 股便遭遇了"黑色星期二"，2 月 27 日，上证综指单日跌幅高达 8.8%，指数几乎跌停。导致此次大跌的内因自然是前期涨多了，市场有自发调整的需要，还有个外因导火索，是由于日元利差交易平仓问题引发的。当日，美元兑日元汇率急速下跌，15 个小时内跌幅为 2.4%，跌势之快创下了近年来的纪录。与此同时，随着欧洲、北美证券交易所的陆续开盘，全球股市跌声一片，而汇率套利引发的资本抽离是这场全球性股市暴跌的主要原因。短暂冲击过后 A 股迅速恢复，2 月 28 日开始止跌企稳，重回上行通道。

3 月 5 日，在十届全国人大五次会议上作政府工作报告时，国务院总理温家宝指出，今年要大力发展资本市场。借此东风股市再度上行，在整个 3 月份和 4 月份市场一路上行且非常平稳。这期间，3 月 17 日央行宣布上调人民币存贷款基准利率、4 月 5 日央行宣布上调存款准备金率 0.5%、4 月 29 日央行再度宣布上调存款准备金率 0.5%，这些收紧性的政策措施都没有对股市单边上行趋势有丝毫撼动。5 月 9 日，A 股再创成交金额历史记录，上证综指收盘价首次站上 4000 点。

二、"5·30"重大利空（5 月 10 日~7 月 20 日）

在连续突破 3000 点、4000 点整数关口后，到 5 月 9 日上证综指 2007 年年内涨幅已经达到了 50%。无论是市场还是监管，对股市过快上涨的担心开始不断出现。5 月 18 日（周五），央行宣布人民币存款准备金率和存贷款基准利率双双上调，这是近十年来中国首次同时宣布上调存款准备金率和存贷款基准利率。股市对此也并未作出太大反应，下一个交易日 5 月 21 日，市场低开高走上证综指全日上涨 1%。

5 月 30 日，重磅"炸弹"来袭，财政部决定从 2007 年 5 月 30 日起，调整证券（股票）交易印花税税率，由现行 1‰调整为 3‰。由于此次政策调整在 5 月 29 日晚间的《新闻联播》中尚未通报，是在 5 月 30 日凌晨公布的，被当时的市场戏称为"半夜鸡叫"。5 月 30 日开盘后，上证指数全天暴跌 6.5%，此次政策调整以及市场大跌即日后著名的股市"5·30"事件。6 月 4 日，三大证券报早间齐发评论，认为管理层调整印花税并非打压股市，牛市的基本面并不会随着阶段性的市场调整而改变。同时，沪深交易所发表声明称，沪市已公告股价异常波动的 264 只个股 6 月 4 日不停牌，深市亦不会出现大面积停牌①。但在蓝筹股恐慌性抛盘的影响下，6 月 4 日沪深股市再度暴跌，上证指数下跌 8% 以上，跌幅甚至超过了"5·30"。至此，由调整印花税引发的 A 股风暴使得上证指数在短短的 5 个交易日里跌幅达到 15%。

随后管理层也开始对市场有所安抚，6 月 7 日，《上海证券报》头版头条报道，权威人士表示"我国尚无征收资本利得税的计划"，以此打消市场对进一步利空政策的担忧。6 月 4 日大跌后市场出现了半个月左右的小幅反弹。6 月 18 日，银监会宣布查处八家中资银行信贷资金违规入市。6 月 28 日，全国人大常委会审议发行 1.55 万亿元特别国债购买外汇用于向国家外汇投资公司注资。市场担心发行特别国债会进一步抽走市场的流动性，6 月 20 日～7 月 5 日，股市再度下跌。7 月 4 日，财政部有关负责人接受新华社采访就特别国债问题给予正面回应。针对 1.55 万亿元特别国债相当于提高存款准备金率 10 次的说法，该负责人明确表示，鉴于这次发行的特别国债规模较大，财政部在设计发行方案时将会周密考虑、精心设计，确保市场的平稳运行。同时还强调，发行特别国债购买外汇不是针对股票市场的紧缩措施，不直接影响证券市场中的存量资金。

市场从 7 月 6 日起企稳回升，开始了下半年的第二轮牛市行情。7 月 20 日，上证综指收盘再度回到 4000 点以上，同日，央行宣布年内第三次加息，国务院决定 8 月 15 日起将储蓄存款利息所得个人所得税的适用税率由现行的 20% 调减为 5%。

三、6000 点，历史最高（7 月 23 日～10 月 16 日）

7 月伊始股市强劲反弹，虽然监管层接连提准加息并且降低储蓄税率，都依然没有阻挡股市上涨的动力。7 月 30 日中国人民银行再度上调存款类金融机构人民币存款准备金率，这是 2007 年以来第 6 次提高存款准备金率，距最近宣布加息和调减利息税仅 10 天时间。8 月 3 日收盘，A 股两市总市值首度突破 20 万亿元并超越 GDP。

随后海外市场中美国次级抵押贷款危机引起的风暴开始越来越大。8 月 9 日，法国巴黎银行的三只基金冻结赎回引发市场的恐慌，当日欧洲市场重挫 2%，随后蔓延到美国股市和亚洲股市。8 月 10 日，美联储发表声明表示，为帮助金融市场度过混乱状况，将提供流动性促进金融市场运作秩序，上一次美联储发布类似声明，还是在

---

① 根据规定，如果连续 3 个交易日涨跌幅超过 20% 则属股票交易异常波动，需停牌一小时发布公告。当时市场粗略测算，6 月 4 日（周一）两市或将有近千只股票停牌一小时。

"9·11"事件之后。据统计 8 月 9～10 日，世界各地央行 48 小时内的注资总额已超过 3262 亿美元。同时有媒体报道称，中行、建行、工行、交行、招行和中信银行等 6 家中资银行卷入美国次级债危机，8 月 23 日前后 6 家银行对此均有回应，明确表示投资美次债直接损失有限，次贷危机在此时尚未对国内市场产生实质性影响。8 月 21 日央行宣布年内第 4 次加息。虽然利空不断，但股市依然强劲上行，8 月 23 日，沪指突破 5000 点，《人民日报》还破例专门刊登了股民庆贺 5000 点的照片。

进入 9 月份，A 股依然在不断刷新点位纪录。9 月 6 日央行上调存款准备金率、9 月 14 日央行年内第 5 次加息、10 月 13 日央行再度上调存款准备金率，对于这些市场完全不予理会，仅在 9 月 7 日证监会通过中国建设银行 90 亿股 IPO 和 9 月 11 日公布 8 月份 CPI（8 月份 CPI 同比上涨 6.5%，刷新上月创下的 10 年高点）当日有回调。10 月 15 日，中国共产党第十七次全国代表大会开幕。十七大报告在阐述经济发展时指出，优化资本市场结构，多渠道提高直接融资比重。当日，上证综指历史性首次站上 6000 点。10 月 16 日，市场继续摸高，最终使上证综指历史最高点定格在 6124 点。

四、政策全面从紧（10 月 17 日～12 月 28 日）

2007 年前三季度通胀节节攀升，货币政策和财政政策持续收紧却依然没有抑制股市疯狂上涨，监管层开始将调控的重心逐渐转移到抑制经济过热上来，所有的政策基调只有一个：各项政策全面收紧。10 月 24 日，国务院常务会议要求抑制信贷投放过多与房价上涨过快。11 月 3 日，《经济观察报》报道银监会酝酿监管新规严堵信贷资金违规入市。同日，温家宝总理出席上合组织总理理事会，在提及中国股市时表示政府会采取措施，防止出现资产泡沫，以及防止股市出现大起大落的情况。11 月 10 日，央行再度上调存款准备金率。11 月 27 日，中共中央政治局召开会议提出要把防止经济增长由偏快转为过热、防止价格由结构性上涨演变为明显通货膨胀作为宏观调控的首要任务。12 月 5 日中央经济工作会议闭幕，正式提出将实施十年之久的"稳健的货币政策"调整为"从紧的货币政策"。紧随其后，央行火速落实从紧政策，12 月 8 日央行年内第 10 次宣布上调存款准备金率，且上调幅度加倍从 0.5% 上升至 1%。12 月 20 日，央行年内第 6 次上调利率。

10 月 16 日过后 A 股开启了一轮回调周期。10 月 25 日，中国石油公布发行价格区间引发 A 股暴跌近 5%，11 月 5 日中石油上市，成为全球市值最大的上市公司。11

月 6 日中石油 A 股上市次日暴跌 9.03%，套牢首日 700 亿元买盘。中石油上市即为历史最高价，此后股价更是节节败退，由此产生了 A 股市场著名的顺口溜"问君能有几多愁、恰似满仓中石油"。沪指从 10 月中旬开始回调直至 11 月底，指数下跌幅度高达 21%。进入 12 月，悲观情绪略有消散，指数最终以震荡上涨 8% 的年末行情结束了 2007 年的大牛市。

从 10 月中旬至 12 月，上证综指下跌了 13.6%，但相比前十个半月 124% 的涨幅而言，根本就是九牛一毛。2007 年全年 A 股上证综指涨幅 94%，其间仅 6 月和 11 月经历了一定程度的回调，可以说是 A 股历史上前无古人，后无来者的大牛市行情了。

|专栏 18 -1|　　　　　　　　　从次贷危机到金融危机回顾

次贷即次级抵押贷款，指的是贷款机构向信用程度较差和收入不高的借款人提供的贷款。次级抵押贷款对贷款者信用记录和还款能力要求不高，贷款利率相应地比一般抵押贷款高很多。次贷危机的主要源头在于美国次级贷款的多重证券化。由于发放次级贷款的机构大多是不能吸收公众存款的非银机构，为了分散风险和迅速变现，这些放贷机构将次级贷款打包，以债券（如 MBS、CDO、CDS）的形式再次向社会销售，而风险的再度转移使得债权人和债务人无法一一对应，一旦房价下跌债务人违约，对于并不清楚底层资产的债权人来说，将面临本金全部丧失的风险，引发恐慌情绪。

美国"次贷危机"的导火索，主要是利率持续上升引发的房价暴跌。美联储从 2003 年开始持续调高利率，至 2006 年 6 月联邦基金利率已经升至 5.25% 的水平。这导致了房价由于月供的持续抬升而出现下降，大量通过刺激抵押机构借款的还款人开始断供，从而引发次级抵押贷款机构破产、投资基金被迫关闭、股市剧烈震荡等一系列的金融风暴。2007 年 8 月开始席卷美国、欧盟和日本等世界主要金融市场，引发了全世界资本市场的流动性危机。次贷危机的发生主要有四个阶段：

第一阶段（2007 年 3 ~12 月）：2007 年 3 月开始美国房屋成交量大幅下滑，随后资产价格开始下跌，7 月过后大量次级住房抵押贷款机构纷纷破产，高风险资产的流动性趋紧，信贷萎缩，避险情绪上升。花旗、美林、瑞银等著名金融机构皆因次级贷款出现巨额亏损，美联储被迫进入降息周期，并持续向金融系统注资。

第二阶段（2008 年 1～3 月）：美国楼市各指标出现全面恶化，大量金融机构面临巨额亏损，市场流动性趋紧，同时金融市场危机对投资、消费等实体经济的影响开始显现，美联储宣布补救方案并大幅降息，各国央行宣布联手救市。

第三阶段（2008 年 4～9 月）：金融机构持续大幅亏损，危机在欧洲各国迅速蔓延并恶化，2008 年 9 月美国政府正式接管"两房"，而雷曼兄弟破产意味着次贷危机已经全面升级为金融危机，市场避险情绪高涨，国债收益率跌至最低点，市场流动性骤减，各类资产价格均大跌。

第四阶段（2008 年 10 月至 2009 年）：美国政府签署 8500 亿美元救市方案，金融危机蔓延至全球，GDP 同比跌至谷底，失业率居高不下。美联储降息至0.25%，实施 QE 购买国债和 MBS，以希望稳定市场情绪。

见表 18-1。

表 18-1　　　　　　　　2007～2008 年"次贷危机"和"金融危机"大事记

时间	事件
2007 年 2 月 13 日	汇丰控股增加在美国次级贷款业务上 18 亿美元坏账拨备
2007 年 3 月 13 日	美国第二大次级抵押贷款机构新世纪金融公司宣布濒临破产，美股大跌
2007 年 7 月 10 日	标普下调次级抵押贷款债权评级，全球金融市场巨震
2007 年 7 月 19 日	美国第五大投行贝尔斯登旗下对冲基金濒临瓦解
2007 年 8 月 9 日	巴黎银行宣布卷入美国次级债券业务，全球股市多数下跌，商品期货和黄金全线跳水
2007 年 8 月 11 日	世界各地央行 2 天内注资超 3262 亿美元救市
2007 年 8 月 14 日	各国央行再度注资救市，各国推迟加息
2007 年 8 月 16 日	全美最大商业抵押贷款公司面临破产，亚太股市遭近 6 年以来最大跌幅
2007 年 8 月 17～30 日	各国央行再度注资稳定市场
2007 年 9 月 18 日	美联储下调联邦基金利率 50 个基点
2007 年 10 月 13 日	美国财政部成立价值 1000 亿美元的超级基金购买陷入困境的抵押证券
2007 年 12 月 12 日	美国、加拿大、欧洲、英国、瑞士五大央行宣布联手救市
2008 年 1 月 22 日	美联储降息 75 个基点
2008 年 3 月 7 日	美联储宣布使用定期招标工具和开始一系列定期回购交易以增加市场流动性
2008 年 3 月 19 日	美联储宣布降息 75 个基点

续表

时 间	事 件
2008 年 3 月 24 日	美联邦住房金融委员会允许美国联邦住房贷款银行增持房地美、房利美发行的 1000 亿美元 MBS
2008 年 4 月 30 日	美联储降息 25 个基点
2008 年 8 月	"两房"被政府接管
2008 年 9 月 15 日	雷曼兄弟宣布破产保护
2008 年 9 月 20 日	布什政府正式向国会提交拯救金融系统的法案
2008 年 9 月 25 日	全美最大储蓄及贷款银行华盛顿互惠公司倒闭
2008 年 10 月 7～8 日	各大央行相继宣布降息及宽松的货币政策
2008 年 12 月 16 日	美联储将美元基准利率下调至 0～0.25%，低于市场预期的 0.5%
2009 年 1 月 16 日	欧央行降息至历史低点
2009 年 3 月 2 日	道琼斯工业指数创 1997 年 4 月以来新低
2009 年 6 月 1 日	通用公司申请破产保护

资料来源：笔者整理。

第二节　经济形势：政策收紧最强音

一、经济继续上攻，通胀显著上行

2007 年中国经济再接再厉继续向上进攻，各项指标全面高于上一年。全年 GDP 实际增速 14.2%，较上年提高 1.5%，自 2002 年以来连续六年加速上行，连续五年保持着两位数的增长速度；固定资产投资累计同比增速达到 25.8% 较上年小幅上升 1.5%，继续保持着很高的增长速度，2003～2007 年固定资产投资连续五年在 20% 以上；工业增加值累计同比增速 18.5% 较上年上升 1.9%，全年工业企业利润总额同比增长达到 39.2%，增速较上年大幅上升 7.4%。社会消费品零售总额名义同比增速 16.8%，增速比上年提高 3.1%。

2007年宏观经济的一个突出变化就是通货膨胀开始加速上行了。2007年CPI累计同比上涨4.8%，比上年提高3.3%，而且趋势上呈现出加速上扬的态势，到12月CPI单月同比增速已经到了6.5%，其中CPI食品价格全年累计同比更是达到了12.3%。PPI价格也出现了前期涨势还相对平稳，但后期涨幅明显扩大的态势，9月份单月PPI同比还仅有2.7%，但到了12月PPI同比增速就上升到了5.4%。

二、十次升准、六次加息，货币政策定调变"从紧"

2007年，针对银行体系流动性偏多、货币信贷扩张压力较大、价格涨幅上升的形势，中国人民银行的货币政策逐步从"稳健"转为了"从紧"，并先后十次上调存款准备金率，六次上调金融机构人民币存贷款基准利率。

（1）加大中央银行票据发行力度。2007年中国人民银行累计发行中央银行票据4.07万亿元。年末中央银行票据余额为3.49万亿元，比年初增加4600亿元。

（2）2007年先后十次上调金融机构人民币存款准备金率共5.5个百分点。2007年1月15日、2月25日、4月16日、5月15日、6月5日、8月15日、9月25日、10月25日、11月26日、12月25日，共计十次上调存款准备金率，除3月和7月外，2007年基本上每月都有上调存款准备金率。截至2007年底，我国大型存款类金融机构存款准备金率达到了14.5%。

（3）先后六次上调金融机构人民币存贷款基准利率。一年期存款基准利率从年初的2.52%上调至年末的4.14%，一年期贷款基准利率从年初的6.12%上调至年末的7.47%；12月，在上调存贷款基准利率的同时，较大幅度地上调了一年以内的定期存款利率，三个月期存款利率上调0.45%，六个月期存款利率上调0.36%。

（4）2007年12月的中央经济工作会议提出了从紧的货币政策，将实施了十年之久的稳健的货币政策取代为从紧的货币政策。在经济持续加速上行之后，在通货膨胀已经蓄势待发之际，货币政策最终从"稳健"转为了"从紧"，发出了货币政策收紧的最强烈信号。

2000~2007年我国货币政策转变趋势见图18-2。

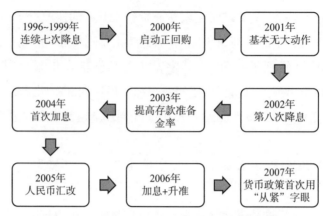

图 18 - 2　2000～2007 年我国货币政策转变趋势

资料来源：中国人民银行、笔者整理。

三、2007 年 A 股盈利和估值变化趋势回顾

2007 年 A 股上市公司利润增速在上年高增速的基础上仍有小幅提升，其中中小板利润增速虽大幅提升，但整体仍低于主板。2007 年全部 A 股上市公司归属母公司所有者净利润增速 64%，较上一年上升 9%。主板利润增速 64%，较上年上升 8%，中小板增速 46%，较上年大幅提升 22%；非金融归属母公司所有者净利润增速 56%，较上年小幅改善 5%，非金融剔除"两油"利润增速达到了 71%，增速环比提升 13%（见图 18 - 3）。

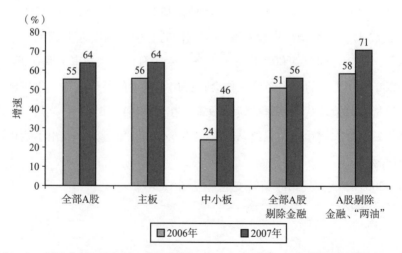

图 18 - 3　2006 年和 2007 年 A 股各板块上市公司归属母公司所有者净利润增速对比

资料来源：Wind 资讯、笔者计算。

　　2007 年上市公司整体利润增速较上年小幅提升，但从分季度的数据上看，利润增速在第一季度基本达到了峰值，随后便开始缓慢下降。虽然如此，2007 年仍是近 20 年中国经济增速的一个顶点，而且在下半年出现了经济过热的问题。因此，即使在货币政策持续收紧、长端利率不断走高的情况下，估值依然从年初的 36.8 倍（TTM）上升到 47.2 倍（TTM），涨幅高达 28%。

　　基本面的坚挺导致估值在利率不断走高的情况下依然飙升，但其实第三季度开始估值已经处于高位盘旋的状态，甚至在 10 月过后有所下行。这其中也有两方面的原因，一方面是上市公司利润增速环比出现下滑；另一方面是国债收益率已经到了历史 90 分位数以上的水平，估值在 2007 年底的下行其实也反映了市场对从紧的货币政策取代稳健的货币政策的预期（见图 18 – 4）。

图 18 – 4　2006 ~ 2007 年上证综指市盈率（PE）与长端利率走势对比

资料来源：Wind 资讯。

第三节　行情特征：超级大牛市

　　2007 年是永远会被记住的，中国股市在这年出现了历史上最大的大牛市，上证综指到达了 6124 点的高点，全年的行情特征体现在：

（1）指数和个股全部大幅上涨，个股赚钱效应更加明显。上证综指全年上涨 97%、Wind 全 A 全年上涨 166%。个股的平均涨幅要比指数更大，全部个股收益率算术平均值是 203%、全部个股收益率中位数是 176%（见图 18-5）。

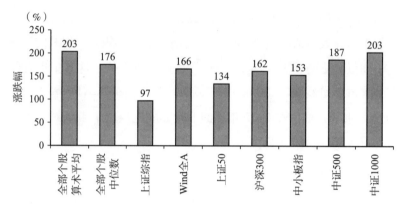

图 18-5　2007 年 A 股主要指数及全部个股平均涨跌幅对比

资料来源：Wind 资讯、笔者计算。

（2）普涨是 2007 年行情的最大特征，结构性差异度并不是太大。全部（100%）而不是几乎全部个股在 2007 年都是上涨的，有 97% 的个股涨幅超过 50%，这种行情特征在 A 股历史上是绝无仅有的。

（3）2007 年 A 股市场同样是"戴维斯双击"，企业盈利增速和估值水平双双大幅提升，全年全部 A 股归属母公司所有者净利润增速高达 64%，较 2006 年 55% 的高增长进一步加速度。业绩增速加速度、人民币升值、牛市中风险偏好进一步提高的因素，使得估值即使在利率大幅上行的情况下，依然继续大幅抬升。

（4）行业表现上有如下几个看点（见图 18-6）：一是如前所述 2007 年基本是普涨，节奏上看除了非银金融、采掘、有色金属三个行业外，"5·30"前后行业相对收益有明显的负相关；二是在大宗商品价格大涨的背景下，煤炭和有色金属行业涨幅全年最靠前，出现了第一次"煤飞色舞"行情；三是全球航运业到达了最顶峰，造船需求使得几个船舶公司涨幅惊人，这些公司行业归类时被归在了国防军工，所以军工板块在 2007 年涨幅榜排第三。

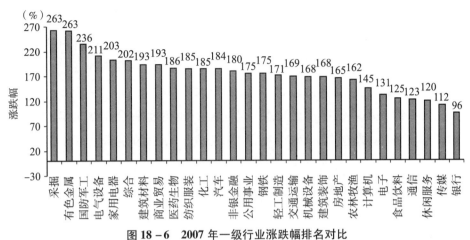

图 18-6 2007 年一级行业涨跌幅排名对比

资料来源：Wind 资讯。

一、普涨行情与蓝筹泡沫

2007 年是一个超级大牛市，全部而不是几乎全部个股在 2007 年都是上涨的，这种行情特征在 A 股历史上是绝无仅有的。有约 97% 的个股涨幅超过 50%，从这个角度看，2007 年的市场基本上就是一个完完全全的普涨行情，这种情况下板块或者个股之间的差异性反而缩小了（见图 18-7）。

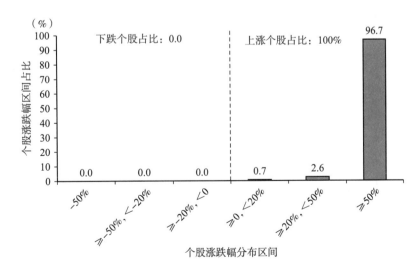

图 18-7 2007 年全部个股收益率分布情况

资料来源：Wind 资讯、笔者计算。

在当时中国经济黄金十年的憧憬下，也出现了蓝筹股估值泡沫，特别是"601 板块"。所谓"601 板块"，是指证券代码以 601 开头的部分股票，2007 年上市了大量"中"字头央企，公司代码多是以 601 开头（如中国神华、中国铝业、中国太保、中国远洋、中国石油等），这批公司上市后在当时大牛市背景中估值都达到了很高的水平，这也为后续市场调整埋下了隐患。从历史对比角度来看，2003 年的"五朵金花"、2007 年的"蓝筹泡沫"、2021 年的"核心资产"，内在逻辑也是基本相同的。

二、"5·30"前后相对收益有所逆转

从行情的节奏上看，"5·30"对市场的影响是巨大的，2007 年的"5·30"非但使得市场整体出现了较大幅度的震荡和调整，而且对板块间的相对收益表现也产生了明显的影响。

从图 18-8 中可以看到，2007 年的行情中，如果选择两个重要的时间点，"5·30"和"10·16"（上证综指在 2007 年 10 月 16 日达到历史最高点 6124 点），然后分别统计

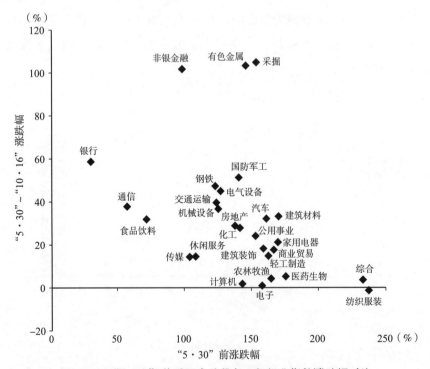

图 18-8　"5·30"前后两个阶段各一级行业指数涨跌幅对比

资料来源：Wind 资讯、笔者计算。

2007年初至"5·30"，以及"5·30"~"10·16"这两段的行业涨跌幅。可以发现，"5·30"前的行业涨跌幅与"5·30"~"10·16"的行业涨跌幅高度负相关。非银金融、采掘和有色金属这三个行业相对例外。

三、商品价格大涨的"煤飞色舞"行情

"煤飞色舞"意指煤炭和有色金属这两个板块的出色行情①。2007年，煤炭（采掘）板块和有色金属板块全年累计上涨均为263%，位列所有行业的第一和第二位。

出现"煤飞色舞"行情背后的逻辑是非常干净利索的，相关大宗商品价格大幅上涨。而且我们看到，在这个过程中，股价走在了商品价格之前，煤炭价格涨幅最大的时间段实际上是2008年上半年，但那个时候股价已经开始回落了。

这充分说明了股票市场的提前反应，特别是当一致预期已经形成的时候，股价的反应不可能等到对应的基本面发生变化时才开始。这种股价领先商品价格的情况，在2009年的时候更是表现得淋漓尽致。

四、全球航运业的顶峰（国防军工）

2007年同样是全球航运业的最顶峰，波罗的海干散货指数（BDI）在那段时间达到了将近12000点的历史高点，在数据图上形成了一个事后看来或许是永恒的尖峰（见图18-9）。

全球航运业的繁荣使得当时各个航运公司都短缺船只，造船需求猛增，所以在2007年船舶相关的上市公司涨幅非常大。其中，中国船舶全年上涨687%，中船股份上涨633%，广船国际上涨361%。由于这几家上市公司在行业归类中被归入了国防军工行业，所以在统计时我们看到2007年军工板块在涨幅榜排名第三。

---

① 实际上，"煤飞色舞"确实也是这个意思，但这个词在2007年当时用得并不多，只是到2009年的行情时这个词用得比较多。我们查阅了相关文献，就我们看到的资料中，"煤飞色舞"这个词最早出现在2007年10月26日的《中国证券报》，一篇文章题为《采"金"炼"钢"、"煤"飞"色"舞》。

图 18 - 9　1988~2017 年波罗的海干散货指数（BDI）整体走势

资料来源：Wind 资讯。

五、事后诸葛亮，2007 年底有没有可能逃顶

历史不能假设，当已经知道 2008 年上证综指会到 1664 点以后，再去说要是能在 2007 年底能逃顶有多好，这没有太大意义。有意义的是我们能不能事后去反思，看看在 2007 年底时到底忽略了什么、错判了什么，从而汲取一定历史的经验教训，避免再次栽跟头。

能够想到的，首先是 2007 年底时股市整体估值高了。上证综指 2007 年底时的市盈率（TTM）大概是 47 倍，作为指数的市盈率确实已经很高了。但为什么这么高的市盈率当时大家都没有感觉呢，主要原因还是 2006 年和 2007 年连续两年上市公司业绩增速都非常高，所以觉得如果 2008 年全部 A 股上市公司业绩增速再有个 50%，那 2008 年的市盈率也就只有 31 倍。这个逻辑跟后来 2013 年以后很多推成长股的思路是一样的，即双重逻辑假设，估值看着不高的前提首先是高增长能够实现。

但假设，仅仅是假设，如果 2008 年没有金融危机，市场整体真有 50% 的业绩增长，会怎么样？答案可能依然是令人失望的。为什么？一是如果要有 50% 的业绩增长，经济需要有多热才够啊，在 2007 年底 PPI 同比增速已经到 7%、CPI 同比增速已经到 6% 的情况下，货币政策会跟紧，利率必然上行。二是如果货币持续收紧利率上行后，再后面的业绩增速会怎样，不可能再有 50% 了吧。从市盈率动态变化的角度来看，利率上行和 2009 年业绩增速下滑（2008 年的"T+1"年），决定了从逻辑上说 2008 年即使有 50% 的业绩增速，估值肯定还是要下降的。这种情况在 2004 年和

2010 年都看到过，那两年都是业绩高增长然后利率上行，大杀估值，指数总体还是都跌的。

但如果真有 50% 的业绩增速，预计 2008 年市场不会大跌，跌得如此之惨，主要还是在 2007 年底时市场整体对 2008 年经济形势基本完全误判了。在经济非常好、股市大涨的环境下，我们过度自信，认为一切外部冲击都是问题不大的。实际上，从 2007 年第四季度起，全球已经出现了明显的走弱迹象。更重要的是，美国在 2007 年最后的时间里都先后出现了货币政策转向，传递了非常强烈的信号。

2007 年上半年，历次美联储公开市场委员会均维持 5.25% 的联邦基金目标利率不变。9 月 18 日、10 月 31 日和 12 月 11 日，美联储公开市场委员会分别下调联邦基金目标利率各 50 个、25 个和 25 个基点，年内累计降息达到 1 个百分点。2008 年 1 月 21 日，美联储公开市场委员会召开临时会议决定将联邦基金目标利率下调 75 个基点至 3.5%，1 月 30 日再次下调 50 个基点至 3%。此外，英格兰银行货币政策委员会于 2007 年 1 月 11 日、5 月 10 日和 7 月 5 日将官方利率分别上调 25 个基点到 5.75%。12 月 6 日，英格兰银行货币政策委员会下调官方利率 25 个基点至 5.5%，为两年来首次降息。而欧洲央行和日本央行在 2007 年上半年都有加息，下半年均无加息或者降息的货币政策操作。

所以，事后想想，确实应该充分尊重和敬畏大国央行的货币政策信号。我们有时候会盲目武断，类似的事情，像 2014 年底时美联储说准备开始加息了，国内就开始表达出极度的担忧，认为加息后美国经济就要再次衰退了，美股可能就要崩盘了，等等。而到 2018 年中再回过去看，加息实际上就是表达了美联储对美国经济的信心，美国经济一直超预期，美股一路创新高。

第十九章
2008 年：信心比黄金更可贵

2008 年是全球资本市场动荡不安的一年，美国次贷危机蔓延至全球引发金融海啸，随着全球经济的急转直下，BDI 指数从万点以上直泻而下，我国经济也经历了从通胀到通缩的急速变化，宏观政策由从紧"双防"到推出"四万亿"计划，可以说 2008 年从基本面到政策面，都经历了"过山车"式的变化。全球 73 个股市中，2008 年全年仅加纳和突尼斯股市上涨，其余股市皆为下跌，平均跌幅高达 46%，不少股市已经跌尽积累多年的涨幅。上证综指从 1 月 14 日触及年内最高点 5522 点后持续下行，以 1821 点收尾，以 65% 的跌幅居全球跌幅第 13 位。2008 年上证综指走势与资本市场大事记如图 19 − 1 所示。

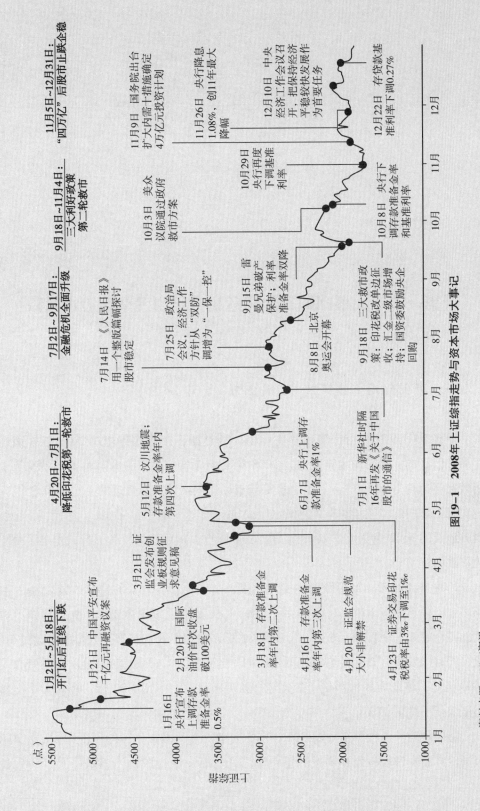

图19—1 2008年上证综指走势与资本市场大事记

资料来源：Wind资讯。

第一节　大事回顾：次贷危机升级引发全球股市暴跌

一、开门红后直线下跌（1 月 2 日~4 月 18 日）

承接 2007 年的牛市行情和"奥运年"的期盼，市场在年初对 2008 年 A 股行情是满怀信心的，当时的主流观点是 2008 年上半年肯定牛，在非理性繁荣情况下上证指数有望达到 10000 点①，这是上证综指市场预期离万点最接近的一次。2008 年 A 股也实现了开门红，从年初至 1 月 14 日，A 股开年半个月上涨了 4%。然而，上证综指当日触及的 5522 点竟成了 2008 年股市的最高点，随后股指持续下行，走出了全年单边下跌的行情。

2008 年上半年市场下跌的主要导火索，是宏观调控政策的持续收紧以及 A 股市场多起巨额再融资事件。1 月 16 日，为落实从紧的货币政策要求，央行宣布上调存款准备金率 0.5 个百分点至 15%。1 月 21 日，中国平安宣布拟公开增发不超过 12 亿股，同时拟发行分离交易可转债不超过 412 亿元，按当时收盘价计此次再融资合计近 1600 亿元，将成为 A 股历史上最大笔再融资项目。1 月 15~22 日，短短 6 个交易日上证综指下跌了 17%。

随后国内外各种利空不断袭来，市场情绪一直弥漫在恐慌的氛围中。2 月 20 日，市场传言浦发银行将公开增发融资 400 亿元，浦发银行股价当日跌停并带动大盘跳

---

① 《十大券商把脉 2008：上半年肯定牛》，载《上海证券报》2007 年 12 月 26 日，第 A2 版。

水，至 2 月 25 日上证综指连跌 4 个交易日跌幅超 10%。2 月 25 日盘后，证监会针对市场调整以及再融资等市场热点问题答记者问，表示将维护市场平稳运行严格审核再融资申请。证监会的表态成为短期利好，但大盘在小幅回升几日后，3 月份开始再度掉头向下。3 月 17 日，贝尔斯登资不抵债被摩根大通收购，收购总价值仅 2.4 亿美元比前一交易日贝尔斯登总市值减少 93%，海外市场次贷危机持续发酵。国内"双防"仍是宏观调控的首要任务，3 月 18 日，央行年内第二次上调存款准备金率。4 月 16 日央行年内第三次上调存款准备金率。4 月 18 日，上证综指大跌 4%，日内接连跌破 3200 点和 3100 点整数关口，至收盘年内累计跌幅已达 41%。

二、降低印花税第一轮救市（4 月 21 日 ~ 7 月 1 日）

面对市场的快速大幅下跌，管理层的救市政策陆续出台。4 月 20 日晚间，证监会公布《上市公司解除限售存量股份转让指导意见》，规范大小非解禁，规定今后凡持有解除限售存量股份的股东预计未来一个月内公开出售解除限售存量股份数量超过该公司股份总数 1% 的，应当通过大宗交易系统转让所持股份。4 月 23 日晚间，更大的重磅利好来袭，财政部、国家税务总局将调整证券（股票）交易印花税税率由 3‰ 降至 1‰，4 月 24 日大盘接近涨停，上证综指大涨 9.3%。

然而，赢弱的市场环境下利好的刺激没有维持几天，"五一"过后股市再度下跌。5 月 12 日，央行年内第四次上调存款准备金率，同日汶川大地震发生。6 月 7 日，央行年内第五次上调准备金率，本次上调 1 个百分点，升至 17.5% 历史高位。6 月份股市接连下跌，6 月 3 ~ 13 日沪指出现罕见"八连阴"，6 月 12 日上证综指收盘正式跌破 3000 点关口，4 月和 5 月的救市效果付之一炬。

从 2008 年上半年的行情中，读者可以发现，再融资、减持、IPO、地缘政治等这些事件性因素，都是外因，是影响股市的导火索和催化剂，但并不是主要矛盾。主导市场行情方向的内因，核心还是上市公司盈利周期变化的方向，2008 年中国经济处于高位回落的下行周期，这是市场下跌的主因。5 月 8 日，中国平安发布公告称至少半年内不考虑 A 股增发；同时，5 月份沪深交易所采取多种措施遏制大小非违规减持，证监会还对违规减持股东立案调查，监管态度非常明确，但是市场依然在下跌。跌的时候我们用再融资和减持去解释，但即便后来这些负面事件没有了，市场依然不会回头，就因为这些事件性因素只是外因是表象而不是主要矛盾。

三、金融危机全面升级（7 月 2 日～9 月 17 日）

7 月份，上证综指在 3000 点以下，关于新一轮救市的各种预期也不断蔓延。7 月 1 日，新华社以《关于中国股市的通信》为题，针对近期股市的焦点问题发表了一篇"新华视点"。7 月 10 日，吉林证监局局长江连海在《上海证券报》发文[1]，建议设立平准基金，熨平股市非理性波动，以达到稳定市场的目的。7 月 14 日，《人民日报》发表文章《全力维护资本市场稳定运行》，用一个整版篇幅探讨股市稳定。7 月 19 日，证监会回应当前市场五大热点问题，表示对新股发行节奏的把握将兼顾各方面意见。7 月 25 日，中央政治局会议将经济工作方针从"双防"调整为"一保一控"，即保持经济平稳较快发展、控制物价过快上涨，政策转向拐点开始出现。整个 7 月份，上证综指小幅震荡向上，没有继续下跌。

8 月份以后，国内 PPI 高达两位数，国外次贷危机正式升级，全球金融环境进一步恶化，市场再度进入下跌通道。8 月 8 日，上证综指大跌 4.5%，北京奥运会的开幕也没有带来期盼已久的"奥运行情"。8 月 9 日，上证综指再跌 5.2%，跌破 2500 点整数关口。虽然政策上没有进一步收紧，但同样也并没有利好消息。在此期间，大体量新股如中国南车的发行又进一步引发了指数的下跌。9 月 5 日，证监会表示会控制新股发行节奏。

进入 9 月份，美国次贷危机全面演化为全球金融危机。9 月 7 日，美国财政部正式接管"两房"（房利美和房地美）。9 月 15 日，美国第四大投资银行雷曼兄弟控股公司申请破产保护标志着金融危机全面爆发，16 日美国政府向美国国际集团（AIG）提供 850 亿美元短期紧急贷款，政府出面接管了 AIG。随着国际金融环境的实质性恶化，我国监管层的政策发生明确转向，9 月 15 日晚，央行下调贷款利率与存款准备金率，这也是自 2006 年 4 月以来的首次降准。但在极度恐慌下，降准、降息无济于事，9 月 16 日，上证指数大跌 4.5% 跌破 2000 点整数关口。

四、三大利好政策第二轮救市（9 月 18 日～11 月 4 日）

2008 年第二次重大市场转折点发生在 9 月 18 日，当天晚间，三大利好政策齐

---

[1] 江连海：《中国特色资本市场呼唤股市"平准基金"》，载《上海证券报》2008 年 7 月 10 日，第 10 版。

发：证券交易印花税只向出让方征收；国资委支持央企增持或回购上市公司股份；汇金公司将在二级市场自主购入工、中、建三行股票。9 月 19 日，两市股票几乎全线涨停，上证综指当日涨幅 9.5%！9 月 25 日，沪深证券交易所对《上市公司股东及其一致行动人增持股份行为指引》第七条作出修订，放宽相关股东增持上市公司股份敏感期限制，打了一个政策补丁。但是急速反弹周期十分短暂，仅维持了 6 个交易日，"十一"过后市场再度大跌。10 月 8 日，央行下调存款准备金率和基准利率，国务院暂免征收利息税。10 月 22 日，房地产市场迎来重磅利好政策，三部门推出七大举措扩大住房消费需求，包括降低住房交易税费、将个人房贷利率下浮幅度扩大至基准利率的 0.7 倍、最低首付款降低至 20% 等。10 月 29 日，央行再度下调基准利率。

虽然 10 月份央行频繁出手利好不断，但市场情绪没有任何好转迹象，10 月 28 日上证综指最低探至 1664 点。此时股市的悲观情绪达到了极致，各种救市利好政策都已经出了，市场还是跌破了前低，要何去何从？6000 点以上市场说"死了都不卖"、5000 点时有人说"千金难买牛回头"、4000 点时有人说"中线建仓机会来临"、3000 点时有人说"牛市还有下半年"、2000 点时有人说"政策铁底"、到 1664 点时很多人认为"中国股市必须推倒重来"开始看 1000 点，这就是市场，这就是人性。

| 专栏 19−1 | 政策底是什么

A 股投资逻辑中有一条被奉为圭臬的准则：政策底、市场底、业绩底，三者依次出现。所以判断出政策底，就能够领先市场来抄底。问题是到底什么是政策底？2008 年的市场行情可以给大家很多参考：

第一，很难说单个事件或政策就是"政策底"，政策底往往是一连串政策的结果。比如 2008 年到底以 9 月的三大利好政策还是以 11 月的"四万亿"计划作为政策底，肯定有分歧。但如果作为一个整体看，那么就可以比较共识地认为 2008 年第四季度是一个政策底。所以政策底最好以一个时间区间而非一个时间点去判断。

第二，政策底真正确认往往是事后的。大盘涨起来了，那么离低点最近的一次政策就是政策底。跌破那就不是，后面一定有级别更高幅度更大的政策出现。2008 年 4 月降低印花税税率就是典型案例，如果大盘由此向上，这就是政策底，但后来跌破了，所以它就不是。因此判断市场行情，不用单纯依靠政策底，需要综合考量行情所在位置的基本面和估值等情况。

第三，政策底出现后，行情也不是马上 V 型启动，一般会有一个底部反复的过程。2008 年 9 月三大利好出来后行情快起快落，11 月即使是"四万亿"政策出台后，行情脉冲上行又有调整回落，到年底时依然在 1800 点左右。这就是为什么投资者经常有一种"政策底都会跌破"感觉的原因。但无论如何，政策底区间确认后，短期即使有波动，但我们看到这个区间不会被实质性跌破，而且一般不久后行情便转而向上。

五、"四万亿"后股市止跌企稳（11 月 5 日～12 月 31 日）

情绪宣泄过后，市场从 10 月底开始逐步走稳。到 2008 年 11 月，为应对全球金融危机的冲击，各种稳增长政策陆续加速出台。11 月 9 日（周日）新华网报道，国务院常务会议在 11 月 5 日召开，研究部署进一步扩大内需促进经济平稳较快增长的措施，提出实施积极的财政政策和适度宽松的货币政策，并出台十项措施刺激经济。会议通稿中提到"初步匡算，实施上述工程建设，到 2010 年底约需投资 4 万亿元"，"四万亿"计划正式出台。11 月 10 日，上证指数大涨 7.3%。

在国务院推出"四万亿"计划后，各地政府也先后公布了各自的投资计划，到 11 月底根据媒体报道，对已公布投资计划的省份加总计算，投资计划总额已经接近 18 万亿元[①]，远超中央政府的 4 万亿元规模。除了大超预期的经济刺激计划，各项利好政策层出不穷。11 月 2 日，央行降息 1.08%，创 11 年来最大降幅。这是自 9 月份以来第四次降息，力度超预期。12 月 10 日，中央经济工作会议召开，把保持经济平稳较快发展作为首要任务。12 月 13 日，《国务院办公厅关于当前金融促进经济发展的若干意见》发布，要求要落实适度宽松的货币政策，促进货币信贷稳定增长，以高于 GDP 增长与物价上涨之和约 3～4 个百分点的增长幅度作为 2009 年货币供应总量目标，并要求采取有效措施稳定股票市场运行。12 月 22 日，央行再次降息 0.27%，是 9 月以来的第五次降息。

---

① 《18 万亿豪言壮语背后：地方财力实无力撬动》，载《上海证券报》2008 年 11 月 26 日，第 8 版。

现在很多观点把"四万亿"出台当作2008年行情见底的标志性事件算作政策底，这也是后验的。在11月上涨之后，A股市场出现了利好效应减退特征，在12月再度有所回落，到年底上证综指又回到了1800点左右。如果不预知2009年的市场行情，在2008年底当时，并不能肯定地说大盘已经见了大底。

| 专栏 19-2 | 中国证券市场历次印花税调整

在中国股票市场发展的相当长一段时间内，股票交易印花税一直是政府监管层最重要的市场调控工具。由于税收征管权归财政部而非证监会，因此印花税的每次变动事实上都代表着中央政府最高层对于股票市场的态度变化：

1990年7月，深交所开征股票交易印花税，税率为买卖双方各征6‰。

1991年10月，鉴于股市持续低迷，深圳市又将印花税税率下调为3‰。

1992年6月，国家税务总局和国家体改委联合发文，明确规定股票交易双方按3‰缴纳印花税。

1997年，为抑制投机、适当调节市场供求，国务院首次作出上调股票交易印花税的决定，自5月10日起，股票交易印花税税率由3‰上调至5‰。

1998年6月12日，为活跃市场交易，又将印花税税率由5‰下调为4‰。

1999年6月1日，为拯救低迷的B股市场，国家又将B股印花税税率由4‰下降为3‰。

2001年11月16日，买卖交易印花税税率由4‰下调至2‰。

2005年1月24日，股票交易印花税税率由2‰下调至1‰。

2007年5月30日，财政部调整证券股票交易印花税税率，由1‰调整为3‰。

2008年4月24日，调整证券交易印花税税率，由3‰调整为1‰。

2008年9月19日起，由双边征收改为单边征收，税率保持1‰。由出让方按1‰的税率缴纳股票交易印花税，受让方不再征收。

2023年8月28日起，为活跃资本市场、提振投资者信心，证券交易印花税实施减半征收。

第二节 经济形势：从"双防"到"四万亿"

一、急转直下的经济形势

如果单从结果来看，多少年以后或许人们不能感受到 2008 年发生了金融危机。2008 年全年中国 GDP 实际增速 9.7%，较上年下降 4.5%，结束了过去连续五年 10% 以上的两位数增长，但依然保持着非常高的增速水平；固定资产投资累计同比增速达到 26.6%，较上年小幅上升 0.8%，继续保持着很高的增长速度，2003~2008 年固定资产投资连续六年在 20% 以上；工业增加值累计同比增速 12.9%，较上年下降 5.6%，全年工业企业利润总额同比增长 12.5%，增速较上年大幅下降 26.7%。社会消费品零售总额名义同比增速 22.7%，增速比上年提高 6.0%。

2008 年的中国经济过程比结果揪心得多。年初的时候，中国经济还在尽力防止经济过热和通货膨胀，进入 9 月份以后，国际金融危机急剧恶化，对我国经济的冲击显著加大，各项经济指标出现了急转直下的势头。

全球经济从 2007 年第四季度起出现增速放缓迹象，但并不是特别明显，2008 年上半年增速进一步放缓，到 2008 年第三季度和第四季度，经济增速出现了加速下滑趋势，第四季度美国、欧元区、日本等主要全球经济体全部进入经济衰退、GDP 增速负增长（见图 19-2）。

在这种情况下，中国的出口增速在第四季度出现了"坠崖式"的下滑，2008 年 10 月份我国的出口增速（美元计）还有 19%，到 11 月出口增速跌到 -2.2%，一个月的时间里出口增速就从高增速变为了负增长。2008 年 12 月份是 -2.9%，2009 年 1 月和 2 月出口增速又进一步大幅下滑至 -17.6% 和 -25.8%。

另一个惊人回落的指标是价格，中国的工业生产者出厂价格指数（PPI）2008 年 8 月同比增速 10.1% 创十几年的历史新高，9 月 PPI 同比增速 9.1% 依然很高，到 10 月 PPI 同比回落至 6.6%，11 月跌至 2.0%，12 月增速变为负增长的 -1.1%。PPI 同比增速从历史新高到通货紧缩仅仅用了 3 个月的时间。随着物价指数进一步下滑，最低到 2009 年 7 月时，PPI 同比跌到了 -8.2%。

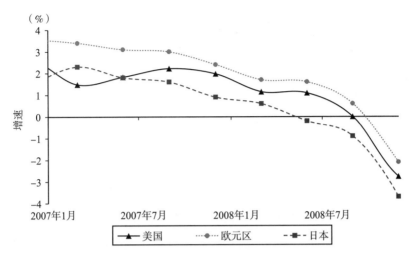

图 19 – 2 2007 ~ 2008 年美国、欧元区、日本 GDP 季度同比增速走势对比

资料来源：Wind 资讯。

二、年内政策 180 度大转向

2008 年初，所有经济政策的首要任务都是"双防"，即防止经济增长由偏快转为过热、防止价格由结构性上涨演变为明显通货膨胀，货币政策是严格从紧的、财政政策是稳健的（不积极的）。2008 年上半年，中国人民银行五次上调存款准备金率，共计提高存款准备金率 3% 。

下半年以后，随着国际金融动荡加剧，为保证银行体系流动性充分供应，中国人民银行分别于 9 月 25 日、10 月 15 日、12 月 5 日和 12 月 25 日四次下调金融机构人民币存款准备金率。其中，大型存款类金融机构累计下调 2% ，中小型存款类金融机构累计下调 4% 。

此外，9 月份以后，中国人民银行先后五次下调金融机构存贷款基准利率。其中，1 年期存款基准利率由 4.14% 下调至 2.25% ，累计下调 1.89% ；1 年期贷款基准利率由 7.47% 下调至 5.31% ，累计下调 2.16% 。两次下调中国人民银行对金融机构的存贷款利率，其中法定准备金和超额准备金存款利率由 1.89% 和 0.99% 分别下调至 1.62% 和 0.72% ，再贴现利率由 4.32% 下调至 1.80% 。

上半年五次上调存款准备金率，下半年四次下调存款准备金率，货币政策在年内发生如此大的转向，这种情况恐怕在全球金融史上都是罕见的，可见 2008 年的经济形势变化是如何的波涛汹涌。

从中央经济政策的方针来看，4 月份国务院常务会议的精神依然是"双防"加上从紧的货币政策，7 月份中央政治局会议讨论经济形势已经不再提及"双防"和从紧的货币政策，10 月份的国务院常务会议不再突出防通胀，提出要用灵活审慎的宏观政策，2008 年 11 月 9 日的国务院常务会议是政策转向的顶点，也势必写入中国的经济发展史，国务院提出了"四万亿"投资计划和适度宽松的货币政策。

三、2008 年 A 股盈利和估值变化趋势回顾

2008 年 A 股上市公司利润增速全面下滑，除中小板外所有板块利润增速全部负增长。2008 年全部 A 股上市公司归属母公司所有者净利润增速 −16%，较上一年大幅下降 80%。主板利润增速 −16%，较上年下降 80%，中小板增速 2%，较上年下降44%；非金融归属母公司所有者净利润增速 −32%，较上年下跌 88%，非金融剔除"两油"利润增速 −36%（见图 19−3）。

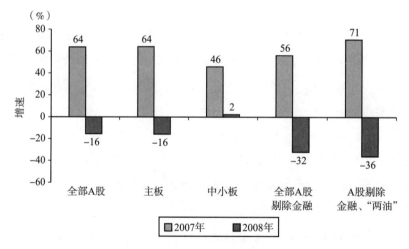

图 19−3　2007 年和 2008 年 A 股各板块上市公司归属母公司所有者净利润增速对比

资料来源：Wind 资讯、笔者计算。

在业绩增速大幅下降的同时，2008 年指数总体的估值水平也是大幅下降的。以上证综指计算，2008 年底全年市盈率（TTM）在 13.9 倍，较 2007 年底大幅下降70%，在国际金融危机的影响下，估值盈利同时下降，A 股遭遇"戴维斯双杀"。

2008 年指数的估值虽然持续下降，但造成估值下降的原因其实在第三季度后发

生了变化。前三季度主要是紧缩政策引起长端利率上行导致的估值下跌，但第三季度过后随着金融危机愈演愈烈，各项经济指标极度恶化，虽然货币政策发生了大转弯，长端利率下行，但此时对于基本面的担忧则成了估值下行的主要因素（见图19-4）。

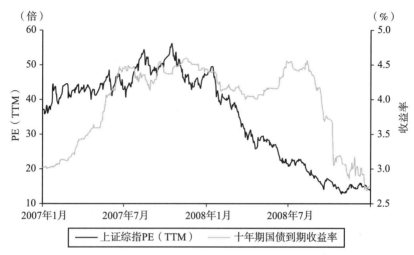

图19-4　2007~2008年上证综指市盈率（PE）与长端利率走势对比

资料来源：Wind资讯。

第三节　行情特征：A股历史上的至暗时刻

2008年同样是中国股市投资者永远会记住的一年，上证综指从6000多点回到了1000多点，全年的行情特征体现在：

（1）指数和个股全部大幅下跌，且跌幅巨大。上证综指全年下跌65%、Wind全A全年下跌63%。全部个股收益率算术平均值是-58%、全部个股收益率中位数是-62%（见图19-5）。

（2）市场普跌，基本是无股不跌，无股不大跌。99%的个股下跌，1377家上市公司中2008年上涨的公司仅有17家。近80%的个股跌幅超过50%。

（3）业绩增速和估值双双下滑，但主要杀的是估值。全年全部A股归属母公司所有者净利润增速为-16%，出现了负增长。估值下降幅度更大，上证综指全年估值下跌65%，PE（TTM）下跌71%。

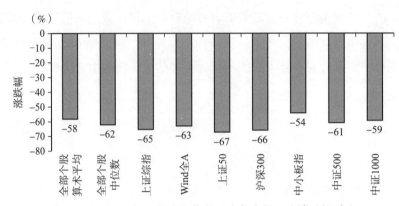

图 19 - 5　2008 年 A 股主要指数及全部个股平均涨跌幅对比

资料来源：Wind 资讯、笔者计算。

（4）行业表现上有如下几个看点（见图 19 - 6）：一是 2008 年在全市场普跌的情况下，没有一个行业板块有绝对收益；二是从相对收益的角度来看，大熊市中电气设备、医药生物、农林牧渔、公用事业等板块相对跌幅较少，但也只是五十步笑百步而已；三是 2008 年最后两个月，市场开始慢慢出现行情了，个股开始有比较明显的赚钱效应，结构上主要以"四万亿"的投资计划为主线。

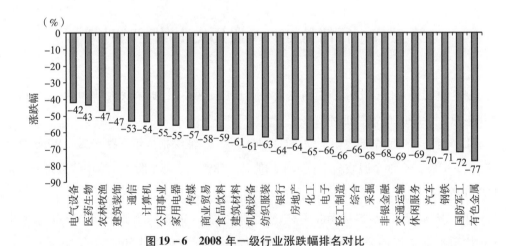

图 19 - 6　2008 年一级行业涨跌幅排名对比

资料来源：Wind 资讯。

一、无差异化的普跌

从全年来看，2008 年的股市行情与 2007 年正好截然相反，一个普涨一个普跌，2008 年基本上全军覆没，99% 的个股下跌，近 80% 的个股跌幅超过 50%。

按照我们的个股统计样本标准（即 2007 年 7 月 1 日以前上市的公司），1377 家上市公司中 2008 年上涨的公司仅有 17 家，见表 19 - 1。

表 19 - 1　　　　　2008 年 A 股中全年涨跌幅为正的个股基本情况

证券代码	证券名称	2008 年涨跌幅（%）	行业名称	证券代码	证券名称	2008 年涨跌幅（%）	行业名称
000578	ST 盐湖	487.8	综合	000893	广州冷机	15.1	家用电器
600836	界龙实业	63.0	轻工制造	000713	丰乐种业	12.1	农林牧渔
000998	隆平高科	48.6	农林牧渔	600551	时代出版	10.0	综合
002041	登海种业	32.8	农林牧渔	002107	沃华医药	3.8	医药生物
600354	敦煌种业	32.1	农林牧渔	600239	云南城投	3.0	房地产
600395	盘江股份	31.2	采掘	000603	*ST 威达	1.7	医药生物
600415	小商品城	26.7	商业贸易	600983	合肥三洋	0.3	家用电器
000996	中国中期	24.7	金融服务	600867	通化东宝	0.2	医药生物
002038	双鹭药业	21.4	医药生物				

资料来源：Wind 资讯、笔者计算。

二、医药公用有防御属性

2008 年在全市场普跌的情况下，没有一个行业板块有绝对收益，也几乎没有个股（仅 17 家公司上涨）有绝对正收益。从相对收益的角度来看，2008 年大熊市中医药生物、公用事业、农林牧渔等板块相对跌幅较少。从全年的相对收益走势来看，只有公用事业行业在全年一直都有超额收益（见图 19 - 7）。实际上这几个行业也不抗跌，基本上也是砍掉一半，只是从数字上看跌幅少了些。

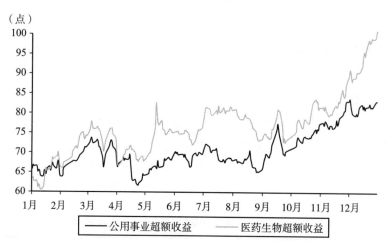

图 19-7　2008 年 1～12 月公用事业和医药生物板块超额收益走势情况

注："公用事业超额收益"和"医药生物超额收益"是两个行业股价指数与上证综指相除，数值向上表明行业板块股价表现好于上证综指整体。

资料来源：Wind 资讯、笔者计算。

一般而言，能够构成防御属性的股票特征大体有三种：一是基本面相对稳定没有"变脸"的风险，类似这里的医药和公用事业；二是前期跌幅够大，跌无可跌；三是股价绝对估值非常低，2012 年以后银行股经常充当这一角色。

三、行情在"四万亿"出台后开始出现

2008 年最后两个月，在"四万亿"政策刺激下，市场开始慢慢出现行情了，个股开始有比较明显的赚钱效应。"四万亿"计划出台后，11 月 8 日～12 月 31 日，1377 家上市公司中仅有 57 家股票是下跌的，绝大多数股票出现了幅度不小的涨幅。

从结构上看，"四万亿"计划出台后，"保增长"的经济政策目标已经非常明确了，扩大固定资产投资一定是必然的选择。所以从 2008 年 11 月开始，相关的行业板块开始了一轮新的上涨行情，典型的如电气设备行业，从 2008 年 11 月开始出现了大幅的超额收益（见图 19-8），使得行业的全年累计涨跌幅在所有行业中排名第一。

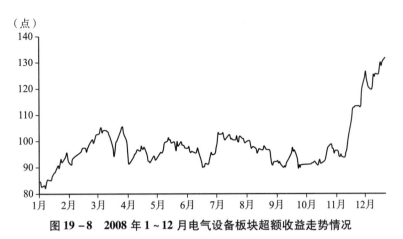

（点）

图 19 - 8　2008 年 1～12 月电气设备板块超额收益走势情况

　　注：电气设备板块超额收益是指电气设备行业指数与上证综指相除，数值向上表明电气设备行业股价表现好于上证综指整体。

　　资料来源：Wind 资讯、笔者计算。

第二十章
2009 年：V 型反转

2009 年，面对着"四万亿""天量信贷""十大产业振兴规划"等财政政策和货币政策，中国股市再度爆发，上证综指全年大涨近 80%。上半年在信贷数据和各种政策刺激下，指数一路高歌猛进，下半年随着货币政策微调，市场开始进入横盘震荡。与此同时，2009 年 10 月，创业板正式开板，首批 28 家公司在深圳证券交易所上市交易，从 2000 年就开始谋划的中国创业板市场在经历了近十年准备之后终于落地。2009 年的经济完全超出事前的预期，全球经济不是 W 型筑底也不是 U 型企稳，而是 V 型反转。在经济快速复苏中，市场再度出现了"煤飞色舞"行情，而"家电下乡""汽车下乡"以及各种产业规划等政策也成为市场投资的重点方向。2009 年上证综指走势与资本市场大事记如图 20-1 所示。

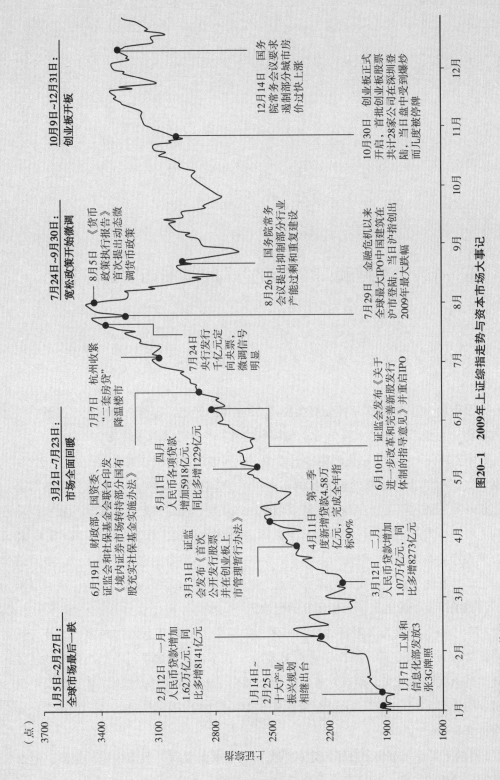

图 20—1　2009 年上证综指走势与资本市场大事记

资料来源：Wind 资讯。

第一节　大事回顾："四万亿"与"宽货币"共铸牛市

一、全球市场最后一跌（1 月 5 日～2 月 27 日）

A 股市场一进入 2009 年便彻底摆脱了 2008 年的低迷，行情一路向上。推动行情的核心驱动力是当时的"天量信贷"与国家的各项产业经济刺激政策。

1 月 7 日，工业和信息化部为中国移动、中国电信和中国联通发放 3 张第三代移动通信（3G）牌照，此举标志着我国正式进入 3G 时代。1 月 14 日，国务院常务会议审议并原则通过汽车产业和钢铁产业调整振兴规划，同时决定下调车辆购置税。从结构上看，十大产业振兴规划是第一季度股市行情的重要主线。1 月 14 日～2 月 25日，十大产业振兴规划相继出台，汽车、钢铁、纺织、装备制造、船舶工业、电子信息、轻工、石化、有色金属和物流等十大支柱性产业获得政策的重点支持。在利好刺激下，相关行业个股走出了大幅飙升的行情。

2 月 12 日，中国人民银行的数据显示，一月份人民币贷款增加较多，当月人民币贷款增加 1.62 万亿元，同比多增 8141 亿元。这下彻底引爆了行情，当初市场还在质疑"四万亿"的效果，而现在市场完全看明白了经济复苏的逻辑，那就是天量信贷引导的复苏。2 月 13 日，上证综指大涨 3.2%，之后一个交易日 2 月 16 日，上证综指再涨 3.0%。

2 月的下半个月市场出现了一定的调整，这主要是受海外股市大跌的拖累，但这也基本是最后的一跌，2009 年 3 月以美国为代表的全球股市开始见底回升。

二、市场全面回暖（3月2日~7月23日）

经过了2月份的调整之后，行情从3月份开始正式全面回暖，流动性、政策面、基本面等各方面因素均在朝好的方向发展。

3月4日，受新增信贷规模超预期和中投继续增持三大行的消息刺激，上证综指大涨6.1%。3月5日，十一届全国人大二次会议上温家宝总理在政府工作报告中明确提到，"推进资本市场改革，维护股票市场稳定"。3月12日，人民银行公布的数据显示信贷数据继续井喷，二月人民币贷款增加1.07万亿元，同比多增8273亿元。3月13日，"汽车、摩托车下乡"正式实施，2009年3月1日~12月31日，换购货车补贴10%。3月31日，中国证监会正式发布《首次公开发行股票并在创业板上市管理暂行办法》，办法自5月1日起实施。这意味着筹备十余年之久的创业板有望于5月1日起正式开启。

与此同时，美联储3月18日宣布，将斥资近1.2万亿美元购买由政府担保的债券，意味着美国进入量化宽松时代。全球量化宽松时代的开启意味着热钱的迅速流入，实体经济的融资成本将进一步下降。事实证明，中国经济在2008年走出V型反转，并带动上市公司业绩持续改善，离不开国内外量化宽松的大背景，而这也是股市持续上行的重要因素。

进入4月份，市场行情继续不断上涨，4月11日（周六），人民银行公布的3月份信贷数据又一次井喷，3月当月人民币各项贷款增加1.89万亿元，再创中国单月放贷历史记录。在数据公布之前，市场已经流传多个版本的3月份信贷数据，但周末正式公布的数据超出了此前各个版本的预期。4月13日（周一）上证综指大涨2.8%。至此，2009年第一季度人民币新增贷款已达4.58万亿元，超过往年全年新增贷款金额，为历年所罕见。同时，2009年的《政府工作报告》提出"广义货币增长17%左右，新增贷款5万亿元以上"，如果以此来计算的话，那么仅仅在第一季度，新增信贷就已完成全年信贷指标的90%以上。

在如此超乎寻常的信贷数据面前，市场多少是有分歧的，但中央银行的表态消除了市场的分歧。5月6日，人民银行发布的《2009年第一季度中国货币政策执行报告》强调，在国际金融危机的特殊环境下，近期我国货币信贷适度较快增长利大于弊，是适度宽松货币政策有效传导的体现，有利于稳定金融市场，提振市场信心，促进经济平稳较快发展。该报告同时指出，要继续保持银行体系的流动性充裕，引导金融机构合理增加信贷投放。中央银行明确表示宽松的货币政策基调不变，给市场吃下了一颗定心丸。

在货币政策宽松的同时，监管层配合救市措施一并助推股市上涨。6 月 19 日，财政部、国资委、证监会和社保基金会联合印发《境内证券市场转持部分国有股充实社保基金实施办法》，规定股改后首次发行上市中的 10% 国有 A 股将划转给社保基金，并在原有禁售期的基础上延长三年禁售期，以此缓解限售股减持对 A 股市场的冲击。

在市场高歌猛进之际，IPO 重启也回到了议事日程。2009 年 6 月 10 日，证监会正式公布《关于进一步改革和完善新股发行体制的指导意见》，指导意见实施之后将随时向企业发审核批文。这意味着暂停 8 个多月的 IPO 再度重启。

三、宽松政策开始微调（7 月 24 日～9 月 30 日）

上证综指从开年至 7 月末一直持续上涨，仅 2 月下旬受海外市场影响有所回调，指数在 7 个月中涨幅高达 83%，是名副其实的单边牛市行情。在市场不断上涨的过程中，过度宽松的货币政策导致的一些问题也开始暴露出来，主要就是房价出现了明显上涨，以及通货膨胀有快速回升的苗头。

7 月份开始，政策开始微调收紧。7 月初，媒体报道杭州各商业银行已经明确通报关于"二套房贷"的收紧口径，随后北京、上海、广州等城市也开始跟进。7 月 24 日，《中国证券报》报道，中央银行已向多家商业银行发行定向央票，估计发行规模近千亿元，央行要求商业银行于 9 月中旬缴款。业内人士认为，央票发行对象多为上半年信贷投放较多的商业银行，其"罚单"性质十分明显，市场将进一步增强政策微调的预期。

8 月 5 日，人民银行发布的《2009 年第二季度中国货币政策执行报告》中提出，"注重运用市场化手段进行动态微调，把握好适度宽松货币政策的重点、力度和节奏，及时发现和解决苗头性问题，妥善处理支持经济发展与防范化解金融风险的关系"。这是此次货币宽松中央行首次提出"微调"。

与货币政策"微调"同时影响市场的是 IPO 规模的增加，2009 年 7 月 29 日，金融危机全面爆发以来全球最大 IPO 中国建筑在沪市登陆，上海证券市场发生了有史以来最大单日成交量，并出现 2009 年最大的跌幅，盘中连破 3400 点、3300 点、3200 点整数关，报收 3266.43 点，单日跌幅 5.0%。整个 8 月份，在货币政策收紧和新股发行加快的影响下，市场开始了一波回调周期，一个月的时间 A 股下跌了 22%。

在历经 8 月的小幅回调后，9 月份，在迎接国庆六十周年庆典之际，证监会、外管局、银监会等又推出了一系列的维稳措施：9 月 2 日，中国证监会副主席刘新华在第十届中国金融发展论坛上表示，证监会将努力推动国内证券市场的持续稳定健康发展；9 月 3 日，银监会表示将对《关于完善商业银行资本补充机制的通知（征求意见稿）》作出适当调整，对银行间交叉持有的次级债从附属资本中扣除，这一调整大大舒缓了投资者对于流动性的忧虑；9 月 4 日，国家外汇管理局宣布，计划将单家 QFII 的申请投资额度上限由 8 亿美元增至 10 亿美元，并将养老基金、保险基金、开放式中国基金等中长期 QFII 机构的投资本金锁定期大幅缩短至 3 个月。

四、创业板开板（10 月 9 日～12 月 31 日）

10 月 9 日，工商银行、中国银行、建设银行分别公告汇金公司于近日增持三行 A 股股份，开启了 2009 年第四季度的上涨行情，当日上证综指大涨 4.8%。当然，在 2009 年资本市场最重要的事情，无疑是创业板的正式开板。2009 年 10 月 30 日，创业板正式开启，首批创业板股票共计 28 家公司在深圳证券交易所登陆，当日盘中受到爆炒而几度被停牌。

一系列的"救市"措施和不断回暖的基本面提振了投资者的做多信心，A 股从 10 月开始再度开启上涨通道并持续至年末，上证综指在第四季度再度收获约 20% 的涨幅。不过到 2009 年底时，经济 V 型复苏已经完全确认，物价回升过快已经成为隐患，货币政策也即将从"微调"转向收紧。

第二节　经济形势：不断被错判的经济形势

一、再度出人意料的经济形势变化

对多数国家而言，2009 年是经济衰退的一年，IMF 统计的全球 GDP 增速 2009 年是零增长，但中国不是。2009 年全年中国 GDP 实际增速 9.4%，仅比上年小幅下降 0.3%，依然保持着非常高的增速水平；因为实施了"四万亿"的刺激计划，固定资产投资累计同比增速达到 30.4%，较上年小幅上升 3.8%，继续保持着很高的增长速度，是自 1994 年经济过热以来投资增速最高的一年，甚至比 2003 年投资过热时还要高；工业增加值累计同比增速 11.0%，较上年下降 1.9%，全年工业企业利润总额同比增长 13.0%，增速较上年小幅上升 0.5%。社会消费品零售总额名义同比增速 15.5%，增速较上年下滑 7.2%。

出口是 2009 年下滑最严重的经济指标，全年以美元计价的出口金额增速同比负增长 16%，是自 20 世纪 90 年代以来出现的首次负增长，增速较 2008 年大幅下滑 33.2%。

2009 年的中国经济，看得到开头猜不出结尾。年初之际全社会都在为中国经济"保增长"担忧，当时市场对未来的经济走势有不同的看法，包括可能是 W 型筑底、U 型企稳等，但多数观点都认为金融危机后经济迅速触底反弹是不可能的，因为这一次毕竟是 1929 年大萧条以来最严重的危机。但实际情况是，2009 年的中国经济走出了一个深 V 型走势，GDP、工业、价格指数等多个指标快速触底后随即快速反弹。

工业增加值同比增速甚至在 2009 年底、2010 年初的时候还创出了历史新高。这种情况意味着 2008 年底、2009 年初大家对经济走势基本都发生了错判，而到了 2009 年底时，观点又开始转向认为中国经济又要开始新一轮的上行周期，从而又导致了新的错判。

二、天量信贷下的货币"大放水"

2009 年的各项政策都是放松的，国务院常务会议在不断强调"要坚定不移地贯彻执行积极的财政政策和适度宽松的货币政策"。

2009 年的货币政策确实非常宽松，甚至说它是最宽松的也可能并不为过。一方面，在 2008 年 9 月以来五次下调存贷款基准利率的基础上，2009 年利率政策保持稳定。其中，一年期存款基准利率维持在 2.25%，一年期贷款基准利率维持在 5.31%。另一方面，2009 年虽然没有进一步降准和降息，但是通过"窗口指导"等多种方式，2009 年的新增信贷量要远远超过历史同期。

中国的银行体系信贷投放总量和节奏在很大程度上受到央行的管理，一般情况下信贷投放遵循着所谓"三三二二"的投放节奏，即第一季度投放全年额度的 30%，第二季度投放 30%，第三、第四季度各投放 20%。2007 年和 2008 年第一季度的新增

人民币信贷分别是 1.4 万亿元和 1.3 万亿元，但到了 2009 年第一季度，这个数字达
到了惊人的 4.6 万亿元，是 2008 年第一季度的 3.4 倍。要知道，2007 年和 2008 年全
年的新增人民币信贷一共也就 3.6 万亿元和 4.9 万亿元，2009 年第一季度的信贷投放
就基本上超过了以往全年投放的量（见图 20 – 2）。

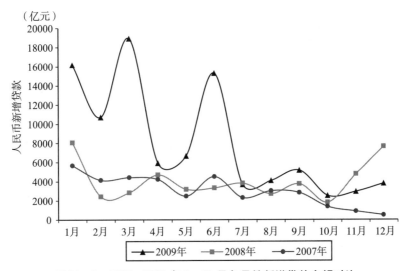

（亿元）

图 20 – 2　2007 ～ 2009 年 1 ～ 12 月各月份新增贷款金额对比

资料来源：中国人民银行、Wind 资讯。

　　2009 年新增人民币信贷量最终结果为 9.6 万亿元，比上一年增加 96%。M1 增速
达到了 36% 左右、M2 增速达到了 27% 左右。这种形势下，市场很快就有了对通胀回
升的担忧，特别是 2009 年下半年以后 PPI 等价格指标也出现了 V 型反转走势。

　　2009 年第四季度的货币政策执行报告中，央行提出 2010 年 M2 增速的目标是
17%，这要比 2009 年底时的水平大幅下降。货币政策的再一次转向预计很快就又要
来临。

｜专栏 20 – 1｜　　　　　　　　"M1 定买卖"逻辑探析

　　2009 年中国 M1 同比增速超过 30%，创 2000 年以来新高（见图 4 – 2）。当时
很多观点认为 M1 或者 M1 剪刀差（即 M1 同比减去 M2 同比）是股市行情领先指
标，在很长一段时间内"M1 定买卖"非常流行。主流观点认为这反映了"货币活

化"，即企业将定期存款转变为活期存款，是投资增加经济回暖的前兆，但这个说法无论是在逻辑上还是在经验上都很难成立。

我们认为 M1 及其剪刀差背后反映的是房地产销售增速变化，购房过程中居民长期存款减少且房地产企业活期存款增加。后来到 2016 年以后，M1 定买卖法则在A 股基本失效了。背后的原因主要是结构转型的影响，之前房地产股票走势与房地产销售高度相关，而之后房地产股票与房地产销售的相关性明显减弱。

三、2009 年 A 股盈利和估值变化趋势回顾

2009 年 A 股上市公司利润增速实现由负转正的大逆转，2009 年全部 A 股上市公司归属母公司所有者净利润增速达到 27%，较上一年大幅提高 43%。其中，主板和中小板业绩增速基本相当，主板增速 27%，中小板增速 25%；非金融归属母公司所有者净利润增速 26%，而非金融剔除"两油"利润增速达到了 32%，较 2008 年提升幅度高达 68%（见图 20 - 3）。

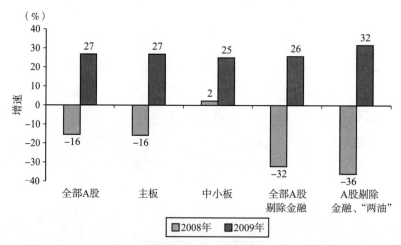

图 20 - 3　2008 年和 2009 年 A 股各板块上市公司归属母公司所有者净利润增速对比

资料来源：Wind 资讯、笔者计算。

在业绩增速大幅提升的同时，2009 年指数总体的估值水平是大幅上升的。以上证综指计算，2009 年底全年市盈率（TTM）在 30.6 倍，较 2009 年底大幅上升

120%，2009 年 A 股实现了"戴维斯双击"。

使 2009 年估值大幅上行的主要因素其实是经济的超预期回暖。2009 年全年 GDP 实际增速 9.4%，而且从当季同比来看，GDP 增速年内实现了从 6% 到 11% 的跨越。与此同时，在"四万亿"投资的刺激下，各项经济指标均出现大幅增长。可以注意到利率其实全年也上升了将近 100 个基点，但从估值的走势看并没有受到利率上行的影响（见图 20 - 4），其间 7 ~ 8 月出现了估值的阶段性下跌，主要原因在于那段时间天量 IPO 密集发行，一定程度上引发了市场的担忧情绪，但是后来看，这只是 2009 年牛市征程中的阶段性扰动。

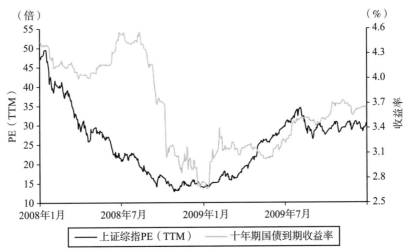

图 20 - 4　2008 ~ 2009 年上证综指市盈率（PE）与长端利率走势对比

资料来源：Wind 资讯。

第三节　行情特征：全方位的政策刺激

2009 年股市大涨而且基本是普涨，全年的行情特征体现在：

（1）指数和个股均有大幅上涨。上证综指全年上涨 80%、Wind 全 A 全年上涨 105%。全部个股收益率算术平均值是 144%、全部个股收益率中位数是 131%。个股赚钱效应显著，99.7% 的个股上涨，有 93% 的股票涨幅超过 50%（见图 20 -5）。

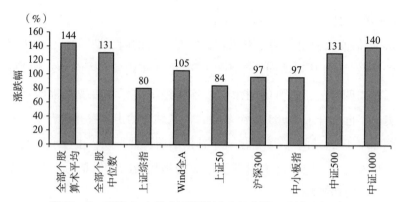

图 20－5　2009 年 A 股主要指数及全部个股平均涨跌幅对比

资料来源：Wind 资讯、笔者计算。

（2）2009 年主要涨的是估值。全年全部 A 股归属母公司所有者净利润增速 27%，上证综指 PE（TTM）上涨 120%。股价表现大幅领先于基本面表现是 2009 年市场的一个重要特征。

（3）行业表现上有如下几个看点（见图 20－6）：一是在"四万亿"投资计划的刺激下，市场对大宗商品价格充满了预期，再度出现"煤飞色舞"的行情，且股价远远走在商品价格之前；二是在"家电下乡""汽车下乡"的刺激下，家电和汽车销量暴增，这两个板块涨幅领先；三是 2009 年全年充满了各项振兴规划政策，包括行业层面的"十大产业振兴规划"、各种区域振兴规划，构成了许多小的主题热点。

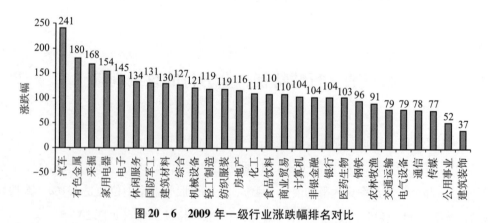

图 20－6　2009 年一级行业涨跌幅排名对比

资料来源：Wind 资讯。

一、又是一轮"煤飞色舞"行情

2009年"煤飞色舞"行情演绎得比2007年更加精彩。全年有色金属行业累计涨幅高达180%，采掘（煤炭）行业累计涨幅达到168%。

2009年"煤飞色舞"行情的一个突出特点是股价走得非常领先，基本完全是由预期而非基本面推动的。一般情况下，股价的表现是会相对领先商品价格等基本面的表现的，但2009年在"四万亿"的一致预期下，这种领先性走得确实有点夸张了。

无论是钢铁、煤炭还是其他资源品，股票价格从年初开始上涨，连续上涨、大幅上涨，到2009年8月的时候，基本上都至少已经涨了一倍，但到2009年8月的时候，商品价格还基本一点儿没涨。

这种情况也充分反映了预期对于股票价格的重要性，当然最终我们认为预期的变化会和基本面趋同，但中间有可能会有较大的时间差背离。类似的情况在2016年的供给侧结构性改革发生时也出现过，只是到那时市场的预期是悲观的，即使商品价格已经上涨，投资者依然认为不可持续，股价走在了商品价格之后（见图20-7）。

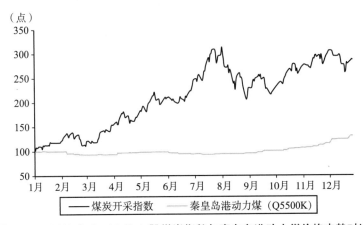

图20-7 2009年1～12月A股煤炭指数与秦皇岛港动力煤价格走势对比

注：以2009年初为100点。

资料来源：Wind资讯、笔者计算。

二、"家电下乡"和"汽车下乡"

除了"四万亿"投资计划之外，2009 年的经济政策中对促进居民消费还有很多措施，其中影响较大的就是"家电下乡"和"汽车下乡"。

"家电下乡"是国家于 2008 年 12 月宣布的财政政策救市方案，全国非城镇户口居民购买彩色电视、冰箱、移动电话与洗衣机等四类产品，按产品售价的 13% 给予补贴，最高补贴上限为电视 2000 元、冰箱 2500 元、移动电话 2000 元与洗衣机 1000 元。从 2008 年 12 月 1 日起，山东、青海、河南、四川、内蒙古、辽宁、大连、黑龙江、安徽、湖北、湖南、广西、重庆、陕西等 14 个省、自治区、直辖市及计划单列市开始推广家电下乡。从 2009 年 2 月 1 日起，家电下乡在原来 14 个省区市的基础上，开始向全国推广，产品也从过去的四个增到八个，除了之前推出的"彩电、冰箱、手机、洗衣机"之外，本次家电下乡又新增了摩托车、计算机、热水器和空调。它们和彩电等产品同样享受国家 13% 的补贴。各个省区市可以根据各地区不同的需求在这四个产品中选择两个进行推广。

汽车下乡是根据国务院在 2009 年 1 月 14 日公布的《汽车行业调整振兴规划》提出的一项惠农政策，是国务院作出的重要决策，既是实现惠农强农目标的需要，也是拉动消费带动生产的一项重要措施。2009 年 3 月 1 日～12 月 31 日，对购买 1.3 升及以下排量的微型客车，以及将三轮汽车或低速货车报废换购轻型载货车的，给予一次性财政补贴。2010 年初，"汽车下乡"政策实施延长一年至 2010 年底。

在"家电下乡"和"汽车下乡"的政策刺激下，汽车和家电销量出现了大幅增长。以汽车为例，2008 年汽车累计销量同比增速为 6.7%，2009 年达到了 46%，2010 年增速为 32%（见图 20－8）。这种情况下，我们看到，股票市场中 2009 年汽车板块涨幅 241% 位列所有行业第一，家电板块涨幅 154% 位列第四。

三、各项振兴规划贯穿全年

2009 年为了应对国际金融危机，国家出台了各类规划刺激政策，包括产业的、区域的等等。

图 20 - 8　2003 ~ 2017 年中国汽车销量单月同比增速走势

资料来源：Wind 资讯。

　　产业层面，国家先后出台了"十大产业振兴规划"，即汽车、钢铁、纺织、装备制造、船舶工业、电子信息、轻工、石化、有色金属和物流等十大支柱性产业获得政策重点支持。2009 年第一季度，围绕十大产业振兴规划，市场也有不少的主题投资概念。

　　另外是区域规划，包括珠江三角洲、上海两个中心、海西、关中天水、东北老工业基地、横琴、图们江、黄河三角洲和鄱阳湖生态经济区等区域振兴规划陆续出炉，这在市场上造就了所谓的"炒地图"行情。

　　但是整体来看，围绕政策本身的主题炒作在 2009 年是短暂的，并没有太大的持续性，率先出台的一些振兴规划所涉及产业和地区上市公司受到市场追捧程度较高，其后则呈现效应逐步递减的状况。总体上 2009 年涨幅大的行业都是有很强的基本面支撑的。

第二十一章
2010 年：繁荣的顶点

继 2009 年"四万亿"和量化宽松之后，监管层开始收紧货币政策，2010 年先后六次提准、两次加息，并严控信贷和房地产投机。与此同时，欧债危机的升级也给了全球股市重重一击，外部环境的动荡是悬在 A 股上空的达摩克利斯之剑。整体来看，A 股在 6 月底触底，全年基本呈现 V 型走势，全年下跌 14.3%。2010 年全球经济整体开始复苏，大部分国家和地区的股票市场出现恢复性的上涨，俄罗斯 RTS 指数、韩国综合指数涨幅均超过了 20%，德国、美国、英国、印度等股票市场的涨幅均超过了 10%，而中国的 A 股市场却是个例外，上证指数不涨反跌，在全球股票指数涨幅排名中列倒数第三，仅略强于身陷欧债危机的希腊和西班牙。同时，A 股行业的表现显示出巨大的差异，电子行业年内涨幅达 39%，而钢铁、地产等权重板块跌幅则超过 20%，创业板、中小板指数以及大批股票在 2010 年创出历史新高。2010 年上证综指走势与资本市场大事记如图 21－1 所示。

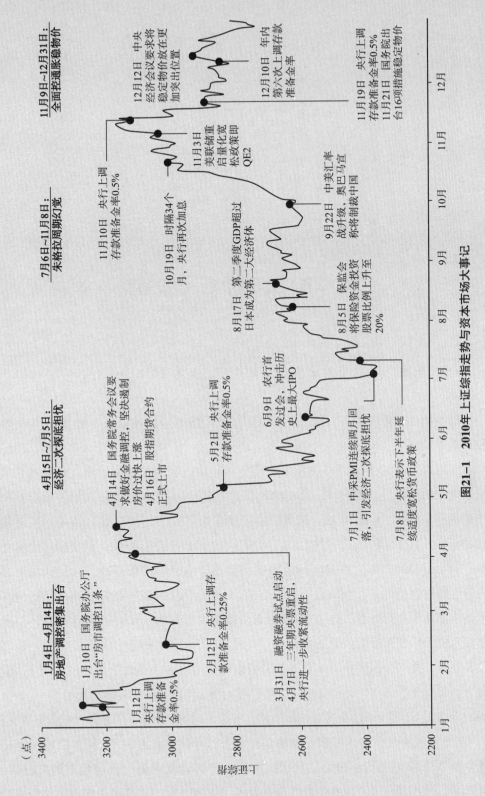

图21-1 2010年上证综指走势与资本市场大事记

资料来源：Wind资讯。

第一节　大事回顾：严控通胀

一、房地产调控密集出台（1 月 4 日~4 月 14 日）

股指期货、融资融券、地产调控、加息、经济刺激政策退出，是 2010 年初中国股市的关键词。

刚刚进入 2010 年，市场便陷入央行货币政策收紧的担忧中，而这种忧虑几乎笼罩了全年的行情。与此同时，由于房价快速上涨，从 2010 年 1 月开始各项房地产调控政策密集出台。1 月 10 日，国务院办公厅发布《关于促进房地产市场平稳健康发展的通知》共 11 条措施，严控二套房贷首付比例不得低于 40%，剑指高房价和"地王"频出。随后六部门在国新办新闻发布会上详细解读楼市新政，住建部提出将对房价上涨过快的地方和城市进行重点督查。1 月 12 日，央行决定上调金融机构存款准备金率 0.5 个百分点，这是 2008 年 6 月以来央行首次上调存款准备金率，预示着金融危机以后货币政策收紧正式启动。1 月 20 日，媒体报道多家银行收到主管部门口头通知，要求全面停止 1 月份剩余时间新增信贷。在货币政策收紧的压力下，1 月份上证综指下跌 8.8%，是 2008 年底市场行情启动以来跌幅第二大月份（第一是 2009 年 8 月）。这期间，1 月 8 日，证监会宣布，国务院原则上同意推出股指期货交易。

2 月初至 4 月中旬 A 股属于震荡企稳走势，指数上涨近 8%，基本回到了年初位置。继 2 月 12 日央行年内第二次提准之后，各部委就密集出台房地产调控政策，3 月 9 日，财政部、国家税务总局联合下发了《关于首次购买普通住房有关契税政策的通知》，明确了对两个或两个以上个人共同购买 90 平方米及以下普通住房，其中一人或多人已有购房记录的，该套房产的共同购买人均不适用首次购买普通住房的契税优惠政策。3 月 10 日，国土资源部再次出台了 19 条土地调控新政（《关于加强房地产用地供应和监管有关问题的通知》），明确规定了开发商竞买保证金最少两成、1 月内付清地价 50%、囤地开发商将被"冻结"等 19 条内容。

这段时间房地产调控政策密集出台叠加提准利空不断，但市场的悲观情绪一直在酝酿却始终没有爆发，指数仍处于震荡反弹的通道，直至 4 月 14 日"新国四条"的出台才成为了压倒骆驼的最后一根稻草。另外值得关注的是，3 月 31 日，融资融券试点正式启动，这是 A 股的重要制度性建设。融资融券交易试点首日，券商受理客户交易逾百笔，融资融券交易总量约 659 万元。

二、经济二次探底担忧（4 月 15 日～7 月 5 日）

4 月中旬起，中国新一轮房地产调控加速启动，力度显著强于以往。4 月 14 日，国务院总理温家宝主持召开国务院常务会议，提出要做好金融调控工作、坚决遏制住房价过快上涨。4 月 17 日，《国务院关于坚决遏制部分城市房价过快上涨的通知》出台，要求实行更为严格的差别化住房信贷政策，包括提高贷款首付比例、提高贷款利率，对特定地区暂停发放购买第三套及以上住房贷款，对不能提供 1 年以上当地纳税证明或社会保险缴纳证明的非本地居民暂停发放购买住房贷款等。4 月 27 日，住建部公布了《关于加强经济适用住房管理有关问题的通知》。通知规定，经济适用住房购房人在取得完全产权以前，只能用于自住，不得出售、出租、闲置、出借，也不得擅自改变住房用途。

"五一"之后各"地方版地产新政"开始陆续出台，且货币政策进一步收紧。5 月 2 日，央行再度上调存款准备金率 0.5 个百分点。6 月 3 日，国家税务总局下发《关于加强土地增值税征管工作的通知》。通知抬高了土地增值税预征率的下限。6 月 4 日，住建部、央行和银监会联合发出《关于规范商业个人住房贷款中二套住房认定标准通知》，就商业性个人住房贷款中第二套住房的认定标准进行了明确的规范：二套房认定，认房又认贷。

A 股市场从 4 月中旬到 7 月初出现了较大幅度的调整，这段时间也是 2010 年 A 股下跌最凶的一段。除了前述货币政策不断收紧以及各项政策对房地产投机的坚决遏制之外，导致市场下跌的核心原因是当时内外环境变化下宏观经济出现了二次探底的担忧。"四万亿"计划之后中国经济 V 型反转，多数经济增长指标在 2010 年第一季度前后达到高点，此后数据逐月回落，例如，7 月 1 日公布的中采 PMI 指数连续两月回落，第二季度后市场关注的焦点就是政策收紧下的经济下行问题。

而此时欧债危机开始在欧洲各国广泛蔓延，进一步引发对经济二次探底的担忧。欧债危机始于希腊的债务危机，2009 年 12 月 8 日全球三大评级公司下调希腊主权评级。2010 年 4 月 23 日，希腊正式向欧盟与 IMF 申请援助，4 月 27 日标普将希腊主权评级降至"垃圾级"，危机进一步升级。由此，欧洲其他国家也开始陷入危机，包括比利时、西班牙这些经济实力较强的国家，同时，德国等欧元区的龙头国都开始感受到危机的影响。5 月 10 日，欧盟 27 国财长被迫决定设立总额为 7500 亿欧元的救助机制，帮助可能陷入债务危机的欧元区成员国，防止危机继续蔓延。

这段时间内上证综指从高点 3182 点最低跌至 2320 点，跌幅达 27%。从行情性质看，这段下跌算是调整而不是熊市开始，中小板指和 Wind 全 A 指数在下半年都创了新高。从幅度来看，2010 年第二季度的这波下跌幅度在历次"调整行情"（即后续指数还会再创新高）中算是数一数二的。

三、朱格拉周期幻觉（7 月 6 日～11 月 8 日）

第二季度大幅下跌之后，行情从 7 月初开始见底启动。7 月 8 日，中国人民银行货币政策委员会第二季度例会提出，下半年要继续实施适度宽松的货币政策，保持政策的连续性和稳定性。央行明确表态下半年延续适度宽松的货币政策，在某种程度上消除了投资者的部分担忧，成为当时市场底部中的利好因素。7 月 15 日和 16 日中国农业银行 A＋H 股分别在上海、香港挂牌上市，实现全球最大规模 IPO。

上证综指在 2010 年 7 月份上涨 10%，8 月份和 9 月份连续横盘震荡小幅波动。8 月 5 日，保监会公布《保险资金运用管理暂行办法》，规定保险资金投资于股票和股票型基金的账面余额不高于本公司上季末总资产的 20%，市场普遍解读利好资本市场。8 月 17 日公布的数据显示，仅从第二季度数据看，中国已超过日本成为全球第二大经济体。这是自 1968 年日本超过当时的联邦德国成为全球第二大经济体以来首次被别国超过。9 月 8 日，国务院召开常务会议，审议并原则通过《国务院关于加快培育和发展战略性新兴产业的决定》。此外，在 2010 年 9 月份，人民币汇率问题再次成为中外争议问题，欧美国家指责中国人民币汇率升值太慢。到 9 月底，人民币对美元汇率中间价围绕在 6.7 附近，并创出 2005 年汇改以来新高，9 月份单月人民币对美元汇率升值 1.74%，亦创出汇改以来最大单月涨幅。

10 月份以后市场再度进攻向上，行情一直上涨到 11 月初。这波上涨行情的主要逻辑是大宗商品价格持续大涨，引发了市场对于经济重新上行以及制造业产能投资周期（也常被称为"朱格拉周期"）的憧憬。从宏观环境看，2010 年下半年，为了完成"十一五"能耗降低的目标，在全国范围内出现了大面积的拉闸限电情况①，这也加大了市场对能源"卡脖子"以及进一步扩大基础工业产能的预期。类似的市场行情特征在 2021 年下半年几乎一模一样地重演，新冠疫情后海外国家无节制地放水引发经济快速反弹以及大宗商品价格上涨，随后也是同样的能源短缺和拉闸限电。

四、全面控通胀稳物价（11 月 9 日～12 月 31 日）

大宗商品价格上涨，一方面确实缓解了市场对经济下行的担忧，另一方面则引发了通货膨胀问题，全面控制通货膨胀稳定物价成为 2010 年第四季度的首要经济工作。首先在 10 月 19 日，人民银行宣布存贷款基准利率上调 0.25 个百分点，这是在 2007年 12 月最近一次加息后时隔 3 年央行的首次加息。11 月 11 日，国家统计局数据显示CPI 同比增速连续 4 个月上升达到了 4.4% 创 25 个月新高。叠加莫须有的"印花税上调"传言，11 月 12 日沪深股市迎来"黑色星期五"暴跌，两市大盘均出现深幅跳水走势，齐创 2009 年 9 月以来近 15 个月的最大单日跌幅，上证指数当日下跌 5.16%、深证成指下跌 7%。

11 月 17 日，国务院召开常务会议，专门研究部署稳定消费价格，并提出必要时将实行价格临时干预。11 月 19 日，央行决定上调存款准备金率 0.5 个百分点。11 月20 日，《国务院关于稳定消费价格总水平保障群众基本生活的通知》（俗称稳物价"国十六条"）发布。11 月 23 日，国家发展改革委部署六项物价调控政策贯彻落实国务院精神。财政部、农业部、商务部、铁道部、工商总局等部门也纷纷制定相关政策出手遏制物价，《人民日报》也连续发文讨论物价问题，多部门密集出台物价调控新政管控力度前所未有。

---

① 2010 年是实现"十一五"节能减排目标的最后一年。2010 年上半年单位国内生产总值能耗累计上升0.09%，要实现全年降 5.2% 从而完成"十一五"降耗 20% 的目标，任务艰巨。2010 年 7 月，浙江省率先宣布对高能耗企业拉闸限电，随后各地方政府开始效仿。2010 年 8 月 26 日，国务院组成 6 个督查组对河北、山西等18 个重点地区进行节能减排专项督查，完不成目标的官员将被追责。到 2010 年 10 月底，拉闸限电在全国范围内的负面影响被媒体广泛报道，开始受到了上层的重视。

进入 12 月政策延续控制通胀的基调。12 月 10 日，央行年内第六次上调存款准备金率。12 月 10～12 日中央经济工作会议举行，确定了明年经济工作六大任务，并要求将稳定物价放在更加突出的位置。随后财经媒体报道监管要求商业银行月底之前暂停发放固定资产贷款控制全年信贷总量，并提到明年国内新增信贷规模或将下降 10% 左右。12 月 25 日，央行再次宣布加息，为年内第二次加息。

在持续不断的政策收紧中，股市行情在 2010 年最后两个月中震荡回落。

第二节　经济形势：一波三折，政策再转向

一、经济下行周期的起点

2010 年中国经济的数据依然光鲜耀眼。2010 年全年中国 GDP 实际增速 10.6%，增速比上年上行 1.2%，依然保持着非常高的增速水平，并且再度回到了两位数的增长速度；固定资产投资累计同比增速达到 24.5%，较上年回落 5.9%，继续保持着很高的增长速度，自 2003 年起连续八年固定资产投资增速在 20% 以上；工业增加值累计同比增速 15.7%，增速较上年上升 4.7%，全年工业企业利润总额同比增速高达 53.6%，增速较上年大幅上升 40.6%。社会消费品零售总额名义同比增速 18.3%，增速比上年提高 2.8%。

从事后来看，2010 年是中国经济"繁荣的顶点"，主要经济增长指标在 2010 年达到了高点后，中国经济后续并没有出现部分观点所期待的"新一轮上升周期"，而是进入了更为漫长的下行周期，以下是几个主要宏观增长变量的拐点时间：

（1）GDP 单季同比增速在 2010 年第一季度达到高点 12.2%；

（2）GDP 年度同比增速在 2010 年达到高点 10.6%；

（3）工业增加值月度累计同比增速在 2010 年 2 月达到高点 20.7%；

（4）固定资产投资月度累计同比增速在 2009 年 6 月达到高点 33.6%；

（5）社会消费品零售总额月度累计同比增速 2010 年 12 月达到高点 18.8%。

二、货币政策连续三年大转向

在经历了 2009 年一大波"大水漫灌"式的经济刺激之后，从上到下都开始冷静下来，重新审视中国经济的现状和未来。2010 年中国经济的突出特征在于，很多经济增长指标居然创新高了！经济的问题已经不再是什么抵御经济危机保增长了，而是在货币信用增速如此之高、经济增速如此之快时，通胀会不会大幅飙升。到 2010 年底时，市场再次开始有对 2011 年"软着陆"的讨论。

经济最坏的时刻已经过去，这个在当时已经成为普遍的共识，所以在整个 2010 年，货币政策虽然名义上的称谓还是"适度宽松"，但实际上收缩流动性已经开始，M1 和 M2 增速在 2010 年出现了明显回落。与此同时，2010 年中国人民银行开始了加息和提高存款准备金率，标志着货币政策再一次转向。

2010 年，中国人民银行分别于 1 月 18 日、2 月 25 日、5 月 10 日、11 月 16 日、11 月 29 日和 12 月 20 日 6 次上调存款类金融机构人民币存款准备金率各 0.5%，累计上调 3%。

2010 年前三季度，利率政策仍然保持相对稳定。但进入第四季度以后，通胀上行的预期越来越强烈，中国人民银行于 10 月 20 日、12 月 26 日两次上调金融机构人民币存贷款基准利率。其中，1 年期存款基准利率由 2.25% 上调至 2.75%，累计上调 0.5%；1 年期贷款基准利率由 5.31% 上调至 5.81%，累计上调 0.5%。12 月 26 日同时上调中国人民银行对金融机构贷款利率，再贴现利率由 1.80% 上调至 2.25%。

三、2010 年 A 股盈利和估值变化趋势回顾

2010 年 A 股上市公司利润增速较上一年有显著提高，2010 年全部 A 股上市公司归属母公司所有者净利润增速达到 39%，较上一年大幅提高 12%。其中，主板和中小板业绩增速相当，全年归属母公司所有者净利润增速都在 39% 左右，创业板净利润增速略低为 24%；非金融和非金融剔除"两油"的归属母公司所有者净利润增速更是达到了 49% 和 59%，增速较 2009 年提升幅度超过 20%（见图 21 – 2）。

在业绩增速大幅提升的同时，2010 年指数总体的估值水平是大幅下降的。以上证综指计算，2010 年底全年市盈率（TTM）在 16.7 倍，较 2009 年底大幅下降 45%，从而导致了在业绩明显回升的情况下，上证综指全年累计下跌了 14%，2010 年跌的

主要是估值。

　　造成 2010 年估值下降的原因主要有两个，一是伴随着通胀形势愈演愈烈，长端利率出现了明显上升，十年期国债到期收益率年底达到将近 4.0%，较年初上升有约 30 个基点；二是整体经济增速在 2010 年第一季度见顶后，经济已经出现了下滑趋势，所以虽然 2010 年上市公司业绩增速较 2009 年大幅提高，但市场基本已经预见到 2011 年业绩增速会下滑，估值的下降反映了这个预期（见图 21 - 3）。

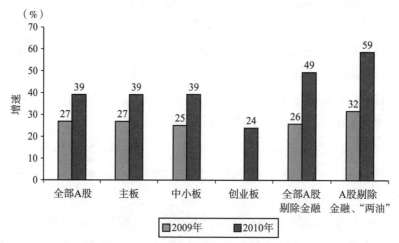

图 21 - 2　2009 年和 2010 年 A 股各板块上市公司归属母公司所有者净利润增速对比

资料来源：Wind 资讯、笔者计算。

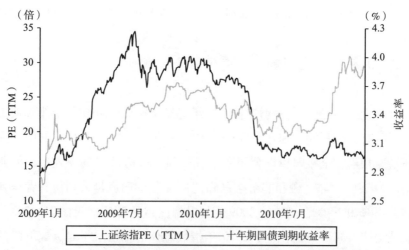

图 21 - 3　2009～2010 年上证综指市盈率（PE）与长端利率走势对比

资料来源：Wind 资讯。

第三节　行情特征：科技和后周期板块时代

相比2009年的普涨行情，2010年市场是结构分化的，总体定义为"平衡市"是比较恰当的，行情特征体现在：

（1）个股表现要好于指数。上证综指全年下跌14%、Wind全A全年下跌7%。但个股有赚钱效应，全部个股收益率算术平均值是15%，全部个股收益率中位数是4%，全部个股的平均涨幅要显著好于指数。全年上涨个股数占比55%，下跌个股数占比45%（见图21-4）。

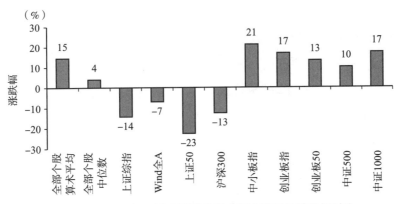

图21-4　2010年A股主要指数及全部个股平均涨跌幅对比

资料来源：Wind资讯、笔者计算。

（2）2010年股市下跌主要跌的是估值。全年全部A股归属母公司所有者净利润增速高达39%，非金融剔除"两油"增速更是高达59%，但估值大幅下降造成了指数整体大跌。上证综指PE（TTM）全年下跌45%，主要原因有两个：一是利率上行；二是市场基本已经预见到了后面的业绩增速下滑。

（3）风格上中小板、创业板要好于主板，小市值的中证1000指数要好于大市值公司。主板指数基本全部下跌，其中上证50指数跌幅较大达到了23%，沪深300下跌13%。中小板指全年涨幅21%，创业板指涨幅达到17%。

（4）行业表现上有如下几个看点（见图21-5）：一是iPhone 4的发布标志着智能手机时代的到来，从2010年起全球智能手机出货量连续多年保持高增速，电子计算机等科技板块涨幅领先；二是在 2009 年经济 V 型反转势头下，各类项目上马，挖掘机销量增速达到历史最高，中游机械设备行业表现较好；三是具有明显"后周期属性"的食品医药等大消费品表现较好；四是在一连串政策的严厉打压下，地产、银行板块表现排名靠后，这也是上证 50 指数大幅下跌的原因。

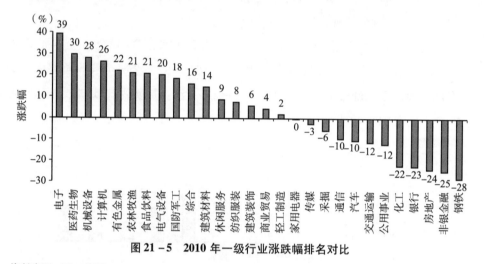

图 21 – 5　2010 年一级行业涨跌幅排名对比

资料来源：Wind 资讯。

一、消费电子新一轮科技创新周期

2010 年 6 月 8 日，史蒂夫·乔布斯在美国西莫斯克尼（Moscone West）会展中心举行的苹果全球开发者大会（WWDC 2010）上发布了苹果第四代手机（iPhone 4）。iPhone 4 的出现具有划时代意义，标志着智能手机时代的到来。

从 2010 年起全球智能手机出货量连续多年保持高增速，开启了一个新的产业链时代（见图 21 -6）。从 2010 年至今，中国的电子企业成功地切入苹果产业链，并且创造了多个本土智能手机著名品牌。

2010 年当年电子板块涨幅 39%，涨幅位列所有行业中第一名。如果把时间再拉长一点，就会发现 2010 年以后，整个电子行业板块开启了一段长周期的超额收益率之路（见图 21 -7）。

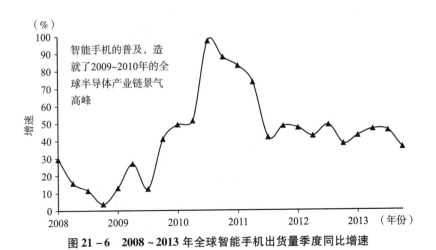

图 21 - 6 2008 ~ 2013 年全球智能手机出货量季度同比增速

资料来源：工业和信息化部、Wind 资讯。

图 21 - 7 2000 ~ 2017 年 A 股电子行业超额收益走势一览

注："电子行业超额收益"是指电子行业板块指数与上证综指相除，数值向上表明电子行业股价表现好于上证综指整体。

资料来源：Wind 资讯、笔者计算。

二、产能扩张、资本支出的顶点

机械设备行业 2010 年全年累计涨幅 28%，涨幅在所有行业中排名第三。

如前所述，2009 年经济很快出现了 V 型反转，到 2010 年对于中国经济"新一轮上行周期出现"的观点已经不绝于耳。这种情况下，各类项目都开始上马，2010 年挖掘机销量增速达到了惊人的 77%（见图 21 - 8）。在这种背景下，机械设备行业

（特别是工程机械设备行业）在 2010 年股价有很大的涨幅。

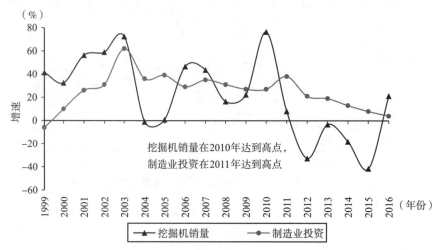

图 21 - 8　1999～2016 年挖掘机和制造业投资同比增速对比

资料来源：国家统计局、Wind 资讯、笔者计算。

在工程机械设备需求暴增的同时，机械设备企业的资本支出也开始大幅增加，产能开始大幅扩张，所以我们看到上市公司资本支出增速和宏观数据中制造业投资增速的高点都是在 2011 年出现的。

然而好景不长，2012 年经济随即进入到真正意义上的衰退中，各类需求大幅萎缩，而 2010～2011 年间投下去的产能在需求萎缩后才刚刚开始释放。从此开始，工程机械行业进入到连续多年的需求不振、产能过剩周期，相关上市公司股价也是一落千丈。

从工程机械企业这一轮需求暴增、产能扩张、需求萎缩、产能释放、行业亏损的周期演变历史中，我们在这里也想谈一下我们对于一个问题的看法。这个问题就是关于判断宏观经济时企业家或者说"草根"调研观点的有效性。很多时候很多市场观点往往会引用某些企业家或者从业人员的观点，来作为某种判断的依据。

撇开"草根"调研本身观点可能有片面性的问题不谈，一个重要的问题是理论上说经济周期正是由于企业家系统性的判断错误所造成的。在经济最高涨的时候，企业家认为经济会更好，最后扩大资本支出，从而造成了产能过剩；在经济最低迷的时候，企业家认为不可能有转机，退出了市场，从而出现了市场出清。

三、"喝酒吃药" 行情

2010 年行情的另一个特点是出现了所谓的"喝酒吃药"行情。全年医药生物行业累计涨幅 30%，涨幅排名所有行业中第二；食品饮料行业全年累计涨幅 21%，同样在涨幅榜中排名靠前。

2010 年出现"喝酒吃药"行情背后大的基本面逻辑是消费的后周期属性，这个属性的具体数据分析我们放到下一章。这里我们简要地介绍以下结论，就是一般情况下，决定消费最重要的变量是居民收入，而居民收入变化一般滞后于名义 GDP 增速大概一年，这就是所谓的"后周期"属性。中国经济在 2010 年第一季度增速达到高点，随后出现回落，对应的正好是居民收入差不多在 2011 年第一季度会达到高点。所以 2010 年消费板块的基本面特别好。

此外，大消费和医药也是机构投资者最大的宠儿，从而在每次公募基金财报公布时，大多数时候我们都能够看到公募基金会重仓抱团在食品和医药这两个行业中，这种现象使"喝酒吃药"显得尤为引人注目。

那么，为什么多数公募基金会扎堆在食品饮料和医药生物行业中呢？因为他们是金融危机以后 A 股中最好的几个行业之一（还有一个是家电），从图 21 - 9 的财务数据中可以清晰地看到，这两个行业的 ROE 基本可以一直维持在 10% 以上的很高位置，可以说得上是真正的持续稳定较高的 ROE，这个在 A 股上市公司中是非常难能可贵的。

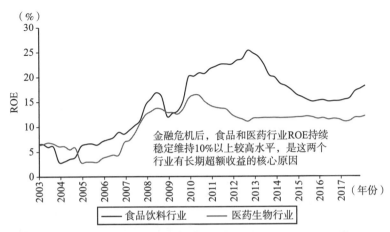

图 21 - 9　2003 ~ 2017 年食品饮料和医药生物行业 ROE 走势情况

资料来源：Wind 资讯、笔者计算。

四、房地产调控收紧升级

2010 年开年后政策对房地产市场就开始收紧，从 1 月初的"国十一条"，到 4 月 17 日的"国十条"，再到"929 新政"，三轮调控可谓贯穿全年。4 月和 9 月出台的两轮调控政策，被称为史上最严厉的房地产调控[①]，包括上调首套房首付比例至三成、三套房停贷、限购令等手段相继被使用。同时，央行在 2010 年内 6 次上调存款准备金率、两次加息，大幅收紧货币。

2010 年房地产板块跌幅为 24%，在所有行业中涨跌幅排名相当靠后，与房地产基本不分家的银行板块跌幅为 23%。

---

① 当然，从事后来看，我国的房地产调控政策只有更严，没有最严。

第二十二章
2011 年：急转直下

　　由于前期大量的信贷投放和长期顺差导致的货币流动性过剩，2011 年通胀居高不下，因而治理高通胀是当年中央宏观调控的首要任务，央行年内七次上调存款准备金，三次加息，对资本市场产生了巨大的影响。而国际环境方面也不甚乐观，主权信用危机不断升级，希腊、意大利、西班牙主权评级接连遭到下调，美国也失去了保持了近百年的 AAA 评级，引发全球对二次衰退的普遍担忧。在艰难的国内外环境中，2011 年上证综指全年累计跌幅达到了 21.7%，跌幅在 A 股历史上仅次于 2008 年和 1994 年；全年呈现倒 V 型走势：前 4 个月指数小幅上涨 7%，随后在通胀高企、经济增速下滑的滞胀忧虑中展开了连续三个季度的杀跌，而中小板的下跌幅度更大。除了国内外宏观环境因素之外，市场扩容和再融资是今年股市表现不佳的重要原因。2011年上证综指走势与资本市场大事记如图 22-1 所示。

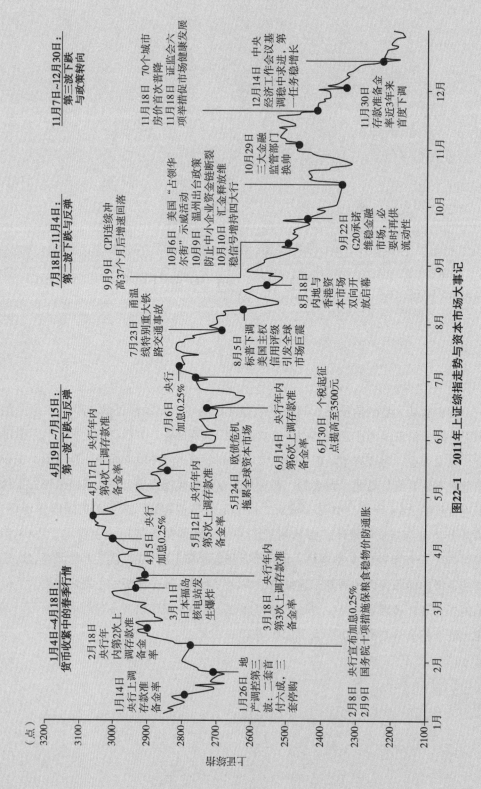

图22-1 2011年上证综指走势与资本市场大事记

资料来源：Wind资讯。

第一节　大事回顾：滞胀后遗症

一、货币收紧中的春季行情（1 月 4 日～4 月 18 日）

面对持续上行的通货膨胀和房价，2011 年开年后各项政策的基调非常明确，就是持续收紧。1 月 14 日，央行年内首次上调存款准备金率 0.5%，至此我国存款准备金率被上调至历史新高。1 月 26 日，国务院常务会议再度推出房地产市场调控措施，要求强化差别化住房信贷政策，对贷款购买第二套住房的家庭，首付款比例不低于 60%，贷款利率不低于基准利率的 1.1 倍。1 月 27 日，上海市和重庆市开始征收房产税。

2 月 8 日，央行宣布上调金融机构人民币存贷款基准利率，这是 2010 年底以来第 3 次加息，也是进入 2011 年以来首次加息。2 月 9 日国务院常务会议出台十项措施加大对粮食生产的扶持力度，意在稳物价防通胀。2 月 18 日加息后 10 天，人民银行宣布年内第 2 次上调存款准备金率，距离前一次上调仅 36 天。3 月 11 日，日本发生里氏 9.0 级地震继发生海啸并造成福岛核电站爆炸①。3 月 16 日国务院常务会议决定全面审查在建核电站，暂停审批核电项目。3 月 18 日，人民银行宣布年内第 3 次上调存款准备金率。4 月初国际原油价格突破每桶 120 美元刷新两年半高点。4 月 5 日，央行上调存贷款基准利率 0.25%，年内第 2 次加息。4 月 17 日，人民银行宣布年内

---

① 2023 年 8 月 24 日，日本福岛第一核电站启动核污染水排海。

第 4 次上调存款准备金率。

虽然央行持续不断地提高存款准备金率并且加息，从股市行情表现来看，2011 年的春季行情仍然表现突出。市场在 1 月份小幅下跌后，自 1 月末开始走势向上，到 4 月 18 日上证综指累计上涨 8.9% 也是个不小的涨幅。当时不少观点认为是因为加息使得银行板块上涨进而带动了大盘上涨[①]。笔者认为，如果结合 2010 年第四季度的行情一起来看，这波行情本质上还是持续下跌过程中的超跌反弹，这种级别的反弹弱于政策转向导致的中级反弹行情（如 2012 年第一季度、2022 年 4～7 月），并没有明显的催化剂，更多的是市场持续下跌后自发形成的反弹行情。

二、第一波下跌与反弹（4 月 19 日~7 月 15 日）

超跌反弹过后，股市行情从 4 月下旬起随即再度开始下跌。5 月 12 日，人民银行宣布年内第 5 次上调存款准备金率。而且在上调准备金的当日，央行重启了暂停 5 个月之久的 3 年期央票发行，提高准备金率和发行央票回收流动性的作用是类似的，两者有很强的替代作用，央行在同一天同时使用两种货币政策工具，进一步显示了收紧的力度。而与此同时，5 月份欧债危机又开始发酵，先是惠誉将希腊评级由 BB + 下调三级至 B +，前景展望为负面，随后标普把意大利主权评级展望从稳定下调至负面，西班牙地方选举也引发投资者财务忧虑，这些事件性问题通过各种预期各种形式拖累了全球资本市场。

进入 6 月份股市行情依然在持续下跌中。6 月 14 日，人民银行宣布年内第 6 次上调存款准备金率，政策收紧力度丝毫不减，部分观点开始讨论紧缩政策是否会过头。6 月 16 日上证综指下跌 1.5% 收报 2664 点，指数点位创年内新低回吐了春季行情的全部涨幅。6 月下旬开始市场行情小幅反弹，但也仅仅是小幅反弹。6 月 30 日全国人大表决通过了关于修改个人所得税法的决定，将起征点由每月 2000 元提高到每月 3500 元。

2011 年市场行情下跌的逻辑非常清晰，就是"滞胀"，强刺激政策过后导致的后遗症，一边是经济增速开始回落一边是通货膨胀不断上升，并引发货币政策持续收紧。7 月 1 日公布的中采制造业 PMI 指数报 50.9% 环比回落 1.1% 逼近 50% 警戒线，

---

① 很多时候市场观点还会说降息利好银行行情，因为银行板块股息率高，降息利好高股息资产。类似观点我们认为都有明显的"事后解释"特征，即行情已经发生了，一定要找一个理由去解释，总能够找到的。

连续下滑 3 个月并创 28 个月以来新低。7 月 6 日，央行决定再次加息 0.25%。7 月 9 日国家统计局公布的 6 月 CPI 同比上涨 6.4%，创三年来新高。7 月 12 日召开的国务院常务会议明确要求，已实施住房限购措施的城市要继续严格执行相关政策，房价上涨过快的二三线城市也要采取必要的限购措施。

三、第二波下跌与反弹（7 月 18 日 ~ 11 月 4 日）

6 月下旬到 7 月上半月市场小幅反弹后，从 7 月下半月开始进入年内的第二波主跌浪。进入下半年，经济增速放缓的事实被各种经济数据进一步确认，而与此同时通胀又在持续上升，货币政策没有丝毫放松的迹象。7 月 23 日（周六）晚，在甬温线浙江温州境内两辆动车发生追尾事故，造成重大人员伤亡，成为中国高铁自开通运营以来最严重的铁路事故。7 月 25 日（周一）上证综指大跌 3.0%，甬温线特别重大铁路交通事故从时间上看成为了新一轮下跌的导火索。

铁路股票在 A 股市值占比非常低，"7·23"甬温线特别重大铁路交通事故对市场的冲击不在铁路行业本身，而在于其引发的市场对整个宏观经济的担忧。2011 年中国经济的主要矛盾是"滞胀"，市场担心中国经济会发生硬着陆，当时的媒体对于地方融资平台以及房地产市场低迷等风险广泛关注。能够对冲经济下行风险的主要是基建投资（也是稳增长的主要期待），甬温线事故发生后，不只铁路投资，其他所有投资都有可能将被大幅调整，这使得市场认为经济进一步下行以及银行业坏账风险（2011 年同时还有因为经济下行导致的温州民间借贷风险事件）陡增。

8 月 5 日（周五），国际评级机构标准普尔公司将美国长期主权债务评级从 AAA 级下调至 AA +，评级前景展望为负面，这是美国历史上第一次丧失 3A 主权信用评级。由于欧洲债务危机迟迟不见解决，下调美国主权债务评级使得投资者担心美国政府需要削减政府开支并同时增加债务成本，经济可能陷入第二轮衰退，由此再度引发国际市场大幅下跌调整。8 月 8 日亚洲市场间开盘前，G7 国家财长与央行行长作出关于《金融稳定增长》声明，表示将"采取一切必要措施来支持金融稳定增长"。但此时摇晃中 A 股经不起风浪，8 月 8 日，上证综指当日大跌 3.8%。8 月 24 日，穆迪宣布将日本主权信用评级下调至 Aa3，降级的理由是日本疲弱的经济增长前景使政府难以控制庞大的公共债务负担。

进入 9 月份，市场下跌仍在继续。9 月 9 日，国家统计局公布的数据显示 8 月 CPI 同比上涨 6.2% 较上月回落 0.3%，国内 CPI 同比连续冲高 37 个月后涨幅回落，通胀拐点开始显现。9 月 22 日，G20 国家财长及央行行长再发声明，将致力于采取国际协调行动应对全球经济面临的挑战，确保银行体系及金融市场稳定，应对欧债危机威胁。

十一假期期间，美国占领华尔街示威活动全面升级。十一过后，国内出现了多个稳定经济和市场的政策措施。10 月 9 日，温州出台一揽子救市措施，防止中小企业资金链断裂。10 月 10 日，中央汇金公司宣布已在二级市场购入四大行股票，当日购入 2 亿元，拟在未来 12 个月内继续在二级市场增持股票，释放了明确的护盘信号。10 月 12 日，国务院常务会议出台金融财税支持小型微型企业发展措施。10 月 20 日，国务院放行地方政府自主发债，增加地方融资渠道，自 2011 年开始，上海、浙江、广东、深圳四个地方政府自行发债试点。

股市在 10 月下旬到 11 月上旬出现反弹，但如同 6 月底 7 月初的情况一样，这波上涨仅仅是小幅反弹行情。10 月 29 日，国务院任免国家工作人员，任命尚福林为银监会主席、郭树清为证监会主席、项俊波为保监会主席，三大金融监管部门换帅步入新时期。

四、第三波下跌与政策转向（11 月 7 日～12 月 30 日）

11 月下半月开始市场进入全年的第三波主跌浪。引发市场下跌的导火索，或许是有关国际板推出的消息，又再度引发了投资者对 A 股资金分流的担忧。11 月 15 日媒体报道，上交所副总经理徐明接受采访时表示，国际板"基本准备就绪"，"将在时机成熟时尽可能快地推出"，"目前只是等待启动国际板的时间表，交易所已经完成了有关技术和监管方面的要求"，市场将此放大理解为"随时推出"。其实这些事件性因素都是外因是扰动，市场下跌的核心原因还是在当时环境中，经济下行看不到头，11 月 18 日国家统计局公布的数据显示 70 个大中城市房价首次全面下跌。

在 2011 年的最后两个月中，一系列资本市场改革措施也陆续出台。11 月 18 日证监会表示将推出六项举措促进市场健康发展，包括推进统一互联的债券市场建设、逐步改变高市盈率 IPO 局面、在创业板率先探索退市制度、启动创业板定向债、坚定不移地打击内幕交易、清理整顿各类交易场所。11 月 28 日，深交所出台创业板退市制度意见征求稿。12 月 1 日，证监会新任主席郭树清在第九届中小企业融资论坛，首次全面论述了"十二五"期间中国资本市场的功能和任务。12 月 15 日，郭树清主席在《财经》年会上做主旨演讲时表示，中国资本市场发展迎来一个最好的历史时期，投资银行、证券公司也将面临快速发展的历史性机遇。

　　从宏观经济政策角度看，11月30日央行宣布下调人民币存款准备金率0.5个百分点，这是存款准备金率近3年来首次下调（上一次降准是在2008年12月25日），预示着货币政策持续收紧的基调开始彻底转向。12月12～14日中央经济工作会议举行，提出"要把稳增长、控物价、调结构、惠民生、抓改革、促和谐更好地结合起来"，这里"稳增长"放在了任务的第一位，相比此前2010年中央经济工作会议的基调有明显变化。

　　从行情走势看，虽然宏观经济政策开始转向，但2011年最后一个半月时间的股市基本仍是单边下跌，中级反弹行情留到了2012年的"春季躁动"。

第二节　经济形势："低增长、高通胀"

一、增长指标全部下滑、逐季回落

　　2011年的经济数据不好看，几乎全部的经济增长指标较上一年均有所下滑，而通胀指标有所上升，"低增长、高通胀"在任何时候对资本市场都不是一件好事。

　　2011年全年中国GDP实际增速9.5%，增速比上年下行1.1%；固定资产投资累计同比增速达到23.8%，较上年回落0.7%，继续保持着很高的增长速度，自2003年起连续九年固定资产投资增速在20%以上；工业增加值累计同比增速13.9%，增速较上年下降1.8%，全年工业企业利润总额同比增速15.7%，增速较上年大幅下降37.8%。社会消费品零售总额名义同比增速17.1%，增速比上年下降1.2%。所有的经济增长指标2011年全部下滑。

　　虽然GDP增速的绝对水平2011年依然不错，但从趋势上看，已经出现了逐季回落的走势，2011年第一季度至第四季度GDP单季度的同比增速分别为10.2%、10.0%、9.4%、8.8%。当时市场普遍认为中国经济即将再度进入"8"时代，但历史仿佛开玩笑一般，中国经济没有再度进入"8"时代，2012年GDP增速直接跌破8%进入"7"时代。

二、大宗商品价格达到历史高点

2011 年宏观经济的另一大特征是通货膨胀大幅回升，全年 CPI 累计同比增速 5.4%，较上一年提高 2.1%；PPI 全年累计同比增速 6.0%，较上一年提高 0.5%。

从数字上看，2011 年的通货膨胀还没有到失控的地步，但 2011 年价格问题的突出点是包括能源、农产品、工业品在内的几乎所有大宗商品价格都在 2011 年初的时候达到了历史高点（见图 22-2）。

图 22-2　1991~2017 年国际原油价格与农产品价格指数走势对比

资料来源：世界银行、Wind 资讯。

造成大宗商品价格在 2011 年初再度达到历史高点的原因，很可能就是经济的参与者对 2009 年后的经济复苏产生了错判，"四万亿"计划之后很多观点都认为此次经济危机的影响是雷声大雨点小，经济在 2010 年再度回到新一轮的上行周期，中国经济强劲的动力，特别是固定资产投资的高增速对各类大宗商品产生了极大的需求，从而导致价格大幅攀升。当时的媒体曾经有一种说法，就是中国人需要什么，什么就会大涨，甚至芝加哥商品交易所里如果突然有中国人出现，也可能会引发一波行情。

对经济形势的错判引发的大宗商品价格历史高位，对中国经济和资本市场产生的重要影响就是，中国的制造业企业差不多在 2011 年大加了一把产能，2011 年中国的制造业固定资产同比增速达到了惊人的38%，从而造成了后续多年的产能过剩问题。而整个资本市场差不多从2012年开始将周期股抛弃，但凡与经济顺周期相关的板块都是"跌跌不休"，市场进入了几年的熊市阶段。

三、货币政策一年一变、转向转到你头晕

2011年前三季度，面对不断加大的通货膨胀压力，经济政策的重心是保持物价稳定，货币政策是收紧的，前三季度央行累计共6次上调存款准备金率、3次上调存贷款基准利率。

2011年上半年，分别于1月20日、2月24日、3月25日、4月21日、5月18日和6月20日6次上调存款类金融机构人民币存款准备金率各0.5%，累计上调3%。

同时，中国人民银行分别于2月9日、4月6日和7月7日3次上调金融机构人民币存贷款基准利率。其中，一年期存款基准利率由2.75%提高到3.50%，累计上调0.75%；一年期贷款基准利率由5.81%提高到6.56%，累计上调0.75%。

进入第四季度，针对欧洲主权债务危机继续蔓延、国内经济增速放缓、价格涨幅逐步回落等形势变化，货币政策再度发生了明显的转向，从收紧转为放松，央行暂停发行三年期央票，并且下调存款准备金率0.5%。

2011年9月以后，全球经济复苏的不稳定性和不确定性再度增大，特别是欧债危机进一步加剧。希腊经济快速衰退、处于债务违约边缘，西班牙、意大利等国主权债务风险上升。由于担心危机可能向欧元区核心国家蔓延、担心主权债务危机演变为银行危机，国际金融市场出现新一轮动荡。随着市场避险情绪上升、欧元区财政和信贷紧缩加剧，包括中国在内的新兴市场也受到一定的影响，短期资本流动出现较大变化。

四、2011年A股盈利和估值变化趋势回顾

2011年A股上市公司利润虽然整体都保持正增长，但较上一年明显下降，2011年全部A股上市公司归属母公司所有者净利润增速13%，较上一年下降26%。其中，主板利润增速略高于中小板和创业板，主板全年归属母公司所有者净利润增速14%，中小板11%，创业板净利润增速略低为8%；非金融和非金融剔除"两油"的归属母公司所有者净利润增速5%和7%，较上年大幅回落44%和52%（见图22-3）。

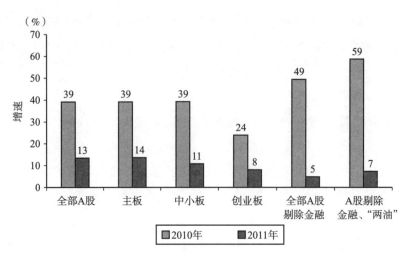

图 22 - 3　2010 年和 2011 年 A 股各板块上市公司归属母公司所有者净利润增速对比

资料来源：Wind 资讯、笔者计算。

在业绩增速大幅下降的同时，2011 年指数总体的估值水平也持续下行。以上证综指计算，2011 年底全年市盈率（TTM）在 11 倍，较 2010 年底大幅下降 16%，而上市公司业绩增速虽然下降，但整体仍有 13% 的增长，因此 2011 年 A 股主要跌的是估值（见图 22 - 4）。

图 22 - 4　2010~2011 年上证综指市盈率（PE）与长端利率走势对比

资料来源：Wind 资讯。

造成2011年估值下降的原因主要是基本面的下滑。2011年几乎全部的经济增长指标较上一年均有所下滑，上市公司业绩增速也持续下行，而通胀指标有所上升，利率水平居高不下。与此同时，"低增长、高通胀"的环境中，市场对于未来经济走势是比较悲观的，因此导致2011年估值大幅下降。

第三节 行情特征：覆巢之下，焉有完卵

2011年的股市在通胀、业绩下滑、欧债危机等影响下出现了大幅下跌，行情特征体现在：

（1）市场再度出现"普跌"特征。上证综指全年下跌22%、Wind全A全年下跌22%。个股平均跌幅更大，全部个股收益率算术平均值是 −30%，全部个股收益率中位数是 −33%。有93%的股票在2011年是下跌的（见图22 −5）。

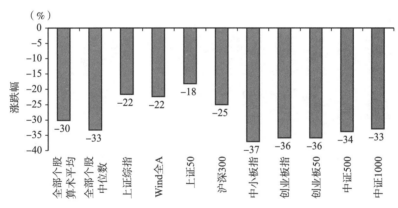

图22 −5　2011年A股主要指数及全部个股平均涨跌幅对比

资料来源：Wind资讯、笔者计算。

（2）2011年主要杀的是估值。2011年全年全部A股归属母公司所有者净利润仍有13%的增速。上证综指PE（TTM）全年下跌34%，利率上行和业绩增速显著下滑是估值下降的主要原因。

（3）风格上主板要好于"中小创"。虽然股价指数全部下跌，但主板指数跌幅相对明显要少，其中上证50指数跌幅为18%，沪深300下跌25%。中小板指和创业板指的跌幅达到了37%和36%。

（4）行业表现上有如下几个看点（见图 22 - 6）：一是银行业因为前两年的天量信贷，业绩继续回升，2011 年 ROE 到达了历史最高的 21%，板块跌幅最小。但银行的高 ROE 已是明日黄花，随后开始了连续多年的业绩下滑。二是在 2009～2010 年全球半导体产业高景气下，电子行业领涨 A 股，随着 2011 年全球半导体销量增速快速下滑，电子行业出现了较大跌幅。三是消费品仍出现了较为明显的"后周期属性"，食品饮料行业跌幅相对较小排名靠前，从宏观数据中看到，居民收入增速的高点是在2011 年出现的，要滞后 GDP 增速的高点大概一年。

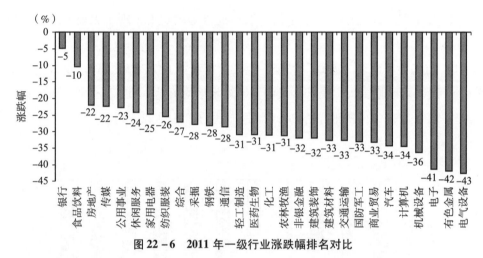

图 22 - 6　2011 年一级行业涨跌幅排名对比

资料来源：Wind 资讯。

一、明日黄花的银行业利润

中国的银行业在经历了 2003 年的改革后，从 2005 年开始进入到黄金时代，行业高速增长、盈利大幅提高、资产质量改善。

2009 年以后，随着天量信贷的释放，银行业的利润再度进入到一个新的更加高速的成长期。到 2011 年时，A 股上市银行整体的净资产收益率（ROE）提高到了21%，一个行业板块整体的净资产收益率如此之高，是非常罕见和难以想象的。2011年银行业指数跌幅仅为 5%，涨跌幅在所有行业中排名第一。

如果银行业的 ROE 能够一直维持在 20% 左右，那无疑银行会成为此后 A 股大牛股的聚集地。要真是这样，那现在 A 股就基本上全是银行股了。可是好景不长，从2011 年开始，银行业的利润开始出现了明显下降，整个银行业的 ROE 从 21% 逐渐下降到 2015 年的 13%，几乎每年都在创历史新低。

伴随着银行 ROE 的回落，板块估值也是一落千丈，PB 从最高时超过 6，到后来市场认为 2 是底、1.5 是底、1 一定是底，到所有银行几乎全部破净（见图 22-7）。

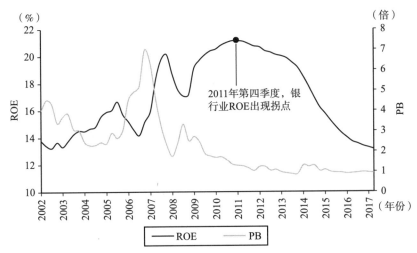

图 22-7 2002~2017 年上市银行整体 ROE 与市净率（PB）走势对比

资料来源：Wind 资讯、笔者计算。

二、周期轮回的电子产业

2009 年大涨 145%、2010 年再度大涨 39% 的电子板块，连续两年领涨之后，2011 年大幅下跌 41%，在所有行业中排名非常靠后。

图 22-8 反映了电子行业的行情伴随着全球半导体产业的周期轮回的变化。2009~2010 年的半导体火热，造就了电子行业两年的大行情，2011 年进入下行周期，板块大幅下跌。

同样的周期在 2004 年、2005 年发生过，在 2009 年、2010 年、2011 年再度发生，在 2017 年、2018 年我们看到又一次发生。

三、后周期属性的大消费板块（第二轮后周期属性）

2011 年食品饮料行业全年累计跌幅 10%，在所有行业涨跌幅榜中排名第二。

图 22 - 8　2001～2017 年全球半导体销售额同比增速情况

资料来源：全球半导体贸易统计组织、Wind 资讯。

　　2011 年有着最有特色的一轮"后周期属性"。如前所述，整个经济的高点是在 2010 年第一季度出现的，但居民收入增速的高点是在 2011 年才出现的，足足晚了一年时间（见图 22 - 9）。因此在这种经济背景下，2010 年和 2011 年市场出现了"喝酒吃药"行情。

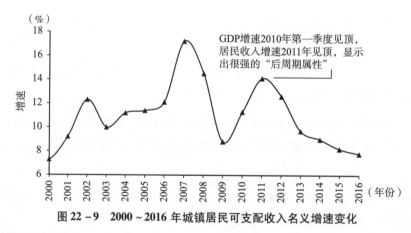

图 22 - 9　2000～2016 年城镇居民可支配收入名义增速变化

资料来源：国家统计局、Wind 资讯。

　　从行业基本面来看，也会发现，食品饮料行业的业绩增速拐点是在 2012 年第三季度出现的，要明显滞后于经济增速拐点出现的时间（见图 22 - 10）。

图 22－10　2002～2017 年 A 股食品饮料行业归属母公司所有者净利润增速走势

资料来源：Wind 资讯、笔者计算。

第二十三章
2012 年：稳增长、调结构、促改革

2012 年国内股市呈 N 型走势。1 ~ 4 月大盘上扬，但在 3 月初和 5 月初实现双头后，市场从 5 月开始至 11 月底持续下跌，指数下跌幅度高达 20%，12 月初触及 1949 点后迅速反弹，当月大涨 14.6%，并成功使上证综指年线翻红，全年上涨 3.17%。从结构上来说，2012 年蓝筹股走出了明显的超额收益，市场"炒小""炒差"现象有所遏制。2012 年股市走出 N 型走势的主要原因除了经济增速的基本面变化之外，还有很重要的一点，2012 年是政府换届之年，导致市场对政策不明朗，机构不愿做多。在年末中央经济工作会议后，市场对新一届的领导层有了希望，同时对来年的市场政策有了希望，市场在年末最后三周有一个翘尾行情，大盘快速上扬。2012 年上证综指走势与资本市场大事记如图 23 – 1 所示。

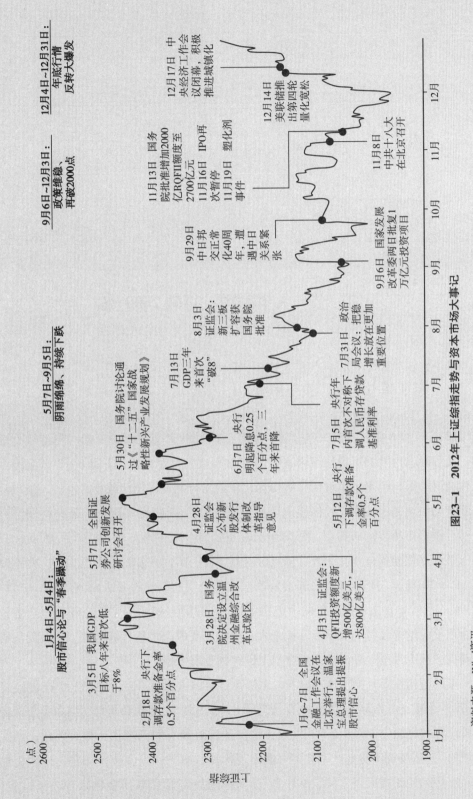

图23-1 2012年上证综指走势与资本市场大事记

资料来源：Wind资讯。

第一节　大事回顾：再破 2000 点

一、股市信心论与"春季躁动"（1 月 4 日～5 月 4 日）

2012 年初 A 股一改前一年颓势，元旦后调整两个交易日便开始一轮持续上涨行情。从当时国内外的市场环境来看，确实对股市是偏利好的。1 月 6～7 日全国金融工作会议举行，温家宝总理明确提出深化新股发行制度市场化改革，促进一级市场和二级市场协调健康发展，提振股市信心。纵观整个 A 股发展历史，最高层领导直接表达对股票市场支持的观点，都属于非常重要且少见的利好信号。2 月 18 日，央行宣布下调存款准备金率 0.5 个百分点，这是 2009 年以后第 2 次降准，前一次是 2011 年 11 月 30 日。2 月 20 日，证监会修改《上市公司收购管理办法》，将持股 30% 以上的股东每年 2% 自由增持股份的锁定期从 12 个月降至 6 个月，以进一步鼓励产业资本在合理价位增持股份。从国际环境来看，全球主要股票市场持续暴涨，美股创危机以来新高。从 1 月至 3 月两会开始之前上证综指上涨 13%。

市场行情在 3 月初出现小转折。3 月 5 日全国人大召开，《政府工作报告》将我国 GDP 目标定在 7.5%，八年来首次低于 8%。3 月 14 日两会闭幕，温家宝总理在与中外记者的见面会上表示，"一些地方房价还远远没有回到合理价位，因此，调控不能放松"，市场解读房地产调控不可能出现松动，由此也引发股市调整。这次短期调整一直持续到 3 月底，其间，3 月 28 日国务院决定设立温州金融综合改革试验区。行情在 4 月初再度开始回升向上，导火索是大幅调增 QFII 投资额度。4 月 3 日，证监会、人民银行和国家外汇管理局决定新增 QFII 投资额度 500 亿美元，总投资额度达到 800 亿美元。4 月 30 日，沪深交易所和中登公司宣布下调交易经手费及过户费，总体降幅为 25% 总额约达 30 亿元，将明显降低市场交易成本，减轻投资者负担。4 月的上涨行情在 5 月初见顶，也结束了 2012 年的"春季躁动"行情。

二、阴雨绵绵、持续下跌（5 月 7 日~9 月 5 日）

5 月份开始 A 股市场进入持续下跌过程中，5~9 月几乎是没有像样反弹的连续下跌。这轮下跌的内在逻辑，核心就是盈利下行周期没走完，2012 年第二季度中国 GDP 单季度增速跌破 8% 这个重要心理关口至 7.7%，由此引发了市场对于未来中长期中国经济增速"下台阶"的讨论，对股票市场而言，就是整个上市公司未来的盈利中枢以及估值中枢都将因此而修正。从行情属性来看，2012 年 1~4 月的"春季躁动"上涨行情，性质上属于盈利快速下行周期中短期超跌后，由政策放松引发的反弹（不是反转）行情。类似行情性质的包括 2008 年 4 月降低印花税后的反弹、2022 年 5~7 月的反弹等，感兴趣的读者可以比较来看。

持续下跌过程中，市场出现了不少利好，但总体对行情影响不大。5 月 7 日，全国证券公司创新发展研讨会在京召开，证监会主席郭树清强调当前我国证券公司和证券行业处于历史上最好的发展时期。会议期间《关于推进证券公司改革开放、创新发展的思路与措施（征求意见稿）》发布，更将金融创新推向了高潮，所列明的十一项中国证券业的改革重点涵盖了证券公司业务、管理、产品及经营模式等所有方面。6 月 20 日，证监会表示将所有境外投资者的持股限制由 20% 提高到 30%，这有利于吸引更多资金入市。与此同时，央行在 5 月 12 日宣布降准、6 月 7 日三年来首次宣布降息、7 月 5 日再次宣布不对称降息，面对连续降准降息利好，市场却丝毫没有企稳回升的迹象。

这期间的利空主要来自对资金分流的担忧。6 月 1 日，国务院办公厅转发国家发展改革委等八部门的《关于加快培育国际合作和竞争新优势的指导意见》提出，研究制定境外企业到境内发行人民币股票的制度规则，认真做好相关技术准备，适时启动境外企业到境内发行人民币股票试点，市场认为国际板将再度提上日程并将大量分流 A 股的流动性，6 月 4 日大盘暴跌。8 月 3 日，新三板扩容获国务院批准，首批扩大试点除中关村科技园区外，新增上海张江高新产业开发区、东湖新技术产业开发区和天津滨海高新区。证监会负责人表示，"新三板"有利于缓解主板、创业板 IPO 压力，对于股票市场不构成资金分流。8 月 27 日，证金公司启动转融通业务，市场有观点认为转融通试点的推出意味着"做空"时代来临，但其实根据证金公司的安排，当时是先行启动转融资试点，先转融资后转融券的安排，理论上是应该在短期给市场带来增量资金。所以说，所有这些对资金分流的担忧，无非是下跌的借口不是主因，主因是对经济的担忧。

三、政策维稳、再破 2000 点（9 月 6 日～12 月 3 日）

上证综指 9 月 5 日收盘跌至 2038 点，距离 2000 点整数关口仅一步之遥。9 月 5 日，国家发展改革委公布批复总投资规模逾 7000 亿元的 25 个城轨规划和项目后，9 月 6 日，再次公布批复 13 个公路建设项目、10 个市政类项目和 7 个港口、航道项目。保守估计，国家发展改革委在两天内集中公布批复的这些项目总投资规模超过 1 万亿元，由此引发市场在 9 月 7 日大涨，上证综指当日上涨 3.7%。但这个反弹非常短促，随后市场继续下跌，到 9 月 26 日上证综指跌至 2004 点，盘中一度跌破 2000 点。

9 月 26 日晚间，各界传递出维稳市场意图，对大盘 2000 点形成多方位支撑，包括：首先，30 余家创业板公司几乎同时发布了关于不减持的公告；其次，新华网发文《全球皆涨 A 股独跌，拯救 A 股的声音愈发强烈》；再次，原证监会主席周正庆表示当务之急是先把行情搞上去；最后，保监会公告第一批获准管理险资的非保险类投资管理机构名单出炉，1.65 万亿元险资或将进入股市；等等。在此刺激下，上证综指在 9 月 27 日大涨 2.7% 再次开启反弹。9 月 29 日是中日邦交正常化 40 周年，由于钓鱼岛"国有化"事件引发中日关系紧张，双方此前筹划的中日邦交正常化 40 周年庆祝纪念活动受到影响，但总体看在 2018 年中美贸易争端以前，国际政治事件对于国内股市影响都不是太大。

9 月 27 日开始的小反弹持续到了 10 月 22 日，此后行情再度往下。11 月 8 日，中共十八大正式召开，提出确保到 2020 年实现全面建成小康社会宏伟目标。11 月 11 日，证监会主席郭树清在十八大新闻中心接受集体记者采访时表示，对于股市的下跌，监管部门应该承担一定的责任，但不是等于完全的责任和绝大部分的责任。他说，作为一个新兴市场，存在不可逾越的缺陷和不足，比如投资的理念等。采访内容引发媒体争相报道。11 月 13 日，国务院批准增加 2000 亿元 RQFII 投资额度至 2700 亿元，单边下行市场中此类小利好几乎没用。11 月 19 日，酒鬼酒被曝塑化剂超标 260%，引发白酒行业塑化剂事件爆发。11 月 27 日，上证综指收盘价跌破 2000 点，

"2000 点保卫战"失败，沪指再次回到"1"时代。此外，从 2012 年 11 月浙江世宝上市后，A 股市场 IPO 再度暂停，虽然官方没有明确说明，但是事实上新股发行已经处于停歇的状态。

四、年底行情反转大爆发（12 月 4~31 日）

上证综指在 12 月 3 日下跌 1.0% 后，在 12 月 4 日盘中最低探至 1949 点随即开始反攻，12 月 A 股市场反转向上大爆发。2012 年 12 月的上涨行情在 A 股历史上非常著名，虽然在 5~11 月间连续下跌，但由于 12 月的大幅上涨，2012 年全年上证综指收益率还是上涨的，以至于后面市场一想到年底行情往往就能想到 2012 年 12 月。

行情为什么会在 12 月初爆发？具体"催化剂"是什么？从 12 月上旬的各种新闻报道来看，并没有具体的明确的事件性"催化剂"，有点类似于 1999 年的"5·19"行情，也没有特别明确的事件性标志。一种观点认为，12 月行情启动的导火索是月初的制造业 PMI 超预期，从上个月的 50.2 上升到了 50.6，显示经济开始复苏。这种说法也是事后去找理由的一种解释，因为在此之前制造业 PMI 已经连续两月回升，从 49.2 上升到了 50.2，行情为什么在前面就没有启动呢？

笔者认为行情在 12 月启动的核心逻辑确实是经济复苏，或者说当时那轮盈利快速下行周期基本结束了，因为 2012 年 12 月初的低点如果从 Wind 全 A 指数角度看，非但是 2012 年的低点，更是此后长期行情的低点①。这里面的特殊性在于当时的行情明显滞后于基本面变化，也就是说一般情况下"政策底—市场底—业绩底"的顺序逻辑，在 2012 年"市场底"却滞后于"业绩底"出现。之所以会滞后，我们认为主要还是跟当时经济下台阶的大背景有关，市场对于未来中长期经济的不确定性，导致行为偏离了一般经济周期规律。

12 月 13 日，美联储宣布推出第四轮量化宽松（QE4），在第三轮量化宽松的基础上，将进一步增大美联储的资产规模。12 月 15 日中央经济工作会议召开，确定了明年经济工作的六大任务，并提出积极稳妥推进城镇化、着力提高城镇化质量。12 月 A 股市场权重股大涨，上证综指单月涨幅 14.6%，也是两年以来最大的月阳线。

---

① 2013 年 6 月 25 日由于"钱荒"，指数盘中曾跌破过 2012 年 12 月 4 日低点，除此以外，截至 2023 年底指数再没有跌破过 2012 年 12 月初的低点。如果以收盘价计算，那么 2012 年 12 月 4 日的收盘价，一直到本书截稿时再未被跌破过。

第二节　经济形势：真正的“衰退”

一、“保 8”和“破 8”

2012 年中国经济出现了显著的增速下滑，照理说，一个大国经济体在连续多年的超高速增长后出现一定的增速回落也很正常，但 2012 年经济增速下滑的幅度之大是完全超出人们预期的。对世界经济而言，2008 年是经济危机，2009 年是经济衰退。而对中国经济而言，真正意义上的“衰退”应该是 2012 年[①]。

2012 年全年中国 GDP 实际增速 7.9%，增速比上年下行 1.6%；固定资产投资累计同比增速达到 20.6%，较上年回落 3.2%，继续保持着很高的增长速度，自 2003 年起连续十年固定资产投资增速在 20% 以上；工业增加值累计同比增速 10.0%，增速较上年下降 3.9%，全年工业企业利润总额同比增速 0.8%，增速较上年大幅下降 14.9%，几乎已经到了零增长。社会消费品零售总额名义同比增速 14.3%，增速比上年下降 2.8%。

同 2011 年一样，2012 年经济增长指标出现了全面下滑的态势，而且下滑速度更快。2012 年从第一季度起经济增长速度就出现明显下滑，第一季度 GDP 同比增速 8.1%，比 2011 年第四季度大幅下降 0.7%，第二季度 GDP 增速继续下滑至 7.6%，第三季度到了 7.5%，第四季度在一系列刺激政策下回升至 8.1%。

2012 年市场还在谈论 GDP 增速是否要“保 8”的问题，但形势的变化发展远比想象得要快，“保 8”根本没有来得及过渡，GDP 增速就已经进入“7%”的运行区间。

二、新一轮的经济刺激政策

2012 年随着经济增速的快速下行，中国政府采取了“新一轮”的经济刺激政策，

[①] 按经济学教科书的说法，严格意义的衰退指的是经济负增长，但中国经济自改革开放以来从未出现过负增长，本书遵循市场分析的一般说法，对中国经济而言，“衰退”一词指经济增速的大幅下滑。

包括两次降准、两次降息，批复大量投资项目，基建投资增速快速拉升。

在货币政策方面，一是在 2011 年 12 月 5 日下调存款准备金率 0.5% 的基础上，于 2012 年 2 月 24 日和 5 月 18 日两次下调存款准备金率各 0.5%。二是中国人民银行分别于 6 月 8 日、7 月 6 日两次下调金融机构人民币存贷款基准利率。其中，1 年期存款基准利率由 3.5% 下降到 3%，累计下调 0.5%；1 年期贷款基准利率由 6.56% 下降到 6%，累计下调 0.56%。

同时，2012 年人民银行在降息的同时把利率调整与利率市场化改革相结合，调整金融机构存贷款利率浮动区间：一是将金融机构存款利率浮动区间的上限调整为基准利率的 1.1 倍；二是将金融机构贷款利率浮动区间的下限调整为基准利率的 0.7 倍。

财政政策方面，2012 年国家发改委审批通过了一大批投资项目。其中就有当时特别有名的宝钢湛江项目，2012 年 5 月 24 日，湛江千万吨钢铁项目获批，湛江市市长王中丙走出国家发展改革委大门时，忍不住亲吻项目获批文件，这个场景经照片定格后，迅速在网络上广为传播，引起广泛热议。

而从 2012 年起，我们看到主要靠财政政策拉动的基础设施建设投资同比增速快速升起，累计增速到 2013 年初时达到了 25%（见图 23-2）。自此之后到 2017 年，在制造业和房地产开发投资都持续回落的过程中，基建投资对整体固定资产投资和宏观经济增速的作用越来越大。

图 23-2　2010~2013 年基础设施建设投资累计同比增速变化

资料来源：国家统计局、Wind 资讯。

三、政策重心从"总量"转向"结构"

在关注财政政策和货币政策这两项传统经济政策的同时，需要注意到的一个重大变化就是，从 2012 年开始，政府经济政策的重点开始逐步从"总量"转向了"结构"，特别是 2012 年中共十八大以后，新一届政府对中国经济中的"结构性"问题的重视度应该说要比经济增速等"总量性"问题更高。

"稳增长、调结构、促改革"，是之后几年中各项政府报告和公文中出现得最多的提法。2012 年 11 月 19 日，《人民日报》理论版刊登了中国社会科学院经济学部主任陈佳贵的文章，文章题目就叫"稳增长、调结构、促改革"。这其中，"调结构"从事后来看是最核心的，对后来中国经济的发展产生了深远影响，"调结构"也是之后 2013～2015 年股市中小创行情能够爆发的重要政策环境基础。

四、2012 年 A 股盈利和估值变化趋势回顾

2012 年 A 股上市公司利润出现了明显下滑，2011 年全部 A 股上市公司归属母公司所有者净利润增速 1%，较上一年下降 12%，主板表现好于中小板和创业板。其中，主板利润增速 2%，较上年回落 12%，中小板和创业板利润增速下滑幅度更大，中小板利润增速 –11%，创业板利润增速 –8%，分别较上年回落 22% 和 16%；非金融和非金融剔除"两油"的归属母公司所有者净利润增速均为 –12%（见图 23 – 3）。

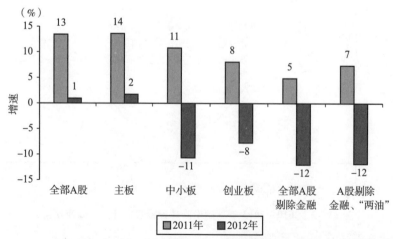

图 23 – 3　2011 年和 2012 年 A 股各板块上市公司归属母公司所有者净利润增速对比

资料来源：Wind 资讯、笔者计算。

2012 年上市公司业绩增速再度下台阶，但全年增速波动不大，估值第二季度则出现了明显的下降，但全年基本保持震荡走势。以上证综指计算，2012 年底全年市盈率（TTM）在 11.7 倍，较 2011 年底下降 6%，而上证综指虽然全年涨幅 3.2%，但指数年内振幅比较大，指数的波动主要来源于估值的波动（见图 23 −4）。

图 23 −4　2011 ～ 2012 年上证综指市盈率（PE）与长端利率走势对比

资料来源：Wind 资讯。

2012 年有一个很有意思的现象，本应呈反比关系的估值和利率在当年走势几乎完全一致，这同时也说明了，基本面的预期其实是造成 2012 年估值变化的主因。2012 年中国经济出现了显著的增速下滑，下滑的速度和幅度均大大超出预期，"信心"则是影响 2012 年股市估值波动的主线。第一季度 GDP 数据大幅下滑，上市公司业绩也出现大幅下降，但估值并没有明显下行，很重要的一个方面就是 PMI 大幅上升，也就是说，市场对于投资拉动经济仍持观望态度。第二季度随着 PMI 数据的大幅回落估值随即进入震荡下跌通道。而年末随着经济增速的企稳，估值也随之出现了反弹。

第三节　行情特征：欣欣向荣的地产周期

2012 年的股市表现要大幅好于 2011 年，行情特征体现在：

（1）总体而言属于微涨。上证综指年涨幅 3%、Wind 全 A 全年涨幅 5%、全部个股收益率算术平均值是 3%、全部个股收益率中位数是 −2%，全年上涨个股数占比 45%，下跌个股数占比 55%（见图 23 −5）。

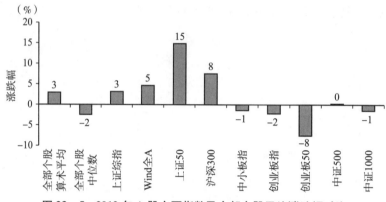

图 23 −5　2012 年 A 股主要指数及全部个股平均涨跌幅对比

资料来源：Wind 资讯、笔者计算。

（2）2012 年板块的结构差异性很大，这主要是由于基本面分化造成的。2012 年全部 A 股归属母公司所有者净利润增速是正增长 1%，但剔除金融后是负增长 12%，中小板和创业板均有较大幅度业绩负增长，意味着金融业绩在独自支撑。股价的表现也反映了这种结构性分化。

（3）从风格上看，主板蓝筹表现要明显好于中小创。其中上证 50 指数全年累计上涨 15%，沪深 300 上涨 8%，均属于不错的表现。但中小板指、创业板指、创业板 50 三个指数全部收负，其中创业板 50 指数跌幅较大达到了 −8%。

（4）从行业特征看（见图 23 −6），一是在地产上行周期中，地产链板块（房地产、建筑、家电等行业）表现非常好；二是在降息周期中，券商等非银板块表现非常好；三是年底经济数据出现复苏，银行板块在 12 月有显著的超额收益。

一、地产板块领涨又一轮地产上行周期

房地产政策在 2011 年严厉收紧后，2012 年名义上各项调控政策依然非常严厉，包括限购等措施依旧在实施，但实际上进入 2012 年以后，各地对房地产的政策是有所松动的，各种微调的动作越来越多。

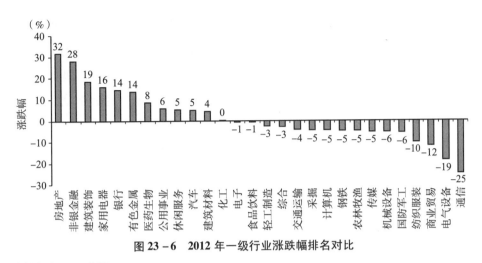

图 23 - 6　2012 年一级行业涨跌幅排名对比

资料来源：Wind 资讯。

先是多个城市出现了公积金贷款额度的调整放宽，然后是有限购条件的放松，首套房贷款利率从上浮到恢复基准再到九折、八五折。到 6 月和 7 月央行两次降息下调基准利率，等于完全确认了政策的放松。所以我们看到商品房销售面积累计同比增速在 2012 年出现了快速拉起，从年初的 - 14% 快速上升到年底的 2%，跨年后 2013 年 2 月累计同比增速上升到 50%。新一轮的房地产上行周期又开启了（见图 23 -7）。

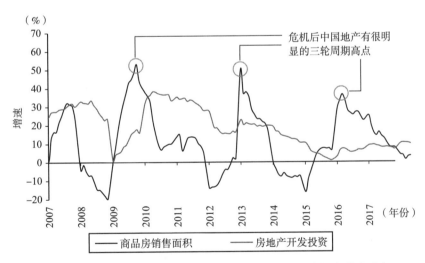

图 23 - 7　2007 ~ 2017 年商品房销售面积和房地产开发投资增速对比

资料来源：国家统计局、Wind 资讯。

而年底"新型城镇化"概念，以及"未来几十年最大的发展潜力在城镇化"的提法，又迅速点燃了市场的做多热情，房地产作为直接受益板块直接强劲领涨大盘。

国务院副总理李克强 2012 年 11 月 28 日在中南海紫光阁会见世界银行行长金墉时指出："中国已进入中等收入国家行列，但发展还很不平衡，尤其是城乡差距量大面广，差距就是潜力，未来几十年最大的发展潜力在城镇化。""13 亿人的现代化和近 10 亿人的城镇化，在人类历史上是没有的，中国这条路走好了，不仅造福中国人民，对世界也是贡献。"

在整个 2012 年，房地产及其产业链表现是最好的，其中房地产行业指数上涨高达 32%，建筑行业涨幅达 19%，家电行业涨幅达 16%。

二、第四季度经济复苏银行走势强劲

2012 年市场行情的另一个表现是随着降准降息、财政基建、地产放松等一系列刺激政策后，经济在第四季度出现了复苏迹象，体现在制造业 PMI 指数在八月见底 49.2 后，9 月、10 月、11 月连续三个月回升，并超过 50 的荣枯分界线，11 月制造业 PMI 指数达到 50.6，12 月持续在 50.6。

银行股在 2012 年 12 月出现了大幅拉升，银行指数 12 月单月涨幅高达 23%（见图 23 - 8）。至今，市场投资者在讨论银行股有没有行情或者年底会有什么行情时，也经常会想起 2012 年底的这波银行股行情。

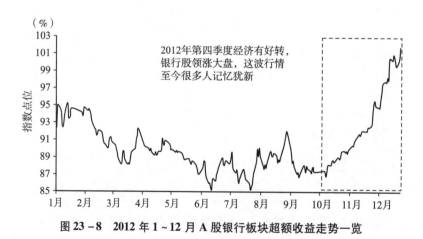

图 23 - 8　2012 年 1～12 月 A 股银行板块超额收益走势一览

注：银行板块超额收益 = 银行指数 ÷ 上证综指。

资料来源：Wind 资讯、笔者计算。

2012 年研究分析难点主要在于行情反应严重滞后于基本面。社融、基建、房地产数据基本在 2012 年第二季度以后都开始回升，但行情要到 2012 年 12 月初才启动。一般情况下股市表现都会领先基本面，2012 年是一个典型的行情反应滞后案例，这种情况下研究分析的难度会大幅攀升，因为当时你并不知道到底是行情反应滞后了还是基本面判断出错了。

三、房地产行业历史超额收益分析

回顾 2000～2017 年整个房地产行业股票的超额收益的走势（见图 23 - 9，超额收益计算的基准是上证综指），可以发现如下特征。

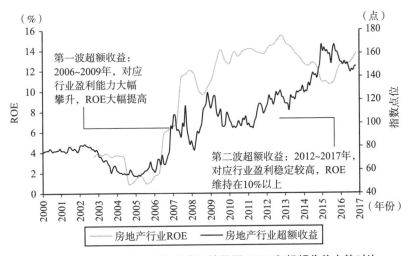

图 23 - 9 2000～2017 年房地产行情股票 ROE 和超额收益走势对比

注："房地产行业超额收益"是房地产行业指数与上证综指相除，数值向上表明房地产行业股价表现好于上证综指整体。

资料来源：Wind 资讯、笔者计算。

（1）2006 年之前 A 股的房地产股票基本上是没有超额收益的，在此期间内房地产上市公司的净资产收益率（ROE）非常低，基本到不了 4%。

（2）2006～2009 年，房地产股票出现了第一段超额收益区间，这背后对应的是房地产上市公司盈利能力的大幅攀升，ROE 从不到 4% 提高到 12% 的水平。

（3）2012～2017 年，是房地产股票的第二段超额收益区间，这段行业超额收益的时间区间更长、幅度更大。这个区间内，房地产上市公司的盈利能力并没有进一步提升，而是维持了持续稳定较高的 ROE（基本上在 12% 左右）。

房地产行业超额收益的表现，很好地验证了本书始终坚持的观点，盈利能力很多时候比盈利增速更重要，持续稳定较高的 ROE 是股价上涨的充分条件。

第二十四章
2013 年：主板、创业板冰火两重天

　　2013 年对于资本市场来说是跌宕起伏令人难忘的一年。一是 2013 年出现了"乌龙指""钱荒"和债市稽查风暴等多起风险事件，6 月中旬银行间隔夜回购利率一度最高达到史无前例的 30%，引发市场巨震，各类资产价格均出现大幅波动，年底 12 月流动性再度出现紧张局面。二是 2013 年市场行情结构性分化极其严重，虽然上证综指全年下跌 6.8%，但 2013 年绝对不能算一个熊市，万得全 A 指数全年上涨 5.4%、偏股混合基金指数全年上涨 12.7%，创业板指更是在年内狂飙 83%，有 80 多只创业板股价年内涨幅超过 100%，在主板低迷行情的衬托下，创业板的表现显得尤为惊艳。"流动性紧张"和"结构性行情"是 2013 年的两个核心关键词，也是对全年市场的高度概括。2013 年上证综指走势与资本市场大事记如图 24 - 1 所示。

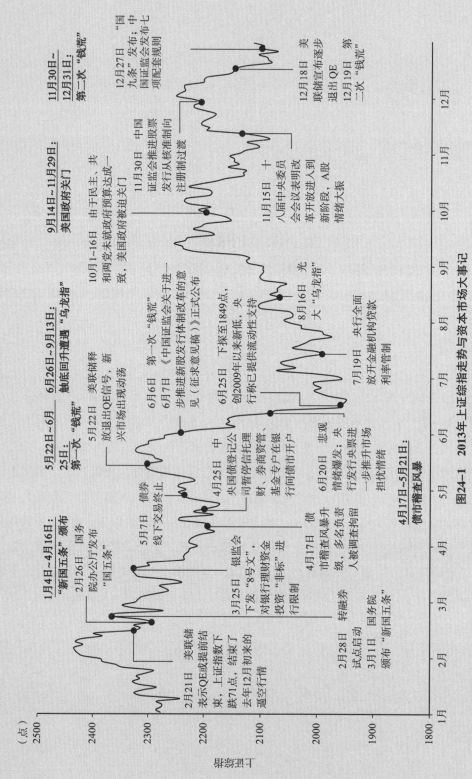

图24-1 2013年上证综指走势与资本市场大事记

资料来源：Wind资讯。

第一节 大事回顾：IPO 停发、钱荒、乌龙指

一、"新国五条"（1 月 4 日 ~ 4 月 16 日）

2013 年开年至 2 月初，A 股从 2300 点上冲至 2400 点，随后便开始下跌，截至 4 月 16 日，指数跌幅 3.6%。第一轮下跌的主要催化剂是 2 月 21 日美国联邦公开市场委员会（FOMC）会议纪要中提及的量化宽松（QE）或提前结束的消息。此后，各种利空不断：2 月 26 日，国务院办公厅发布《国务院办公厅关于继续做好房地产市场调控工作的通知》（简称"国五条"），提及扩大个人住房房产税改革试点范围；2 月 28 日，在融资融券业务推出近 3 年后，转融券试点启动。3 月 1 日，国务院颁布楼市调控"新国五条"，此次颁布的"新国五条"是针对国五条内容的具体补充，其中提及出售自有住房按 20% 征收个人所得税，受此影响，3 月 4 日上证指数下跌 3.65%，深证成指下跌 5.29%。

与此同时，监管层开始整顿银行理财资金投资非标资产，而不承想这一举动恰恰为全年的股指走势埋下了伏笔。3 月 25 日，银监会下发《关于规范商业银行理财业务投资运作有关问题的通知》（简称"8 号文"），对银行理财资金投资非标资产进行了限制，规定理财资金投资非标的余额不超过 35%。

然而事与愿违，一些银行为达到"8 号文"要求，一度在市场上抢购债券，以做大分母，间接降低非标准债权资产占比。此后，银行还以自有资金对接超标的非标资产，将买入返售等业务包装为同业资产，造成了银行同业资产规模的进一步膨胀，也

为 6 月"钱荒"埋下了隐患。

二、债市稽查风暴（4 月 17 日~5 月 21 日）

4 月 17 日，由严查"代持养券"引发的债市稽查风暴升级，监管层对丙类户等将公司利益向个人利益输送的违规违法行为进行监察，多名证券公司债券负责人被公安机关调查拘留。证监会相关负责人 4 月 19 日明确表态，证监会对于基金公司在债券投资操作中的代持、利益输送等问题，一向旗帜鲜明地保持禁止态度，将密切关注进展。

4 月 25 日，经中债登公司通知，信托产品、券商资管、基金专户开立银行间账户悉数被暂停。5 月 7 日，中债登公司要求结算代理人暂停丙类账户买债业务，也对造成债券"四月风暴"的缺陷作出了相应措施。这段时间虽然债市稽查风暴闹得沸沸扬扬，但股票市场依然逆势上涨 5%。

三、第一次"钱荒"（5 月 22 日~6 月 25 日）

2013 年 5 月 22 日，美联储首次释放退出量化宽松（QE）政策信号，国际资本大举撤离新兴市场，造成拉美、亚太等地区货币贬值、股市下跌和债市动荡。受此影响，A 股又开始了一轮下跌周期。当然，美联储退出量化宽松的信号只是导火索，A 股真正的下跌原因是第一次"钱荒"的爆发。

6 月 6 日，兴业银行和光大银行出现 60 亿元交割违约。隔夜回购利率一度暴涨至 10%。时至 6 月中旬，商业银行年中考核时点逼近，流动性压力日益趋紧。最终，悲观情绪在 6 月 20 日集中喷发，当日银行间隔夜回购利率最高达到史无前例的 30%，7 天回购利率最高达到 28%。而央行不但没有启动逆回购、短期流动性调节工具 SLO 等，反而在 6 月 20 日继续发行 20 亿元央票回笼资金，使得本来就非常紧张的资金面加剧收缩，也让市场担忧情绪瞬间达到顶点。

6 月 25 日，央行发表声明，称近日已向一些符合要求的金融机构提供流动性支持，公开市场连续两周"零操作"，连续五周净投放资金累计规模达 3510 亿元。6 月 25 日大盘砸穿 1949 点，下探至 1849 点，创下 2009 年以来新低，随后指数开始企稳反弹，直至年底震荡走出了 V 型的右侧。在这一波"钱荒"危机的短短一个月中，A 股下跌了 15%。

与此同时，证监会开始了新一轮新股发行体制改革。6 月 7 日，《中国证监会关于进一步推进新股发行体制改革的意见（征求意见稿）》正式公布，这意味着新股发行体制改革将进入新阶段，推进市场化、约束股东减持、加大监管执法力度，这些新举措将给股市扩容减压，给大股东增加责任和压力。但 IPO 重启的压力随之而来，再度给市场情绪以重击。

四、触底回升遭遇"乌龙指"（6 月 26 日~9 月 13 日）

"钱荒"风波过后，A 股开始企稳反弹，这段时间也是各种改革政策密集推出的一段时间，这段时间 A 股缓慢上行，涨幅近 15%。7 月 3 日，国务院常务会议通过《中国（上海）自由贸易试验区总体方案》。7 月 19 日，中国人民银行决定，7 月 20 日起全面放开金融机构贷款利率管制，利率市场化改革迈出重要一步。8 月 1 日，营业税改征增值税试点正式推向全国。8 月 24 日，商务部通报近日国务院正式批准设立中国上海自由贸易试验区，引发上海本地股大涨。

然而就在 A 股的反弹回升过程中市场竟闹出了一个"大乌龙"。8 月 16 日这天正是股指期货交割日，11：05 时许上证指数突然 90 度垂直拉升近 6% 至 2198 点，工商银行等 70 余家权重股集体涨停，同时使得空单期货大量爆仓，跟风实盘做多者下午又被大幅"吃套"。经查这是光大证券 70 亿元巨资的中国证券史上最大的"乌龙指"所致。当日收盘上证指数留下了 100 多点的上影线的日 K 线。2013 年 8 月 30 日，证监会按照《证券法》顶格处罚光大证券。认定其异常交易构成内幕交易、信息误导、违反证券公司内控管理规定等多项违法违规行为。决定没收光大证券非法所得 8721 万元，并对光大证券处以罚款 5.23 亿元。虽然"乌龙指"并没有在短期内改变上证综指的走势，但各大券商都因此加强了内部风控，也引发了市场对"熔断机制"的呼吁。

五、美国政府关门（9 月 14 日~11 月 29 日）

9 月中旬至 11 月末，指数在 2100~2200 点维持窄幅震荡。其间美国政府关门事件受到了国内外的广泛关注，10 月 1 日，美国联邦政府的非核心部门关门，10 月 16 日晚，美国国会两院通过为政府临时拨款和提高债务上限的议案，长达 16 天的政府停摆才暂时告一段落。然而对于资本市场而言，这并没有引起 A 股市场的过多反应。

如果说这段时间对 A 股影响比较大的事件，应该就是 11 月 15 日中共十八届中央委员会第三次全体会议上通过的《中共中央关于全面深化改革若干重大问题的决定》。决定阐述了中国全面深化改革的重大意义，标志着从 1978 年开始中国改革开放进入新阶段。A 股情绪大振，从 11 月中旬开始一直涨到月末，涨幅达 4%。

六、第二次"钱荒"（11 月 30 日～12 月 31 日）

年末的 A 股又在多重利空下开启了又一轮杀跌行情。导火索是 11 月 30 日，证监会发布《关于进一步推进新股发行体制改革的意见》，表明逐步推进股票发行从核准制向注册制过渡，同时将重启 IPO 提上日程。同时，12 月 18 日，美联储宣布，从 2014 年 1 月开始，将每月购买资产规模减少 100 亿美元，这一决定标志着美联储在金融危机后实施 5 年的量化宽松（QE）政策将逐步退出。

虽然重启 IPO 和美国退出 QE 使 A 股开启了下跌通道，然而这一轮年末杀跌最主要的原因是第二次"钱荒"的到来。12 月 19 日，银行间市场利率全线上涨，上海银行间同业拆放利率（Shibor）7 天回购加权平均利率上涨至 6.5%，再创 6 月底以来新高。12 月 19 日下午，中国银行间市场交易系统延迟半小时至 17：00 收市，而这一幕在 6 月也曾上演，市场对新一轮"钱荒"的担忧情绪再度袭来。与此同时，此次央行也并没有采用逆回购工具，而是使用了公开市场常规操作的补充工具——短期流动性调节工具（SLO），事后来看才发现，这确实是继 6 月以来的第二次"钱荒"。

2013 年末 A 股另一个重要的制度性进步就是新三板登上历史舞台。12 月 14 日，国务院发布《关于全国中小企业股份转让系统有关问题的决定》。证监会有关部门负责人说，决定发布后，扩大试点至全国的条件已经具备。12 月 27 日，《国务院办公厅关于进一步加强资本市场中小投资者合法权益保护工作的意见》（简称"国九条"）对外发布，同日证监会发布七项配套规则，这标志着新三板试点扩大至全国工作启动，当日上证综指大涨 1.4%。

总体来看，指数在重启 IPO、美国退出 QE 和第二次"钱荒"的阴霾下在 2013 年的最后一个月持续下跌，跌幅 5%。

第二节 经济形势："钱荒"压倒了一切

一、经济刺激政策下的弱复苏

客观地说，相比后面的2014年和2015年，在2012年的"新一轮"经济刺激政策下，2013年的经济情况是相对较好的，这是股市在2012年底到2013年初有一波上攻行情，以及债券利率在2013年会一路上行背后的基本面原因。但是2013年的"两次钱荒"影响过大，基本遮盖了经济弱小的复苏。

2013年全年中国GDP实际增速7.8%，增速比上年小幅下行0.1%；固定资产投资累计同比增速达到19.6%，较上年回落1.0%，继续保持着较高的增长速度；工业增加值累计同比增速9.7%，增速较上年下降0.3%，全年工业企业利润总额同比增速1.5%，增速较上年小幅上升0.7%。社会消费品零售总额名义同比增速13.1%，增速比上年下降1.2%。总体来看，2013年的各项经济增长指标基本与2012年持平，仅有小幅微降。

| 专栏 24 -1 | 克强指数 |

克强指数（Li Keqiang index），是英国著名政经杂志《经济学人》在2010年推出的用于评估中国GDP增长量的指标，源于李克强总理2007年任职辽宁省委书记时，喜欢通过耗电量、铁路货运量和贷款发放量三个指标分析当时辽宁省的经济状况。该指数是工业用电量新增、铁路货运量新增和银行中长期贷款新增三种经济指标的结合（见图24-2）。

中文百科网站"互动百科"发布2013年两会十大热词榜，由英国《经济学人》杂志推出的"克强指数"名列其中。

克强指数公式如下：

$$克强指数 = 工业用电量增速 \times 40\% + 中长期贷款余额增速 \times 35\% + 铁路货运量增速 \times 25\%$$

其权重划分依据是根据三者增速与 GDP 增速拟合模型的一个简单的回归分析结果。

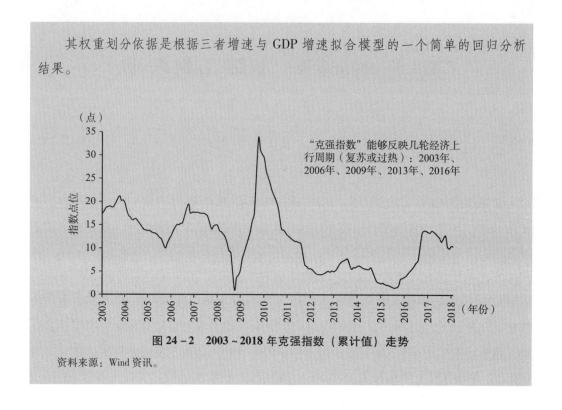

图 24 - 2　2003 ~ 2018 年克强指数（累计值）走势

资料来源：Wind 资讯。

二、史无前例的两次"钱荒"

2013 年中国人民银行在传统货币政策操作工具上没有太大动作，既没有降准降息，也没有升准加息，但 2013 年的两次"钱荒"对市场造成了剧烈的影响。

"钱荒"爆发的直接原因是监管层希望压缩"影子银行"，"钱荒"深刻反映了最近几年里中国金融体系所存在的问题。关于"非标""影子银行""同业拆借""表外理财""资金空转""嵌套""穿透""通道""资管"等，放在一起讲，可以再写一本书，感兴趣的读者可以去搜索这些关键词，有很多相关的参考资料。

对于股票市场而言，"钱荒"的含义是，央行在公开市场操作中没有如"市场所希望的"那样去投放货币，从而导致了在 6 月和 12 月的货币市场中利率大幅飙升，造成了"流动性"冲击。所以，这里我们着重想讨论的还是"流动性"冲击会如何影响股票市场。

我们认为，"流动性"冲击不会影响估值（趋势性的部分），但会通过扰动项影响短期的股价。俗话说，价格围绕价值波动，"流动性"冲击就体现在这个波动上。

将"流动性"冲击的影响定义为波动，或者说扰动项 ε①，对于研究分析有什么意义呢？重要的意义在于我们知道任何扰动项或者波动都不会是趋势性的，而会是"均值回归"的。均值回归意味着，如果我们能确定短期内股价的波动是由于"流动性"冲击造成的，那么我们就有理由认为后续它会回归。从 2013 年的"钱荒"，特别是 6 月最严重的那次情况来看，我们认为这种分析假设是合理的。

此外，"流动性"冲击不适合作为基本分析因素的另一个重要原因在于它的无法预测性，这跟"风险偏好"是一个道理，如果你说是因为"风险偏好"原因造成的股价上涨，那么试问，下个月的"风险偏好"会如何变化？

三、2013 年 A 股盈利和估值变化趋势回顾

2013 年 A 股上市公司利润明显好转，各板块利润增速均由负转正，而主板依旧跑赢中小板和创业板。2013 年全部 A 股上市公司归属母公司所有者净利润增速 14%，较上一年提高 13%，主板表现好于中小板和创业板。其中，主板利润增速 15%，中小板增速 3%，创业板利润增速 11%；非金融利润增速 13%，非金融剔除"两油"的归属母公司所有者净利润增速为 14%，二者较上年均有 25% 以上的大幅提升（见图 24-3）。

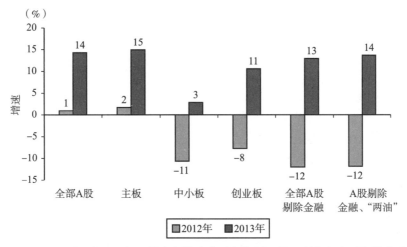

图 24-3 2012 年和 2013 年 A 股各板块上市公司归属母公司所有者净利润增速对比

资料来源：Wind 资讯、笔者计算。

---

① ε，音 epsilon，是一般计量经济学中对残差项的一种简称，这个变量的统计特征是均值为 0。

在业绩增速大幅提升的同时，2013 年指数总体的估值水平是大幅下降的。以上证综指计算，2013 年底全年市盈率（TTM）在 9.7 倍，较 2012 年底大幅下降 17%，从而导致了在业绩明显回升的情况下，上证综指并没有走出牛市行情。全年呈现倒 V 型走势，累计下跌了 7%，主要就是受估值拖累。

2013 年估值的下跌主要有三个阶段，第一个阶段是 2 月至 4 月底，第二个阶段是 5 月底至 6 月底，最后一个阶段是 10 月至年底。5 月开始的两次"钱荒"造成的利率飙升自然是导致后两次估值下降的直接原因。但不能解释的是，在长端利率保持平稳的前 5 个月里，估值的下行幅度甚至更大（见图 24 - 4）。第一个阶段估值大幅下杀是从 2 月初开始的，而这时国际金融环境发生了一个很大的变化，就是美国可能提前退出 QE，这意味着全球量化宽松时代的结束，而这会大大影响投资者对于未来利率走势的预期，也就是说，第一阶段的估值下杀是全球 QE 时代结束引发的预期改变。

图 24 - 4　2012～2013 年上证综指市盈率（PE）与长端利率走势对比

资料来源：Wind 资讯。

第三节　行情特征：创业板的天下

2013 年的股市指数表现一般，但赚钱效应却远远好于过去两年，上涨个股数量占比大幅提升，行情特征体现在：

（1）指数总体一般般，个股赚钱效应显著。上证综指全年下跌了7%、Wind全A全年涨幅5%。但个股的赚钱效应出现了，全部个股收益率算术平均值是27%、全部个股收益率中位数是16%，全年上涨个股数占比69%，下跌个股数占比31%（见图24-5）。

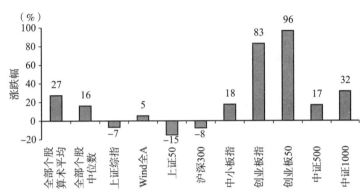

图24-5 2013年A股主要指数及全部个股平均涨跌幅对比

资料来源：Wind资讯、笔者计算。

（2）从估值和业绩的角度来看，2013年主板、中小板和创业板的业绩增速都是回升的。但在"钱荒"的影响下，市场整体的估值是下降的。创业板由于移动互联网等新科技创新的推动，估值大幅攀升，2013年创业板上涨有业绩，更多的是估值提升。

（3）风格上看2013年创业板一枝独秀，创业板与主板的表现可谓是冰火两重天。主板的指数几乎全部下跌，其中上证50指数跌幅较大达到了15%，沪深300跌8%。中小板指全年涨幅18%，创业板指涨幅达到了惊人的83%。

（4）行业表现上有以下几个看点（见图24-6）：一是与移动互联网相关的传媒、计算机、电子等TMT板块表现突出；二是家电行业2013年继续享受地产后周期的红利表现很好；三是医药板块在经历了前两年的调整后，业绩显著回升，2013年股价有很好的表现；四是受中央八项规定和"塑化剂事件"影响，白酒板块大幅下跌；五是"钱荒"下市场对高现金流低负债率企业给予了高溢价，因此整体看消费、医药板块2013年表现很好，而高负债率的钢铁、有色、建筑、地产、银行等都在涨幅榜排名靠后，这种情况我们在2018年上半年"去杠杆"时会再一次看到。

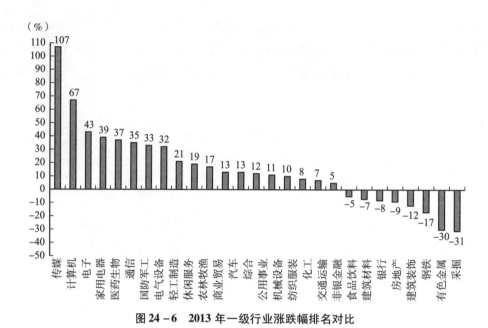

图 24 - 6 2013 年一级行业涨跌幅排名对比

资料来源：Wind 资讯。

一、创业板：估值业绩政策都到位了

2013 年的创业板行情也是天时地利人和。当年市场上最热门的主题是两个，一个是"手游"，另一个是"影视"。伴随移动互联网时代的来临，游戏产业成为 2013 年市场资金追逐的最热主题。以中青宝、掌趣科技为代表的手游概念股价格连番暴涨，手游行业并购案例此起彼伏。与此同时，华谊兄弟、光线传媒等影视制作商也涨幅惊人。

一方面，毫无疑问，当年的"手游"和"影视"这两个传媒行业的爆发是完全有基本面依据的。"手游"行业市场规模的增速在 2012～2013 年出现了大爆发。另一方面，在经历了前两年的大幅调整后，整个创业板的估值水平在 2012 年底时也跌到了一个很低的位置。同时，当时的政策环境强调"调结构"，对于新经济的行业也是非常支持的。

有一个在这里想说的问题是，市场上往往有一些"似是而非"的逻辑，比如说"流动性差，钱少，所以买小票"。这个逻辑在 2013 年说得很多，因为当时是"钱荒"，所以感觉市场流动性差，流动性差钱就少，所以只能炒小票，因为大票市值大炒不动。但同样的事情，到了 2017 年你会看到又完全反过来了，2017 年的说法叫作

"流动性差，钱少，所以没法炒估值，因此小票受损更大"，还有一个说法叫作"流动性差，钱少，所以只能专注到业绩确定性强的大蓝筹"。同样的事情，完全不同的逻辑，得到完全相反的结论，说明这个逻辑是经不起推敲的。

二、既有周期性又有超周期属性的家电行业

家用电器行业 2013 年全年累计涨幅 39%，仅次于传媒、计算机、电子这三个 TMT 行业，在所有传统行业中表现最好。A 股市场中的家电行业既有周期属性更有很强的超周期属性。

所谓"周期属性"，是指家电行业的业绩表现，跟房地产周期的变化高度相关。这个我们在 2013 年的市场行情中也可以看到，这一轮的房地产上行周期从 2012 年开始，到 2013 年初基本见顶。家电行业的业绩表现周期略微滞后一点，在 2013 年业绩继续保持较快增长（见图 24 – 7）。

图 24 – 7 2011~2018 年 A 股家用电器行业归属母公司所有者净利润增速走势

资料来源：Wind 资讯、笔者计算。

所谓"超周期属性"，是指家电行业特别是白色家电行业，因为产业格局的变化，龙头企业能够保持持续稳定较高的 ROE，相对不会有太大波动。这个属性是家电上市公司能够长期走出超额收益的最重要因素（见图 24 – 8）。回顾 A 股的所有行业，应该说 2008 年金融危机以后，表现最好的就是家电行业，其他表现较好的行业还有食品饮料、医药、房地产等，这几个行业无疑有一个共同的特点，那就是行业一

直保持着较高的净资产收益率。

图 24－8　2003～2017 年 A 股家用电器行业 ROE 与超额收益走势对比

注："家电行业超额收益"是家电行业指数与上证综指相除，数值向上表明家电行业股价表现好于上证综指整体。

资料来源：Wind 资讯、笔者计算。

三、调整两年后医药板块基本面走出谷底

医药行业在 2013 年全年累计上涨 37%，在所有行业中排名也是非常靠前的。

降低药品价格的呼声长年来一直存在，2010 年安徽省试行了"双信封"的招标模式，开启了"唯价格低"中标的先例。这个模式在 2011 年开始被其他地方逐步推广。因此从 2011 年开始，医药行业因为控费降价的原因，上市公司业绩增速出现了显著下滑，到 2012 年上市公司医药板块的业绩增速进入负增长。

而到 2012 年，因为医药企业利润太低导致的各类安全事件再一次引发了社会的关注，从 2012 年下半年开始，给予医药企业合理利润的呼声开始逐渐增多。到 2012 年底和 2013 年的时候，药价基本企稳了，从上市公司业绩表现也可以看出，上市公司业绩增速在 2012 年开始回升，到 2013 年基本稳定在了 20% 不到的较高水平。

除了本身基本面的原因外，2013 年医药和家电板块涨得比较好的另外一个外部原因是"钱荒"使得市场对现金流好的企业给予了高溢价，这两个行业显然有更好的现金流和更低的负债率。相反，我们看到周期、地产、建筑、银行等负债率高的板块在 2013 年表现非常差。这种情况我们在 2018 年上半年会再一次看到。

第二十五章
2014 年：又是一年大牛市

　　2014 年股市摆脱了连续几年的低迷局面，迎来了久违的牛市，上证综指全年涨幅高达 53.3%。从上证综指走势来看，上半年股市表现平平，直至年中仍然在 2000 点上下徘徊；直到 7 月份开始，A 股市场才开始迎来了久违的大牛市，11 月央行宣布降息后，市场更是一度进入月涨 30% 的"疯牛"阶段。资本市场一系列的改革则是 2014 年 A 股市场走牛的根基。5 月 9 日，国务院发布的《关于进一步促进资本市场健康发展的若干意见》（简称"新国九条"）对资本市场的发展环境进行了全面部署。与以往不同的是，2014 年 A 股的牛市行情中出现了"杠杆交易"的身影。2014 年下半年，"两融"市场开始迅速升温，沪深两市融资融券余额超万亿元。杠杆交易对此轮股指上涨的助推力不容忽视，同时也为 2015 年的股灾埋下了隐患。2014 年上证综指走势与资本市场大事记如图 25 - 1 所示。

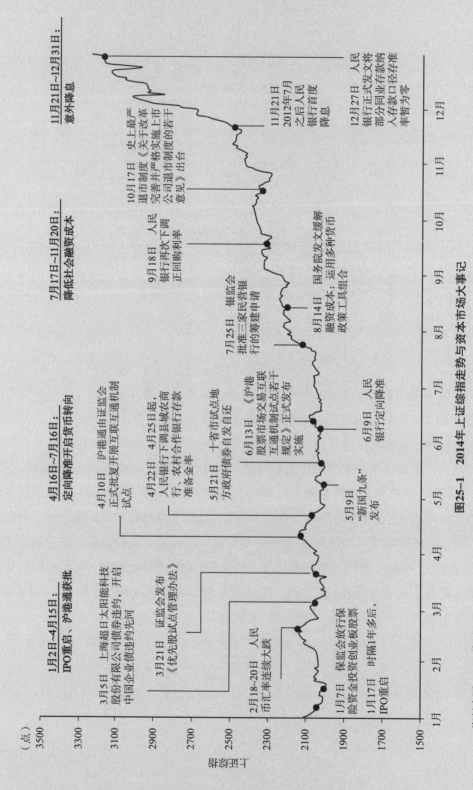

图25-1 2014年上证综指走势与资本市场大事记

资料来源：Wind资讯。

第一节　大事回顾：结束五年熊市

一、IPO 重启、沪港通获批（1 月 2 日~4 月 15 日）

2014 年开年市场的一件大事就是 IPO 重启了。暂停超过一年的 A 股 IPO 在 2013 年的最后一天重启，证监会向纽威股份等 5 家公司发放了新股批文。进入 2014 年 1 月，新股开始密集发行。与此同时，新三板市场也开始大幅扩容。

2014 年初头两个月市场行情出现了很大分化，在主板基本横盘窄幅震荡的过程中，创业板走出了独立行情。这其中一方面有创业板公司自身的产业周期因素，另一方面也有政策刺激的因素。一个重要的政策变化是 1 月 7 日，保监会对保险资金的放行。保监会紧急发出《中国保监会关于保险资金投资创业板上市公司股票等有关问题的通知》，明确放行保险资金投资创业板上市公司股票。

2 月下旬起市场开始调整，主要是创业板调整幅度较大。引发调整的一个重要催化剂是人民币汇率出现了快速贬值。2014 年 2 月 19 日，人民币对美元汇率中间价大跌 91 个基点，2 月 20 日，人民币对美元汇率中间价再下跌 43 个基点，至此，人民币对美元汇率中间价已经连续 3 个交易日持续回调，三日累计下跌 154 个基点。此次汇率贬值实际上幅度并不大，但因为从 2005 年汇改以来，人民币汇率一直连年升值，短时间快速地贬值使得市场开始思考人民币长期升值的趋势是否将要终结。

进入 3 月份，虽然有"债市违约""央企退市"等一些事件，但市场的反应极其平淡，整体走势平缓。3 月 5 日，上海超日太阳能科技股份有限公司利息无法按期全额支付，开启了中国企业债市违约先河。4 月 11 日，上海证券交易所决定终止 *ST 长油股票上市，这是中国证券史上第一家退市的大型央企。3 月份的市场，主板依旧是窄幅震荡，创业板继续回落，这波创业板的调整要一直持续到 5 月中旬。

2014 年资本市场的一大重要制度性改革就是沪港通获批。4 月 10 日证监会正式批复开展沪港通互联互通机制试点。沪港通总额度为 5500 亿元人民币，参与港股通境内个人投资者资金账户余额应不低于人民币 50 万元，沪港通正式启动需要 6 个月准备时间。消息公布当日，股票市场大涨，上证综指上涨 1.4%。

二、定向降准开启货币转向（4 月 16 日～7 月 16 日）

读者应该还记得，在 2013 年时，监管层为了解决金融体系中存在的一系列问题，收紧了货币流动性，甚至在 2013 年 6 月和 12 月两度出现了"钱荒"。到 2014 年，持续收紧的货币政策开始转向，并首次提出了"定向降准"。

2014 年 4 月 16 日召开的国务院常务会议提出，要加大涉农资金投放，对符合要求的县域农村商业银行和农村合作银行适当降低存款准备金率。这是"定向降准"概念首次出现在公众的视野当中。随后在不到 10 天的时间内，人民银行宣布从 2014 年 4 月 25 日起下调县域农村商业银行人民币存款准备金率 2 个百分点，下调县域农村合作银行人民币存款准备金率 0.5 个百分点。以 2014 年 4 月份国务院常务会议提出的"定向降准"为起点，开启了新一轮货币政策宽松周期，这也是后续股市大牛市的重要推动力。

与此同时，股票市场一系列制度性改革也接连推出。5 月 9 日晚，国务院印发《关于进一步促进资本市场健康发展的若干意见》（简称"新国九条"），提出积极稳妥推进股票发行注册制改革，加快多层次股权市场建设，完善退市制度，支持有条件的互联网企业参与资本市场，促进互联网金融健康发展，扩大资本市场服务的覆盖面。受此提振，5 月 12 日（周一）上证综指涨幅高达 2.1%。5 月 21 日，经国务院批准，2014 年上海、浙江、广东等十省区市试点自发自还地方债。地方试点"自发自还"模式有助于规范地方举债融资制度，建立以政府债券为主体的地方政府举债融资机制。

6 月 5 日，欧洲央行公布 6 月利率决定，将主要再融资利率下调 10 个基点至 0.15%，同时，下调边际贷款利率至 0.40%；下调隔夜存款利率至 -0.10%。这样，欧洲央行成为全球首个推行负利率政策的主要经济体央行。6 月 9 日，中国人民银行决定从 2014 年 6 月 16 日起，对符合审慎经营要求且"三农"和小微企业贷款达到一定比例的商业银行（不含 2014 年 4 月 25 日已下调过准备金率的机构）下调人民币存款准备金率 0.5 个百分点。7 月 11 日，证监会表示取消除借壳上市以外重大资产重组行政审批。

总体来看，2014 年上半年市场整体波动很小，上证综指在一个非常窄幅的范围内波动，当时恨不得指数波动 50 点就要写点评。

三、降低社会融资成本（7 月 17 日~11 月 20 日）

从 7 月下旬开始 A 股从底部开始蓄力反弹，证监会和新华社接连发声助力股市上行。8 月 1 日，证监会发言人邓舸在媒体发布会上总结了股市反弹的三重利好，宏观经济向好、流动性宽裕、改革措施初显成效，同时明确提出要多渠道引导境内外长期资金投资资本市场。从 8 月 31 日晚到 9 月 2 日晚，新华社连续播发 8 篇股评文章，认为 A 股走势乐观，是中国经济和改革的真实呈现和强大助力。其发文数量、发文频率和专题策划，历史罕见，对于提振股市信心起到重要作用。

此外，在"定向降准"以外，国家又部署了一系列措施来"降低社会融资成本"，货币政策整体宽松程度越来越大。7 月 15 日，国务院总理李克强主持召开座谈会，就当前经济形势和经济工作，听取专家学者的意见建议。李克强指出，在调控上不搞"大水漫灌"，而是抓住重点领域和关键环节，更多依靠改革的办法，更多运用市场的力量，有针对性地实施"喷灌""滴灌"。7 月 23 日国务院常务会议提出，企业特别是小微企业融资不易、成本较高的结构性问题依然突出，要抑制金融机构筹资成本的不合理上升，遏制变相高息揽储。8 月 14 日，国务院办公厅发布《关于多措并举着力缓解企业融资成本高问题的指导意见》指出，将继续实施稳健的货币政策，综合运用多种货币政策工具组合，维持流动性平稳适度，为缓解企业融资成本高创造良好的货币环境。9 月 18 日，央行再次下调正回购利率，引导 14 天期正回购利率下行 20 个基点至 3.50%，为今年 8 月以来第二次下调，创逾 3 年半新低。

在货币政策不断放松的同时，"一带一路"也成为 2014 年下半年市场投资的重点，成为蓝筹股大幅上涨的直接催化剂。11 月 4 日上午（11 月 6 日新闻），习近平主持召开中央财经领导小组第八次会议，研究丝绸之路经济带和 21 世纪海上丝绸之路规划、发起建立亚洲基础设施投资银行和设立丝路基金。

随着行情的转向，入市资金不断增多，两融余额持续创新高。虽然 9 月 28 日开始的香港"占中事件"或多或少导致了沪港通开通时间的推迟，由此引发了 A 股半个多月的下跌回调，但 10 月底中共十八届四中全会召开过后沪指迅速上冲 2400 点。随着资金的不断入场，牛市行情的预热已经开始。从 7 月下旬至 11 月下旬上证综指整体上涨 19%，相比上半年指数震荡走平的情况而言，俨然 A 股已经进入了趋势方向明确的反弹回升通道。

四、意外降息（11 月 21 日～12 月 31 日）

2014 年底，中央银行两年多来的首度降息开启了 A 股五年熊市之后的第一个牛市周期。11 月 21 日，央行宣布自 22 日起，中国人民银行采取非对称方式下调金融机构人民币贷款和存款基准利率。其中，金融机构一年期贷款基准利率下调 0.4 个百分点至 5.6%；一年期存款基准利率下调 0.25 个百分点至 2.75%。

这是央行自 2012 年 7 月之后央行首度降息。然而出乎预料的是，银行的存款利率并未随着央行降息而下降，有的甚至上浮 20%。虽然银行没有跟随降息，但股市对于降息反应强烈，金融、地产、周期等板块合力上涨，指数从 11 月 21 日至年末涨幅高达 30%。

与此同时，杠杆资金入场也是这波年末牛市行情的重要推手。2014 年 11 月至 2015 年 1 月，两融余额从 7500 亿元增至 1.1 万亿元，上涨 46.7%。其实从 2014 年 8 月份开始杠杆资金就已经开始入场，但真正的"狂欢"始于 11 月。年末两融余额突破万亿元规模大关，A 股新增开户数连续数周创下七年来新高，部分投资者在强烈投机氛围和金钱欲望的驱使下疯狂增加杠杆倍数，资金滚雪球般地纷涌入市，投资者如在空中楼阁一般癫狂。

第二节 经济形势："三期"叠加

一、经济增速进一步下滑

2014 年经济政策强调的是，更加主动地适应经济发展新常态，把转方式调结构放在更加重要的位置，从实际结果来看，2014 年的经济增速出现了进一步的下滑。

2014年全年中国GDP实际增速7.3%，增速比上年大幅下行0.5%，已经到了要"保7"的阶段了；固定资产投资累计同比增速达到15.7%，较上年回落3.9%，投资增速已经明显下滑，不能再说高速了；工业增加值累计同比增速8.3%，增速较上年下降1.4%，全年工业企业利润总额同比增速8.5%，增速较上年回升7.0%，这是主要经济增长指标中增速唯一回升的一个。社会消费品零售总额名义同比增速12.0%，增速比上年下降1.1%。

如果说2013年的各项经济增长指标基本还能与2012年持平的话，2014年的经济则明显出现了加速下滑的态势。这其中固定资产投资中的房地产开发投资增速，出现了显著的下滑。2014年房地产开发投资累计同比增速10.5%，较上一年大幅下滑9.3%。

|专栏25-1| **热词"三期叠加"**

2013年8月8日，《经济日报》发表署名文章《"三期"叠加是当前中国经济的阶段性特征》，文章指出："什么是当前中国经济的阶段性特征？有分析认为，我国经济正处于增长速度换挡期、结构调整阵痛期、前期刺激政策消化期叠加的阶段，加上世界经济还处于深度调整之中，使我国经济发展的内外环境更趋复杂。如果不能准确把握这种阶段性特征，我们对经济形势就可能出现误判，宏观调控就可能出现偏差。"

"三期叠加"即是指：

(1) 增长速度进入换挡期，是由经济发展的客观规律所决定的；

(2) 结构调整面临阵痛期，是加快经济发展方式转变的主动选择；

(3) 前期刺激政策消化期，是化解多年来积累的深层次矛盾的必经阶段。

2014年2月2日，新华社发表文章《站在复兴大业更高起点——十八大以来习近平同志关于经济工作的重要论述》，文章指出：

"从国内经济大势来说，以习近平同志为核心的党中央对经济形势做出了经济增长速度换挡期、结构调整阵痛期、前期刺激政策消化期三期叠加的重要判断：

所谓增长速度换挡期，就是我国经济已处于从高速换挡到中高速的发展时期；所谓结构调整阵痛期，就是说结构调整刻不容缓，不调就不能实现进一步的发展；

所谓前期刺激政策消化期，主要是指在国际金融危机爆发初期，我们实施了一揽子经济刺激计划，现在这些政策还处于消化期。

'三期叠加'的重要判断，为我们制定正确的经济政策提供了依据。"

2015 年 7 月 30 日，中共中央政治局召开会议，分析研究当前经济形势和经济工作，会议指出，我国经济正处于"三期叠加"的特定阶段，经济发展步入新常态。既要保持战略定力，持之以恒推动经济结构战略性调整；又要树立危机应对和风险管控意识，及时发现和果断处理可能发生的各类矛盾和风险。

二、暴跌的油价

2014 年对宏观经济另一个有重大影响的变化是国际原油价格的暴跌。国际原油价格在 2011 年冲高后，之后一直维持在每桶 100 美元以上，到 2014 年 6 月，布伦特原油价格仍在大约每桶 115 美元左右的位置。随后原油价格开始暴跌，到 2014 年底，布伦特原油价格已经跌破每桶 50 美元①（见图 25 - 2）。

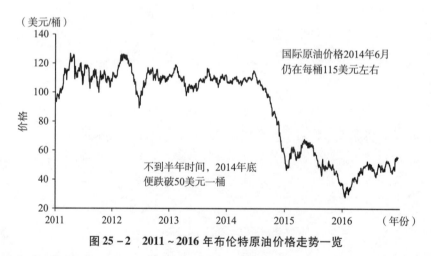

图 25 - 2　2011～2016 年布伦特原油价格走势一览

资料来源：Wind 资讯。

---

① 后来很多研究都是从"油价暴跌以后"说起的，然后再去分析未来的走势，但是对于 2014 年下半年油价究竟是怎么从 115 美元走到 50 美元以下的，这段过程发生的原因，笔者也查阅了大量的相关资料，到落笔写本书时还没有看到一个非常令人满意的解释。

原油价格暴跌不仅是一个资产价格的问题，它导致的一个结果是大宗商品价格的全面下滑，从而导致了2015年非常严重的通货紧缩局面，这个对股票市场是至关重要的。

产能过剩、油价暴跌、通货紧缩、盈利恶化、银行资产质量恶化、信用危机，这一系列问题形成了一个恶性循环，在这样的经济环境中，与经济周期密切度更高的传统金融周期行业都实在没法看。从这个角度讲，这也是后来中小创行情能够爆发的一个重要原因。

三、从"定向降准"到"全面降息"

2014年中国人民银行货币政策的动作非常多，总体方向是在经济出现进一步下行的过程中，纠正了2013年"钱荒"式的货币收紧，货币政策开始放松：

一是2014年出现了"定向降准"。2014年4月16日，国务院总理李克强主持召开国务院常务会议，分析研究第一季度经济形势，部署落实2014年深化经济体制改革重点任务，确定金融服务"三农"发展的措施，决定延续并完善支持和促进创业就业的税收政策。会议指出，"对符合要求的县域农村商业银行和合作银行适当降低存款准备金率。落实县域银行业法人机构一定比例存款投放当地的政策。"

随后，中国人民银行于2014年4月和6月，分别下调县域农村商业银行和农村合作银行人民币存款准备金率2%和0.5%，对符合审慎经营要求且"三农"或小微企业贷款达到一定比例的商业银行下调人民币存款准备金率0.5%。此外，下调财务公司、金融租赁公司和汽车金融公司人民币存款准备金率0.5%。

二是年底的降息，宣告了货币政策的彻底转向，直接引爆了2014年底股票市场的行情。中国人民银行于2014年11月22日采取非对称方式下调金融机构人民币贷款和存款基准利率。其中，金融机构一年期贷款基准利率下调0.4个百分点至5.6%；一年期存款基准利率下调0.25个百分点至2.75%。

2014年11月的降息在当时是非常"意外"的，因为就在一年以前，央行还非常坚定地要收紧货币，不能通过货币宽松来使金融系统中存在的各种问题进一步蔓延。所以即使到2014年下半年，市场上很多宏观分析师仍然认为降息的可能性非常小。降息的消息是在2014年11月21日收盘以后公布的，但在11月21日下午的盘面中已经开始反映，券商板块被垂直拉升。

三是央行进行了很多公开市场操作工具上的创新。在2013年1月中国人民银行创设"常备借贷便利"SLF 和启用公开市场短期流动性调节工具 SLO 之后，2014 年 4 月 25 日，中国人民银行创设抵押补充贷款（PSL）为开发性金融支持"棚改"提供长期稳定、成本适当的资金来源。9 月，中国人民银行创设中期借贷便利（medium-term lending facility，MLF），对符合宏观审慎管理要求的金融机构提供中期基础货币，中期借贷便利利率发挥中期政策利率的作用，促进降低社会融资成本。

这种工具上的创新，使得央行有了更多基础货币投放的渠道，从而可以减少对存款准备金率调整的需要。但对市场分析人士而言，自此以后一个麻烦的问题就出现了，那就是降准究竟还是不是明确的货币宽松信号了。

四、2014 年 A 股盈利和估值变化趋势回顾

2014 年 A 股上市公司利润较上年出现了结构性改善，也是中小板和创业板业绩爆发的一年。2014 年全部 A 股上市公司归属母公司所有者净利润增速 6%，较上一年下降 8%，主板利润增速 6%，较上年下降 9%，而中小板利润增速较上年提高 15% 达到 18%，创业板更是实现了 25% 的高增速；非金融利润增速 1%，非金融剔除"两油"的归属母公司所有者净利润增速为 6%，二者较上年均有大幅的下降（见图 25 - 3）。

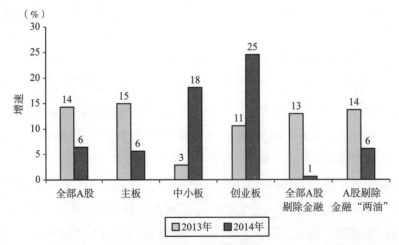

图 25 - 3　2013 年和 2014 年 A 股各板块上市公司归属母公司所有者净利润增速对比

资料来源：Wind 资讯、笔者计算。

在整体业绩下滑的同时，指数估值水平是大幅上升的。以上证综指计算，2014年底全年市盈率（TTM）在14.2倍，较2013年底大幅上升47%，因此虽然上市公司业绩下降，但上证综指全年累计涨幅高达53%，2014年的这轮牛市是估值推动的。

2014年估值走势基本是由两个阶段构成的，在上半年的第一个阶段中估值变化幅度很小，下半年开始估值迅速上行。我们看到2014年经济出现了全面的增速下滑，但并没有引发估值的大幅下行，这是为什么呢？主要原因在于2014年经济政策强调新常态，把转方式调结构放在更加重要的位置，虽然增速下降，但增长质量和方式更加科学，因此市场对于经济增速的阶段性下滑并不悲观。而下半年估值大幅上行的主要原因其实就是利率的大幅下降（见图25-4）。第四季度央行政策由定向降准转向全面降准，长端利率超预期大幅下行，而估值几乎在同一时间迅速上行，走出了完美的牛市估值走势。

图25-4　2013~2014年上证综指市盈率（PE）与长端利率走势对比

资料来源：Wind资讯。

第三节　行情特征："一带一路"横扫千军

2014年的股市是既赚指数又赚个股，行情特征体现在：

（1）主要指数涨幅很大，个股赚钱效应显著。上证综指全年上涨53%、Wind全

A 全年涨幅 52%。指数大涨的同时，个股也有很强的赚钱效应，全部个股收益率算术平均值是 46%、全部个股收益率中位数是 37%，全年上涨个股数占比 89%，仅有 11% 的个股下跌（见图 25 – 5）。

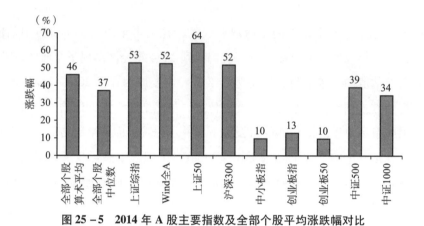

图 25 – 5　2014 年 A 股主要指数及全部个股平均涨跌幅对比

资料来源：Wind 资讯、笔者计算。

（2）风格上 2014 年蓝筹白马显著占优。主板指数 2014 年全部大涨，其中上证 50 指数涨幅达到了 64%，沪深 300 上涨 52%。不同于 2013 年主板与创业板的分化走势，2014 年是牛市，主板大涨的同时，创业板也有小幅上涨。

（3）行业表现上有如下几个看点（见图 25 – 6）：一是"一带一路"成为全年最大的主题热点，在此带动下建筑、港口、航运等板块涨幅惊人；二是年底降息使得券

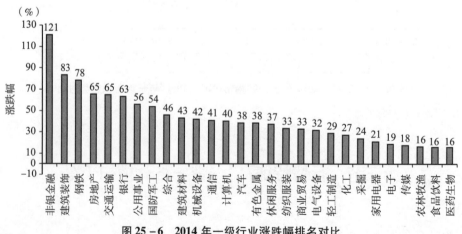

图 25 – 6　2014 年一级行业涨跌幅排名对比

资料来源：Wind 资讯。

商板块行情大爆发，12月单月有翻倍行情，非银板块全年涨幅第一；三是下半年国际油价大跌带动上游资源品价格大跌，航空、电力、钢铁等行业由此出现了"衰退式"业绩改善，板块有较大涨幅。

　　总体来看，2014年的行情主要靠"拔估值"，从这个角度说，2014年的钢铁、券商板块行情特征与2015年的中小创行情也并没有太多不一样，预期和梦想的成分多了一些，大故事和大逻辑可以想很多、讲很多。

一、"一带一路"下的建筑板块爆发

　　"一带一路"无疑是2014年资本市场最大的热点。"一带一路"合作重点在"五通"，其中贸易畅通是核心，是最重要的。因为预计未来各国双边贸易额的扩大将是"一带一路"最直接能够看得见的成果。要扩大贸易就要先搞基建做到互联互通，要搞基建就要先解决钱从哪里来的融资问题，这会是"一带一路"倡议的推进方式。基础设施互联互通是"一带一路"建设的优先领域，基础设施建设的重点将集中在交通基础设施、能源基础设施、通信干线网络建设等三个方面。

　　从2014年股市的实际表现来看，"一带一路"主题概念在基建（建筑）、贸易（港口、航运）这些行业中表现是最好的。2014年7月以后，"一带一路"概念开始发酵，行情开始爆发（见图25-7），建筑行业全年累计涨幅高达83%，一大批中字头央企建筑业公司的涨幅甚至都超过了200%（见图25-8）。

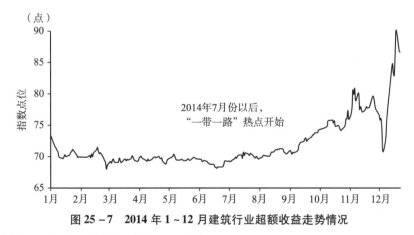

图25-7　2014年1~12月建筑行业超额收益走势情况

注：建筑行业超额收益=建筑行业指数÷上证综指。

资料来源：Wind资讯、笔者计算。

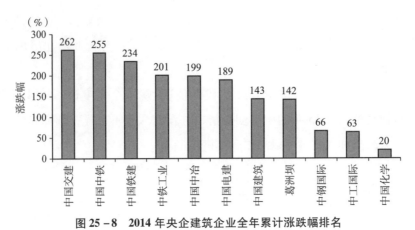

图 25 -8　2014 年央企建筑企业全年累计涨跌幅排名

资料来源：Wind 资讯、笔者计算。

| 专栏 25 -2 | **热点主题"一带一路"**

　　"一带一路"即"丝绸之路经济带"和"21 世纪海上丝绸之路"的简称。2013 年 9 月和 10 月，习近平总书记在出访中亚和东南亚国家期间，先后提出共建"丝绸之路经济带"和"21 世纪海上丝绸之路"的重大倡议，得到国际社会高度关注和有关国家积极响应。2015 年 3 月 28 日，国家发展改革委、外交部、商务部联合发布了《推动共建丝绸之路经济带和 21 世纪海上丝绸之路的愿景与行动》，这标志着国家层面的"一带一路"路线图正式出台。

　　"一带一路"概念大约从 2014 年 6~7 月起开始被资本市场所关注，随后逐步发酵成市场中一个最大的热点。时间点确定在 2014 年年中有两个证据：一是《人民日报》在 2014 年以前基本没有以"一带一路"为题目的文章，2014 年 4 月博鳌亚洲论坛年会开幕大会上，李克强特别强调要推进"一带一路"的建设，之后《人民日报》以"一带一路"为题目的文章在 6 月以后逐步增多。二是证券市场卖方研究报告中，我们查询到最早以"一带一路"为题目的，差不多也是出现在 2014 年 6 月。

二、降息刺激下年底爆发的券商行情

　　从一级行业涨跌幅来看，2014 年"非银行金融"行业涨幅最大，行业全年累计

上涨高达 121%。"非银"大行情出现的原因，主要是 2014 年 11 月央行超预期意外降息以后，券商板块的整体大爆发。

　　2014 年券商行情爆发的催化剂与 2012 年时非常相似，都是央行降息点燃的市场热情。但 2014 年行情启动后的力度和高度惊人，券商整个板块几乎在 2014 年 12 月一个月的时间内完成了翻倍（见图 25 - 9）。

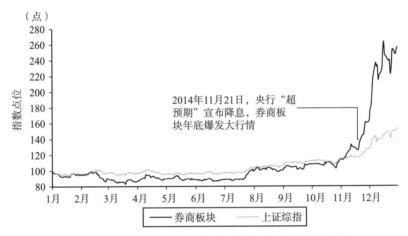

图 25 - 9　2014 年 1 ~ 12 月券商板块与上证综指走势对比

注：本图中为券商板块股价指数与上证综指走势对比，为方便比较，我们将以 2014 年初作为基准进行标准化，将两个指数在 2014 年初标准化为 100。

资料来源：Wind 资讯。

　　大涨之后的券商板块也引发了市场关于泡沫的讨论，讨论最多的莫过于中信证券市值逼近高盛是否合理。"在经营成果远逊于其他国家大行的情况下，中信证券的高额市值只能通过高估值得以实现。以 2013 年底净利润计算的静态市盈率，高盛、瑞银、摩根士丹利、野村证券分别为 9.9 倍、17.9 倍、23.7 倍、11.78 倍，而中信证券为 68.85 倍；市净率方面，上述国际大行均在 1 倍左右，而中信证券超过 4 倍。"[①]

　　再后面，读者也都清楚，到 2017 年底，券商板块基本是从哪儿来回哪儿去。

---

①　孙宇婷：《中信证券市值居全球券商第四　净利仅为高盛一成》，载《每日经济新闻》2014 年 12 月 18 日，第 11 版。

三、看基本面一定错判的钢铁板块

2014 年钢铁板块涨幅在所有行业中排名第三，全年累计涨幅高达 78% （见图 25 – 10）。

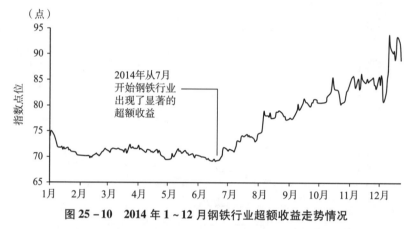

图 25 – 10　2014 年 1～12 月钢铁行业超额收益走势情况

注："钢铁行业超额收益"是钢铁行业指数与上证综指相除，数值上表明钢铁行业股价表现好于上证综指整体。

资料来源：Wind 资讯、笔者计算。

促使钢铁股股价上涨的因素是多方面的：

一是 2014 年在经过第一季度全行业亏损之后，第二季度钢铁企业利润有所好转。[①] 盈利好转的一个主要原因还是商品价格下跌导致的"衰退式"改善，铁矿石价格跌幅明显大于钢材（见图 25 – 11）。

二是 2014 年 4 月以后国家出台了一系列"微刺激"的政策，同时货币政策开始逐步放松，政策背景利于钢铁行业基本面改善（至少是预期）。

三是 2014 年 7 月以后"一带一路"主题开始在市场上发酵，"一带一路"讨论中，"产能输出"是当时一个热议的话题，钢铁作为一个严重产能过剩的行业也被寄予了很多希望。

---

① 中钢协重点统计钢铁企业 2014 年第一季度实现销售收入 8688.87 亿元，同比下降 0.79%；实现利润 –23.29 亿元，由盈变亏。

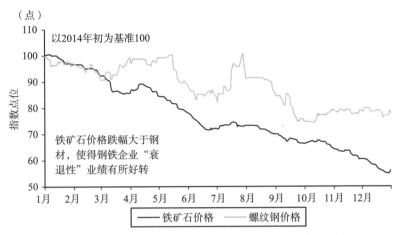

图25-11 2014年1～12月铁矿石与螺纹钢价格走势对比

注：本图中为铁矿石价格与螺纹钢价格走势对比，为方便比较，我们将2014年初作为基准进行标准化，将两个价格在2014年初标准化为100。

资料来源：Wind资讯、笔者计算。

然而无论出于何种原因，2014年的钢铁行情，如果执着于基本面研究，确实很难把握。钢铁行业的业绩虽然在2014年有小幅改善，但旋即在2015年就跌入一个更深不见底的坑，钢铁行业基本面真正的拐点要到2016年进行供给侧结构性改革后才出现，站在2014年时是不可能预料到后面还有供给侧结构性改革这一说的（见图25-12）。

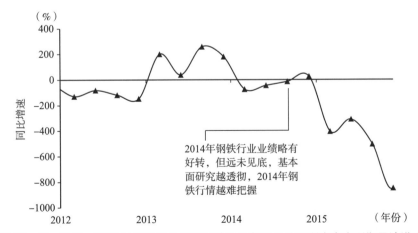

图25-12 2012～2015年钢铁行业季度钢铁行业归属母公司所有者净利润累计增速

资料来源：Wind资讯、笔者计算。

因此，当时市场上有很多观点因为看空宏观经济需求侧，而看空钢铁行业基本面，这个判断在基本面层面是完全正确的。回头想想，在那个时候，又是行业业绩确有小幅改善，又是钢铁股股价大涨，谁能够抵御得住这样的迷雾，坚持看空钢铁行业的基本面，也是一件非常不容易的事情。

但另一方面，因为看空基本面而看空股价，这个逻辑显然也是错误的。

第二十六章
2015 年：股市异常波动

  2015 年上半年股市延续 2014 年的牛市行情，市场普遍对股票市场有较高期待。在杠杆资金的推动下很快站上 5000 点高位，然而随之而来的清理场内外配资让指数迅速下探，股市经历了从"快牛"到"股灾"的泡沫破灭。虽然全年看上证综指仍有 5.6% 的涨幅，但整体点位经历了过山车式的震荡（2927 点，5166 点），在 6 月上旬触及高位后随即下行，第四季度在维持年初点位的基础上缓慢震荡上行。这次"股灾"可谓"快牛"之后的"快熊"，事后来看，这是一场由杠杆资金引发的流动性危机，本质上还是股市资金炒作后泡沫的破灭，可谓"成也萧何，败也萧何"。2015 年上证综指走势与资本市场大事记如图 26－1 所示。

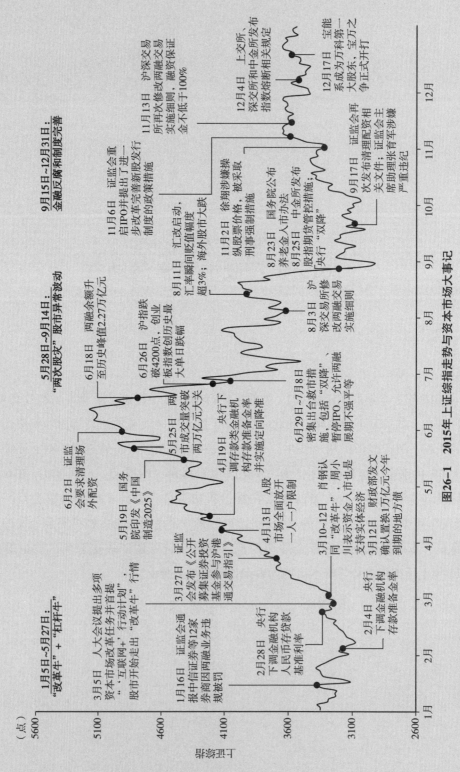

图26—1 2015年上证综指走势与资本市场大事记

资料来源：Wind资讯。

第一节　大事回顾：“杠杆牛”被打死了

一、“改革牛”+“杠杆牛”（1 月 5 日 ~5 月 27 日）

2015 年被誉为改革的“关键之年”，2015 年上半年牛市行情启动也正是从两会后开始的。2014 年末疯狂的牛市行情由于 1 月初中国证监会处罚两融业务违规券商而告一段落，此后市场一直处于“不温不火”的状态，即使在央行 2 月 4 日、28 日连续宣布“双降”之后，市场的反应也并不强烈。

然而两会之后，市场开始走出单边上行的牛市行情。一方面，诸多重磅改革措施如国企改革、多层次资本市场体系建设、“互联网＋”和“中国制造 2025”等，为市场启动新一轮牛市提供了信心和题材；另一方面，财政部发文确认置换 1 万亿元地方债，深港通提上日程以及养老金有望入市等实质性政策利好不断，而且高层也接连发声明确表示对股市的支持。继中国证监会主席的肖钢 3 月初表示认同 A 股“改革牛”的说法之后，12 日，周小川在十二届全国人大三次会议记者会上表示，资金进入股市也是支持实体经济，可以说 A 股的经济地位得到了空前提高。总结来看，政策宽松利好、改革提供契机是这一轮上涨的根本原因。

这一轮“改革牛”行情从 3 月初至 5 月底延续了大概 3 个月，其间主要由两个上涨阶段构成。第一个阶段从 3 月初至 4 月下旬主要是受两会等改革政策的利好，第二个阶段从“人民日报”（实际上是人民网的股票频道）4 月 21 日发表“4000 点是牛市的开端”叠加二度“双降”开始，市场在 4 月底历经小幅回调后再次上冲 5000 点。

与此同时，投资者加杠杆是导致此轮上涨行情的直接原因。许多资金通过两融加大杠杆进场，致使两融余额和成交量不断创新高。投资者加杠杆的方式除了场内配资即券商的两融业务之外，很多是通过场外配资的形式。除了恒生公司 HOMS 系统、上海铭创和同花顺之外，民间配资机构活动更为猖獗。多数配资公司打出了 5~10 倍的高杠杆来吸引客户。杠杆资金的存在大大提高了股市的波动，使得涨跌趋势不断强化，助涨杀跌情绪蔓延。其实从 2014 年开始的牛市主要有两波杠杆资金加速入市，从而推动了市场加速上涨：

第一波是 2014 年 11 月至 2015 年 1 月，两融余额从 0.75 万亿元增至 1.1 万亿元上涨 46.7%，同期上证综指涨幅 35.8%。1 月 16 日，中国证监会通报中信证券等 12 家券商因两融业务违规被罚。此后杠杆资金加速入市告一段落，市场也开始了约 1 个月的调整。

第二波从 2015 年 3 月至 5 月末，融资余额从 1.2 万亿元增至 2.26 万亿元，上涨 88.3%，同期上证综指和创业板指涨幅分别达 59.8% 和 102.3%。5 月 20 日，沪深两市融资余额高达 20057.39 亿元，首次突破 2 万亿元。而这一不断攀升的数据直到 6 月 18 日才刹住车，当天两融余额升至 2.27 万亿元，为历史峰值。伴随着增量资金的不断入市，两市成交量也水涨船高，并于 5 月 25 日成功突破了 2 万亿元大关，当天两市共成交 20330.29 亿元，创下了全球史无前例的成交纪录。

杠杆交易盛行，故事与题材股疯狂。这一阶段，股价与业绩表现基本无关，具备题材和故事的小市值公司则明显跑赢了大市值蓝筹和股指走势。沪指从 2014 年 12 月 31 日收盘点位 3234.68 点起步，一路扶摇直上攻城拔寨突破 4000 点、5000 点，并于 2015 年 6 月 12 日站上 5178.19 点高位。时隔七年后重新站上 5000 点整数关口，"杠杆牛"应运而生，市场一片欢腾。

二、"两次股灾"股市异常波动（5 月 28 日~9 月 14 日）

第一次股灾：5 月 28 日至 7 月 8 日。沪深两市 5 月 28 日大幅调整，上证综指当天下跌 6.50%，跌幅高达 321 点，市场遭遇"千股跌停"。随后继续上冲超过 500 点，在 6 月初开始迅速下行，实际意义上的"股灾"发生。本轮下跌的主要诱因是中国证监会 6 月 2 日发布的《证券公司融资融券管理办法（征求意见稿）》，旨在解决前期杠杆资金肆虐导致的市场过快上涨，建立逆周期的市场调节机制，要求券商清理场外配资相关业务，从而引发市场恐慌。清理的杠杆资金既包括规范的两融等场内配资，也包括游离于监管之外的场外配资（如 P2P 配资等）。

市场下跌初期，仍以主动去杠杆为主，后期股市持续下跌导致大面积的杠杆资金被动强行平仓并使市场恐慌情绪升级，资金出逃和基金赎回接踵而至，进一步加剧了流动性危机和市场的恐慌情绪。大批个股跌停导致流动性风险凸显，金融机构资金由于无法平仓面临损失的风险，投资者无法通过减仓控制损失，只能依靠股指期货对冲，引起股指期货贴水严重并引来恶意做空资金趁火打劫，加剧市场下跌趋势。

除了清理杠杆资金引发的恐慌，对于货币市场流动性的担忧也是"股灾"的重要推手。一方面，在外汇占款减少的背景下，央行暂停逆回购操作、部分中期借贷便利（MLF）到期使得基础货币供应减少；另一方面，地方债高频发行、企业缴税、信用扩张有所加快导致银行体系资金消耗加快，同时市场对货币政策收紧十分担心，5 月 28 日央行对部分机构的定向正回购也是引发当日股市大跌的重要原因。

后期央行进行了"双降"（6 月 27 日），并根据证金公司的需求向其提供充足的再贷款等流动性支持，中国证监会出台了暂停 IPO，券商出资购买股票，并于 7 月 1 日发布《证券公司融资融券业务管理办法》，提出可展期、不强平、扩大证券公司融资渠道，并降低了 A 股的交易结算费用，7 月 5 日汇金公告称在二级市场买入交易型开放式指数基金（ETF），并将继续买入。在一系列救市方案的推动下，市场恐慌情绪才有所缓解。

第二次股灾：8 月 17 ~ 25 日。汇改叠加全球股市暴跌是引发第二次下跌的主要原因。8 月 11 日人民币汇改启动，汇率中间价瞬间贬值幅度超 3%；同时，海外股市的暴跌也加剧了 A 股的第二轮回调。

第二轮股灾的下跌速度较前一次而言更加猛烈，而监管层的救市行动也更加干脆直接。8 月 23 日，国务院发布《基本养老保险基金投资管理办法》，明确养老基金投资股票、股票基金、混合基金、股票型养老金产品的比例，合计不得高于养老基金资产净值的 30%，关于养老金入市的政策传闻终于落地。紧接着 8 月 25 日晚，央行时隔两个月后再次宣布"双降"，当天，中金所出台措施抑制股指期货市场过度投机。一系列的救市措施平稳了市场情绪，叠加海外股市回暖和内外资券商为 A 股发声唱多，股市止跌企稳。

三、金融反腐和制度完善（9 月 15 日 ~ 12 月 31 日）

股灾之后，监管机构针对二级市场的直接措施在慢慢退出，相反，金融反腐和制度完善成了后股灾时期的工作重心，这一段时期指数从 3000 点左右缓慢震荡上行，指数的波动较前期大幅降低。

一方面，金融监管领域多名监管层高管落马。9 月 16 日，中纪委监察部网站发布消息称，中国证监会主席助理张育军涉嫌严重违纪，正在接受组织调查。这成为2015 年轰轰烈烈的金融反腐的前奏。10 月 13 日，国务院正式发文免去张育军中国证监会主席助理职务。11 月 2 日，泽熙投资管理有限公司法定代表人、总经理徐翔等人通过非法手段获取股市内幕信息，从事内幕交易、操纵股票交易价格，其行为涉嫌违法犯罪，被公安机关依法采取刑事强制措施。11 月 13 日，中央纪委监察部网站发布消息称，证监会副主席姚刚涉嫌严重违纪，目前正在接受组织调查。

另一方面，资本市场相关制度不断完善。中国证监会 9 月 17 日发布《关于继续做好清理整顿违法从事证券业务活动的通知》，要求持续对场外配资进行清理和整顿。11 月 6 日，中国证监会提出了进一步改革完善新股发行制度的政策措施，取消预缴款制度，同时意味着 IPO 暂停 3 个多月后再度重启；11 月 13 日，上海证券交易所和深圳证券交易所 13 日分别就《融资融券交易实施细则》（2015 年修订）进行修改，两交易所均规定，投资者融资买入证券时，融资保证金比例不得低于 100%。12月 4 日，经中国证监会同意，上交所、深交所、中金所发布指数熔断相关规定，并将于 2016 年 1 月 1 日起实施。12 月 9 日，国务院常务会议审议通过了拟提请全国人大常委会审议的《关于授权国务院在实施股票发行注册制改革中调整适用〈中华人民共和国证券法〉有关规定的决定（草案）》。

|专栏 26 -1|　　　　　　　　　整数关口一般是守不住的

从经验法则来看，A 股市场中的代表性指数整数关口往往都是守不住的，无论是在上涨过程中（一般会突破）还是在下跌过程中（一般会跌破）。上涨过程中上证综指在 2001 年、2007 年、2015 年的高点分别是 2245 点、6124 点、5178 点，差不多都是正好突破 2000 点、6000 点、5000 点整数关口。下跌过程中，上证综指2005 年跌破 1000 点到 998 点、2008 年跌破 2000 点到 1664 点、2018 年跌破 2500点到 2440 点、2022 年跌破 3000 点到 2863 点，除了 2008 年跌破整数关口下探幅度较大，其余熊市年份差不多都是在跌破整数关口后不久便止跌。

第二节　经济形势：严重的通缩，最困难的时刻

一、"破 7"，进入 "6 时代"

笔者认为，2015 年是 2000 年以来中国经济最困难的时刻，全部经济指标全面下滑，投资增速出现显著下行，出口和工业企业利润同比 1999 年首次出现负增长，通缩形势严峻 PPI 同比跌至 -5.2%。

2015 年全年中国 GDP 实际增速 6.9%，增速比继续下行 0.4%，中国经济增速跌破 7%，进入了 "6 时代"；固定资产投资累计同比增速达到 10.0%，较上年大幅回落 5.7%，投资增速出现了严峻的下滑形势。其中，制造业投资、房地产开发投资、基建投资增速全面下行，房地产开发投资增速在 2014 年已经大幅下滑 9.3% 的基础上，2015 年进一步大幅下滑 9.5%，已经基本接近零增长。

工业增加值累计同比增速 6.1%，增速较上年下降 2.2%，全年工业企业利润总额同比增速 -2.9%，增速较上年大幅回落 11.4%，是自 1999 年以来工业企业利润增速首次出现负增长。社会消费品零售总额名义同比增速 10.7%，增速比上年下降 1.3%。出口累计同比增速 -2.9%，增速较上一年下滑 9.0%，20 世纪 90 年代以来除 2009 年外出口增速首次负增长。

二、通缩，企业利润全面下滑

2015 年对中国经济和资本市场伤害最深的是通货紧缩的进一步加剧，在产能过剩、油价暴跌、出口萎缩的背景下，CPI 同比增速跌至 1.4%，PPI 同比增速更是出现了连续几十个月的同比负增长，到 2015 年时 PPI 负增长的情况已经非常严峻，从 2015 年 8~12 月连续五个月 PPI 同比负增长高达 5.9%。[①]

---

① 这一轮经济下行周期中 PPI 同比负增长从 2012 年开始，至 2016 年 8 月结束，历时共计 54 个月。

这导致了经济的名义增速要比实际增速更低，2015 年实际 GDP 是 6.9%，但是名义增速仅 6.3%（初步核算数）。通缩的直接结果是企业营收大幅缩减，利润严重下滑。根据国家统计局工业企业分行业的数据，2014 年和 2015 年几乎所有行业营业收入同比增速都是下滑的，约 2/3 行业的利润总额同比增速是下滑的（见表 26 - 1）。

表 26 - 1   **2013～2017 年工业企业分行业营收和利润增速变化情况**   单位：个

营业利润累计同比增速	2013 年	2014 年	2015 年	2016 年	2017 年
营收增速提高行业个数	18	1	2	31	42
营收增速降低行业个数	23	40	42	13	2
利润增速提高行业个数	19	7	14	22	35
利润增速降低行业个数	22	34	30	22	7

资料来源：国家统计局、笔者计算。

三、货币政策再放水，资金利率大幅下行

延续 2014 年 11 月降息的趋势，2015 年货币政策进一步放松：

一是降准。2015 年中国人民银行 5 次调整存款准备金率，包含 4 次普遍降准和 5 次定向降准，累计普遍下调金融机构存款准备金率 2.5%，累计额外定向下调金融机构存款准备金率 0.5% 至 6.5%。

二是降息。2015 年中国人民银行连续 5 次下调金融机构人民币存贷款基准利率。其中，金融机构一年期贷款基准利率累计下调 1.25% 至 4.35%；一年期存款基准利率累计下调 1.25% 至 1.5%。

三是大幅降低货币资金利率。2015 年，配合存贷款基准利率下调，央行公开市场 7 天期逆回购操作利率先后 9 次下行，年末操作利率为 2.25%，较年初下降 160 个基点，对引导货币市场利率下行发挥了关键作用（见图 26 - 2）。

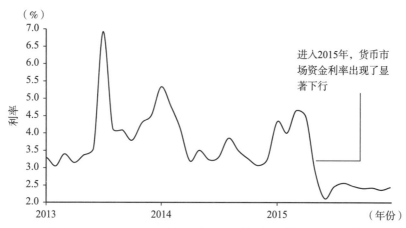

图 26 - 2　2013～2015 年银行间 7 天质押式回购加权利率走势

资料来源：中国人民银行、Wind 资讯。

| 专栏 26 - 2 |　**为什么社会消费品总额越来越不能反映整体消费情况**

　　根据国家统计局的定义，社会消费品零售总额（total retail sales of consumer goods）是指企业（单位）通过交易售给个人、社会集团，非生产、非经营用的实物商品金额，以及提供餐饮服务所取得的收入金额。社会消费品零售总额包括实物商品网上零售额，但不包括非实物商品网上零售额。该指标所涉及的商品包括售给个人用于生活消费的商品，也包括售给社会集团用于非生产、非经营的商品。其中，个人包括城乡居民和入境人员，社会集团包括机关、社会团体、部队、学校、企事业单位、居委会或村委会等。

　　社会消费品零售总额中不包括企业和个体经营户用于生产经营和固定资产投资所使用的原材料、燃料和其他消耗品的价值量，也不包括居民用于购买商品房的支出和农民用于购买农业生产资料的支出费用。由于餐饮服务属于一种特殊的商品销售形式，因此，提供餐饮服务取得的收入也被统计在社会消费品零售总额中。

　　根据上述定义，可以发现，社会消费品总额这个指标从统计范围上看，最大的特征是仅包含实物商品（以及餐饮），而没有包含服务消费。而从国际发展的趋势来看，随着经济的发展，包括医疗、教育、娱乐、体育、家政、旅游等在内的服务性消费在居民全部消费中的比例会越来越大。以美国为例，GDP 中大约有七成是消费，而消费中大约有七成是服务消费。

所以，经济越往后走，服务消费比重越大，用社会消费品总额度量整体消费问题越大。那我们为什么还要纠结于这个指标呢？因为中国的 GDP 核算基准方法是按照生产法（第一、第二、第三产业产值加总），而非支出法（消费投资净出口加总），所以在目前中国的统计指标体系中，还没有另一个比社会消费品总额更好的总量消费指标。

四、2015 年 A 股盈利和估值变化趋势回顾

2015 年的利润结构仍然延续 2014 年的风格，中小板和创业板业绩持续跑赢主板，但整体增速较上年均有不同程度的下滑，只有中小板业绩增速环比仍有提高。2015 年全部 A 股上市公司归属母公司所有者净利润增速 −1%，较上一年下降 7%，主板利润增速 −2%，较上年下降 8%，中小板利润增速 19%，较上年提高 1%，创业板利润增速 21%，较上年下降 4%；非金融利润增速 −14%，非金融剔除"两油"的归属母公司所有者净利润增速为 −7%，二者较上年均有比较大幅的下降（见图 26 −3）。

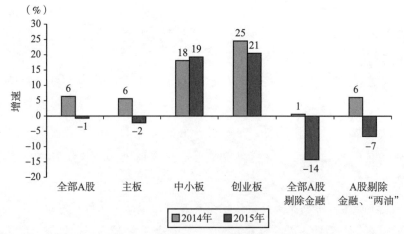

图 26 −3　2014 年和 2015 年 A 股各板块上市公司归属母公司所有者净利润增速对比
资料来源：Wind 资讯、笔者计算。

2015 年业绩增速先升后降，整体增速下滑，而指数总体的估值水平走成了三段式，但整体估值仍是下行趋势。以上证综指计算，2015 年底全年市盈率（TTM）在16.5 倍，较 2014 年底上升 16%，上证综指全年上涨 5.6%，2015 年指数跟随估值，也走出了三段式行情。

整体看指数估值回升的主要原因有两方面：一是货币放水导致的利率大幅下降。2015 年长端利率相对于 2014 年大幅下降，年底的时候竟然降到了 3% 以下，这是估值提升的最主要因素（见图 26 - 4）。二是"改革牛"的政策号召，市场的一系列制度建设支撑市场信心，是制度红利带来的估值溢价。

图 26 - 4　2014 ~ 2015 年上证综指市盈率（PE）与长端利率走势对比

资料来源：Wind 资讯。

第三节　行情特征：创新、并购、"互联网 +"

2015 年股市大起大落，从全年看依然是大幅上涨的，行情特征主要体现在：

（1）市场有很强的赚钱效应。上证综指全年上涨 9%、Wind 全 A 全年上涨 38%。个股平均涨幅要显著大于指数涨幅，全部个股收益率算术平均值是 76%，全部个股收益率中位数是 61%。有 90% 的股票在 2015 年是上涨的（见图 26 -5）。

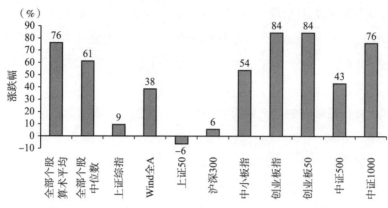

图 26-5　2015 年 A 股主要指数及全部个股平均涨跌幅对比

资料来源：Wind 资讯、笔者计算。

（2）风格上中小创要明显好于主板。主板指数总体表现不佳，上证 50 指数全年是跌的，累计下跌 6%，沪深 300 小幅上涨 6%，中小板指和创业板指都是大涨，其中创业板指的涨幅更是达到了 84%。

（3）2015 年的股市行情，风格因素要远大于行业因素，涨得好的行业不但有TMT，还有轻工、纺服等传统行业（见图 26-6）。最大的风格特征就是小市值公司表现要远好于大市值公司，这种行情特征和 2000 年时非常相似，并购重组大行其道。

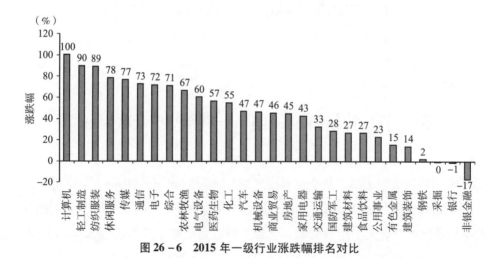

图 26-6　2015 年一级行业涨跌幅排名对比

资料来源：Wind 资讯。

（4）除了货币放水、"改革牛"以外，2015 年出现"小票"行情背后的基本面我们认为是资产间的比价效应发生了明显逆转。有基本面的传统行业在2015年业绩基本全军覆没，这一方面促使企业转型并购重组，另一方面也相应提高了那些传统意义上没有基本面的公司相对价值。

一、风格大于行业，小市值最重要

2015年的股市行情，风格因素要远大于行业因素，2015年涨得好的行业不仅仅是科技板块的计算机、传媒、电子、通信，轻工、纺服等传统行业指数涨幅也排在非常靠前的位置。

最大的风格特征就是小市值公司表现要远好于大市值公司，图26-7中我们把所有上市公司按照2015年初时候的市值大小进行分组，共分十组，然后考察每个组合在2015年全年收益率的中位数。从中很明显地可以看到，市值大小成为收益率高低的决定性因素。

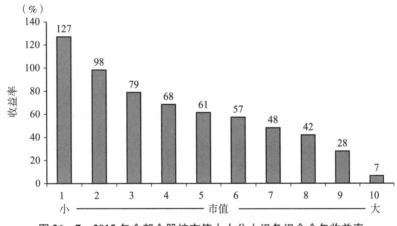

图26-7 2015年全部个股按市值大小分十组各组合全年收益率

资料来源：Wind资讯、笔者计算。

从这个角度讲，2015年的市场行情与2000年的行情非常相似，并购重组成为市场最大的热点和炒作题材。只是到了2015年的时候，金融工具更加发达了，上市公司更加喜欢使用定向增发这个融资手段。数据中就可以看到，2015年时A股增发的金额呈现出了井喷式的增长（见图26-8）。

图 26 - 8   2000～2018 年 A 股增发筹资金额走势对比

资料来源：Wind 资讯、笔者计算。

这一时期最有名的概念叫作"跨界定增"，而随着市场的大幅波动，管理层在之后逐步收紧了上市公司这种无限制的并购活动。

2016 年 5 月 11 日，有媒体报道称，中国证监会已经叫停上市公司"跨界定增"，涉及互联网金融、游戏、影视、VR 四个行业。该报道称，水泥企业不准通过定增收购或者募集资金投向上述四个行业。同时，这四个行业的并购重组和再融资也被叫停。

5 月 13 日下午闭市后，中国证监会新闻发言人邓舸针对中国证监会"叫停跨界定增"的传闻表示，目前再融资和并购重组政策没有任何变化。"空穴来风，未必无音"，虽然传言被澄清了，但跨界并购重组监管收紧也是一个不争的事实。

"一位并购项目负责人表示，尽管中国证监会上周末对'叫停上市公司跨界定增，涉及互联网金融、游戏、影视和 VR 四个行业'的传闻进行了澄清，但在实际操作中，涉及类金融的跨界并购事实上已被暂缓。此外，对于游戏、影视和 VR 等资本热捧的几个行业，具体审核时也是一事一议。"[1]

二、"改革牛"并非完全无稽之谈

"改革牛"是在 2015 年被市场认可的最大逻辑。2015 年国家出台了多项改革政

---

[1] 何晓晴：《证监会强化并购重组行业审核 跨界并购"一事一议"》，载《21 世纪经济报道》2016 年 5 月 18 日，第 12 版。

策和政策导向，包括"国企改革""大众创业、万众创新""互联网＋"等，这些无疑都激发了市场的热情。

"改革牛"或"杠杆牛"，这两个观点都有道理。这轮股市上涨是对改革开放红利预期的反映，是各项利好政策叠加的结果，有其必然性和合理性。中国证监会主席肖钢在接受媒体采访时针对当前市场对 A 股上涨存在的两种观点发表了自己的看法。[①]

虽然从事后看，2015 年股市经历了两次"股灾"后大幅下挫，"改革牛"的论点感觉被市场证伪了。但我们想说的是，"改革牛"的逻辑并非无稽之谈，这种新政府上任后，市场对未来新政策的期待而造就的股市大涨，也并非中国独有。

即使在市场非常成熟的美国，我们也可以看到 20 世纪 80 年代里根上台后，进行了一系列经济改革，1982 ~ 1987 年美股大幅上涨，分解来看，涨的也主要是估值（PE），业绩（EPS）基本一动不动（见图 26 - 9）。美股要到 1987 年股灾以后才走上了股价上涨靠业绩的路径。那么，1982 ~ 1987 年的美股大涨，又何尝不是"改革牛"呢?

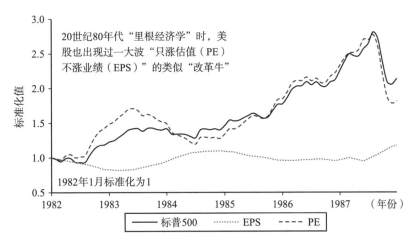

图 26 - 9　1982 ~ 1987 年标普 500 指数盈利和估值走势对比

资料来源：Bloomberg、笔者计算。

三、相对比价效应，对小票行情的再思考

这里我们想再谈一点儿对 2015 年"小票"行情的思考。

---

① 《证监会主席肖钢赞同 A 股上涨是"改革牛"》，载《证券日报》2015 年 3 月 11 日，第 A1 版。

谈及 A 股市场，特别是类似 2015 年大起大落的市场行情，很多投资者都会说 A 股市场"不价值"，或者说"博弈"成分占主导。

"价值"或者"不价值"、"博弈"或者"不博弈"看怎么理解。我们认为，A 股市场总体是遵循价值逻辑的，即使是"博弈"也会讲究规则。

这个规则是什么？我们认为是资产的相对比价效应。水往低处流，人往高处走，资金又何尝不是呢？2015 年之所以会出现如此波澜壮阔的"小票"行情，而基本完全忽视基本面，除了狂热以外，很重要的一点是，在当时，"没有基本面"的"小票"与"有基本面"的"白马蓝筹"，资产的比价出现了大幅逆转。

因为到 2015 年时，中国的传统经济产业基本已经全军覆没，几乎没有一个行业能拿得出手了，在通货紧缩下，全行业业绩负增长甚至全行业亏损都很常见。我们看到 2015 年规模以上工业企业利润增速 - 3%，是 1999 年以来的首次负增长（见图 26 - 10）。中国经济中盈利能力最强的银行，2015 年业绩增速 1.8%，几乎也到了零增长（见图 26 - 11）。

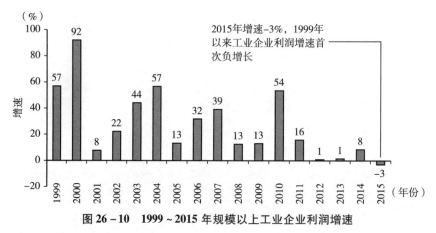

图 26 - 10　1999～2015 年规模以上工业企业利润增速

资料来源：国家统计局、Wind 资讯。

对于本身也谈不上什么"ROE"和"基本面"的行业或者公司来说，有基本面的行业和公司业绩大幅下滑，无疑等于提高了这些公司的相对比价。这种经济环境，我们认为是 2015 年小票行情大爆发的另一个重要原因。

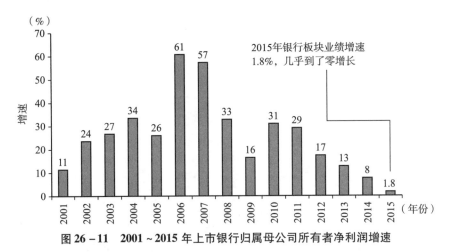

图 26 – 11　2001～2015 年上市银行归属母公司所有者净利润增速

资料来源：Wind 资讯、笔者计算。

第二十七章
2016 年：白马蓝筹，龙头崛起

    2016 年对整个资本市场甚至是全球局势来说都是值得铭记的一年，无论是国内 A 股市场的两次熔断、"万宝之争"，还是海外特朗普当选美国总统、英国脱欧，黑天鹅不断出现成了 2016 年的主旋律。在风险因素阴霾笼罩的环境下，整体指数走势平平，在经历了年初两次熔断大跌后一直处于震荡走势。从结构行情来看，上半年中小板走势偏强，主板偏弱，到下半年行情反转，大盘权重股发力上行。与此同时，改革是贯穿全年的重要行情元素，从国有企业兼并重组、混合所有制改革到供给侧结构性改革，产生出多只走出独立行情的受益改革概念的牛股。2016 年上证综指走势与资本市场大事记如图 27 - 1 所示。

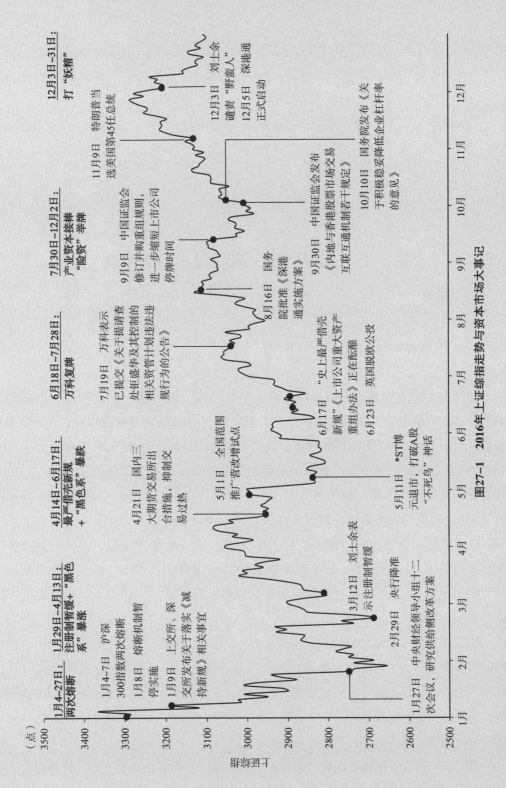

图27-1　2016年上证综指走势与资本市场大事记

资料来源：Wind资讯。

第一节　大事回顾：风险因素迟迟不散

一、两次熔断（1 月 4~27 日）

2016 年伊始，全球资本市场均出现了"开门黑"的行情，先是 A 股熔断机制和新股申购新制度正式生效的第一个交易日，作为熔断机制的基准指数，沪深 300 指数先后触发 5% 和 7% 的熔断阈值，股票现货和股指期货市场于 2016 年 1 月 4 日 13 时 33 分起暂停当日交易。指数熔断的同时，两市再现"千股跌停"。祸不单行，指数在 3 天后再次熔断。2016 年 1 月 7 日，早盘 9 点 42 分，沪深 300 指数跌幅扩大至 5%，再度触发熔断线，两市将在 9 点 57 分恢复交易。开盘后，仅 3 分钟，沪深 300 指数再度快速探底，最大跌幅 7.21%，二度熔断触及阈值，同时也创造了休市最快纪录。与此同时，美国 WTI 原油在 2016 年 1 月大跌 9.2%，布伦特原油则大跌 7.8%。A 股的断崖式下跌叠加原油价格大幅下跌，全球资本市场开启了一轮恐慌性大抛售。

那么 A 股开年暴跌的原因到底是什么呢？1 月 7 日，就是第二次熔断的当天，中国证监会发布了《上市公司大股东、董监高减持股份的若干规定》（简称"减持新规"），自 1 月 9 日起施行。根据减持新规要求，交易所需要规范大股东减持预披露行为，细化相关信息披露要求。要求大股东在 3 个月内通过证券交易所集中竞价交易减持股份的总数，不得超过公司股份总数的 1%。

其实从年初股票迅速下跌的行情来看，根本原因不在熔断机制，而是投资者出于对董事、监事、高管减持以及注册制对股市流动性冲击的担心，但熔断机制确实造成了投资者的恐慌心理，形成了"羊群效应"。

1月7日晚间，上海证券交易所、深圳证券交易所、中国金融期货交易所发布通知，为维护市场稳定运行，经中国证监会同意，自1月8日起暂停实施指数熔断机制。截至1月28日，A股1个月内下跌19.4%，19个交易日内有5天上证综指跌幅超过3%，最高单日跌幅高达7%。

2016年1月还有一件很重要的事情，对中国经济和资本市场都将产生深远影响，那就是供给侧结构性改革第一次登上历史舞台。1月27日，中共中央总书记、国家主席、中央军委主席、中央财经领导小组组长习近平主持召开中央财经领导小组第十二次会议，研究供给侧结构性改革方案。

二、注册制暂缓+"黑色系"暴涨（1月29日~4月13日）

继1月A股大跌之后，监管层在制度革新方面的动作明显有所放慢，并出台各项维稳措施，指数也开始从底部反弹，开始了为期两个多月的上涨周期，涨幅高达12%。除了紧急暂停熔断机制外，2016年3月12日，在十二届全国人大四次会议记者会上，中国证监会主席刘士余表示，注册制是不可以单兵突进的，研究论证需要相当长的一个过程。这也意味着股票发行注册制改革将暂缓施行。同时，3月18日中国证券金融股份有限公司公告，自2016年3月21日起，中国证券金融股份有限公司恢复转融资业务，并下调各期限转融资费率。随着两融业务的恢复，券商开始下调两融利率抢夺融资客，这为A股杠杆资金的再度入场铺平了道路。

政策红利的释放和基本面的好转也为这一波反弹行情提供了动力。2016年世界主要国家央行开启新一轮货币宽松，决策层顺应国际货币宽松的大趋势和国内经济稳增长的需要实施宽松的货币政策。中国人民银行2月29日宣布，自3月1日起，普遍下调金融机构人民币存款准备金率0.5个百分点，以保持金融体系流动性合理充裕，引导货币信贷平稳适度增长，为供给侧结构性改革营造适宜的货币金融环境。1月份全国新增人民币贷款2.51万亿元，同比多增1.04万亿元，创历史新高。而基本面的好转也为情绪反转提供了动力，例如，1~2月，全国规模以上工业企业利润同比增长4.8%，结束了此前连续7个月的下滑态势，PMI及PMI新订单环比数据出现小幅回升。总之，监管层的维稳、政策面的宽松，加上基本面的好转使得情绪面和资金面迅速回暖，开启了一波小反弹周期。

然而鉴于 2016 年初股债两市的不景气，宽松的信贷就导致一部分资金流入了大宗商品市场。2 月初以来焦炭、螺纹钢等"黑色系"暴涨，股市微微回暖、"黑色系"商品的暴涨是这段时间最鲜明的特征。

三、最严借壳新规 +"黑色系"暴跌（4 月 14 日~6 月 17 日）

热钱流入带来的"黑色系"暴涨引发了监管层的关注。4 月 21 日晚，国内三大期货交易所出台措施，抑制交易过热。其中，上海期货交易所上调"黑色系"商品交易手续费，大连商品交易所调整铁矿石和聚丙烯品种手续费标准，郑州商品交易所发布风险提示函。随即"黑色系"暴跌，A 股钢铁行业指数从 4 月 13 日开始在 1 个月内下跌了 15%。

除了"黑色系"的暴跌，中国证监会对于暂缓"中概股"回归的态度也被市场解读成了重大利空。5 月 6 日，中国证监会发言人张晓军表示，近 3 年已有 5 家在海外上市的红筹企业实现退市后，通过并购重组回到 A 股市场上市。市场对此提出了一些质疑，认为这类企业回归 A 股市场有较大的特殊性，境内外市场的明显价差、壳资源炒作等现象应当予以高度关注。中国证监会注意到市场的这些反应，正对这类企业通过 IPO、并购重组回归 A 股市场可能引起的影响进行深入的分析研究。中国证监会明确对壳资源炒作的否定态度使得市场反应剧烈，上证综指连续两个交易日单日跌幅近 3%。6 月 17 日，中国证监会就修改《上市公司重大资产重组办法》向社会公开征求意见，"史上最严借壳新规"即将出台。

伴随着"黑色系"的暴跌和监管层对壳资源的明确态度，A 股又开启了一轮下跌周期，4 月中旬至 5 月中旬是指数下跌最剧烈的一段，上证综指下跌了近 9%。

四、万科复牌（6 月 18 日~7 月 28 日）

6 月底至 7 月底短短一个多月时间，虽然经历了英国脱欧公投这样的小概率事件，但对股票市场影响最大的事件其实是万科的复牌。7 月 4 日，重组停牌 7 个半月的万科 A 终于迎来复牌。在复牌后股价连续 2 日跌停的背景下，"宝能系"依然逆市出手增持。资料显示，"宝能系"旗下公司钜盛华于 7 月 5~6 日购入万科股票 7839.23 万股，占公司总股本的 0.71%，涉及资金高达 15 亿元。在本次购入后，钜盛华及其一致行动人前海人寿保险合计持有万科股票 275978.80 万股，占其总股份的比例达到 24.97%。

万科 7 月 19 日表示，已向中国证监会、中国基金业协会、深交所、深圳证监局提交《关于提请查处钜盛华及其控制的相关资管计划违法违规行为的报告》。中国证监会新闻发言人邓舸 7 月 22 日表示，至今没有看到万科相关股东与管理层采取有诚意、有效的措施消除分歧，相反通过各种方式激化矛盾，严重影响了公司的市场形象及正常的生产经营，中国证监会对万科相关股东与管理层表示谴责；对监管中发现的任何违法违规行为，都将依法严肃查处。

A 股曾在万科复牌后走出一波小幅上涨行情，但随着"万宝之争"逐渐白热化，7 月 12 日开始 A 股又开始回调，这期间 A 股整体下跌 1.6%。

五、产业资本接棒"险资"举牌（7 月 30 日～12 月 2 日）

在"万宝之争"暂告一段落之时，恒大举牌万科又掀起了产业资本举牌 A 股公司的大潮，2016 年 7 月底至 9 月底期间 A 股基本呈现震荡走势，指数经历了两轮小波段，整体涨幅仅 2%。这期间主要以房地产、建筑、建材等板块领涨，整体逆转了上半年的中小票领涨行情。8 月 4 日，恒大及其董事长许家印购入约 5.17 亿股万科 A 股，持股比例 4.68%，总代价为 91.1 亿元。恒大表示，购买万科因其为中国最大的房地产开发商之一，且万科财务表现强劲。而与此同时，产业资本的举牌势头已经逐渐超过了保险资金，也是撬动下半年地产行情的主要推手。进入 9 月以来，A 股出现的举牌案例数量已大幅超出此前几个月的平均水平，被举牌的公司一般在二级市场表现较好。例如，格力电器举牌海立股份、大北农举牌荃银高科、和泰安成举牌焦作万方等。举牌潮也带来市场资金的跟风潮，举牌带来的效应让不少资金参与到对被举牌公司的炒作中。针对 2016 年再度兴起的并购热潮，9 月 9 日，中国证监会发布《关于修改〈上市公司重大资产重组管理办法〉的决定》，修订并购重组规则，进一步缩短上市公司停牌时间。

然而 8 月中旬开始的关于"深港通"启动的一系列动作反而导致上证综指出现了一个半月的回调。8 月 16 日，国务院批准《深港通实施方案》，深港通准备工作正式启动。9 月 30 日，中国证监会发布《内地与香港股票市场交易互联互通机制若干规定》，并于发布之日起施行。当日深交所发布与深港通相关的八大业务规则。从 8 月中旬至 9 月底，上证综指下跌 4%。随后开始继续上行。10 月 14 日，中国证监会发布《证券基金经营机构参与内地与香港股票市场交易互联互通指引》，明确证券公司、公募基金管理人开展内地与香港股票市场交易互联互通机制下"港股通"相关业务有关事项的具体要求。11月25日，中国证监会和香港证监会联合公告，决定批准深圳证券交易所、香港联合交易所有限公司、中国证券登记结算有限责任公司、香港中央结算有限公司正式启动深港股票交易互联互通机制（简称"深港通"）。深港通下的股票交易于12月5日开始。此举旨在促进内地与香港资本市场共同发展。从7月底至12月初上证综指缓慢上行，其间只有8月中旬至9月底有一波回调，整体涨幅9%。

六、打"妖精"（12月3～31日）

2016年最后一个月指数又经历了一轮下跌周期，下跌幅度大约为5%，其主要的导火索在于监管层对A股"举牌"行为的多次定性谴责。12月3日中国证监会主席刘士余在中国证券投资基金业协会第二届会员代表大会上指出，希望资产管理人，不当奢淫无度的土豪、不做兴风作浪的妖精、不做坑民害民的害人精。用来路不当的钱从事杠杆收购，行为上从门口的"陌生人"变成"野蛮人"，最后变成行业的"强盗"，这是不可以的。12月5日，中国保监会网站发布消息，针对万能险业务经营存在的问题，并且整改不到位的前海人寿采取停止开展万能险新业务的监管措施。12月5日指数当天下跌1.2%。随后，监管层多次就险资举牌表态，9日，中国保监会网站发布公告，近期恒大人寿保险有限公司在开展委托股票投资业务时，资产配置计划不明确，资金运作不规范，暂停恒大人寿委托股票投资业务，并责令其进行整改。13日中国保监会主席在保监会召开的专题会议上表示，保险资金一定要做长期资金的提供者，而不是短期资金炒作者和敌意的收购控制者。与此同时，美联储在12月15日宣布再次加息，年末的A股市场笼罩在一片阴霾中。

| 专栏27－1 | 神奇的"一月变盘"效应 |

从A股历史经验来看，不只是2016年1月的两次熔断，A股市场历来1月份出现变盘概率较大。所谓变盘，既包括大盘整体的"牛转熊"或者"熊转牛"，也包括结构性行业的板块切换。列举如下案例，供投资者参考：

2012年底银行地产板块大涨，市场期待经济复苏、大盘蓝筹崛起，可是这波金融地产行情到2013年初就戛然而止，切换到了以动漫手游为代表的创业板行情。

2013年全年创业板大放异彩，市场开始认可新兴产业代表未来，可是到了2014年初市场风格再次大变，传统行业低估值蓝筹成为2014年行情的主线。

2014年11月央行超预期降息，随后两个月时间里以券商为代表的金融板块大幅上涨，正当市场认为券商板块会成为牛市"旗手"时，到2015年初金融板块的行情也基本结束，低估值蓝筹也不再是行情主线，整个2015年又切换到了中小创的行情风格。

2016年初的两次熔断也是超市场预期。2017年底银行地产行情再度启动，到2018年1月上证综指最高冲到3587点，当时很多观点认为中国经济新周期和再通胀要来了，可2月份以后行情走势完全跟人们想的不一样。

2018年底上证综指跌破2500点，当时市场情绪一片悲观，甚至有观点认为可以去对比日本"失去的二十年"，可随后到了2019年1月，央行降准后行情立马启动，又完成了一次切换。

2019年下半年涨幅领先的半导体板块在2020年初休整，2020年涨幅持续领先的白酒和医药板块到2021年初开始休整，这两次结构性板块的切换都是在年初1月份左右出现。

2021年12月Wind全A指数再创新高，年底之际市场投资者都在讨论"跨年行情"，但刚过完元旦到2022年1月，市场便开始单边下跌行情。

第二节　经济形势：供给侧结构性改革

一、向好的势头开始出现

2016年中国经济在供给侧结构性改革下，出现了明显的向好势头，突出体现在连续数年的工业品价格通缩结束了，从而使得整体经济的名义增速开始出现回升，进而导致整个工业企业利润在2016年开始有明显回升（见图27-2）。

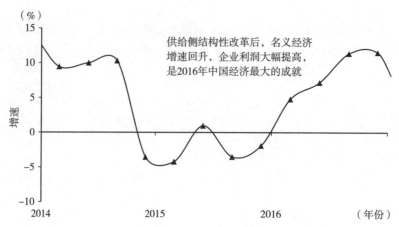

图 27－2　2014～2016 年工业企业利润总额当季同比走势

资料来源：国家统计局、Wind 资讯。

2016 年全年中国 GDP 实际增速 6.7%，增速比上一年继续下行 0.2%，虽然 2016 年的中国经济实际 GDP 增速仍比上一年有所下滑，但是得益于物价指数的回升，2016 年名义 GDP 增速 7.9%，已经比上一年出现了 0.9% 的回升，经济名义增速的回升，使得整个实体经济在 2016 年比 2015 年要明显好很多。

2016 年固定资产投资累计同比增速达到 8.1%，较上年继续回落 1.9%，投资增速的下滑形势依然比较严峻。其中，制造业投资和基建投资增速继续下滑，房地产开发投资增速有所反弹，2016 年达到了 6.9%，增速比上一年提高 5.9%。社会消费品零售总额名义同比增速 10.4%，增速比上年下降 0.3%。出口累计同比增速 −7.7%，增速较上一年下滑 4.8%。

2016 年中国经济的一个突出特点是通过供给侧结构性改革，使得工业品的价格得到回升，从而拉升了经济的名义增速，但是 2016 年经济中的需求侧，不论投资、消费还是出口都没有回升，这就导致市场对经济回升的可持续性产生了极大的质疑。

二、供给侧结构性改革

2015 年 11 月 10 日，习近平在中央财经领导小组会议上首次提出"供给侧结构性改革"，指出"在适度扩大总需求的同时，着力加强供给侧结构性改革，着力提高供给体系质量和效率"。2016 年 1 月 27 日，中共中央总书记、国家主席、中央军委主席、中央财经领导小组组长习近平主持召开中央财经领导小组第十二次会议，研究供给侧结构性改革方案。2017 年 10 月 18 日，习近平同志在中共十九大报告中指出，要深化供给侧结构性改革。建设现代化经济体系，必须把发展经济的着力点放在实体经济上，把提高供给体系质量作为主攻方向，显著增强我国经济质量优势。

与需求侧投资、消费、出口相对应，供给侧有劳动力、土地、资本、制度创造、创新等要素。供给侧结构性改革就是对"刺激政策"说不，从提高供给质量出发，用改革的办法推进结构调整，矫正要素配置扭曲，扩大有效供给，提高供给结构对需求变化的适应性和灵活性，提高全要素生产率。

供给侧结构性改革主要涉及产能过剩、楼市库存大、债务高企这三个方面，为解决好这一问题，就要推行"三去一降一补"的政策，即去产能、去库存、去杠杆、降成本、补短板五大任务。其具体内容是：去低利润、高污染的过剩产能；去库存为新的产能提供空间；去杠杆降低长期性和系统性风险；降成本提高效率；补短板提高整体资源配置效率，平衡供需关系。

三、2016 年 A 股盈利和估值变化趋势回顾

2016 年的利润增速较上年明显改善，中小板和创业板业绩仍远远跑赢主板，而且环比改善的幅度也相对较大。2016 年全部 A 股上市公司归属母公司所有者净利润增速为 8%，较上一年提升 9%，主板利润增速为 5%，实现了由负转正的翻身，较上年提升 7%，中小板利润增速 37%，较上年提高 18%，创业板利润增速为 38%，较上年上升 17%；非金融利润增速 28%，非金融剔除"两油"的归属母公司所有者净利润增速为 32%，二者较上年均有 40% 以上的提升（见图 27 - 3）。

2016 年上市公司业绩增速继上半年出现下滑之后，下半年出现了大幅回升，而 2016 年指数总体的估值水平一直处于缓慢上升的通道。以上证综指计算，2016 年底全年市盈率（TTM）在 15.8 倍，较 2015 年底上升 4%。

对于 2016 年来说，供给侧结构性改革是贯穿资本市场的主线，也是影响估值和盈利的主要因素。2016 年中国经济在供给侧结构性改革下，出现了明显的向好势头，整个工业企业利润明显回升，上市公司利润乃至经济增速都在工业利润回升的带动下出现改善。2016 年估值的走势和长端利率走势基本是不相关的（见图 27 - 4），因此 2016 年估值的上升其实是资本市场对于供给侧结构性改革带来的盈利能力回升的期望溢价。

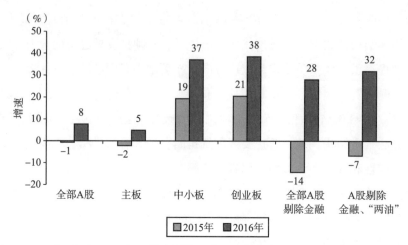

图 27 – 3　2015 年和 2016 年 A 股各板块上市公司归属母公司所有者净利润增速对比

资料来源：Wind 资讯、笔者计算。

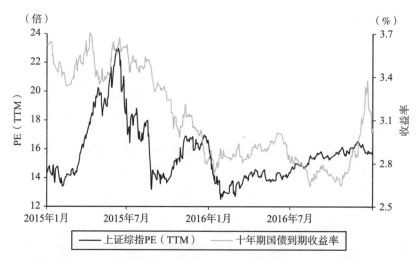

图 27 – 4　2015 ~ 2016 年上证综指市盈率（PE）与长端利率走势对比

资料来源：Wind 资讯。

第三节　行情特征：ROE 回升的大逻辑

2016 年股市因为两次"熔断"总体大跌，行情特征体现在：

（1）市场总体跌幅较大。上证综指全年下跌 12%、Wind 全 A 全年下跌 13%。全部个股收益率算术平均值是 – 11%，全部个股收益率中位数是 – 15%。有 76% 的股票在 2016 年是下跌的。

（2）风格上"中小创"跌幅较大，上证 50 抗跌。主板指数总体表现相对较好，上证 50 指数全年是最扛跌的，累计下跌 6%，沪深 300 下跌 11%，中小板指和创业板指都是大跌，其中创业板指的跌幅达到了 28%（见图 27 - 5）。

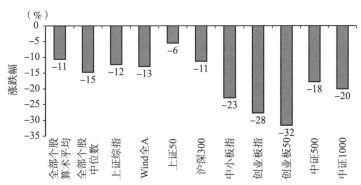

图 27 - 5 2016 年 A 股主要指数及全部个股平均涨跌幅对比

资料来源：Wind 资讯、笔者计算。

（3）2016 年全年指数的累计收益率都是下跌的，但如果从两次"熔断"以后起算，主板的指数都是上涨的，特别是传统行业表现显著领先（见图 27 - 6）。促使股市行情在 2016 年和 2017 年出现大逆转的重要原因在于，从 2016 年第三季度起，主板公司的净资产收益率出现了大幅回升，盈利能力显著增强。

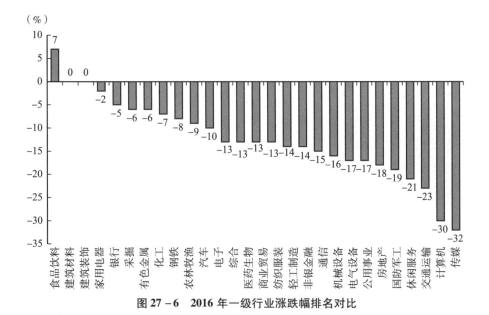

图 27 - 6 2016 年一级行业涨跌幅排名对比

资料来源：Wind 资讯。

（4）2016 年开始 A 股市场的一个重大变化，就是此前的估值体系开始了系统性的修正。到 2018 年 6 月，全部 A 股的 PE 基本和 2016 年 2 月两次熔断后的水平相当。但这个全部 A 股估值水平相当，是在两个大的结构性变化中实现的：上证 50 和沪深 300 公司估值要更高，中证 1000 指数 PE 相比当时已经跌去超过一半。

一、ROE 回升是行情发展的最大逻辑

促使股市行情在 2016 年和 2017 年出现大逆转的重要原因，在于从 2016 年第三季度起，主板公司的净资产收益率出现了大幅回升，盈利能力显著增强（见图 27 - 7）。

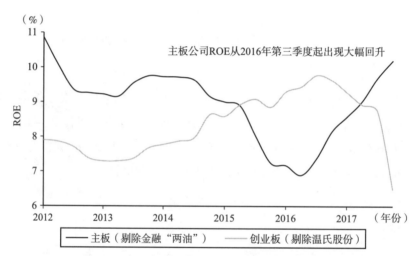

图 27 - 7　2012~2017 年主板和创业板上市公司 ROE 走势对比

资料来源：Wind 资讯、笔者计算。

主板公司 ROE 的回升，一方面，使得此前传统行业"蓝筹白马"的低估值开始修复，2016 年和 2017 年股市走出了一轮"价值投资""蓝筹白马"行情；另一方面，使得"价值股"和"小票"之间的比价关系，又再一次发生了惊天逆转。所以从 2016 年开始，市场风格 180 度转向，回到了大市值公司这边。

为什么主板公司的 ROE 会在 2016 年出现拐点回升？主要原因就是我们在上一部分中所分析的，供给侧结构性改革以后，中国经济的名义增速出现了回升，这个是最重要的，名义经济增速回升的过程中，企业的利润出现了显著改善。

二、估值体系开始大幅修正

从 2016 年开始，整个 A 股的估值体系开始出现大幅修正，这个修正的方向就是传统行业盈利能力强的龙头企业，估值开始修复、拔高甚至出现一定的估值溢价，而在 2013～2015 年中小创行情中被拉得很高的高估值公司，估值出现了大幅回落。

A 股估值体系的修正在数据中完全可以找到答案。从 A 股整体的估值水平来看，2018 年 6 月全部 A 股的 PE（TTM）在 16 倍左右，基本和 2016 年 2 月两次熔断后的水平相当。但这个全部 A 股估值水平相当，是在两个大的结构性变化中实现的：上证 50 和沪深 300 公司估值要更高，中证 1000 指数 PE 相比当时已经跌去超过一半（见图 27 – 8）。

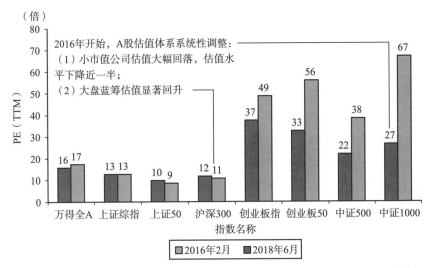

图 27 – 8 2016 年 2 月与 2018 年 6 月 A 股主要指数市盈率 PE（TTM）对比

资料来源：Wind 资讯。

我们认为，未来随着 IPO 的常态化以及中国资本市场各项制度建设的完善，A 股市场未来的估值体系会逐步向国际成熟市场接轨。从全世界经验来看，在资本市场不断开放的过程中，主要国家和地区的资本市场估值体系在发展中最终出现了趋同的现象。

三、为什么 ROE 比净利润增速更重要

2015 年中小创公司通过大量的外延式并购，使得公司的体量和利润总量出现了大幅增加，因此也就造就了中小创公司在 2016 年和 2017 年并表后的净利润增速大幅提高。

但这种净利润增速的提高是没有意义的，因为外延式并购并表带来的利润增速提高本质上是一次性的，是一个基数效应问题，完全没有可持续性。因此从 2016 年开始，市场对中小创公司的业绩进行分析时，都会着重强调有多少是来自外延式的，有多少是来自内生增长的。

从这个角度讲，我们认为 ROE 是一个比净利润增速更好、更加重要的指标。原因很简单，用 ROE 可以很清晰地辨别企业的并购能否带来股权价值的增加。实际上，从理论上来说，正确区分利润多少来自外延、多少来自内生，是不可能的。

但如果从 ROE 的角度出发，如果一家企业的业绩增速很高，但 ROE 没有增长甚至是回落的，那我们就可以断定它的股权价值没有增加。你用过高的价格去买外来的利润了，换言之，股权（分母）的增长速度要比利润（分子）更高。但如果 ROE 提高了，说明这次并购行为对于股东来说是有利的，因为股权价值提高了。

因此，我们看到，2016～2017 年，实际上创业板公司很多依旧保持着很高的归属母公司所有者净利润增速，但 ROE 却没有再进一步上升了，这也就意味着这些公司的股权价值没有再进一步提升了。

第二十八章
2017 年："慢牛" 要来了

回首 2017 年的 A 股市场，强监管是市场的主要旋律，防范金融风险被提到了战略高度，再融资新规、减持新规等相继发布；前发审委委员腐败、高杠杆收购、操纵股价等市场违规行为受到处罚；同时，伴随着金融服务实体经济的改革理念，IPO 发审实现重大改革，"大发审委"亮相，IPO 实现常态化。从行情主线看，"漂亮50"持续受到追捧，创业板受到冷落；同时，2017 年 A 股正式被纳入 MSCI 新兴市场指数，迈出了国际化的重要一步。2017 年上证综指走势与资本市场大事记如图 28 - 1 所示。

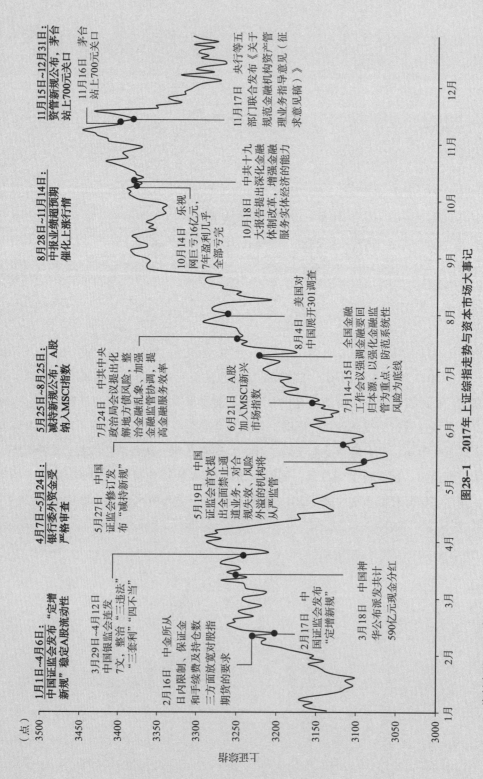

图 28-1　2017 年上证综指走势与资本市场大事记

资料来源：Wind 资讯。

第一节　大事回顾：加强监管，扩大开放

一、定增新规（1月1日~4月6日）

2016 年底的"万宝之争"引发的悲观情绪蔓延到了 2017 年初，指数在开年至 1 月中旬接连下跌，为保障春节前由现金投放形成的集中性需求，中国人民银行陆续通过临时流动性便利（TLF）操作为现金投放量较大的几家大型商业银行提供临时流动性支持，随后股市开始企稳反弹。

农历年过后，2 月 17 日，中国证监会对《上市公司非公开发行股票实施细则》的部分条文进行了修改（简称"217 定增新规"）。一是上市公司申请非公开发行股票的，拟发行的股份数量不得超过本次发行前总股本的 20%；二是上市公司申请增发、配股、非公开发行股票的，本次发行董事会决议日距离前次募集资金到位日原则上不得少于 18 个月。18 日再度发布了《发行监管问答——关于引导规范上市公司融资行为的监管要求》，以规范上市公司再融资。

中国证监会出台重磅政策调整上市公司再融资规则，从源头上遏制上市公司的放量圈钱，对稳定 A 股的流动性起到了重要作用。虽然央行在 2 月 3 日和 3 月 16 日接连上调公开市场操作利率 10 个基点，3 月 22 日，美联储又宣布加息 25 个基点，但只是导致了市场的短暂回调，随后指数仍继续上冲。整体来看，2017 年第一季度走出了开门红行情。

二、监管查"委外"（4 月 7 日～5 月 24 日）

上证综指自 4 月 6 日达到 3281 点位置后开始持续下跌，4 月中下旬，上证综指快速下跌，5 月中上旬达到全年低点，跌幅达到 7%；而监管补短板政策频发导致的市场情绪波动及风险偏好下降是此轮股市下跌的主要诱因。

3 月底中国银监会开始清查银行"委外"并连续出台多个文件，3 月 29 日，中国银监会发布《关于开展银行业"违法、违规、违章"行为专项治理工作的通知》及《关于开展银行业"监管套利、空转套利、关联套利"专项治理的通知》，对银行机构"违反金融法律、违反监管规则、违反内部规章"行为及银行业同业理财等金融业务中存在的多层嵌套、高杠杆套利等问题进行专项治理。与此同时，5 月 19 日的中国证监会召开的新闻发布会上首提"全面禁止通道业务"。

这段时间是监管政策发布的频繁期，中国银监会连发至少 7 个文件来规范银行业的发展，内容涵盖提升银行业服务实体经济质效、银行业市场乱象整治、银行业风险防控、弥补监管短板、开展"三违法""三套利""四不当"专项治理等方面。

4 月 8 日，中国证监会主席刘士余出席中国上市公司协会第二届会员代表大会并发言称要支持分红上市公司，对不分红的"铁公鸡"要严肃处理[①]。密集出台的监管政策将市场对金融监管的恐慌情绪提到最高，监管力度之强、去杠杆力度之大、速度之快使得市场风险偏好急速下降。

同时，保险、债券等也接连受到监管部门的政策规范。4 月 26 日，财政部发布了《关于进一步规范地方政府举债融资行为的通知》，全面组织开展地方政府融资担保清理整改工作，并全面纠正地方政府不规范的融资担保行为，切实加强融资平台公司融资管理。5 月 7 日，中国保监会印发《关于弥补监管短板构建严密有效保险监管体系的通知》。

三、减持新规＋MSCI（5 月 25 日～8 月 25 日）

在股市对清查"委外"一系列监管措施做出强烈反应之后，5 月底"减持新规"

---

① 3 月 18 日，神华以 17.8% 的股息率震惊市场，市场纷纷猜测作为央企的神华集团此举是否具有示范效应。

的出台无疑给市场筑底吃了定心丸。5 月 27 日，中国证监会修订发布了《上市公司股东、董监高减持股份的若干规定》（简称"减持新规"），从扩大适用对象及完善减持制度两方面强化对减持的监管，全面限制了上市公司重要股东集中清仓式的减持渠道。这是自 2 月"再融资新规"以来对产业资本打出的第二记重拳，同时对市场情绪的稳定起到了重要作用。

虽然诸项针对"防风险、补短板"的监管措施的出台仍未松懈，但并未出现实质性利空政策，因此市场的反应已经明显弱化。7 月 14 ~ 15 日，全国金融工作会议强调金融要回归本源，提出强化金融监管，防范系统性风险。7 月 24 日召开的中央政治局会议再次重申金融监管，提出要积极稳妥化解地方政府债务风险，深入扎实整治金融乱象、加强金融监管协调，提高金融服务实体经济的效率和水平。9 月 1 日，中国证监会《公开募集开放式证券投资基金流动性风险管理规定》，强化机构在流动性风险管控方面的主体责任，降低基金业务的结构脆弱性。

与此同时，A 股国际化的步伐不断加快，6 月 21 日凌晨，明晟公司正式宣布将 A 股纳入 MSCI 新兴市场指数。MSCI 指数将加入 222 只大盘股，占 MSCI 新兴市场指数 0.73% 的权重。7 月 4 日中国人民银行宣布，经国务院批准，香港地区人民币合格境外机构投资者（RQFII）额度扩大至 5000 亿元人民币，而扩大前额度不过 2700 亿元。

吃下"减持新规"这颗定心丸，同时伴随着 A 股加入 MSCI，A 股开启了 2017 年的第一轮牛市行情。

四、中报业绩超预期（8 月 28 日 ~ 11 月 14 日）

8 月底之后随着业绩预告的逐渐披露，市场将目光转到中报业绩上来。2017 年全部 A 股上市公司第二季度归属母公司所有者净利润累计增速 18.1%，相比 2016 年 −4.3% 的增速大幅提升，无论是从绝对增速还是相对变化来看，中报业绩都是十分可喜的。

中报业绩的大超预期给市场注入了一剂强心针，同时，9 月 30 日央行宣布定向降准 50 个基点。同时，10 月底召开的中共十九大为此轮上涨周期提供了动力。中共十九大报告为今后几年的经济政策定调，对于资本市场而言，中共十九大比较重要的影响：一是提出要深化金融体制改革，增强金融服务实体经济能力，提高直接融资比重，促进多层次资本市场健康发展；二是健全货币政策和宏观审慎政策双支柱调控框架，深化利率和汇率市场化改革；三是健全金融监管体系，守住不发生系统性金融风险的底线。中共十九大对于股票市场的态度总体是友好的，在防控风险的基础上深化改革，完善股票市场制度建设，也一度引发了资本市场热议。

这一轮牛市行情其实是延续了 5 月底的上涨行情，但行情的催化剂主要是业绩的超预期增长，上证指数期间上涨 2.9%。

五、资管新规 + 茅台站上 700 元（11 月 15 日～12 月 31 日）

2017 年的龙头行情随着贵州茅台突破 700 元，可谓是演绎到了极致。然而与此同时，官媒对茅台理性投资的呼吁和资管新规的重拳出击给 2017 年的小牛周期画上了句号。加之年末基金清盘和流动性紧张，指数终于在 11 月 14 日站上 3450 点之后开始下跌直至年末，始终徘徊在 3300 点左右。

11 月 16 日贵州茅台终于站上了 700 元的关口。然而新华社当晚刊文《理性看待茅台的股价》称，急剧飙升的股价，并非对茅台价值的最好判断，理性的投资行为，任何时候都不应该表现为不计代价地盲目抢筹。与此同时，上交所还对大胆"唱多"茅台 1.85 万亿元市值的券商出具了通报函，称其对投资者产生误导。

11 月 17 日晚间，中国人民银行等五部门联合发布了《关于规范金融机构资产管理业务的指导意见（征求意见稿）》（简称"资管新规"），就资管业务的多层嵌套、杠杆不清、监管套利以及刚性兑付等问题统一了规范标准，明确否定了"通道业务"，只允许一层嵌套，打破刚性兑付。长期来看，"资管新规"有利于金融市场风险定价的规范，有利于 A 股市场的发展；但短期来看，"资管新规"的出台进一步强化了市场对于政府加强金融监管及去杠杆的预期，增加了不确定性，同时导致市场流动性进一步趋紧，打破刚性兑付则降低了投资者的市场风险偏好，市场谨慎情绪占多。叠加年末机构纷纷开始清盘，上证综指应声回落，从 11 月中旬至年末上证综指回调 3%。

第二节　经济形势：全球复苏

一、有"韧性"无"弹性"的中国经济

2017 年的中国经济时常被称作为有"韧性"，有韧性的背后是经济数据非常缺乏

弹性，波动小到宏观经济数据预测都仿佛没有存在的必要了，第一季度到第四季度
GDP 单季同比增速分别是 6.9%、6.9%、6.8%、6.8%，四个季度 GDP 的累计同比
增速全部是 6.9%。工业增加值的情况类似，同比增速波动非常非常小。

2017 年全年中国 GDP 实际增速 6.9%，增速比上一年上行 0.2%，自 2011 年以
来年度 GDP 实际增速首次出现回升。2017 年固定资产投资累计同比增速达到 7.2%，
较上年继续回落 0.9%，投资增速的下滑形势依然比较严峻；其中，基建投资增速继
续小幅回落，房地产开发投资增速基本与上年持平，制造业投资增速较上一年微升
0.6%。社会消费品零售总额名义同比增速 10.2%，增速较上一年下降 0.2%。出口
累计同比增速 7.9%，增速较上一年上行 15.6%。

在供给侧结构性改革的驱动下，2017 年工业企业利润同比增速继续大幅回升，
全年累计同比增速高达 21.0%，较 2016 年大幅上升 12.3%。

二、供给侧结构性改革下上游企业利润暴增

2017 年中国经济的一大特点就是与供给侧结构性改革相关的上游企业利润增速
大幅攀升。我们看到 2017 年全年全部规模以上工业企业的利润增速是 21%，这其中
上游资源型行业有重要贡献。其中，煤炭开采业利润同比增速高达 291%，黑色金属
冶炼（钢铁）业利润同比增速高达 178%，化工、造纸、有色金属等行业的利润增速
也都排名非常靠前。2017 年规模以上工业企业利润增速排名前十的行业基本上全是
中上游的资源品周期性行业。

实际上，供给侧结构性改革非但使很多原来产能过剩的行业走出困境，不少行业的
利润甚至都创了历史新高。以黑色金属冶炼及压延加工业（钢铁业）为例，以往年份
中不错的情况下全行业利润在 1700 亿元左右，2015 年通缩跌至了 526 亿元，2016 年有
所恢复到 1659 亿元。到 2017 年，由于新增供给完全没有了，价格暴涨下，全行业的利
润到了 3419 亿元。这个数字几乎是以往最好年份利润的一倍（见图 28-2）。

维持上游资源品行业高利润的核心原因是供给侧结构性改革下，不让新增产能，
没有资本支出。但这就造成了一个问题，高利润行业没有资本支出，就无法向其相关
的上游行业进行利润传导，钢铁业这么高的利润不做资本开支，所以机械设备行业就
很难起来。于是乎，在这样的情况下，2017 年整个经济实际上无法走上一个相对更
加良性的循环，从而进入到一个新的经济周期中，这是 2017 年经济发展对未来留下
的一些隐患。

图 28 – 2　2000~2017 年黑色金属冶炼业利润总额变化

资料来源：国家统计局、Wind 资讯。

三、"去杠杆"与"三大攻坚战"

2017 年在传统意义上经济政策应该算不松也不紧，全年货币政策基本上没有太大的操作，中国人民银行仅仅在公开市场利率上进行了小幅上调，反映了货币政策总体上趋向于相对收紧。2017 年 2 月 3 日和 3 月 16 日，央行公开市场操作利率先后两次上行，幅度均为 10 个基点，12 月 14 日美联储加息当日，公开市场操作利率再次随行就市上行 5 个基点，符合市场预期方向，但利率上行幅度小于预期。

2017 年经济政策的主要任务是"三大攻坚战"，即"防范化解重大风险、精准脱贫、污染防治"。其中对金融市场影响最大的就是防范金融风险，2017 年的中央经济工作会议明确指出，打好防范化解重大风险攻坚战，重点是防控金融风险，要服务于供给侧结构性改革这条主线，促进形成金融和实体经济、金融和房地产、金融体系内部的良性循环，做好重点领域风险防范和处置，坚决打击违法违规金融活动，加强薄弱环节监管制度建设。

在重点防控金融风险的大背景下，2017 年金融市场的"去杠杆"在持续推进，各项金融监管政策都在不断收紧趋严。从数据中我们可以看到，2017 年中国非金融企业的宏观杠杆率已经不再是所谓的增速下降，而是出现了绝对水平的下降，这是从 2011 年以来从来没有过的（见图 28 –3）。

图 28 – 3　2006 ~ 2017 年中国非金融企业杠杆率变化

资料来源：国际清算银行（BIS）。

四、全球经济复苏下的资产价格变动

2016 年下半年以来，包括中国在内的全球经济开始进入复苏，特别是从 2017 年下半年起，全球经济进入到"加速复苏"的阶段。

从宏观数据中可以明显看到，摩根大通的全球制造业 PMI 指数在 2016 年 2 月左右基本结束了下行趋势开始回升，之后一直在 50% 的荣枯线上继续向上，2017 年以后更是在 53% 以上继续屡创新高，这表明全球经济出现了"加速复苏"的迹象（见图 28 – 4）。

图 28 – 4　2013 ~ 2017 年摩根大通全球制造业 PMI 走势情况

资料来源：Wind 资讯。

与之相呼应的是，美国、欧洲、日本的 GDP 同比增速从 2017 年起均出现了显著的回升，也就是所谓的经济复苏一阶改善①。美国的 GDP 同比增速从 2016 年第四季度的 1.8% 上升到 2017 年第三季度的 2.3%，日本从 1.5% 上升到 2.1%，欧元区从 1.9% 上升到 2.6%（见图 28-5）。

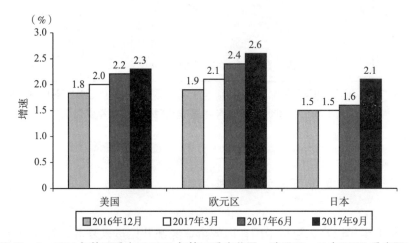

图 28-5　2016 年第四季度至 2017 年第三季度美国、欧元区、日本 GDP 季度同比

资料来源：Wind 资讯。

与此同时，包括国际货币基金组织（IMF）、世界银行在内的国际经济组织开始纷纷上调未来的经济增长预期。IMF 在 2017 年 4 月、2017 年 10 月、2018 年 1 月对 2018 年全球经济增速的预期值分别是 3.6%、3.7%、3.9%。IMF 在两年内连续第 5 次上调中国 GDP 增速。

而从 2017 年下半年开始，我们看到全球各大类资产均开始对经济复苏做出了明显反应，包括：

（1）全球原油价格持续上涨，布伦特油价现已突破 70 美元。与此对应的是国内的南华工业品价格指数从 2017 年 6 月的 1700 点左右上涨到 2018 年 1 月的 2100 点左右。

（2）全球主要国家利率均有不同程度上行。十年期美债 2018 年 1 月已经突破 2.7%，比 9 月的低点上行约 60 个基点；十年期德债 2018 年 1 月到了约 0.7%，比 2017 年 12 月的低点上行超过 40 个基点；中国的十年期国债到期收益率从 2017 年 10

---

① 一阶改善就是经济增速上升，二阶改善就是增速下降趋缓，借用了微积分中一阶二阶导数概念。——编者注

月的3.6%左右上升到2018年1月的4.0%左右，上升幅度也是40个基点左右。

（3）全球股市开始了比赛竞争"创新高"的过程。从2017年下半年开始各国股市主要指数在不断创出历史新高或者近年来新高。

所以，站在全球的视野来看，2017年以来A股的上涨绝非孤立的事件，它是在全球经济复苏大背景下发生的，A股的上涨是全球股市上涨中的一部分。回顾2017年全球股市的表现，可以发现全球主要国家和地区的股市基本都在上涨。在我们日常跟踪的18个主要股票指数中，2017年这18个指数全部上涨，A股的沪深300指数涨幅22%，排名第六。上证综指全年涨幅仅7%，排名就非常靠后了。

五、2017年A股盈利和估值变化趋势回顾

2017年相较于2016年上市公司利润表发生了结构性变化，主板的利润增速环比改善，但中小板利润增速明显回落，创业板更是出现了利润的大幅下滑，前几年中小创跑赢主板业绩的行情主线至此发生了逆转。2017年全部A股上市公司归属母公司所有者净利润增速19%，较上一年提升11%；主板利润增速20%，较上年提升15%；中小板利润增速20%，较上年下降17%；创业板利润增速−21%，较上年大幅下降59%；非金融利润增速34%，非金融剔除"两油"的归属母公司所有者净利润增速为33%，二者较上年有小幅改善（见图28−6）。

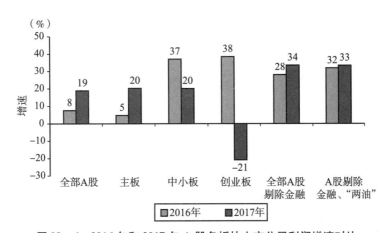

图28−6　2016年和2017年A股各板块上市公司利润增速对比

资料来源：Wind资讯、笔者计算。

在业绩增速大幅提升的同时，2017 年指数总体的估值水平是基本呈现震荡走势，以上证综指计算，2017 年底全年市盈率（TTM）在 15.6 倍，较 2016 年底 15.8 倍的估值水平几乎没变。具体来看，2017 年指数的估值走成了四段式。其中，4 月初至 5月初、10 月底至 12 月估值下降，其他时间估值走势上行。

2017 年经济环境一个很重要的变化就是国债收益率的飙升。其实可以很清楚地看出，在估值迅速下行的 4 月初至 5 月初、10 月底至 12 月，都出现了国债收益率的快速上升，至年底国债利率已经上升至 4% 左右（见图 28 - 7）。因此 2017 年，利率的走势是影响估值变化的最主要因素。

图 28 - 7　2016～2017 年上证综指市盈率（PE）与长端利率走势对比

资料来源：Wind 资讯。

第三节　行情特征：中国的"漂亮50"

2017 年股市不能说是牛市还是熊市，结构分化很大，行情特征体现在：

（1）失真的指数、分化的个股。上证综指全年上涨 7%、Wind 全 A 全年上涨 5%。但个股大多数是下跌的，全部个股收益率算术平均值是 - 13%，全部个股收益率中位数是 - 20%。有 76% 的股票在 2017 年是下跌的。

（2）风格上延续了 2016 年的情况。主板指数总体表现非常好，上证 50 指数全年大幅上涨 25%，沪深 300 上涨 22%，中小板指上涨 17%，创业板指仍在继续下跌，全年跌幅 11%（见图 28 - 8）。

（3）2017年中国经济和资本市场的一个突出特点，就是我们看到了传统行业出现了明显的产业集中，行业龙头公司开始崛起，大公司的利润增长性要好于小公司。这是造就2017年我们说中国"漂亮50"行情的最重要经济背景。

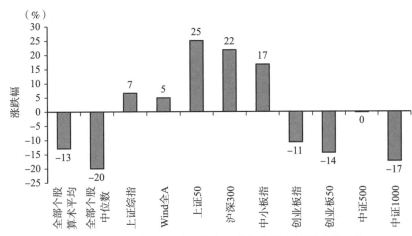

图28-8 2017年A股主要指数及全部个股平均涨跌幅对比

资料来源：Wind资讯、笔者计算。

（4）行业层面看，2017年的市场有以下特征（见图28-9）。

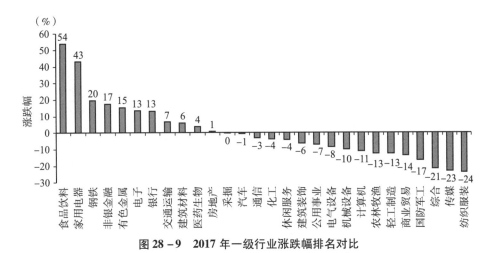

图28-9 2017年一级行业涨跌幅排名对比

资料来源：Wind资讯。

一是"后周期属性"再度出现，居民收入增速大概滞后于名义GDP增速一年，2017年第一季度居民收入增速出现了向上的拐点，消费品中的食品、家电表现最好。

二是供给侧结构性改革下周期性公司利润大幅好转，很多都已经不再是扭亏，而是利润创历史新高，钢铁板块表现较好。

三是 2000 年以来第三轮全球半导体周期在 2017 年达到高点，消费电子前三季度表现很好。

四是在经济名义增速回升下，信用风险大幅降低，银行资产质量改善，出现了一波大行情。

一、产业集中、龙头崛起

2017 年中国经济和资本市场的一个突出特点，就是我们看到了传统行业出现了明显的产业集中，行业龙头公司开始崛起，这是造就 2017 年我们说中国"漂亮 50"行情最重要的经济背景。

从两个数据中可以看到这个过程的发生：一是从制造业 PMI 指数中，可以看到大型企业的 PMI 要远比小型企业的好，而且一直在 50% 的荣枯线以上。二是国家统计局规模以上工业企业利润数据出现了很大的背离（见图 28 – 10）。国家统计局公布的规模以上工业企业利润，一般同时包括利润总额和累计同比增速两个指标。其中，国家统计局直接公布的同比增速是经过统计口径调整的，因为规模以上企业的数量一直会变。

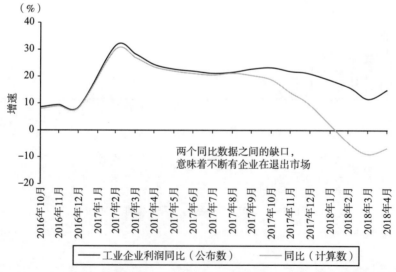

图 28 – 10　2016 年 10 月至 2018 年 4 月工业企业利润同比公布数与计算数走势对比

资料来源：国家统计局、Wind 资讯。

以往情况下，用利润总额自己计算出来的同比数，与公布的同比数是大致相同的，但2017年出现了大背离，计算的同比数大幅低于公布的同比数，这意味着大量企业开始退出市场，没有再被归入到规模以上企业。[①]

二、大市值公司的"漂亮50"

2017年是大市值公司的舞台。"漂亮50"一说是参考了美国当年的"漂亮50"行情，我们进行了类比。另一个直接原因是上证50指数在全部主要指数中涨幅最大。特别是上证50指数和创业板指数对比的话，两者在2017年出现了极大的背离走势。

大市值公司的"漂亮50"故事在2017年能够讲下去（见图28-11），确实是这些大白马蓝筹公司的业绩表现非常好。包括腾讯、平安、茅台等一大批大市值公司的业绩一直在超预期，以至于当时市场普遍认为，实际上这些大家伙才是真正意义上的"成长股"。也有TMT研究员开玩笑地说，格力、美的才是真正的"成长股"，TMT研究的不是"成长股"而是"科技股"。

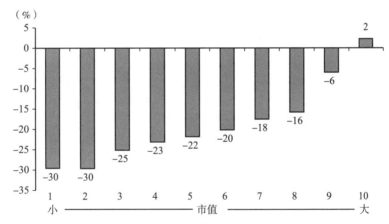

图28-11　2017年全部个股按市值大小分十组各组合全年收益率

注：按年初市值分组，组合年收益率中位数。
资料来源：Wind资讯、笔者计算。

特别是下半年持续走强的保险、白酒、电子板块，基本面表现的确强劲无可挑

---

① 对于这个数据上的背离，市场上争议非常大，为此国家统计局在2018年还特意发布了一篇新闻稿，来说明数据的合理性以及为什么会出现这种情况。

剔，表现出两大特征：一是第三季度净利润增速大幅超过此前市场分析师的一致预期。这是非常不容易的，因为一般分析师的预期增速往往会偏向于高估。二是基本面确实好，且对未来业绩的预期展望下半年要比上半年更高。表现在 2017 年 11 月 14日分析师做出的 2017 年和 2018 年净利润一致预期增速要显著高于 2017 年 6 月 30 日的一致预期。这两个特征或是下半年保险、白酒、电子板块有别于其他行业的重要特点。

三、食品家电：一切还是周期（第三轮后周期属性）

供给侧结构性改革后的这一轮经济周期，名义经济增速的拐点是在 2015 年第四季度出现的，而居民收入是宏观经济中一个相对滞后的指标。

历史数据显示，居民收入增速大概滞后于名义 GDP 增速一年。名义 GDP 增速的低点在 2015 年第四季度已经出现，2016 年前三季度回升速度较慢，从 2016 年第四季度开始名义 GDP 增速出现了加速上升趋势。

居民收入增速的回升是 2017 年大消费有大行情的重要逻辑。2012 年以来消费总量伴随着居民收入增速的回落而不断下滑，但到 2017 年第一、第二季度的数据显示，居民收入增速出现了显著的回升势头（见图 28 - 12）。

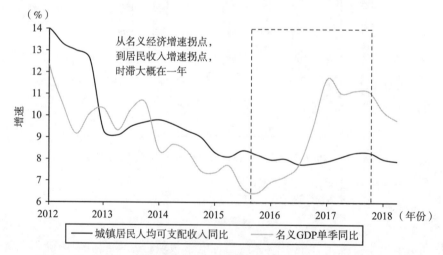

图 28 - 12　2012～2018 年名义 GDP 与城镇居民可支配收入同比走势对比

资料来源：国家统计局、Wind 资讯。

无论是 2004 年遏制经济过热后 2005 年的后周期，还是 2009 年 V 型反转后 2010～2011 年的后周期，还是这一次，周期的属性始终都存在。

四、回顾美国"漂亮 50"行情

"漂亮 50"（Nifty Fifty）是证券投资历史上出现的一个特定专业术语，泛指在 20 世纪 60 年代末到 70 年代初受到市场投资者广泛追捧的 50 只蓝筹股票。[①] 对于"漂亮 50"行情发生的具体时间段，相关研究文献并没有一个统一的说法。通常以 1972 年底市场下跌前的高点作为行情结束的时间，而行情开始时间的说法各有不同。从根据前述"漂亮 50"组合计算的"漂亮 50"指数与标普 500 指数走势的对比来看，"漂亮 50"行情主要发生在 1970 年 6 月行情低点到 1972 年 12 月行情高点，这段时间内"漂亮 50"股票表现明显跑赢标普 500 指数。

一提到"漂亮 50"，联想最多的就是"蓝筹白马"，因此市场中有很多观点认为"漂亮 50"就是蓝筹白马行情。笔者认为这一观点是存在理解误差的，"漂亮 50"并不等于"蓝筹白马"。虽然我们很难对究竟什么是"蓝筹白马"给出一个明确的定义，但一个最有力的证据就是，道琼斯工业指数（30 只最具代表性的"蓝筹白马"股票指数）在这一时期其实是明显跑输标普 500 的（见图 28－13）。

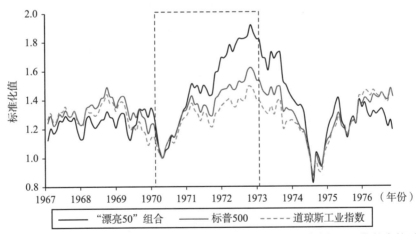

图 28－13　1967～1976 年美国"漂亮 50"组合与标普 500 和道琼斯工业指数走势对比
资料来源：Bloomberg、笔者计算。

① Jeremy Siegel，"The Nifty-Fifty Revisited：Do Growth Stocks Ultimately Justify Their Price"，*Journal of Portfolio Management*，1995.

从具体个股来看，一些我们耳熟能详的"蓝筹白马"股票，如 AT&T、通用汽车、美国钢铁，并没有出现在"漂亮 50"公司名单中。而且在"漂亮 50"发生的这段时间内，这几家公司的股票实际上都是明显跑输大盘的。

从"漂亮 50"公司的行业分布来看，"漂亮 50"公司主要集中在"制造业"之中，50 家公司中有 38 家公司集中在制造业，占比高达 76%；其次是零售业，占比为 8%；交通运输、通信、采掘等大类行业的占比都在 4% 左右。从具体行业构成看，在 38 家制造业"漂亮 50"公司中，制药行业占比最大的有 10 家公司（占比高达 27%），其次是饮料行业有 5 家公司（占比为 13%）。其他占比相对较大的行业分别是日化（占比 8%）、医疗器械（占比 8%）、电脑设备（占比 5%）、工程机械（占比 5%）、摄影器材（占比 5%）。

"漂亮 50"公司所在的行业有什么共同特征？笔者认为，这些"漂亮 50"公司所在行业的共同特点就是行业产业集中度出现了快速上升。在 1972 年"漂亮 50"行情出现时，制药和饮料这两个行业的产业集中度都有了明显的提升。以饮料行业为例，从 20 世纪 60 年代起在 20 年左右的时间里，行业公司数减少了 2/3 以上，前二十大企业的市场份额提高了近 20%。制药行业也可以看到类似的情况发生，制药行业内公司的数量减少了近一半。

反观不在"漂亮 50"名单中的蓝筹公司的行业表现情况，可以发现，这些公司所在的行业均没有发生集中度提高的现象。我们可以看到，美国钢铁行业前四大企业的市场份额非但没有提高，反而在不断下降，同时行业的公司数量也在不断增加。1967～1977 年，美国的炼钢企业数量从约 150 家公司上升到了近 400 家公司，同时前四大企业的市场份额总和从 48% 下降到了 45%。

汽车行业也是同样的情况，行业的企业数量在不断增加，1967～1977 年，美国的汽车整车制造企业数量从约 100 家上升到了近 300 家。而大公司的市场份额已经接近饱和，无法进一步提高。美国汽车整车制造企业前二十大企业的市场份额合计一直保持在 92%～93%。

所以我们看到像美国钢铁、通用汽车都不在"漂亮 50"里面。而贝尔创立 AT&T 公司更是如此，我们知道在当时美国的电信行业基本上处于完全垄断的状态，无论是市内电话还是长途电话，在美国司法部拆分 AT&T 之前，基本上都集中在 AT&T 公司内，市场份额已经升无可升。

除了上述行业层面的特征外，我们可以再来看看"漂亮 50"名单中企业在公司层面中的特点。我们认为，这个最大的特点就是"漂亮 50"公司都是行业优质龙头公司，盈利能力强。

　　我们用企业的 ROE 水平来度量其盈利能力的强弱。对比了"漂亮 50"公司与所在行业其他公司的 ROE 情况，可以很明显地看到，"漂亮 50"公司的 ROE 显著要高。全部"漂亮 50"公司的 ROE 大概在 20% 左右，而当时市场其他全部公司的"ROE"大概在 12% 左右。

　　分行业看也是如此，"漂亮 50"公司的 ROE 在各个行业均明显高于所在行业的其他公司。"漂亮 50"公司在饮料、医药、信息科技、原材料、金融等行业的 ROE 水平分别是 18%、18%、19%、18%、24%，而对应行业内其他公司的 ROE 只有 11%、15%、12%、12%、11%。

　　总结起来，我们发现"漂亮 50"名单中的股票有两个特征：一是所在行业的产业集中度出现了明显上升；二是公司的盈利能力很强，ROE 水平显著高于同行公司。因此我们认为，"漂亮 50"是一个在行业产业集中度提高过程中，优质龙头企业（高 ROE）价值重估的逻辑故事。

第二十九章
2018 年：贸易争端与去杠杆

顺着 2017 年 A 股"漂亮 50"行情的势头，市场在 2018 年初不断走高，上证综指突破 3500 点。正当投资者开始高谈"新周期"逻辑、畅想"慢牛"行情之时，市场画风突变，从 3 月份开始，伴随着来回拉锯的中美贸易摩擦，行情一落千丈持续下跌，而由去杠杆导致的社会融资规模增速下降、信用利差急剧扩大突破历史极值、上市公司大股东股权质押爆仓风险等，更是使市场雪上加霜。2018 年 A 股市场普遍下跌，28 个一级行业全部负收益，从跌幅看是 2008 年金融危机以后表现最差的一年。我们认为使得 2018 年市场趋势向下的核心逻辑是基本面在高位被证伪，而贸易争端和去杠杆的事件冲击放大了基本面向下的效应，到年底市场出现了明显的超跌特征。2018 年上证综指走势与资本市场大事记如图 29 - 1 所示。

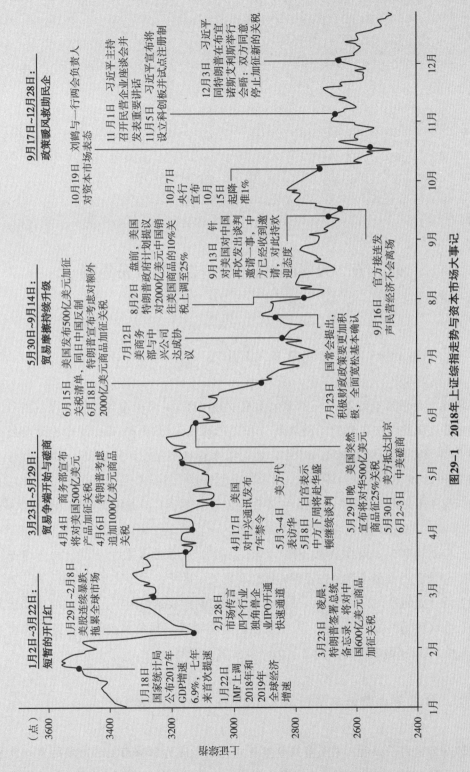

图29—1 2018年上证综指走势与资本市场大事记

资料来源：Wind资讯。

第一节　大事回顾：来回拉锯的贸易争端

一、短暂的开门红（1 月 2 日～3 月 22 日）

2018 年的股市借着 2017 年的东风实现了开门红，1 月份市场连续上涨。当时上涨的主要逻辑是经济复苏的"新周期"和"再通胀"。1 月 18 日，国家统计局公布 2017 年中国实际 GDP 增速为 6.9%，是七年来首次提速。1 月 22 日，IMF 上调了 2018 年和 2019 年的全球经济增速。

行情从 1 月末开始转向下跌，主要促发因素有两个：一是海外市场出现了大跌。1 月 29 日，美股遭遇黑色星期五从高位暴跌，一直到 2 月 8 日，9 个交易日标普 500 指数跌幅高达 10%，同期 A 股下跌 12%。二是 1 月底时 A 股中小创公司业绩连续"爆雷"，典型的如獐子岛公告发现底播虾夷扇贝大量死亡，导致业绩大幅亏损。2 月中旬行情开始回升，2 月 23 日，证监会建议注册制授权延长两年。2 月底时市场传言四个行业（生物科技、云计算、人工智能、高端制造）独角兽企业 IPO 开通快速通道，3 月 5 日，《财新》封面刊文《为"独角兽"开闸》。

二、贸易争端开始与磋商（3 月 23 日～5 月 29 日）

2018 年 3 月份以后，中美贸易摩擦正式开始，成为影响市场的重要因素。北京时间 3 月 23 日凌晨，特朗普总统签署备忘录，宣布将对从中国进口的 600 亿美元商品大规模加征关税，同时限制中国企业对美投资并购，3 月 23 日当日上证综指大跌 3.4%。4 月 3 日，美国正式宣布准备对我国 500 亿美元的商品加征 25% 的关税，4 月 4 日，中国宣布将对美国出口价值 500 亿美元的商品加征关税。4 月 6 日，特朗普宣布考虑对中国额外 1000 亿美元商品加征关税。中方回应，中方将奉陪到底，不惜付出任何代价。4 月 10 日，习近平主席在博鳌亚洲论坛 2018 年年会开幕式发表题为"开放共创繁荣　创新引领未来"① 的主旨演讲，向世界明确表态，中国开放的大门只会越开越大，当日上证综指大涨 1.66%。当时很多市场观点认为，特朗普这是在"讹诈""要价""碰瓷"，目的是"谈"，因此指数在 4 月份开始时还是略微向上的。4 月 17 日，美国对中兴通讯发布 7 年禁令。

4 月下旬开始，贸易争端形势有所缓和，中美开始了经贸磋商。4 月 22 日（周日）中方称已收到美方希望经贸磋商信息并表示欢迎。美方代表于 5 月 3~4 日访华，新华社发表观点，"谈，大门敞开；打，奉陪到底"。5 月 8 日，白宫表示中方下周将赴华盛顿继续谈判。5 月 15~19 日国务院副总理刘鹤访美，5 月 20 日（周日）中美就经贸磋商发表联合声明，达成共识。从 4 月 20 日到 5 月 20 日这段时间里，伴随着中美经贸磋商，市场出现了一轮反弹行情。但反弹时间非常有限，5 月下旬行情继续下跌。

三、贸易摩擦持续升级（5 月 30 日~9 月 14 日）

5 月 29 日晚间，美方突然"变卦"，推翻前期中美经贸磋商的谈判成果，美国突然宣布将对华 500 亿美元商品征 25% 关税，并将对中国在美科技投资再加限制。5 月 30 日，上证综指大跌 2.53%。5 月 30 日下午，美方代表抵达北京，并于 6 月 2~3 日展开中美经贸磋商。

6 月中旬以后，市场再度进入到快速下跌通道。6 月 15 日，美国发布了 500 亿美元加征关税商品清单，同日中国进行反制，对原产于美国的 659 项约 500 亿美元进口商品加征 25% 的关税。6 月 18 日端午节休市，特朗普宣布考虑对额外 2000 亿美元商品加征关税，贸易摩擦进一步升级，中国商务部回应称，如果美方失去理性、出台清单，中方将做出强有力反制。6 月 19 日，上证综指大跌 3.8% 失守 2900 点，同日，

---

① 《开放共创繁荣　创新引领未来：在博鳌亚洲论坛 2018 年年会开幕式上的主旨演讲》，载《人民日报》2018 年 4 月 11 日，第 3 版。

小米集团决定分步实施港股和中国存托凭证上市计划，证监会表示尊重小米集团的选择，决定取消对其 CDR 发行申报文件的审核。6 月 24 日，人民银行定向降低存款准备金率 0.5 个百分点，合计释放 7000 亿元的流动性。此时持续下跌的市场对定向降准基本无动于衷。

7 月份开始市场出现了一波小幅反弹。7 月 8 日、9 日，中国证监会刘士余主席、阎庆民副主席分别主持召开了上市公司负责人座谈会，听取对维护市场稳定的建议。同时，7 月 8 日晚间，上海证券交易所通过其微信公众号推送标题为"沪市公司上半年投资价值凸显增持回购彰显信心"的文章。7 月 9 日，上证综指大涨 2.5%。7 月 11 日，新华社刊文称，优质企业上行空间远远大于市场下行风险。7 月 12 日，美商务部与中兴公司达成协议取消制裁，当日上证综指大涨 2.2%。7 月 23 日，国务院常务会议表示"积极财政政策要更加积极"，市场认为全面宽松的政策态度基本确认，股指连涨 3 天。7 月 31 日，中央政治局会议指出，"外部环境发生明显变化"，"财政政策要在扩大内需和结构调整上发挥更大作用"。

7 月份的反弹很短暂，进入到 8 月份，市场再度下跌。8 月 2 日，贸易摩擦再度升级，特朗普政府计划提议对中国 2000 亿美元销往美国产品加征的关税税率由 10% 提高到 25%。8 月 8 日，中国对原产于美国的约 160 亿美元进口商品加征关税，同日，国家发展改革委、人民银行等五部委下发降杠杆率通知。8 月 16 日，据中国商务部消息，应美方邀请，商务部副部长兼国际贸易谈判副代表王受文拟于 8 月下旬率团访美，与美国财政部副部长马尔帕斯率领的美方代表团就双方各自关注的中美经贸问题进行磋商。

进入 9 月份，市场行情依然没有好转。9 月 6 日，证监会会同有关部门提出完善上市公司股份回购制度修法建议，就《中华人民共和国公司法修正案》草案公开征求意见。同日，媒体报道社保基金拟加大抄底力度，并酝酿试点新组合的五年期考核办法，不再考核短期业绩。9 月 13 日，针对美国对中国再次发出谈判邀请一事，中国商务部新闻发言人高峰回应称，中方已经收到邀请，对此持欢迎态度，双方团队正在就一些具体细节进行沟通，越来越多的利好政策开始出现。

在贸易摩擦的持续冲击下，这段时间内 A 股也完成了国际化的重要步骤。6 月 1 日，A 股在第四次闯关 MSCI 后成功，正式纳入 MSCI 新兴市场指数。8 月 14 日，明晟公司宣布将纳入因子从 2.5% 提升至 5%。8 月 15 日，证监会宣布进一步放开外国人开立 A 股证券账户的权限。

四、政策暖风救助民企（9 月 17 日～12 月 28 日）

9 月中旬以后，政策开始频繁吹起暖风。首先是官方接连发声表示民营经济不会离场、民企财产权不可侵犯。之前有一篇文章称"中国私营经济已完成协助公有经济发展的任务，应逐渐离场"，提出民营经济不宜继续盲目扩大等观点，引来大量的批驳声音。《人民日报》《经济日报》《经济参考报》《证券日报》等多家媒体纷纷发声，予以反驳，明确了国家坚持"两个毫不动摇"、继续发展民营经济的坚决态度。在政策暖风下，9 月下半月市场行情有所好转。

2018 年的"政策底"时间区间大体在 10～11 月。10 月 7 日，央行宣布降准一个百分点。但十一假期过后，画风突变，10 月 8～18 日，上证综指在九个交易日内收盘从 2821 点跌到 2486 点，10 月 19 日，盘中最低探至 2449 点。10 月 14 日，证监会主席刘士余与股民座谈，表示春天已经不远了。10 月 19 日，国务院副总理刘鹤与"一行两会"（人民银行、银保监会、证监会）负责人同日发声，从不同角度对资本市场表态，加大支持提振信心，释放全面护市信号。其中，证监会介绍了资本市场改革开放六项新举措。10 月 22 日，国务院常务会议决定设立民企债券融资支持工具。10 月 31 日中共中央政治局召开会议，会议强调围绕资本市场改革，加强制度建设，激发市场活力，促进资本市场长期健康发展。

进入 11 月，11 月 1 日，习近平总书记主持召开民营企业座谈会，强调要毫不动摇鼓励支持引导非公经济发展，支持民营企业发展并走向更加广阔的舞台。当日，《经济参考报》头版刊文称，两次高规格会议接连召开之后，民营经济发展有望迎来新的春天。11 月 5 日，在首届中国国际进口博览会上，习近平总书记宣布将在上海证券交易所设立科创板并试点注册制。此外，从 10 月底开始券商、险资、地方政府联手，筹措纾困资金参与化解优质上市公司股票质押流动性风险，积极服务实体经济。根据《经济日报》报道，"据不完全统计，截至 11 月 28 日，券商、险资以及各个地方政府成立或拟成立的纾困专项基金规模超 5000 亿元"。

行情在 10 月下旬到 11 月中旬出现弱反弹，但从 11 月下旬开始再度疲软。12 月 3 日，习近平同特朗普在布宜诺斯艾利斯举行会晤，双方同意停止加征新的关税。两国元首指示双方经贸团队加紧磋商，达成协议，取消今年以来加征的关税，推动双边经贸关系尽快回到正常轨道，实现双赢。12 月 11 日上午，刘鹤应约与莱特希泽通电话，双方就落实两国元首会晤共识、推进下一步经贸磋商工作的时间表和路线图交换了意见。12 月 20 日，商务部表示确有计划中美明年 1 月举行贸易会谈。

此时贸易摩擦形势有所缓和，但在经历了一年持续下跌后，市场情绪十分低迷，行情在年底前没有任何起色。

第二节　经济形势："新周期"证伪

一、经济数据再度全面下滑

在经历了 2017 年经济复苏之后，2018 年各项经济增长数据再次全面回落。2018 年全年我国实际 GDP 同比增长 6.7%，增速较 2017 年回落 0.2%；固定资产投资全年增速 5.9%，增速较上年回落 1.3%；工业增加值实际增长 6.2%，增速小幅回落 0.4%；社会消费品零售总额增速小幅回落。

如果说 2018 年宏观总量经济增长指标还是小幅回落的话，企业利润下滑的幅度相对就很大了。2018 年全年工业企业利润总额同比增长 10.3%，增速较上一年大幅回落 10.7%，这背后对应的是工业品价格增速的明显回落，PPI 全年同比增速 3.5%，相比 2017 年也是明显下降。企业利润增速的下滑，是造成 2018 年股票市场大幅下跌的核心原因。

回过头去看，2018 年最大的一个"坑"，就是年初时候市场讨论的"新周期"和"再通胀"逻辑，在一片欢呼声中，很多观点认为中国经济甚至全球经济要进入一轮新的上行周期了。但实际上，2016 年和 2017 年因供给侧结构性改革带来的名义经济增速回升，是一个短暂的过程，2018 年开始中国经济再度陷入了下行通道。

二、去杠杆下信用利差突破历史极限

2018 年宏观经济中的另一个重要特征就是信用利差突破了历史极值。如前所述，2018 年在 1 月份冲高后，2 月份开始各项经济数据实际上都是持续回落的，在经济增长和 PPI 回落的过程中，无风险利率（国债利率和金融债利率）是显著回落的。

但另一方面，由于宏观经济政策的"去杠杆"导向，在无风险利率回落的同时，又出现了信用利差持续上升的特点，信用利率（无风险利率＋信用利差）不降反升，

低评级产业债券的信用利差甚至突破了此前的历史最高水平（见图 29－2）。我们认为，信用利差如果在一个正常的波动区间，它跟股票市场的关系并不大，没有显著的正向或者负向关系，但是当它突破了历史极限时，实际上构成了一个风险因素，这也是导致 2018 年市场行情大跌的重要原因。

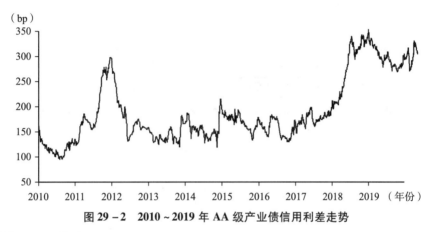

图 29－2　2010～2019 年 AA 级产业债信用利差走势

资料来源：Wind 资讯。

三、2018 年 A 股盈利和估值变化趋势回顾

2018 年全部 A 股上市公司盈利增速普遍回落，全年全部 A 股同口径下盈利增速为－1.9％，较 2017 年的 19％大幅回落，如果剔除金融股和"两桶油"回落幅度更大。"全 A 非金融两油"的盈利增速从 2017 年的 33％大幅下降至 2018 年的－8.7％。尤其值得指出的是，到 2018 年第四季度，很多上市公司特别是中小创公司，对商誉计提了大量的减值损失，使得财务数据一度惨不忍睹。2018 年全年中小板和创业板盈利增速分别为－35％和－82％，第四季度单季全面亏损。

从估值走势来看，2018 年市场整体估值几乎就是单边下行，Wind 全 A 指数的市盈率从年初的 20 倍左右下降到年底的 13 倍左右（见图 29－3）。有心的读者还可以发现，2018 年无风险利率也是一路下降的，丝毫没有出现所谓的"利率下行、估值上行"逻辑。从 2018 年的实际经验中，可以充分说明一个问题，就是要出现"利率下行、估值上行"逻辑是有条件的，这个条件就是基本面要相对保持稳定。很多时候，利率上行或者下行，本身就反映了基本面上行或者下行，这种情况下，股票市场的整体估值往往和利率是正相关而非负相关的。

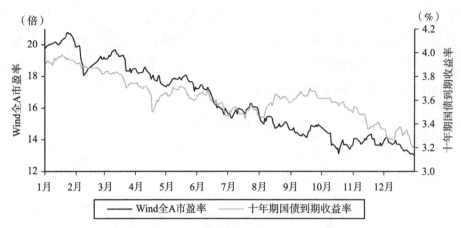

图 29 – 3　2018 年 Wind 全 A 指数市盈率（PE）与长端利率走势对比

资料来源：Wind 资讯。

第三节　行情特征：全面普跌

2018 年是 2008 年金融危机后最大的熊市，行情特征体现在：

（1）市场全面普跌，且跌幅较大。上证综指全年下跌 25%、Wind 全 A 全年下跌 28%。个股平均跌幅相对更大，全部个股收益率算术平均值是 – 32%，全部个股收益率中位数是 – 34%。有 93.5% 的股票在 2018 年是下跌的。

（2）风格上大盘蓝筹相对抗跌，中小创跌幅更大。上证 50 指数全年下跌 20% 在主要指数中跌幅最小，沪深 300 指数下跌 25%。中小创企业由于信用利差、大股东股权质押、商誉减值等多方面利空因素影响，跌幅较大，中小板指全年下跌 38%、创业板指下跌 29%、中证 1000 指数下跌 37%（见图 29 – 4）。

（3）笔者认为，2018 年市场行情大幅下跌的核心逻辑是基本面恶化，即"新周期"和"再通胀"逻辑证伪，这导致了经济增长和企业盈利全面下滑。在这个过程中，贸易争端和去杠杆事件的爆发加剧了市场的悲观情绪，扩大了跌幅，使得市场到年底处于极度超跌状态。

（4）行业层面看，全部 28 个一级行业全年收益率均为负，行业表现特征不强，在去杠杆和信用利差大幅飙升的背景下，现金流稳定、资产负债率低的公司组合相对有超额收益。

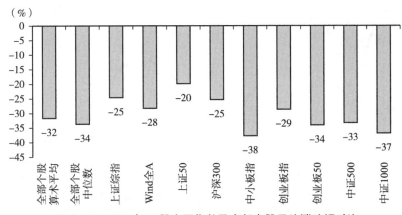

图 29 - 4　2018 年 A 股主要指数及全部个股平均涨跌幅对比

资料来源：Wind 资讯、笔者计算。

一、反思 2018 年市场普跌核心逻辑

2018 年 A 股市场全面普跌，且跌幅很大，可以说是 2008 年金融危机以后行情表现最差的一年。而且 2018 年发生的事情很多，既有贸易争端，又有去杠杆，还有持续下滑的经济数据，所以这里我们有必要讨论下 2018 年行情大跌背后的核心驱动力。

我们认为，决定 2018 年行情趋势性方向的变量是基本面恶化，也就是前面所说的"新周期"逻辑证伪，导致的经济增长和企业盈利全面下滑。在这个过程中，贸易争端和去杠杆导致的风险偏好下降以及信用利差急剧扩大，在很大程度上加大了市场的跌幅，使市场出现了明显的超跌状况，估值降到历史底部。

贸易争端的因素很重要，但可能并不是决定方向的，事实上在后面我们也经常看到中美摩擦的发生，但股市时涨时跌，涨的时候大家说市场对贸易争端影响钝化了，跌的时候又说贸易争端影响很大，显然一件事情正反都可以说便意味着其中不存在因果关系。

回过头去做对比，实际上 2018 年跟 2008 年的行情非常相似，不仅是走势上的相似，逻辑也非常相似，这两年都是"基本面逻辑"在高位被证伪。而且，更加重要的是，在 2008 年初以及 2018 年初，"基本面逻辑"证伪其实是可以被观察到的！从数据中可以很明显地看到，如果站在 2018 年初的时候，PPI 同比增速、社融余额同比增速、M1 同比增速等指标都已经领先市场出现了拐点（见图 29 -5）。

图 29 - 5　2015～2018 年社融余额（初值）同比增速走势

资料来源：Wind 资讯。

　　但问题是站在那个时点上，大家都不信经济数据，而更相信行情数据。2008 年其实也是这个情况，经济数据的高点在 2007 年第三季度已经出现了，如果说在 2007 年第四季度还不能确定就是高点的话，到 2008 年初应该是肯定能够看清楚了。但是在市场行情向上、赚钱效应犹在的时候，要去接受这样的拐点，难度实在太大了。正如很多投资者曾经感慨过的："很多时候，我之所以相信基本面好转了，并不是看到了企业数据变化，而是看到了股价已经起来了。"从历史经验来看，用股价本身去判断未来股价走势，是最容易栽跟头的，2018 年初就是一个经典案例。

　　复盘来看，每次市场的拐点，最难的不是做判断，而是下决心。2018 年初，基本面的拐点已经出现，而且从数据中能够看得出，但在同时，股价创新高，各类机构纷纷上调经济预期，舆情一片向好。即使再回到那个时刻，又有多少人敢于去下决心呢。

二、现金流稳定品种相对抗跌

　　从行情的结构性特征来看，2018 年也非常类似 2008 年，基本就是普跌，全部 28 个一级行业全年收益率均为负，行业表现特征不强。其中，表现相对较好的行业是休闲服务和银行，跌幅大致没超过 15%，表现相对较差的行业是电子、有色金属和传媒，跌幅都超过了 40%（见图 29 -6）。

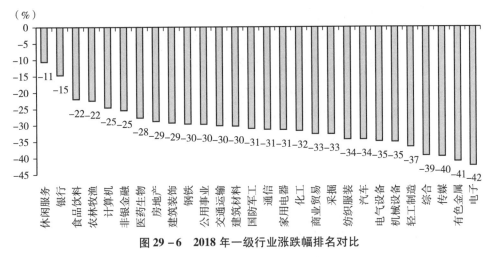

图 29 - 6　2018 年一级行业涨跌幅排名对比

资料来源：Wind 资讯。

从量化的角度来看，2018 年由于去杠杆和信用利差的飙升，现金流稳定、资产负债率高的品种组合，存在一定的超额收益。

这个过程大体从 4 月份开始，2018 年 4 月 13 日，人民银行公布了金融数据，M2和社融数据双双跳水，信用收缩的步伐已经开始而且直接体现在宏观数据中，与此同时信用违约事件开始频频发生，虽然还没到全面蔓延的程度，但大幅下行的社融数据引发了市场对信用持续收缩的担忧，对本已羸弱的 A 股市场再施重拳。

此后信用事件持续发酵，到第三季度时，随着市场整体股价的持续下跌，更进一步叠加了上市公司大股东股权质押爆仓的风险。市场追逐现金流稳定、资产负债率高的品种组合，这个风格特征应该说贯穿了 2018 年全年。

三、上证综指长期不涨之谜

上证综指在 2000 年就已经站上了 2000 点，2001 年达到 2245 点，2007 年最高达到 6124 点，但是到 2018 年底，指数依然还在 2000 点上方打转，没有突破 3000 点，2022 年再度跌破 3000 点回到 2 字开头。拉长来看，2000～2023 年上证综指的整体走势类似黄河"几"字形，从哪里来到哪里去，总体看指数基本走平，节奏上一个大"几"字形中蕴含着几个小"几"字形，2007 年 6124 点和 2015 年 5178 点下方如同河套地区一般。上证综指 2000 年以后的这一长期表现也引发了市场广泛的讨论，包括"指数失真""无法反映市场整体走势""与中国经济走势不匹配"等都是大家觉得上证综指有必要改进的原因。

第一，加权方式、新股纳入时间有影响，但不是主要问题。

从相关的市场讨论来看，大家觉得上证综指编制方法有待改进的问题主要有两个：一是指数加权的问题；二是新股上市纳入指数时间的问题。至于其他包括绩差股垃圾股没有及时退市、上市公司构成结构不合理等，这些问题与指数编制方法无关。上证综指本身就是一个综合指数而非成分股指数，自然要覆盖全部上市公司，而且总市值加权的方法也会使得小市值公司影响更小，至于 A 股市场可能出现的对绩差股投机炒作等问题，更不是指数编制能够解决的问题。

本书认为，指数加权方式、新股纳入时间等对指数的长期表现会有影响，但这些也有技术上的问题：一方面没有绝对的优劣之分（总市值、流通市值、自由流通市值加权，还包括股价加权，各国市场都有实践，并没有说谁比谁就一定更好）；另一方面，这些技术原因也不是影响上证综指长期表现的主要原因。

首先讨论市值加权方式的问题。总市值加权和自由流通市值加权是最常见的两种市值加权方式。上证综指（全名"上证综合指数"）是选取上海证券交易所上市的全部股票组成样本股，包括 A 股和 B 股，使用的是总市值进行加权。总市值加权的问题主要是有些公司有部分股票不会在二级市场交易，所以会导致某些总市值很大但自由流通比例较低的公司，对指数有较大的影响。现实中，上证综指成分股确实存在不少这样的样本，比如邮储银行和建设银行，总市值非常大，但自由流通比例非常低。

实际上，为了解决"总市值加权"潜在的问题，我们市场上还有一个"上证流通指数"（代码000090），"上证流通指数"的样本由全部沪市 A 股组成，未完成股权分置改革、暂停上市的 A 股除外，以自由流通调整市值加权。上证流通指数以2009 年 12 月 31 日为基日，以 1000 点为基点。在新股纳入指数问题上，上证流通指数和上证综指一样，都是凡有符合样本选取条件的新股上市，上市后第 11 个交易日计入指数。所以两者具有一定的可比性，两者收益率的差异在一定程度上可以归因于"总市值加权"和"自由流通市值加权"的差异。

从历史数据来看，客观地说，上证流通指数成立后的十多年内，以"自由流通市值加权"的上证流通指数表现确实要好于以"总市值加权"的上证综指。也就是说所谓的"自由流通市值加权"确实比"总市值加权"收益率表现得更好，但这个作用也不要过于夸大，因为上证流通指数 2009 年底 1000 点，到 2022 年底 1176 点，十三年涨幅 17.6%，依然没有走出"十年不涨"的困境。

事实上，如果认为"自由流通市值加权"收益率表现要比"总市值加权"表现得更好，实际上这种观点是在押注"自由流通比例高"的股票收益率表现要比"自由流通比例低"的股票更好，这个逻辑并没有太强的理论和历史经验可以佐证。看海外指数编制的时间，美股表现最好的纳斯达克指数恰恰就是总市值加权的，也没听说过因为指数编制用的是总市值加权方法就有"长期不涨"的问题。因此，综合来看，市值加权具体方式的不同，可能在一定时间、一定范围内使得指数的收益率有所不同，但不会改变指数的长期表现趋势。

另外，关于新股上市后多少交易日纳入指数，就更无从谈起好坏了。这个问题等于是在择时，目前上证综指是上市后第11个交易日计入指数，如果说11个交易日的时候是股价高估，那到底多少个交易日纳入才不高估呢？2007年上市的某些权重股，11个交易日后、21个交易日后、31个交易日后纳入指数，都不会有太大的区别。

第二，主要问题是消化"历史包袱"和经济转型。

笔者认为导致上证综指长期走平的一个重要问题，就是2007年以后指数一直在消化"历史包袱"，这个"历史包袱"就是在2006年和2007年牛市时有一大批大市值公司在高位高估值首发上市。

首先需要明确的一点是，总市值加权的上证综指，指数的涨幅大体上等于成分股市值的增加，但并不等于上海证券交易所总市值的增加。用交易所总市值的大幅增加，去论证上证综指长期走平不符合经济发展趋势，这个命题显然是错误的。交易所总市值的增加包含两个部分，一个部分是存量公司总市值的增加（这也包含了再融资股份的增加，不仅仅是股价的变化），另一个部分是新上市IPO公司带来的市值增加，这部分市值增加是不影响股价指数的。

2006年、2007年大牛市时，一大批大市值公司在高位高估值首发上市的量有多大呢？2005年时，上交所上市公司总市值大概在2.9万亿元，到2006年上交所上市公司总市值提高到大约8.3万亿元，这其中有3.8万亿元市值是在2006年新上市的（占比46%），2007年上交所上市公司总市值进一步提高到31万亿元，但其中有13.5万亿元市值是在2007年当年新上市的（占比43%）。

从图29-7的对比中可以看得很清楚，2006年和2007年上交所高位上市的大量总市值，在随后的十几年里一直在消化估值。相比上交所，深交所的情况要好很多，深交所在2006年和2007年当年新上市市值占年底总市值的比重只有5%和10%，远低于上交所，所以没有这么大的历史包袱。

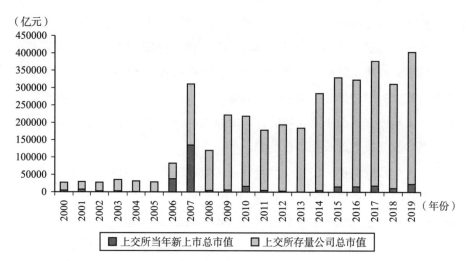

图 29 - 7　2000~2019 年上交所当年 IPO 市值与存量公司市值对比

资料来源：Wind 资讯、笔者计算。

第三十章
2019 年：柳暗花明

　　2019 年市场行情可谓是柳暗花明，2018 年底市场尚还处在极度悲观情绪之中，一进入新年行情便突然启动。"金融供给侧结构性改革"在 2019 年被正式提出，科创板正式开板并试点注册制以及新《证券法》的出台实施，意味着以资本市场为核心的直接融资市场在我国的金融市场中将发挥越来越大的作用。全年宏观经济重归平淡，各项经济指标再度开始下行，但这影响已经十分有限，市场对经济下行的曲线已经非常熟悉了。下半年由于美联储的"预防性降息"，全球流动性极度宽松，造成了包括股票、债券、商品、黄金等在内的各类资产价格普涨，作为全球资本市场中的一环，全球的低利率环境使得外资持续不断流入 A 股市场。消费与科技的双轮驱动成为全年行情最大的特征：一方面消费白马龙头充分受益于外资流入；另一方面在科技自主的大背景下，中国的科技创新大时代正在来临。2019 年上证综指走势与资本市场大事记如图 30 - 1 所示。

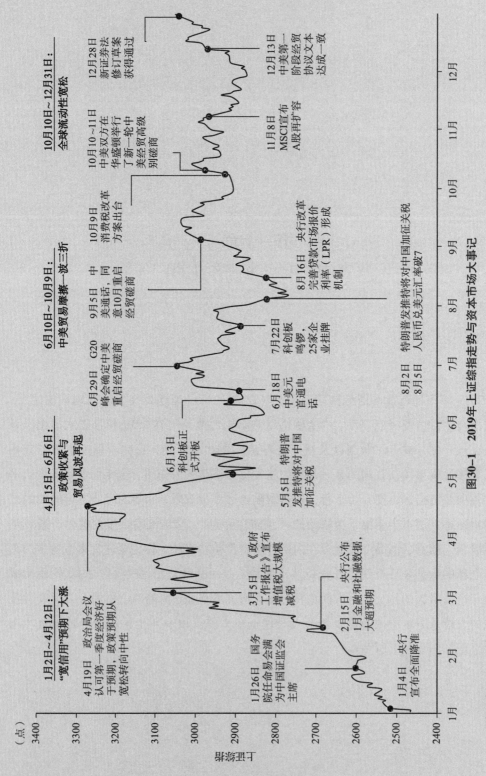

图30-1 2019年上证综指走势与资本市场大事记

资料来源：Wind资讯。

第一节 大事回顾：科创板开市

一、"宽信用"预期下大涨（1 月 2 日~4 月 12 日）

在经历了 2018 年的大幅调整后，2019 年初，A 股估值无论是纵向和自己的历史相比还是横向和国际主要股指对比均处于极低位，市场情绪极度悲观，而极低的估值水平又孕育了巨大的修复空间。

2019 年的春季躁动行情来得很早且猛烈，1 月份刚进入 2019 年市场便彻底扭转 2018 年的颓势，进入到上涨轨道。政策的宽松让股市如沐春风，刚开年没几天央行便全面降准。2019 年 1 月 4 日下午，央行发布公告称为进一步支持实体经济发展，优化流动性结构，降低融资成本，中国人民银行决定下调金融机构存款准备金率 1 个百分点，其中，2019 年 1 月 15 日、25 日分别下调 0.5 个百分点。1 月 14 日，国家外汇管理局经国务院批准，将合格境外机构投资者（QFII）总额度由 1500 亿美元增加至 3000 亿美元。

随后科创板相关政策陆续出台。1 月 26 日，国务院决定任命易会满同志为中国证监会主席。股市行情在一系列的政策利好下不断前行，对市场行情起到进一步推动作用的是 1 月社融数据大超预期，市场做多的热情被完全点燃。2 月 15 日（周五）盘后，央行公布了 1 月份的金融和社融数据，其中新增社融 4.64 万亿元，比上年同期多 1.56 万亿元，社融数据大超市场预期。第二个交易日，2 月 18 日（周一）上证综指大涨 2.7%，由此行情进入到加速上涨阶段。1 月社融数据的大超预期，是一个重要的积极信号，意味着"宽信用"格局可能已经初现。

此后市场行情演绎继续如火如荼，2 月 25 日 A 股再度井喷，上证综指当日大涨 5.6%，各路资金跑步入场。A 股市场已经出现了很多牛市特征，如个股赚钱效应明显、成交量显著放大、各项政策利好不断等。3 月 4 日，上证综指收盘价站上 3000 点。3 月 5 日，大规模减税来临。2019 年《政府工作报告》指出，今年将实施更大规模的减税，同时深化增值税改革，将制造业等行业现行 16% 的税率降至 13% 等。在一系列利好的刺激下，市场继续向上攻击，4 月 8 日，上证综指达到了 3288 点的年内最高点，涨幅达 31.8%。

二、政策收紧与贸易风波再起（4 月 15 日~6 月 6 日）

在 2019 年第一季度经济表现好于预期、资产价格大幅上涨的背景下，政策收紧的预期开始不断出现。首先是 4 月 15 日央行的消息称，4 月 12 日央行货币政策委员会召开了 2019 年第一季度的例会，提出要"把好货币供给总闸门，不搞'大水漫灌'"，相比于 2018 年第四季度，"货币总闸门"的提法再次出现，被视作是货币政策边际变化的信号，虽然短期内不见得会收紧，但进一步放松的可能性似乎是没有了。

紧接着，4 月 19 日（周五）盘后消息，中共中央政治局会议召开，分析研究当前经济形势和经济工作。本次会议对经济形势的判断更为积极和乐观，明确提出"第一季度经济运行总体平稳、好于预期，开局良好"。结合此前国务院常务会议和中央银行货币政策的相关表态，市场基本认可了未来政策将更多地从需求侧的"稳增长"转向供给侧的"调结构"。4 月 22 日（周一）上证综指下跌 1.7%，行情进入调整期。

本轮调整中对市场更致命的一击来自贸易风波再起。5 月 5 日（非交易日），美国总统特朗普发布推特，表示将从 5 月 10 日起将价值 2000 亿美元的中国商品的关税从原来的 10% 增加到 25%。特朗普还声称与中国的贸易谈判仍在继续，但因为中方试图重新谈判导致进展缓慢，美方将一贯保持贸易谈判中的强硬态度，未来美国或对价值 3250 亿美元的中国商品征收 25% 的关税。5 月 6 日（周一），上证综指大跌 5.6%。

随后，5 月 9 日，美国政府宣布，自 2019 年 5 月 10 日起，对从中国进口的 2000 亿美元清单商品加征的关税税率由 10% 提高到 25%。在贸易摩擦升级中，市场持续下跌一直到 6 月初，但下跌速度开始慢慢趋缓。这期间，5 月 24 日，人民银行、银保监会联合发布公告称，鉴于包商银行股份有限公司出现严重信用风险，为保护存款人和其他客户的合法权益，依照有关规定，银保监会决定自 2019 年 5 月 24 日起对包商银行实行接管，接管期限一年。

在市场调整的同时，A 股市场对外开放的速度在进一步加快。5 月 14 日，国际知名指数编制公司明晟（MSCI）宣布，将把现有 A 股的纳入因子提高一倍，即从 5% 提高至 10%，此番指数审议结果将在 5 月 28 日收盘后生效。5 月 25 日，全球知名指数编制公司富时罗素公布了其全球股票指数系列 2019 年 6 月的季度变动，其中包括了纳入其全球股票指数系列的 A 股名单（入富），这次变动将于 2019 年 6 月 21 日收盘后正式生效。

三、中美贸易摩擦一波三折（6 月 10 日 ~ 10 月 9 日）

进入 6 月份以后，市场行情在先是连续下跌了 4 个交易日后，开始见底企稳。6 月 13 日，在第十一届陆家嘴论坛开幕式上，中国证监会和上海市人民政府联合举办了上海证券交易所科创板开板仪式，科创板正式开板，资本市场迎来了历史性的时刻。

这个阶段中最重要的时刻发生在 6 月 18 日夜间，中美两国元首电话通话，并宣布将在二十国集团（G20）领导人大阪峰会期间举行会晤。当夜，全球各大类资产价格发生的明显变化，表现出对中美能够达成协议的期盼，风险资产价格显著上升，而同时避险资产价格显著回落。消息报道后，忽如一夜春风来，6 月 19 日上证综指上涨 0.96%，6 月 20 日上证综指大涨 2.4%。6 月 29 日，在 G20 大阪峰会举行的中美元首会晤中，两国元首同意重启经贸磋商，美方不再对中国产品加征新的关税。

但市场反弹的行情在 G20 峰会结束后没几天便告一段落，从 7 月初开始市场再度进入到调整阶段。这段时间里市场调整的一个很重要原因在于经济基本面又开始下行了。7 月 22 日科创板开锣，首批 25 家公司挂牌上市交易。

而与此同时，刚有好转的贸易摩擦问题又卷土重来。7 月 30 ~ 31 日，中美双方按照两国元首大阪会晤重要共识要求，在上海举行了第十二轮中美经贸高级别磋商，并约定将于 9 月在美举行下一轮经贸高级别磋商。但"画风突变"，8 月 2 日（周五）凌晨，特朗普发推特表示将于 9 月 1 日起对中国剩余 3000 亿美元商品加征 10% 关税。受此消息影响，正处在交易时段的美股三大指数集体跳水，开盘后，A 股同样全线低开，8 月 2 日上证综指、深圳成指、创业板指跌幅均在 1% 之上。

8 月 5 日，离岸人民币与在岸人民币对美元汇率先后"破 7"，引发市场波动。随后，8 月 15 日，美国政府宣布，对自中国进口的约 3000 亿美元商品加征 10% 关税。8 月 6 日美国财政部将中国列为"汇率操纵国"[①]，当天，沪深两市跳空低开，盘中三大指数一度均跌超 3%，截至收盘，上证指数收跌 1.56% 失守 2800 点，指数创出了本轮调整的低点。事态发展到极致后有时就是反转，低点之后，股市开始见底反弹。

8 月 16 日（周五），国常会提出改革完善贷款市场报价利率形成机制（LPR），市场普遍将央行的 LPR 改革这一举措解读为实质性的降息，8 月 19 日（周一），沪深两市高开高走，放量攀升。而实际上，除了国内政策放松外，8 月份行情回暖的另一个大逻辑在于中国跟上了全球"降息潮"。2019 年以来，全球多个经济体陆续开启了降息模式，包括新西兰、澳大利亚、俄罗斯、韩国等多个国家的央行陆续开启了降息周期。在 8 月初美联储宣布降息后，全球经济体降息进程更是有所加快。

在市场上涨的同时，中美贸易摩擦也释放出了缓和的信号，9 月 5 日上午，报道称中美双方同意 10 月初在华盛顿举行第十三轮中美经贸高级别磋商。9 月 6 日，央行宣布将进行"全面 + 定向"降准，释放资金约 9000 亿元。多重利好下，股市不断回升，并在 9 月中旬时候上证综指再度突破 3000 点。

四、全球流动性宽松（10 月 10 日 ~ 12 月 31 日）

10 月份以后，贸易摩擦问题开始不断好转。10 月 10 ~ 11 日，中美双方在华盛顿举行了新一轮中美经贸高级别磋商。11 月 7 日，商务部新闻发言人高峰表示中美同意随协议进展，分阶段取消加征关税。

11 月份以后市场再度进入调整，调整的原因主要有两个，一是海外方面 PMI 数据持续创新低，引起了全球经济衰退的担忧。10 月 1 日，美国公布的 9 月 ISM 制造业指数跌至 47.8，为 2009 年 6 月以来新低。欧元区 9 月制造业 PMI 终值录得 45.7，创下 2012 年 10 月以来的最低水平。

更重要的原因是，国内由于猪肉价格导致 CPI 同比大幅上升，成为货币政策宽松的掣肘。9 月份 CPI 同比增速 3.0%，10 月份 CPI 同比进一步上行至 3.7%，明显超

---

① 《中国人民银行关于美国财政部将中国列为"汇率操纵国"的声明》，载《人民日报》2019 年 8 月 7 日，第 2 版。

出市场一致预期，且创下阶段性新高。虽然 CPI 的涨幅扩大主要仍是以猪肉为代表的少数食品价格上涨因素带来的，但是食品价格上涨很可能带来通胀的螺旋式上升，这使通货膨胀成为影响市场的负面因素。

这期间，11 月 8 日凌晨，MSCI 宣布将所有中国大盘 A 股纳入因子从 15% 增加至20%，同时将中国中盘 A 股一次性以 20% 的纳入因子纳入 MSCI，11 月 26 日收盘后生效。11 月 8 日，证监会就主板、中小板、创业板、科创板再融资规则征求意见，再融资制度迎来全面松绑。11 月 27 日，财政部提前下达万亿元新增专项债额度。进入 12 月份以后，一个最大的变化就是全球的 PMI 数据开始回暖，从而导致市场产生了 2020 年第一季度经济弱复苏的预期，在指数回升的同时，市场的行情结构也发生了很大改变。

12 月 13 日，重磅消息来临，中美第一阶段经贸协议文本达成一致，市场进入到连续几天的加速上涨过程中，虽然期间出现了几天的快速调整，但很快又回到了上升通道，2019 年 12 月 26 日，上证综指收盘价历史以来第 45 次站上 3000 点位置。12月 28 日，新证券法修订草案获得通过。

| 专栏 30-1 | A 股市场的"春季躁动"与"日历效应"

每到岁末年初，A 股市场便会对"春季躁动"非常期盼。股票市场的"日历效应"（calendar effect）是指股价变化与特定的日期发生了显著的相关关系，在特定的日期内出现了规律性或者较大概率的高回报或者低回报，常见的日历效应包括季节效应、月份效应、星期效应和假日效应等。最著名的"日历效应"是美国股市早期出现的"一月效应"，即美国股票市场在一月份的平均收益率比其他月份的平均收益率要高，且在统计上显著。学术界认为这与年底报税、基金粉饰业绩等原因有关。

从 2000 年以后的历史经验来看，A 股市场的"春季躁动"行情本质上就是"二月效应"。2000~2022 年一共 23 年中，Wind 全 A 指数在 2 月份上涨的概率高达 78%，是所有月份中最高的（见图 30-2），上涨概率第二高的是 11 月。"日历效应"背后的逻辑可能源于对政策的预期，2 月之后是 3 月份全国两会，11 月之后是 12 月的中央经济工作会议。

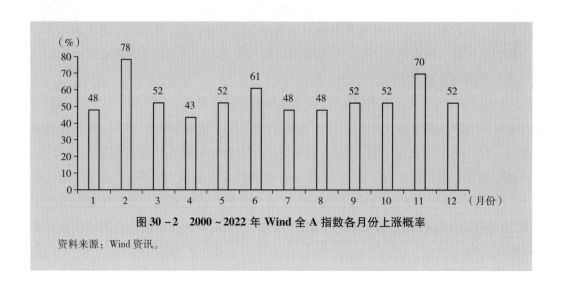

图 30 – 2　2000～2022 年 Wind 全 A 指数各月份上涨概率

资料来源：Wind 资讯。

第二节　经济形势：全球流动性极度宽松

一、宏观经济重归平淡

经历了 2016 年、2017 年供给侧结构性改革后的名义经济增速大幅回升，以及 2018 年的经济数据全面回落之后，2019 年中国宏观经济重归平淡。所谓重归平淡，倒不是说经济数据完全走平，实际上各项经济指标在 2019 年大多都是回落的，而是说中国经济又重新回到了大家所熟悉的下行通道之中。因为经济增速下行大家已经很熟悉了，所以经济数据的变化在 2019 年反而对资本市场没有太大影响。

2019 年全年中国实际 GDP 同比增长 6.1%，增速较 2018 年下降 0.6%。工业增加值和固定资产投资分别同比增长 5.7% 和 5.4%，增速均较上一年小幅下降。工业企业利润总额同比增速 –3.3%，增速大幅回落，继 2015 年后再度出现负增长。PPI 同比负增长 0.3%，较 2018 年的正增长 3.5% 显著回落，工业品价格再度进入通缩。CPI 由于猪肉价格的原因同比较上一年小幅上行，全年增长 2.9%。

二、"预防性降息" 压低全球利率中枢

2019 年的经济形势国内比较平淡无奇，国际变化比较大，主要变化就是美联储的"预防性降息"使得全球出现了流动性极度宽松。这一方面压低了全球利率的中枢，导致各大类资产价格普涨；另一方面，由于中国权益资产估值较低，外资持续不断流入 A 股。

2019 年美联储直接结束了此前连续的加息周期，而且分别在 7 月、9 月、10 月连续三次降息，每次降息 25 个基点，将联邦基金利率从 2.25% ~ 2.5% 的水平降到了 1.5% ~ 1.75% 的水平。2019 年美联储的连续降息，使得全球利率中枢明显下行，各个国家的利率水平均有明显回落。这其中，中国由于受自身相对特殊的猪肉价格上涨影响，使得 CPI 快速上行，利率降幅相对最小（见图 30 - 3）。

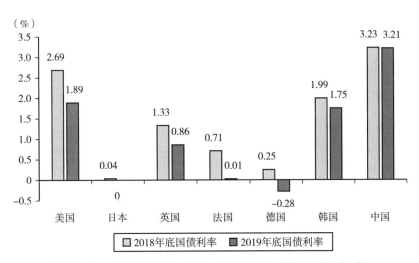

图 30 - 3　主要国家 2018 年底与 2019 年底十年期国债利率对比

资料来源：Wind 资讯。

三、金融供给侧结构性改革

除了传统的宏观经济变化外，2019 年在金融政策上，一个突出的亮点就是提出了要"正确把握金融本质，深化金融供给侧结构性改革，平衡好稳增长和防风险的关系"，"金融供给侧结构性改革"的概念被正式提出。金融供给侧结构性改革的提

出将金融市场的战略地位空前提高，资本市场新一轮基础性制度建设开始迅速推进，而此次改革的重大意义不仅仅意味着 A 股制度红利的到来，更是从制度设计上将整个资本市场作为中国经济新一轮经济改革的"牛鼻子"。

回顾过去，A 股历史上两次重要的制度建设都是在宏观经济和资本市场发展的重要转折时点上提出的，2004 年宏观经济严重过热，"国九条"的提出解决了长期以来困扰股市的股权分置问题，2014 年三期叠加增速换挡，高层提出"新国九条"着力建设多层次资本市场。无独有偶，两次重要的大政方针，既完善了资本市场基础性的制度建设，又带来了股票市场的牛市行情，更是实现了经济的平稳过渡，这正是经济金融共生共荣的真实体现。

在 2019 年当年最重要的两件改革，一是科创板正式开板试点注册制，二是新《证券法》出台实施，这两件事无疑都极为重要。金融供给侧结构性改革的推进，将使以资本市场为核心的直接融资市场在我国的金融市场中发挥越来越大的作用。

四、2019 年 A 股盈利和估值变化趋势回顾

2019 年伴随着经济增速的进一步回落，上市公司整体盈利增长表现也很一般，但因为 2018 年第四季度大量的商誉减值损失计提，业绩上实际上是挖了一个坑，所以 2019 年的盈利增速数据上倒并不是特别难看。2019 年全年全部 A 股盈利增长 7%，其中"全 A 非金融两油"盈利负增长 1%。创业板公司由于 2018 年基数极低的原因，2019 年盈利增速达 33%。

从 2019 年宏观数据与上市公司盈利增长数据对比来看，可以发现一种重要的事实，那就是整体上市公司的盈利受宏观经济总需求的影响进一步减弱，供给层面因素的影响力开始不断加大，所以我们看到 2019 年当工业品价格再度陷入通缩之时，2019 年 A 股整体的盈利增速并没有惨不忍睹。A 股上市公司盈利特征的这个变化，是后续影响行情的重要因素。

从估值情况来看，2019 年第一季度在市场大涨中，全部 A 股的估值水平都有明显回升，修复了 2018 年底的市场超跌状况。5 月份以后，虽然有各种事件的扰动，但总体上市场行情和估值水平都维持在一个窄幅震荡范围中。同时从利率和估值的对比来看，2019 年估值受国内利率变化的影响并不大（见图 30 - 4）。

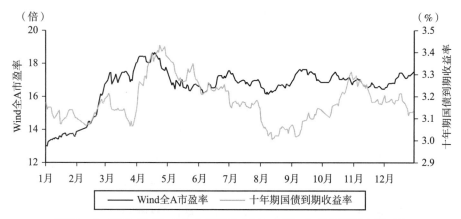

图 30 - 4　2019 年 Wind 全 A 指数市盈率（PE）与长端利率走势对比

资料来源：Wind 资讯。

第三节　行情特征：消费与科技双轮驱动

2019 年市场行情全面回暖，全年行情特征体现在：

（1）市场全面普涨，对 2018 年的超跌进行修复。上证综指全年上涨 22%、Wind 全 A 全年上涨 33%。全部个股收益率算术平均值是 26%，全部个股收益率中位数是 16%。约 76% 的股票在 2019 年是上涨的。

（2）风格上呈现出大票行情特征，但创业板表现最好。从大小票风格来看，沪深 300 表现要显著好于中证 500 和中证 1000，创业板公司表现最好，创业板中也是大票风格，创业板 50 指数领涨，全年涨幅高达 51%（见图 30 - 5）。

（3）从行情的驱动力看，2019 年指数的涨幅基本全部来自估值提升。这背后有两方面原因：一是对 2018 年超跌的修复；二是 2019 年在美联储"预防性降息"下，全球流动性极度宽松，各类资产价格普涨，外资持续不断流入 A 股。

（4）从行业层面看，2019 年呈现出明显的消费与科技双轮驱动行情。消费股中的龙头白马由于其盈利的稳定性，充分受益于持续流入的外资。在贸易摩擦不断科技自主的大背景下，科技创新大时代开始来临，科技股进入到新一轮景气周期。

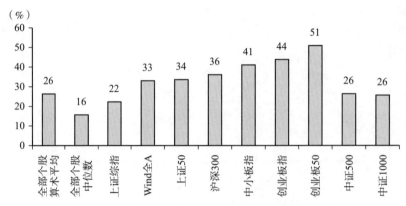

图 30 – 5　2019 年 A 股主要指数及全部个股平均涨跌幅对比

资料来源：Wind 资讯、笔者计算。

一、全球宽松下各类资产价格普涨

2019 年，全球市场各大类资产品种价格发生了几个十分有意思的现象：

第一，包括股票、债券、黄金、原油在内，几乎全部大类资产价格都在上涨。2019 年全年美股标普 500 指数涨幅为 29%，A 股沪深 300 指数涨幅为 36%，布伦特原油价格上涨 23%，黄金价格上涨 18%，伦铜价格上涨 3.4%，十年期美国国债和德国国债收益率分别有约 8.9% 和 4.2%〔注：这里的十年期美国国债和德国国债收益率为大致估算，计算公式为：收益率 = 年初到期收益率 +（年初到期收益率 − 期末到期收益率）×8，这里等于假设年初到期收益率为持有一年的票息，同时假设十年期国债的久期为 8 年〕。

第二，全球主要股票市场普遍上涨。2019 年无论是发达市场国家还是新兴市场国家，几乎所有国家和地区的股票市场都在上涨。其中涨幅较大的包括俄罗斯 RTS 指数、美国纳斯达克指数、A 股沪深 300 指数等，涨幅相对较小的包括韩国综合指数、香港恒生指数、英国富时 100 指数等。

第三，全球主要股市上涨几乎完全依靠估值提升，而非业绩增长。2019 年，从各主要股市指数收益率的估值和业绩分解情况来看，主要股票指数的上涨基本完全依靠估值提升，而且估值的涨幅要更大于股价的涨幅，这意味着指数的 EPS 多数都是负增长的。这其中 A 股的沪深 300 指数情况还稍微好些，虽然也是估值提升贡献了大部分的股价涨幅，但毕竟仍有一定的业绩增长。

一般情况下，像 2019 年这样的大类资产普涨现象是比较罕见的，因为如果经济基本面较好，那么股票和原油价格会上涨，而利率上行债券价格会下跌；如果通货膨胀下行，那么利率下行债券价格上涨，而一般黄金价格会下跌。换言之，从驱动股票、债券、黄金、原油四类资产价格背后的宏观因子来看，四类资产价格的协方差不会全部为正，同涨或者同跌都属于异常情况。

2019 年的这种各类资产价格普涨现象，背后的主要原因就是全球流动性的极度宽松。回顾历史，从 1960 年以来，如果我们以美股标普 500 指数来度量股票价格，以美国十年期国债到期收益率来度量债券价格的话，股票、债券、黄金、原油四类资产价格同涨的情况，大概一共发生过五次，分别是 1971 年、1995 年、2007 年、2010 年、2019 年。这五次大类资产价格普涨的背后，一个共同特点就是当年都发生了美联储"降息"或者货币宽松。1971 年、1995 年、2007 年、2019 年美联储都使用了降息操作，而 2010 年美联储开启了第二轮量化宽松政策。

二、外资流入与白马行情

美联储的连续降息以及欧洲日本的负利率，使得全球流动性极度宽松，资产收益率变得非常稀缺。A 股是全球资产价格表现中的一环，全球资产低收益率环境下，外资持续流入。

伴随着 2019 年中国资本市场对外开放的程度不断提高、A 股在 MSCI 中的权重不断增加等因素，2019 年至今外资流入 A 股数量持续上升。据统计，2019 年全年陆股通净流入资金达人民币 3517 亿元，较 2018 年有显著提高。外资持续流入，一方面有政策支持的因素；另一方面，从经济层面来讲，最主要的原因恐怕还是在于全球流动性宽松下，高收益率的 A 股资产非常有吸引力。

从 2019 年 A 股的行业表现来看，呈现出显著的消费与科技双轮驱动行情特征（见图 30-6）。这其中消费股中的龙头白马充分受益于外资的持续流入。

三、创业板新一轮盈利上行周期

双轮驱动的另一头是科技，2019 年科技股开启了一轮大行情。这轮大行情背后的大逻辑是在中美贸易摩擦持续升级的背景下，国家对科技创新独立自主的诉求越来越强烈，资本市场的制度建设在不断完善，举国体制推动科技创新成为最大共识。可以说，从 2019 年开始，中国资本市场进入了一个科技创新大时代。

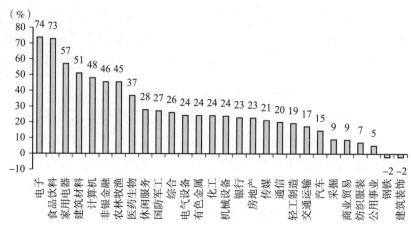

图 30－6　2019 年一级行业涨跌幅排名对比

资料来源：Wind 资讯。

　　大背景、大逻辑、大故事的背后，从财务数据看，更重要的是科技产业本身也进入了一个向上的景气周期。大体从 2019 年第三季度开始，科技企业的盈利周期上行拐点出现了，创业板第三季度 ROE 出现拐头向上的迹象（见图 30－7）。可比口径法下，创业板上市公司 2019 年第四季度净利润累计增速为 63.2%，相比上年显著回升。从板块的动态变化趋势来看，在 2018 年第四季度的财务"大洗澡"后，创业板业绩增速开始出现持续改善趋势，并且 2019 年第四季度增速再度创下近几年的新高。

图 30－7　2011～2019 年创业板整体 ROE 走势

资料来源：Wind 资讯。

第三十一章
2020 年：新冠疫情

    2020 年是极不平凡的一年，新冠疫情席卷全球，对全球市场造成了极大冲击，先是美股带领全球股市进入崩盘熔断模式，使得美股历史上一共出现的 5 次熔断有 4 次发生在 2020 年 3 月，随后国际油价暴跌，WTI 油价一度跌成负值，投资者一次次见证了新的历史时刻。疫情暴发之后，美国、日本、欧洲开始了史无前例的货币大放水和财政刺激，海外版"四万亿"应运而生，市场行情开始 V 型反转。到年底，美国、德国股市创历史新高，日本股市创 1991 年以来新高。A 股市场表现同样精彩，主要指数均取得不错涨幅。不过 2020 年是小部分龙头公司的大牛市，行情的结构性分化极大，无论是板块间还是板块内的估值差异都达到了历史极值。医药、白酒、光伏、新能源汽车热点频出，市场先是"喝酒吃药"，然后"喝酒开车"。公募基金产品收益率表现远好于指数整体，A 股市场机构化时代已经到来。2020 年上证综指走势与资本市场大事记如图 31 − 1 所示。

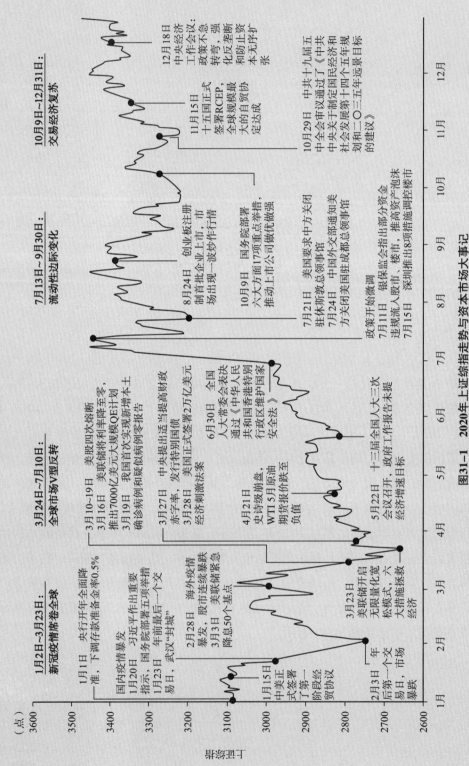

图31-1　2020年上证综指走势与资本市场大事记

资料来源：Wind资讯。

第一节　大事回顾：全球市场波澜壮阔

一、新冠疫情席卷全球（1 月 2 日~3 月 23 日）

2020 年一开年央行便向市场发放红包，1 月 1 日元旦，中国人民银行宣布决定于 2020 年 1 月 6 日下调金融机构存款准备金率 0.5%，释放长期资金 8000 多亿元。1 月 15 日，中美两国正式签署了中美第一阶段经贸协议。在这样的环境中，2020 年 1 月上半月，市场延续着 2019 年底的向上势头，表现不错。

1 月下旬开始，新冠疫情开始暴发，成为市场最核心的焦点。2020 年 1 月 20 日，新华社报道，近期湖北省武汉市等多个地区发生新型冠状病毒感染的肺炎疫情，习近平对新型冠状病毒感染的肺炎疫情作出重要指示；同日，国务院常务会议部署五项举措要求有力有效遏制疫情。这两条消息一开始并未引起市场的充分重视，1 月 21 日和 22 日股市表现都还可以。1 月 23 日春节前最后一个交易日，情况开始不对了，盘前消息传出武汉宣布封城，全市公交地铁将停运，机场火车站离汉通道关闭，这对市场产生了很大的冲击，当日上证综指大跌 2.8%。

春节期间全国上下众志成城、万众一心积极防控新冠疫情，防控疫情限制人员流动，使得整个社会的经济活动基本上都停了下来。2020 年 1 月 27 日，国务院宣布春节假期多放 3 天，延长至 2 月 2 日。面对史无前例的疫情和经济活动停止，资本市场陷入了恐慌。在 2 月 3 日节后开市之前，管理层出台了一系列政策呵护市场。2 月 1 日，中国人民银行、财政部、银保监会、证监会、国家外汇管理局等五部门联合印发

《关于进一步强化金融支持防控新型冠状病毒感染肺炎疫情的通知》，中国人民银行将提供充足的流动性，并鼓励银行机构适当下调贷款利率。即使这样，2 月 3 日开市仍然出现了信心崩塌，当日上证综指暴跌 7.7%。

不过在情绪宣泄之后，市场在 2 月 4 日起便见底回升。2 月 14 日晚间，证监会发布修改后的"再融资新规"，放宽了上市公司定向增发股票的要求，发行价格、发行人数、减持规定等均有所放宽。股市行情在 2 月出现了全年的第一次 V 型反转。2 月底开始，情况又不对了，新冠疫情在海外全面暴发，引发了海外股市的连续暴跌，从 3 月份开始，市场投资者开始一次次见证"历史时刻"的出现。

2020 年 3 月 3 日，美联储紧急宣布降息，将基准利率下调 50 个基点，降息的理由是因为病毒构成了不断变化的风险，这是自 2008 年 12 月金融危机以来的首次紧急降息。3 月 9 日，美国股市遭遇"黑色星期一"，三大股指开盘即遭遇"雪崩"，标普 500 指数暴跌 7%，触发了为阻止市场恐慌性抛售而设置的熔断机制，暂停交易 15 分钟。美国的熔断机制始于 1987 年股灾后的 1988 年，从实施开始一直到 2020 年前，30 多年时间里真正触发过的熔断只有一次在 1997 年。

3 月 12 日，特朗普发表讲话宣布暂停"从欧洲到美国所有旅行"30 天，这再度引发了市场恐慌，当天美股开盘后仅 5 分钟，标普 500 指数跌幅扩大至 7%，触发疫情发生后的"第二次熔断"。随后，全球各国股市掀起了熔断潮，美国、加拿大、巴西、墨西哥、泰国、菲律宾、韩国、巴基斯坦、印度尼西亚等多个国家股市均发生熔断。3 月 16 日，美联储将利率降至零，并推出 7000 亿美元规模的 QE 计划。但市场认为美联储的"子弹"已经打光，当天美股开盘即暴跌，标普 500 指数跌幅超过 7%，触发当月的"第三次熔断"。3 月 18 日开盘，美股再度暴跌，触发当月的"第四次熔断"。2020 年是一个不平凡的年份，投资者充分见证了历史，美股过去历史上一共发生过 5 次熔断，有 4 次是在 2020 年的 3 月。

在积极防控之下，国内疫情形势明显好转，3 月 19 日，我国首次实现新增本土确诊病例和疑似病例零报告。但在海外市场全面暴跌的冲击下，国内股市也出现了二次探底，3 月 19 日，上证综指最低跌至 2646 点，击穿 2 月 3 日暴跌时的低点。

二、全球市场 V 型反转（3 月 24 日～7 月 10 日）

市场的转折点发生在 3 月 23 日，当天美联储宣布开启无限量化宽松模式，并将采取六大措施拯救经济。3 月 24 日，全球股市迎来了向上熔断式大涨，A 股市场也大幅上涨，市场开始见底回升。

3 月 27 日，中央政治局召开会议，提出要适当提高财政赤字率并发行特别国债。3 月 28 日，美国总统特朗普正式签署了 2 万亿美元的经济刺激法案。4 月 3 日，中国人民银行宣布对中小银行定向降准一个百分点。在全球各国的货币宽松和财政刺激中，股票市场不断上行。此时市场的恐慌并没有完全消除，各类资产价格的波动依然很大，4 月 21 日，又一次历史性崩盘出现，当天 WTI 的 5 月原油期货报价跌至负值，油价为负绝对是历史首次。

4 月 27 日，中央全面深化改革委员会第十三次会议召开，提出要推进创业板改革并试点注册制，中国资本市场的注册制改革开始从局部试点转向全面推广。5 月 22 日，十三届全国人大三次会议召开，《政府工作报告》中虽然没有提出具体的经济增速目标，但两会的顺利召开使得国人对抗击疫情胜利更加增添了信心。6 月 12 日，《创业板首次公开发行股票注册管理办法（试行）》等相关政策出台，创业板注册制正式落地。

虽然新冠疫情在海外依然不断蔓延，但全球股市从 3 月底开始在犹豫中走出了 V 型反转的走势。7 月上半月，A 股市场出现了加速上涨的势头，上证综指在 7 月 13 日最高摸到了 3458 点。

三、流动性边际变化（7 月 13 日~9 月 30 日）

在股票市场大幅上涨过程中，防范金融风险的观点也开始出现，毕竟全球各国还深陷疫情之中，全球经济受到了巨大冲击。深圳房价的快速上涨和 7 月初上证综指的加速上涨引发了监管的注意。7 月 11 日，中国银保监会网站发布了新闻发言人答记者问全文，提出"部分资金违规流入房市股市，推高资产泡沫"。7 月 15 日，深圳出台 8 项措施调控楼市，要求落户满 3 年且连续缴纳 36 个月社保才具有买房资格，国内流动性的边际收紧开始出现。

7 月 21 日，美方突然单方面要求中方关闭驻休斯敦总领馆，作为回应，7 月 24 日，中国外交部通知美方关闭美国驻成都总领事馆。这些外部的事件性因素，还包括特朗普政府封禁 TikTok 等，虽然在短期内对市场有一定的影响，但总体影响都不大。8 月 24 日，创业板注册制首批企业在深交所上市，随后市场出现了一波对创业板公司的炒作行情，9 月 9 日，新华社发表评论，要坚决遏制创业板炒小炒差"歪风"。

7 月中旬指数摸到高点后，第三季度市场整体在一个宽幅震荡中。这里的行情走势有点类似 2009 年 7 月份以后的情况，即市场在极度宽松之后，伴随着流动性边际收紧，行情走势从单边上涨转变为宽幅震荡。不过相比 2009 年，2020 年的政策边际收紧更加缓和，且海外仍在持续放水，因此行情调整并不剧烈。

四、交易经济复苏（10 月 9 日～12 月 31 日）

进入第四季度以后，虽然全球疫情仍未得到完全控制，但经济复苏的势头已经完全起来，市场投资的重心开始从之前寻找疫情影响下盈利稳定赛道长的品种，转向了经济复苏中盈利向上弹性大的品种，众多大宗商品价格突破 2017 年时的高点，直逼 2011 年历史最高水平，全球航运火爆，运力紧张。

与此同时，国内的制度建设在有条不紊地进行中。10 月 9 日，国务院发布《国务院关于进一步提高上市公司质量的意见》，提出 6 个方面 17 项重点举措推动上市公司做优做强。10 月 29 日，中共十九届五中全会审议通过了《中共中央关于制定国民经济和社会发展第十四个五年规划和二〇三五年远景目标的建议》。11 月 15 日，15 个国家正式签署《区域全面经济伙伴关系协定》（RCEP），全球规模最大的自贸协定达成。

第四季度另一件备受市场瞩目的事情，就是国家加大了反垄断力度。起初 10 月 26 日晚间，蚂蚁集团确定 A + H 股发行价，预计总融资 2300 亿元，有望成为全球最大 IPO。11 月 3 日晚间，上交所和港交所发布公告称，暂缓蚂蚁科技集团股份有限公司上市。11 月 10 日，"双 11"前一天，市场监管总局就《关于平台经济领域的反垄断指南（征求意见稿）》公开征求意见。12 月 14 日，市场监管总局对阿里巴巴投资收购银泰商业股权、阅文集团收购新丽传媒股权、丰巢网络收购中邮智递股权等三起未依法申报违法实施经营者集中案作出行政处罚。12 月 24 日，市场监管总局依法对阿里巴巴集团涉嫌垄断行为立案调查。

11 月以后，股市在不知不觉中又走出了上升行情，沪深 300、创业板指等均创出了年内新高，12 月 31 日全年最后一个交易日，上证综指大涨 1.7%，突破了此前 7 月 13 日的高点 3458 点，以全年最高点收盘。

| 专栏 31-1 |　　　　　　　　　一致预期就是 20 日均线

　　在市场交流中，很多投资者喜欢问"你们的观点与一致预期有什么区别"，如果你反问一句一致预期是什么，往往会使得场面很尴尬。实际上，从市场本身出发，就会发现所谓的一致预期其实就是 20 日均线，均线开口向上自然是当下市场都看好，持续下跌自然是大家都不看好。

　　还有不少观点认为，当一致预期形成共识时市场就会朝反向走。这个倒也不必然，多数情况下，市场整体观点与后续行情走势的关系是"弱相关"甚至"不相关"，而不是"负相关"。其实如果哪家的观点能够做到显著"负相关"倒也是价值量极大的，可以成为很好的反向指标，要知道 10 道判断题全做错的难度跟全做对的难度是一样的。

第二节　经济形势：海外版"四万亿"

一、疫情后的衰退与复苏

　　由于新冠疫情冲击导致的经济活动全面停止，使得 2020 年出现了经济衰退，而且很多经济数据都创了历史纪录。2020 年第一季度我国 GDP 同比增速为 -6.8%，国内首次出现 GDP 负增长。按照国际货币基金组织（IMF）的估算，2020 年全球的实际 GDP 同比增速大概是 -3%，也创了近年来的新低。在 2020 年第一季度新冠疫情暴发之初，很多观点担心经济衰退会演变为经济危机，但事后看完全是过虑了，人们低估了政府政策刺激的能力，此次疫情中各国政府救经济的力度和速度都是史无前例的。

　　虽然说无论是极度宽松的货币政策还是财政政策，都会产生各种问题和副作用，甚至很多观点认为美联储的操作是在"饮鸩止渴"、宽松的货币政策无法解决病毒问题等。但实际上我们需要明白的是，避免再次出现金融危机、经济危机以及 1929 年式的大萧条，是各国政府的普遍共识。通胀、滞胀、资产价格泡沫等，这些结果都不好，但都要比出现金融危机好，所以政府无论如何一定要救经济，这是其一。其二是2008 年金融危机的经验教训是晚救不如早救好，早救的成本还更低。很多观点都认为，当年美国政府放任雷曼兄弟破产倒闭，事后看是不明智的，因为雷曼倒闭后再去救经济的成本大幅增加，所以相比"大而不倒"的道德风险成本，金融机构破产倒闭对社会经济的冲击成本更大。

而且 2020 年与 2008 年完全不同，2008 年时全世界都没见识过真正的金融危机，1929 年过去已经快 80 年了，就算是 1929 年出生的人到 2008 年也 80 岁了，像当时的美联储主席伯南克（1953 年出生），是绝对的研究"大萧条"领域的专家，但也没亲身经历过金融危机和大萧条。而 2020 年的政策制定者，都经历过 2008 年的金融危机，所以此次疫情发生后，各国政府的货币政策和财政政策变化均极为迅速，采取各种手段，竭力避免各类企业破产倒闭，保护市场的经营主体存在。

因此，我们看到从第三季度开始，全球经济都快速复苏，中国的实际 GDP 单季度增速第二季度和第三季度分别为 3.2% 和 4.9%，回升速度很快。而且同时，更重要的是，工业大宗商品价格出现了大幅上涨，对股票市场而言，这意味着企业盈利回升的弹性会更大。

二、美日欧史无前例大放水

在此次新冠疫情中，中国是全球主要经济体中疫情防控做得最好、经济率先恢复的国家。与我国不同，海外国家在此次疫情中很多都采取了更加激进的财政政策和货币政策，美国、日本、欧洲国家的 M2 同比增速大幅飙升。美国的 M2 同比增速上升至 24%，创 1959 年有历史数据以来的新高（见图 31-2）。欧洲和日本也是同样的情况，M2 同比增速虽然没有像美国那样夸张，但也都创出了 2008 年金融危机以后的阶段性新高。欧元区的 M2 同比增速上升至 10% 以上，金融危机以后第一次达到两位数水平，日本的 M2 同比增速上升至 9%，显著高于金融危机后过去 10 年平均 3% 的增速，日本上一次出现这样的 M2 增速还是在 1990 年。

在这种情况下，一方面，我们看到了到 2020 年底，美国、德国等多个西方国家股市指数创历史新高，日经 225 指数创 1991 年以来新高，再往上就要冲击 1990 年的历史最高位置了；另一方面，2020 年中国出口形势出现了超预期的好转，包括家用电器、光伏、机械、新能源汽车等下半年表现较好的股票板块，其需求的驱动力都来自海外。市场总喜欢跟我们开玩笑，在疫情暴发之初，几乎所有人都认为，由于海外经济活动停止，全球贸易将受到重大冲击，中国的出口将惨不忍睹，最后结果却完全相反。

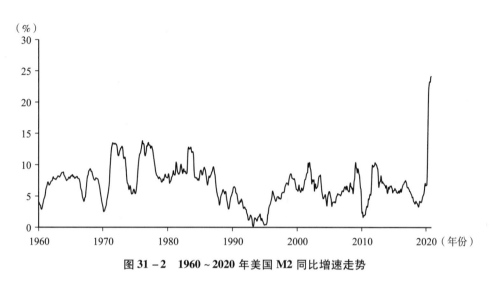

图 31 – 2　1960 ～ 2020 年美国 M2 同比增速走势

资料来源：Wind 资讯。

三、2020 年 A 股盈利和估值变化趋势回顾

2020 年的上市公司盈利表现有两个特征，第一个特征是盈利增速出现了快速下坠和快速回升，受新冠疫情影响，第一季度全部 A 股盈利增速降至 –24%，不过后续很快回升，第二季度全部 A 股盈利增速回升至 –11%，第三季度回升至 18%，第四季度单季度盈利增速升至 60%。非金融企业盈利增速变化幅度更大，2020 年四个季度单季度盈利增速分别为 –52%、2.2%、34%、109%。

第二个特征是企业盈利增速恢复的弹性要大于经济增速恢复。疫情中很多企业最终难免被市场淘汰，客观上造成了供给侧结构性改革效应。疫情以后，需求恢复的弹性要明显高于供给，举个例子，疫情期间可能有 10% ～ 15% 的幼儿园关门了，但是儿童人数并不会减少，9 月份开学后，需求基本完全恢复但供给是跟不上的，因此能够活下来的企业可以获得更大的市场份额和盈利能力。上市公司总体上作为国民经济中的优势企业，在这样的背景下盈利能力提升会更多。

从估值角度看，2020 年全部 A 股的估值水平大幅提升，而且需要注意到 4 月份以后股票市场估值抬升是在债券利率持续上升中实现的（见图 31 – 3）。导致这一现象的原因有两个：一是虽然 5 月份以后国内债券利率持续上行，但海外流动性依然极度宽松，外资在持续流入，人民币也在不断升值；二是估值反映的是过去的盈利情况，2020 年下半年开始，企业盈利快速回升市场会有提前反应，估值数据相对领先于企业盈利的变化，这种情况在 2009 年行情中也同样出现过。

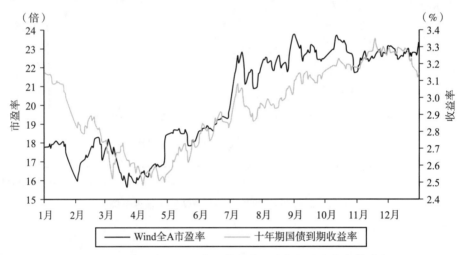

图 31 - 3　2020 年 Wind 全 A 指数市盈率与长端利率走势对比

资料来源：Wind 资讯。

第三节　行情特征：分化的大牛市

2020 年是继 2019 年后第二个牛市，全年行情特征体现在：

（1）指数全面普涨，个股分化极大。上证综指全年上涨 14%、Wind 全 A 全年上涨 26%。但个股的整体赚钱效应并不是太强，全部个股收益率算术平均值是 18%，全部个股收益率中位数仅 3%，只有约 54% 的股票在 2020 年是上涨的。

（2）风格上依然是大盘成长龙头公司行情特征，同时创业板表现最好。从大小票风格来看，沪深 300 表现要好于中证 500 和中证 1000，但创业板公司的表现要显著更好，创业板指全年上涨 65%，创 50 指数涨幅更是达到 89%（见图 31 - 4）。

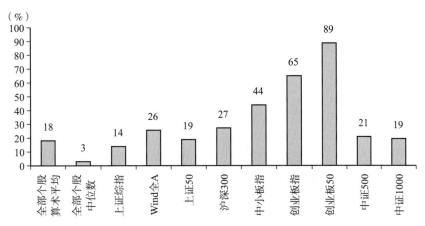

图 31 - 4　2020 年 A 股主要指数及全部个股平均涨跌幅对比

资料来源：Wind 资讯、笔者计算。

（3）从行情的驱动力看，2020 年与 2019 年相同，依然是"生拔估值"行情，指数的全部涨幅基本全部来自估值提升。这里需要注意的是，2020 年 A 股市场估值分化极大，无论是板块间还是板块内的估值差，都达到了历史极值。很多 A 股公司特别是机构重仓股，估值已经非常高了，但由于金融、地产股权重大估值低，使得基于整体法计算的很多市场宽基指数估值看上去还很低。

（4）从行业层面看，全年涨幅最大的三个行业分别是：休闲服务（中免）、电气设备（光伏）、食品饮料（白酒）。从板块轮动节奏看，上半年是"喝酒吃药"、下半年是"喝酒开车"，即上半年表现领先的是食品饮料和医药行业，下半年表现领先的是食品饮料和新能源汽车以及新能源行业。

一、极端分化的"生拔估值"行情

"分化"是 2020 年市场行情的最大特征。2020 年 A 股市场行情极端分化，这种分化既体现在板块间也体现在板块内。虽然各大指数都录得了不少收益率，但市场整体的赚钱效应并不是太突出。全部 A 股全年上涨个数占比是 54.1%，有近 46% 的股票全年是下跌的（见图 31 - 5），而且全部个股的收益率中位数仅 3%，与 Wind 全 A 指数全年 26% 的收益率相差甚远。2020 年市场行情表现出非常强的"个股牛市"特征。

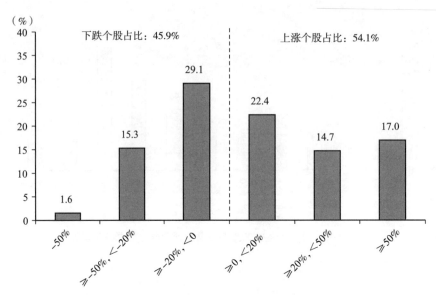

图 31 - 5　2020 年全部 A 股个股收益率分布

资料来源：Wind 资讯。

　　而且这样的行情分化是在一个"生拔估值"行情中出现的，从市场行情的驱动力来看，2020 年市场行情是一个典型的"生拔估值"行情，即指数涨幅中绝大部分贡献依靠的是估值提升而非盈利上升。极端的分化，体现在估值层面上，我们看到全部 A 股的估值分化程度在 2020 年再度达到了历史最高水平。事实上，一大批涨势凌厉的股票在 2020 年都已经突破了自身历史估值的上限。我们在前面也着重讨论过，估值是交易的结果而不是交易的原因，单纯因为估值低了就看多或者估值高了就看空，实际上是在质疑市场的有效性，这一点在 2020 年的市场行情中体现得淋漓尽致。

二、从"喝酒吃药"到"喝酒开车"

　　从行业板块表现来看，2020 年全年涨幅排名前五的行业分别是休闲服务、电气设备、食品饮料、国防军工、医药生物，涨幅分别达到 99%、95%、85%、58%、51%。另外有 7 个一级行业全年收益率是负的，房地产、通信、建筑装饰、纺织服装、银行相对跌幅较大（见图 31 - 6）。

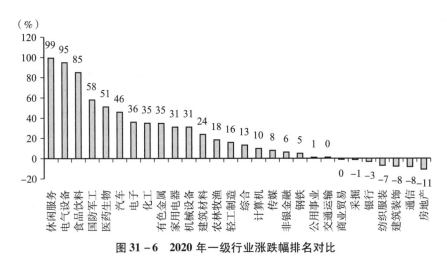

图 31-6 2020 年一级行业涨跌幅排名对比

资料来源：Wind 资讯。

　　涨幅领先的几个一级行业中，休闲服务实际上就是中国中免一家公司受益于免税政策涨幅较大，其他景区酒店类公司受疫情冲击较大表现并不理想。电气设备中表现最好的是光伏板块，食品饮料中白酒板块表现非常优异，此外，新能源汽车相关产业链公司也有很好的表现。

　　从板块轮动的节奏来看，可以粗略概括为上半年是"喝酒吃药"、下半年是"喝酒开车"，即上半年表现领先的是食品饮料和医药行业，下半年表现领先的是食品饮料和新能源汽车以及新能源行业。疫情发生后，医药行业是受益最明显的，特别是医疗器械板块以及与新冠疫苗相关的生物科技板块，在 3~8 月都取得了巨大的涨幅。白酒板块在全年都有很好的表现，"酒 ETF" 2020 年全年涨幅 125%，领涨几乎所有 ETF 品种。如果说在 2017 年的白酒板块行情中，市场还把白酒作为一个周期性行业来看的话，那么在 2020 年的行情中，市场已经完全忽视了行情的周期属性。从周期属性进化为趋势属性，是股票估值能够提升的重要条件。

　　光伏新能源和新能源汽车无疑是下半年市场最闪耀的明星，这两个行业充分得益于新一轮的能源变革，使用更加绿色清洁的电力能源逐步取代传统的化石能源是大势所趋，并且在 2020 年由于我国提出"碳中和"目标以及美国新当选总统拜登的能源政策，而出现了加速的趋势。2020 年，我国明确提出了二氧化碳排放力争 2030 年前达到峰值，力争 2060 年前实现碳中和的目标。

　　作为全球能源消费和碳排放的第一大国，我国"十四五"能源的发展道路同时面临诸多挑战与机遇。我国能源供给结构和消费模式亟待转型，煤炭消费比例过高造成难以遏制的碳排放量增长，油气对外依存度过高存在能源安全隐忧；与此同时，我们欣喜地见证了我国光伏、风电等新能源产业的卓越发展成果，技术领先型和经济型经过"十三五"期间的不懈努力，已经取得长足进步，具备完全平价的大规模开发能力。

2020 年的光伏新能源和新能源汽车行情更像是一次"强贝塔"行情，叠加了国内相关产业竞争优势的阿尔法。实际上，一直到 2020 年 4 月底，这两个板块的股价依然可以说是趴在地板上，而后续出现了政策强刺激使得需求大幅提升。历史会重演但不会简单地重复，这句话用在这里笔者觉得非常合适。2020 年在疫情发生后，各国都采取了非常积极的财政刺激政策，这就是历史会重演，跟 2009 年金融危机后的情况一模一样。但是这一次，包括我国在内的很多国家没有采取传统的基础设施建设投资的刺激方式，而是转而对光伏新能源和新能源汽车进行了大量的财政补贴，财政刺激的方式发生了重大变化，这就是历史不会简单地重复。

三、机构化时代与高估值

2020 年可以说是一个真正意义上的机构化时代，如前所述，其实 2020 年全年全部股票的赚钱效应并不突出，个股的收益率中位数只有 3%。但基金产品的表现要远好于个股收益率中位数和市场宽基指数，全部主动管理类普通股票型公募基金产品的全年收益率中位数高达近 59%。得益于良好的业绩表现，公募基金资产管理规模大幅增长，出现多个发行规模超过百亿元的明星基金产品，很多明星基金产品由于过于火爆而采取了配售措施，认购新发基金出现了申购新股的感觉。

而公募基金的资产配置也出现了很强的头部集中效应，或者说基金抱团行为。根据 2020 年第二季度和第三季度基金公司公布的十大重仓股数据①，全市场所有主动管理型股票类基金②的重仓持股合计涉及约 1400 只股票，这其中持仓最多的前 400 只股票合计持仓可以达到基金全部重仓持股市值的约 94%；换言之，公募基金产品的持股基本就在这 400 只股票里面，持股非常集中。

---

① 公募基金产品每个季度都会公布"重仓持股"数据，"重仓持股"只有持仓比例最大的十只股票并不是全部持仓；同时，基金会在年报和半年报中披露"全部持股"数据，但由于"全部持股"数据公布时间往往较晚且一年只有两次，所以通常市场分析中更多地使用"重仓持股"数据。

② 主动管理型股票类基金包括普通股票型基金，混合基金中的偏股、平衡、灵活配置三类基金，不包括指数基金和指数增强基金。

　　最后，在庆贺 2020 年 A 股市场克服疫情影响取得巨大成绩的同时，我们也应该看到市场的整体估值真的是不便宜了。由于市场估值分化极大，这使得多数基于整体法计算得到的指数整体估值会显得比较低，例如在 2020 年底沪深 300 指数的整体市盈率是 16.1 倍、上证综指的整体市盈率是 16.2 倍，这主要都是因为金融、地产股权重大估值低。如果放眼基金重仓品种，就会发现估值已经非常高了，基金重仓最多的前 100 只股票 2020 年底的市盈率绝大多数都在历史最高水平（见图 31 – 7）。

图 31 – 7　公募基金重仓前 100 大个股相对市盈率走势

资料来源：Wind 资讯。

第三十二章
2021 年：建党百年

    2021 年喜迎中国共产党成立 100 周年，习近平总书记代表党和人民庄严宣告，经过全党全国各族人民持续奋斗，我们实现了第一个百年奋斗目标，在中华大地上全面建成了小康社会，历史性地解决了绝对贫困问题，正在意气风发向着全面建成社会主义现代化强国的第二个百年奋斗目标迈进。从经济形势看，在西方国家普遍极度宽松的货币政策刺激下，从 2020 年下半年起全球经济开始 V 型复苏，如同"四万亿"投资计划后的 2010 年时情况一样，"供需双击"中大宗商品价格大幅上涨，全球大通胀开始来袭，控制能耗、限产、限电等措施也不断出现。在此背景下，A 股行情中周期股大放异彩，在新一轮产业变革和能源价格上涨的双重加持下，光伏、锂电池等新能源板块风光无限。以消费、医药为代表的核心资产大蓝筹在 2021 年第一季度行情见顶，A 股市场大小盘股风格在 2021 年再度切换。2021 年上证综指走势与资本市场大事记如图 32 - 1 所示。

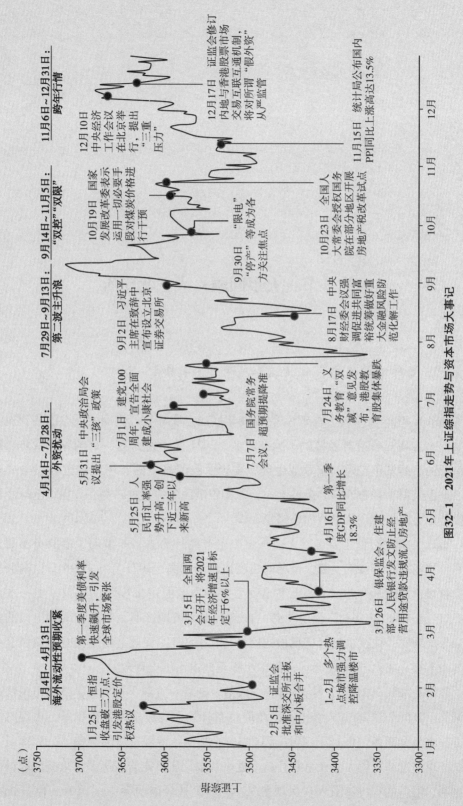

图32-1 2021年上证综指走势与资本市场大事记

资料来源：Wind资讯。

第一节　大事回顾：成立北交所

一、海外流动性预期收紧（1 月 4 日~4 月 13 日）

2021 年开年后 A 股市场延续着 2020 年底的上涨势头。这期间一方面是新冠疫苗开始上市，新冠疫情对经济的影响在减弱，2021 年 1 月 9 日，在国务院联防联控机制举行的新闻发布会中，国家卫生健康委表示我国将全面有序地推进高感染风险人群、高危人群和普通人群的接种工作，并实施全民免费接种。另一方面，全球经济快速复苏态势明显，企业盈利加速修复。

2021 年初的行情主要是以大白马核心资产品种为主，并带动了港股市场的大幅上涨。伴随着行情持续上涨，市场的热度也越来越高，2021 年 1 月 25 日，港股恒生指数收盘价突破三万点，市场再度出现了"夺取港股定价权"的热议，上一次出现类似口号是在 2018 年初。而历史却一次又一次无情地证明，当这种朗朗上口的情绪化口号出现时，往往也是行情见顶的信号。2 月 5 日，证监会批复同意深交所合并主板与中小板，成立于 2004 年 5 月的中小板至此退出历史舞台。

行情上涨到 2021 年 2 月 19 日告一段落，随后一直到 3 月 9 日，市场出现快速下跌调整。其间 2 月 24 日，香港特区政府宣布计划上调股票印花税税率，由现时买卖双方按交易金额各付 0.1%，提高至 0.13%，加剧了港股市场的调整。2 月 25 日，全国脱贫攻坚总结表彰大会在京召开，习近平总书记庄严宣告我国脱贫攻坚战取得了全面胜利，近一亿农村贫困人口实现脱贫。3 月 5 日全国两会中《政府工作报告》将

2021 年经济增速目标定于 6% 以上。

导致市场行情在 2021 年 2 月下旬到 3 月间出现下跌的原因，主要是两个：一是从外部环境看，由于 2020 年新冠疫情后西方国家史无前例的货币放水，通货膨胀此时已经明显开始抬头，美联储虽然还没有加息，但是美债长端利率在 2021 年第一季度大幅上行，引发了海外流动性收紧的强烈预期。二是从国内环境看，一大批热点城市房地产市场出现罕见的调控反复加码，上海买新房要算积分、深圳二手房被控价、杭州落户未满 5 年限购一套房、广州按揭贷款利率等，被媒体称为"史诗级的调控风暴"。3 月 26 日，银保监会、住房和城乡建设部、中国人民银行等三部门联合发布《关于防止经营用途贷款违规流入房地产领域的通知》，严打经营贷违规进楼市。这里市场再次论证了一个铁一般的经验教训，即每当房地产市场被调控时股市往往也会下跌调整。

二、外资扰动（4 月 14 日~7 月 28 日）

行情在 2021 年 2 月下旬到 3 月上旬快速下跌、在 3 月中旬到 4 月上旬震荡盘整，从 4 月下半个月开始逐步好转。4 月 16 日，国家统计局公布的经济增长数据显示经济开局良好，第一季度实际 GDP 同比增长 18.3%（有很大的基数效应），比 2019 年第一季度增长 10.3%，两年平均增长 5.0%。4 月 30 日召开的中央政治局会议提出要辩证地看待第一季度经济数据，要用好稳增长压力较小的窗口期，推动经济稳中向好。

行情在 5 月中旬后开始缓慢向上，除了经济数据不错之外，这期间引导市场向上的另一个重要催化剂是人民币汇率的持续升值。从 4 月初开始，随着中国经济复苏强劲以及美元流动性大放水的潜在后遗症，人民币对美元汇率从 6.58 升至 5 月底的 6.36，不少市场观点认为未来更有望升破 6.2 关口。5 月 31 日，中央政治局会议提出进一步优化生育政策，一对夫妻可以生育三个子女，"三孩"政策正式实施。

6 月中旬，七国集团峰会闭幕并发表公报，在新疆、香港等问题上对中国横加指责，6 月 15 日中国外交部对此明确回应强烈不满、坚决反对，中国内政不容任何外部势力干涉。除此之外，6 月份总体风平浪静股市稳定向上。7 月 1 日，庆祝中国共产党成立 100 周年大会在北京天安门广场隆重举行，习近平总书记宣告"我们实现了第一个百年奋斗目标，在中华大地上全面建成了小康社会，历史性地解决了绝对贫困问题"。7 月 7 日，国务院常务会议提出"适时运用降准等货币政策工具"，此前市场普遍认为下半年既不存在降准降息，也不存在加息的可能，此次再提降准实属超预期引起广泛关注。7 月 15 日，央行宣布下调金融机构存款准备金率。

行情在 7 月 23 日出现变盘，当日港股教育股集体暴跌，并拖累 A 股指数下跌。7 月 24 日，消息落地，新华社报道，"近日，中共中央办公厅、国务院办公厅印发了《关于进一步减轻义务教育阶段学生作业负担和校外培训负担的意见》"。"双减"政策引发港股和美股中概股下跌调整，同时造成 A 股北向资金大幅波动指数快速下跌，7 月 23 日、26 日、27 日三个交易日北向资金分别净流出 47 亿元、128 亿元、42 亿元。到 7 月 28 日上证综指最低跌至 3313 点回到了 3 月上旬下跌低点的位置。

三、第二波主升浪（7 月 29 日～9 月 13 日）

在 7 月底下跌过程中，市场特别担心未来外资会不会持续流出，事后来看这个担心绝对是多余的，北向资金净流入有很强的均值回归特征，短期冲击过后到 8 月份即恢复正常。对于北向资金（有时我们简称"外资"）这里再多说两句，截至 2023 年，全球机构资金中 A 股配置比例是要远低于全球股市总市值中 A 股市值占比的，因此正常情况下外资持续流入是一个长期持续的过程，一些政策、事件、汇率因素的冲击基本都是短期的不太会改变趋势，笔者认为这也是为什么几乎所有海外投资大佬都认为要超配 A 股的重要原因。快速下跌调整过后，7 月 29 日起市场再度向上，开启了"第二波主升浪"，Wind 全 A 指数在 9 月上旬创出年内以及 2019 年初以来新高。

2021 年 9 月 2 日晚，习近平主席在 2021 年中国国际服务贸易交易会全球服务贸易峰会致辞中宣布，"继续支持中小企业创新发展，深化新三板改革，设立北京证券交易所，打造服务创新型中小企业主阵地"。9 月 3 日，证监会就北京证券交易所有关基础制度安排向社会公开征求意见，同日，北京证券交易所有限责任公司成立。在沪深交易所之外，第三家证券交易所正式成立，这也是我国资本市场基础性制度建设取得的重大成果。

| 专栏 32 - 1 | "第二波主升浪"

一般而言，在经济上行周期，股市的高点都会出现在经济增长指标高点之后，所以可以认为"经济上行期无熊市"，因为政策收紧或者其他冲击导致的下跌都是

调整而非牛熊转换，调整过后就会有"第二波主升浪"。2021年中国经济增长指标的高点大约出现在第一季度，全球经济增长指标的高点出现在第二季度，A股行情在第三季度再创新高印证了这一逻辑。类似的行情在过去出现过好几次，2007年5月（"5·30"提高印花税）、2010年4月（货币政策和房地产政策收紧）、2017年4月（资管新规，流动性紧缩）市场大跌调整后，股市在下半年都出现了"第二波主升浪"行情。

四、"双控""双限"（9月14日~11月5日）

9月下半月起股市行情再次出现下跌，这次调整的直接原因是各地出现的"双控""双限"政策加码。8月12日，国家发展改革委公布了2021年上半年能耗"双控"目标完成情况，9个省份能耗不降反升，10个省份能耗强度降幅未达进度。9月16日，国家发展改革委发布完善能源消费和总量"双控"制度方案。各地为完成"双控"目标，陆续出台限产、限电的"双限"措施。限电、停产席卷包括江苏、浙江、山东、广西、云南等多个省份，随后不仅工业用电，有些地区连民间用电也被拉闸了，"东北限电"9月底一时间在媒体上刷屏。

与此同时，9月份以后全球能源价格大涨导致国内动力煤价格大幅飙升，对电力供应和冬季供暖产生极为不利的影响，使原本已经受到干扰的经济生产秩序进一步雪上加霜。10月19日，国家发展改革委明确表示将充分运用《价格法》规定的一切必要手段，研究对煤炭价格进行干预的具体措施，促进煤炭价格回归合理区间，确保能源安全稳定供应，确保人民群众温暖过冬。同日，郑州商品交易所决定自2021年10月20日当晚夜盘交易时起，调整动力煤期货合约的涨跌停板幅度为10%，并限制单日开仓最大数量。10月19日晚期货夜盘，郑醇、焦煤、焦炭、郑煤、EG、PVC等主力合约应声下跌全部跌停。疯涨的国内煤炭价格终于被暂时摁住了。10月29日，国家发展改革委对全国所有产煤省份和重点煤炭企业的煤炭生产成本情况进行了调查。初步汇总结果显示，煤炭生产成本大幅低于目前煤炭现货价格，煤炭价格存在继续回调的空间。这期间，10月23日，全国人大常委会授权国务院在部分地区开展房地产税改革试点工作，试点实施启动时间由国务院确定。

五、跨年行情（11 月 6 日～12 月 31 日）

随着国内煤炭价格被控制住，A 股行情在 2021 年 11 月后开始走稳。2021 年 11 月 8～11 日，中共十九届六中全会在北京召开，全会审议通过了《中共中央关于党的百年奋斗重大成就和历史经验的决议》。11 月 15 日，北京证券交易所在北京市西城区金融街金阳大厦正式开市，10 家新上市公司与 71 家存量精选层公司平移至北交所，共计 81 家公司将成为北交所首批上市公司。

12 月 8～10 日，中央经济工作会议在北京举行。此次会议首次提出了"三重压力"，即中国经济发展面临需求收缩、供给冲击、预期转弱三重压力。在当时中国经济和全球经济增速均已进入下行周期的背景下，"三重压力"概念的提出，使得市场对 2022 年"稳增长"经济政策有了更强的预期。与此同时，此次会议还提出要全面实行股票发行注册制。

在"稳增长"政策预期下，股市持续上行，Wind 全 A 指数在 12 月 13 日创出年内高点。12 月 17 日，证监会发布《关于〈内地与香港股票市场交易互联互通机制若干规定〉的修订说明》，进一步完善沪深港通机制，明确表示将对所谓"假外资"从严监管，日后沪深股通投资者将不包括内地投资者。A 股市场在跨年行情憧憬下度过了 2021 年。

第二节　经济形势：大通胀来袭

一、V 型复苏、周期错位

2020 年第一季度新冠疫情暴发后，西方国家普遍采取了史无前例的货币和财政刺激政策，美联储资产负债表从 2020 年初的 4.2 万亿美元快速上升到 2021 年底的 8.8 万亿美元，两年时间扩表超过一倍。在此情况下，全球经济从 2020 年第二季度后见底回升，并快速复苏一直持续到 2021 年。从经济增速走势的形态上看，从 2019

年到 2021 年上半年，全球经济走出了一个非常明显的 V 型复苏走势（见图 32 - 2）①，这种经济 V 型走势与 2008~2010 年金融危机后的复苏态势几乎如出一辙。

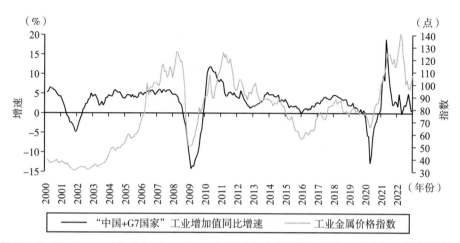

图 32 - 2　2000~2022 年"中国 + G7 国家"工业增加值同比增速与工业金属价格指数走势
资料来源：Wind 资讯、世界银行。

但是这种总需求脉冲式上升是很难持续的，V 型复苏过后很快全球经济就开始面临下行压力了。而且在这个过程中，中国经济和全球经济又出现了明显的周期错位问题。在 2020 年，第一季度是中国经济首先受到疫情冲击，第二季度也是中国经济率先走出疫情。到 2021 年，中国经济增速复苏高点是在第一季度出现的，而全球经济复苏见顶在第二季度，因此在 2021 年下半年中国经济面临比海外更大的下行压力，所以在年底的中央经济工作会议上才会有"三重压力"的提出。

一句话总结 2021 年的经济形势，就是上半年复苏见顶、下半年下行压力。

二、"供需双击"、全球通胀

相比于经济复苏，从 2021 年开始，通货膨胀对全球经济和资本市场的影响显著增大。一方面，新冠疫情暴发后各国普遍采取经济刺激政策导致总需求脉冲式上升；

---

① 度量经济增长的指标有很多种，比如 GDP、失业率等。在过去多年的研究实践中，我认为用"中国 + G7 国家"的工业增加值同比增速度量全球经济表现，是一个较为不错的指标。一方面工业产值是月度指标比 GDP 数据频率高，另一方面工业产值较失业率等统计口径全球更加统一。特别是对于 A 股这样一个以工业企业为主导的市场，"中国 + G7 国家"工业走势指导意义更大。

另一方面，疫情本身造成全球产业链供应链断裂，芯片荒、劳动力短缺、进出口受限、海运价格暴涨等问题频频出现。供需双重冲击下，全球大宗商品价格大幅飙升（见图32-2中工业金属价格指数）。欧美国家通胀均创出20世纪80年代以来的新高水平，美国的CPI单月同比从2020年底的1.4%上升到2021年底的7.0%，远超2%的美联储目标水平，PPI单月同比更是在2020年突破20%。

从国内情况来看，由于PPI中都是国际可贸易商品，国内的PPI单月同比在2021年10月达到了13.5%的有历史数据以来最高水平。因为疫情后中国经济并没有采取超级"大放水"刺激，国内的劳动力成本和服务业价格都非常稳定，因此CPI同比一直维持在1%~2%的很低水平。这又是一个PPI很难向CPI传导的经典案例，上一次是2016~2017年，当时中国的PPI同比很高也没有向CPI传导。在中国的CPI构成中，食品（不含烟酒，这里主要是农产品而非工业产品）占比大概20%，是波动最大的，服务权重占比大概37%，这两块跟PPI基本没有关系。CPI和PPI的交集（工业消费品）在CPI中占比大概30%，这部分商品价格又是PPI里面波动极小的。因此只有在国内经济全面过热的情况下，才会出现CPI和PPI同时大幅上升，此时CPI和PPI上行都是总需求旺盛的结果，也谈不上谁传导谁的问题。

三、2021年A股盈利和估值变化趋势回顾

宏观经济V型反转下，2021年上市公司整体盈利增速也表现较好。全部A股上市公司2021年盈利增速为18%（上一年为2%），"全A非金融两油"盈利增长21%（上一年为8%）。从结构上看，2021年上市公司盈利增速较高的板块主要集中在两个方向：一是与疫后恢复有关的行业，比如休闲服务、交通运输等；二是直接受益于全球大宗商品价格大涨的行业，比如煤炭、有色金属、化工等。

2021年比较"反常"的一点是国内利率出现了单边下降，十年期国债利率从第一季度的接近3.3%下行至年底的不到2.8%。造就利率单边下行的直接动力自然是货币政策较为宽松，特别是2021年7月份的超预期降准，是比较明确的宽松信号。而之所以说其"反常"，是因为这次利率下行是在全球大宗商品价格飙升以及海外通胀大幅攀升中出现的。从2021年国内利率下行这次实践中，我们可以得到两点经验教训：第一点是PPI和CPI影响对象不同，PPI对企业盈利影响很大但对货币政策影响小，而相反，CPI对企业盈利影响很小但对货币政策影响大。因此我们看到2021年企业盈利表现非常好（PPI高），而货币政策是宽松的（CPI低）。但单有这点是不

够的，或许央行担心 PPI 向 CPI 传导，出现预防性收缩，退一万步说即使不收缩也可以不放松。正如 2016～2017 年，也是 PPI 高、CPI 低，且并没有出现传导，人民银行照样是收紧货币政策的。第二点比较重要的经验教训是"学习效应"，即当时能够比较明确地看到大宗商品价格大涨是由于总需求脉冲式上行造成的，因此无论央行还是市场，都认为商品价格是要跌下来的，只是时间早晚问题，所以才会出现利率的大幅下行。

此外，2021 年 A 股上市公司的整体估值也是明显回落的（见图 32－3）。一方面，利率是下行的，照理估值是应该上升的；另一方面，企业盈利增速也是回升的，照理也是刺激估值上行的。较为合理的解释是，估值是盈利增速的"领先反应函数"，2021 年上市公司盈利增速的回升，已经反映在了 2020 年下半年估值的显著抬升（见图 31－3）。2021 年第二季度后整体估值的回落，实际上反映了市场对后续盈利增速下行的预期。

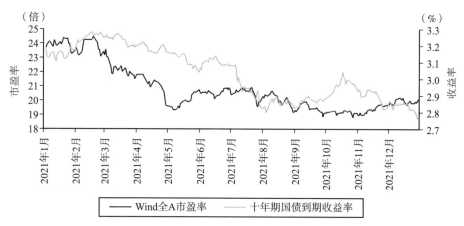

图 32－3 2021 年 Wind 全 A 指数市盈率（PE）与长端利率走势对比

资料来源：Wind 资讯。

第三节 行情特征：核心资产见顶

2021 年 A 股市场总体尚可、分化依旧，全年行情特征体现在：

（1）延续 2020 年的上涨势头，市场整体温和上涨。上证综指全年上涨 5%、Wind 全 A 全年上涨 9%。全部个股收益率中位数是 11%，偏股混合型基金指数上涨

8%。约 65% 的股票在 2021 年是上涨的。

（2）持续 5 年的大盘股占优风格终结，大小盘股风格逆转。代表大盘股的上证 50 和沪深 300 指数在 2021 年都是下跌的，跌幅分别为 10% 和 5%。代表中小盘股的中证 500、中证 1000 和国证 2000 指数则分别获得 16%、21% 和 29% 的较大涨幅（见图 32－4）。宽基指数随平均指数规模下降而收益率上升，小盘股占优风格明显。

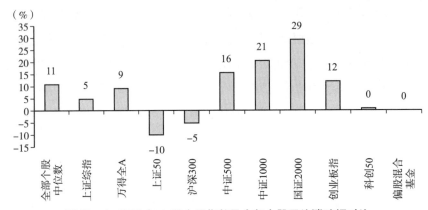

图 32－4　2021 年 A 股主要指数及全部个股平均涨跌幅对比

资料来源：Wind 资讯、笔者计算。

（3）从行情的驱动力看，2021 年市场上涨基本全部来自业绩增长。2021 年两个资产价格特征值得关注：一是全球通胀上升中国内利率是下降的，这是因为国内货币政策宽松；二是国内利率下行中 A 股整体估值却是下降的，这是因为市场提前反映了盈利下行预期。

（4）从行业层面看，2021 年行情有如下特征值得关注：一是核心资产行情见大顶，消费、医药等前几年领涨板块在 2021 年 2 月见顶后，在此后的两年中均表现不佳；二是新能源板块风光无限，作为新一轮科技革命和产业变革的代表，锂电池、光伏等表现出色；三是全球大宗商品价格大涨使得传统周期股板块大放异彩，煤炭、有色金属、化工等行业表现突出。2021 年各行业板块表现见图 32－5。

一、大小盘股风格再度切换

2013～2015 年，A 股市场行情以创业板小盘股为主导，投资者"以小为美"，因为小公司有更强的成长性。而 2016～2020 年，A 股市场经历了一轮超级大盘股行情，也由此提出了"核心资产概念"，投资者"以大为美"，逻辑是大公司经营稳定可以有永续的盈利和现金流。

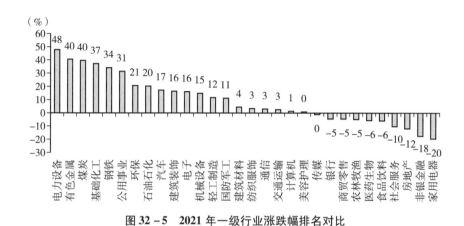

图 32－5　2021 年一级行业涨跌幅排名对比

资料来源：Wind 资讯。

然而，凡事矫枉必过正，A 股市场特别喜欢从一个极端走向另一个极端。如果说 2015 年小盘股极端疯狂是不理性的，那么在 2021 年初大盘股的极端疯狂也是不理性的。这种不理性在数据层面体现在大市值公司估值明显偏高，即使考虑盈利增速，也会发现大市值公司的 PEG（市盈率相对盈利增长比率）显著高于小市值公司，跟 2016 年以前截然相反。在微观现实感受层面，当时大家会发现很多基金经理开始不愿意去研究小市值公司了，极端时 500 亿元以下市值公司卖方研究员去路演都没人接待，当时有一个说法叫小市值公司"研究成本过高"。

在后面的大小盘股风格切换专题研究中，我们会看到，大小盘股行情最大的特征就是会均值回归，三十年河东三十年河西，这个在历史上反反复复很多次了。2021 年第一季度出现了一个反常指标信号，让笔者深切地感受到市场风格很可能要变，这个指标就是中证 500 和沪深 300 指数的市盈率中位数出现了倒挂，即中证 500 指数市盈率中位数低于沪深 300 指数，这是历史上首次出现。如同债券中期限利差倒挂是一种反常现象，小市值宽基指数估值低于大市值宽基指数在全球范围看也是一种反常现象①。

---

① 小市值公司数据层面的估值一般高于大市值公司的原因可能有两个，一是小市值公司本身成长弹性更好，二是小市值公司往往容易出现盈利异常值或者亏损，容易使算出来的市盈率等估值指标较高。

笔者在 2021 年时判断，小盘股占优的风格不是偶然的、短暂的，很可能是自 2021 年起后续 3～5 年的市场风格。其背后的判断逻辑包括：第一，产业逻辑支持。供给侧结构性改革后龙头公司市占率提高的逻辑基本得到认可，相关公司的估值也已经提升到位。而与此同时，国家政策也开始更加支持新兴产业和"专精特新"[①]。第二，小盘股相对估值处于历史底部。沪深 300、中证 500 和中证 1000 的相对估值都处在历史低位（见图 32－6），中小盘公司整体估值不贵，为后续收益率留出了空间。第三，中小盘股投资的赛道资金并不拥挤。在 2021 年的市场上，以中小盘股为特色的基金投资产品占比已经非常低了。

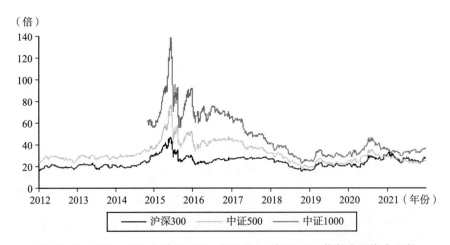

图 32－6　2012～2021 年沪深 300、中证 500、中证 1000 指数市盈率中位数

资料来源：Wind 资讯。

所有资产价格见顶都有一个共同特征，就是估值顶部出现一个"这一次不一样"（This time is different）的"超级长逻辑"。2021 年初核心资产见顶时，这个"超级长逻辑"是一种"永动机逻辑"，即大公司的盈利增速不需要太高，只要能够保持 10%～15%，那么随着利率趋向于零，估值就可以无限大。此时的"这一次不一样"是市场遥想外资会一直流入，所以估值体系彻底变了。后面我们也会看到，半导体行情见顶时的"自主可控"逻辑与新能源见顶时的"能源革命"逻辑，以及 2007 年时银行股是"永续成长股"逻辑，本质上都是异曲同工之妙。

---

①　2021 年 1 月 23 日，财政部、工业和信息化部联合印发《关于支持"专精特新"中小企业高质量发展的通知》，启动中央财政支持"专精特新"中小企业高质量发展政策。

二、周期股大放异彩

在大宗商品价格大涨的背景下（见图 32 - 2），传统周期股在 2021 年都有不错的表现（见图 32 - 5）。钢铁、煤炭、有色金属、基础化工等行业全年累计涨幅分别为34%、40%、40%、37%，明显好于 Wind 全 A 全年 9% 的涨幅。

商品价格是决定周期股盈利以及股价表现的核心变量。暂不考虑个股阿尔法的机会，周期股板块作为整体能够出现行情机会，主要就是出现在大宗商品价格上涨的阶段。图 32 - 7 报告了笔者计算的周期股指数超额收益与国内 PPI 同比走势的对比，这里周期股指数是用钢铁、煤炭、有色金属三个行业指数等权平均计算得到的。从图中我们可以看到，金融危机以后周期板块有明显超额收益的时间段，主要集中在 2009～2010 年、2016～2017 年、2021 年这三个时间段，共同特征就是都在PPI 同比大幅上行周期。因此，笔者认为如果不是专门的周期股研究员或者基金经理，不考虑周期股个股机会而是更关注周期板块整体机会，那么投资判断的核心依据就是大宗商品价格能不能起来，或者更简单点，就是应该在 PPI 同比上行周期中去投资周期股，而在其他时间周期板块整体机会不大。

图 32 - 7　2008～2022 年周期股超额收益对数与 PPI 同比增速走势对比

资料来源：Wind 资讯。

|专栏32-2|　　　　　　　　　　　供给和需求谁更重要

　　任何商品价格最终取决于供给和需求的变化。一般而言，在市场投资研究分析中，总量研究员都喜欢讲需求的逻辑（如消费、地产、基建等），行业研究员更喜欢讲供给的逻辑（如产能收缩、限电限产、没有资本开支等）。

　　供给和需求都非常重要，但是对资产价格影响的作用机制不同。笔者认为，供给是一个状态变量，会影响后续价格涨跌的幅度，但是供给本身很难形成价格变化的方向，不是说供给少了价格一定会涨，供给少了如果需求不行商品价格也很难涨，这个特征非常类似股票的估值。而需求是一个方向变量，需求上行或者下行会导致价格涨跌的方向变化。如果需求上行时供给不足，就会造成商品价格大涨，这就是2016年供给侧结构性改革后国内经常看到的情况；反之，如果需求下行时供给很多，商品价格就可能暴跌。

　　从实践操作上来说，需求是一个可以跟踪变化的变量，而供给则无法跟踪变化。也就是说，研究员可以用GDP、工业生产同比等刻画总需求的变化，但是却画不出一根供给曲线的，只能定性地去说现在供给是紧还是松，无法定量地去判断这个月跟上个月相比，供给边际上是更紧了还是更松了。这种特征决定了如果你用供给的逻辑，短期内是无法变换观点的，因为供给短期内是看不出边际变化的。这便是很多人在商品价格顶部栽跟头的核心原因，因此周期股的风险往往就是在顶部时去讲阿尔法的故事。

三、新能源风光无限

　　新能源板块延续了2020年的上涨势头，在2021年依然是领涨板块。几个主要细分子板块锂电池、光伏设备、电池材料、能源金属全年累计涨幅分别为59%、48%、80%、69%。

　　时势造英雄，任何阿尔法的伟大胜利，都是建立在正确的贝塔选择之上。股票投资，找对阿尔法如同挖到金子，找对贝塔如同选准富矿。两者并不矛盾，在时代风口的行业中更容易找到牛股，在没有贝塔的行业中不是不能找到牛股，而是难度巨大，再说也并不是非要在逆势行业中找到牛股才能证明选股能力强。阿尔法与贝塔是对立统一的。

新能源在 2020～2021 年就是最强的时代贝塔。新能源汽车销量在 2021 年大爆发，全年累计销售 351 万辆，增长 169%（见图 32 - 8），并由此带动锂电池上游材料价格大幅上涨。在 2021 年全球大宗商品价格大涨的背景下，如果说选中能够涨价的周期股是看对了贝塔，那么选择与新能源车相关的上游锂矿化工材料等周期品，则绝对是水平更胜一筹。

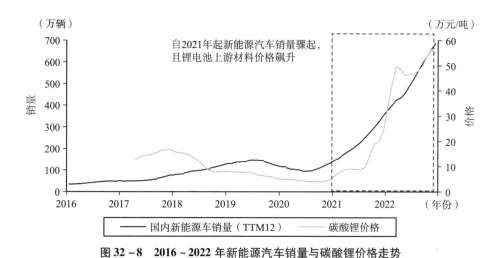

图 32 - 8 2016～2022 年新能源汽车销量与碳酸锂价格走势

资料来源：Wind 资讯。

此外，由于上游成本上升推动了不少新能源汽车企业采取了涨价措施，这到底是利好还是利空在当时引发了讨论。笔者认为，如果成本上升时企业能够涨价，说明这时需求非常好，绝对是利好。而反过来，如果因为成本下降导致企业需要对最终商品降价，则一般都是利空。这是一个经济学上典型的内生性问题，成本上升（下降）和最终商品涨价（降价）都是由需求共同决定的。类似的情况，如果铜价涨时空调能涨价，说明需求非常好，铜价能涨就是因为下游需求足，一旦需求萎缩再去说成本下降的逻辑，肯定是二阶甚至三阶的影响了。

第三十三章
2022 年："灰犀牛" 遇上 "黑天鹅"

　　2022 年又是 A 股历史中跌宕起伏的一年，各种内外部事件性冲击非常之多。一方面，国内新冠疫情在全年时有反复，对经济生活造成了不少的扰动。另一方面，海外俄乌冲突的爆发在全球掀起了滔天巨浪。从经济走势看，2022 年本来就是一个增速下行、通胀上行的"滞胀"阶段（从经济周期特征看与金融危机后的 2011 年几乎一模一样），俄乌冲突后全球能源价格大涨，国际油价直逼 2008 年历史最高水平，造成欧美国家通货膨胀率创 40 多年来新高，美联储全年一共加息 7 次，累计加息 425 个基点。在经济下行、全球通胀、海外加息、事件冲击不断的环境中，2022 年 A 股市场继 2018 年之后再次录得一个熊市，全球主要指数全部下跌，特别是机构重仓股全面"哑火"，行业中仅有受益于全球能源价格上涨的煤炭板块一枝独秀。2022 年上证综指走势与资本市场大事记如图 33 - 1 所示。

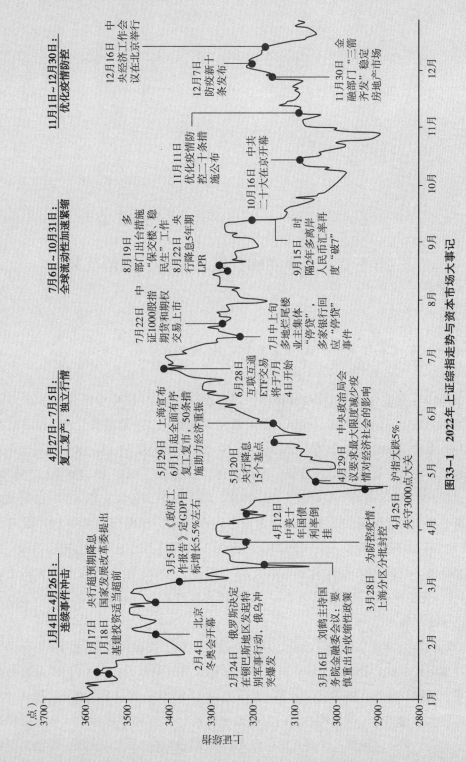

图33-1　2022年上证综指走势与资本市场大事记

资料来源：Wind资讯。

第一节　大事回顾：俄乌冲突、疫情反复

一、连续事件冲击（1 月 4 日～4 月 26 日）

2021 年底中央经济工作会议提出了"三重压力"，经济稳增长成为 2022 年初市场关注的焦点。1 月 17 日，中国人民银行超预期降息，中期借贷便利（MLF）操作和公开市场逆回购操作的中标利率均下降 10 个基点。1 月 18 日，国家发展改革委表示要适当超前开展基础设施投资，加快推进"十四五"规划 102 项重大工程项目，"基建投资、适度超前"一时成为市场热词。1 月 19 日国务院常务会议，决定延续实施部分到期的减税降费政策，支持企业纾困和发展。然而市场走势却并没有延续 2021 年底的跨年行情，一进入 2022 年便开始下跌调整。这里下跌的核心原因，应该还是经济下行的压力要远大于稳增长的"托力"，2022 年 1 月国内 PPI 同比还在 9.1%，无论什么政策都很难想象可以让经济再度进入上行周期，能改变的无非是下行的速度和斜率。

2 月 24 日重磅事件冲击出现，俄罗斯决定在顿巴斯地区发起特别军事行动，俄乌冲突正式爆发。美欧等国随后对俄罗斯发起了各种制裁，并在 2 月 26 日宣称将部分俄罗斯银行排除在环球银行间金融通信协会（SWIFT）支付系统之外。俄乌冲突对全球资本市场产生了巨大冲击，一方面地缘政治"黑天鹅"事件导致全球市场避险情绪上升，另一方面俄乌冲突直接导致大宗商品价格进一步大幅上涨，特别是能源价格，布伦特原油价格在 3 月初最高达到每桶 139 美元，直逼 2008 年每桶 147 美元的

历史最高水平。A股指数在3月上半个月快速下跌，其中尤以创业板和新能源等此前涨幅较大板块跌幅更大。3月14日，上证综指跌2.6%、恒生指数大跌5%、恒生科技暴跌11%；3月15日，上证综指大跌5.0%、恒生指数大跌5.7%、恒生科技指数再跌8.1%。

2022年的第一个政策转折点出现在3月16日，当天国务院副总理刘鹤主持国务院金融委会议研究当前形势，提出有关部门要慎重出台收缩性政策，凡是对资本市场产生重大影响的政策，应事先与金融管理部门协调，保持政策预期的稳定性和一致性。3月16日午后主要指数大幅拉升，截至收盘上证综指涨3.5%、创业板指涨5.2%、恒生指数更是大涨9.1%。从3月16日到4月6日，A股和港股都出现了一波快速的反弹行情。这期间的3月17日，美联储正式开始加息，首次加息25个基点，并暗示年内还会有6次同等幅度的加息行动，在当时还尚未对市场产生太大冲击。

3月下旬以后，国内疫情在各地开始零散反复出现。3月25日，国家卫生健康委表示，上海、河北、福建、辽宁疫情近日快速增长，社区传播风险持续存在。3月28日5时起，上海市以黄浦江为界分区分批实施封控核酸筛查。按计划是浦东浦南第一批封控4月1日解封，随后浦西封控4月5日解封。但疫情防控的实际难度比预想中要大，4月5日后上海没有能够解封。4月12日，国家卫生健康委预计未来几日上海新增感染者人数仍将处于高位。不只上海，疫情对全国范围的交通物流和经济生产供应链都产生了很大影响。4月18日，全国保障物流畅通促进产业链供应链稳定电视电话会议部署了十项重要举措，要求努力实现"民生要托底、货运要畅通、产业要循环"。

股市主要指数在4月7~26日再度快速大幅下跌，4月25日上证综指大跌5.1%并跌破3000点整数关口，4月26日上证综指继续下跌1.4%收报2886点。

二、复工复产，独立行情（4月27日~7月5日）

在4月底前后，有关部门出台了一系列利好经济和市场的政策，包括：4月21日，证监会召开全国社保基金和部分大型银行保险机构主要负责人座谈会；4月22日，央行、银保监会、证监会、国家外汇管理局纷纷传达学习贯彻国务院金融委专题会议精神，维护市场稳定、维护经济稳定；4月26日，国务院办公厅《关于进一步释放消费潜力促进消费持续恢复的意见》正式印发，部署了五大方面20条工作内容。4月26日，中央财经委员会提出全面加强基础设施建设构建现代化基础设施体系。

股票市场在 4 月 27 日探底后大幅回升，并开启了 2022 年全年最强的一轮中级反弹行情。4 月 29 日，中央政治局会议强调要加大宏观政策调节力度，最大限度减少疫情对经济社会发展的影响，重磅会议后市场信心开始提振。5 月 4 日晚间，央行、银保监会、证监会先后发布消息称，于近期分别召开了相关专题会议，研究金融支持经济工作。5 月 15 日，央行和银保监会通知调整首套住房商业性个人住房贷款利率下限，这是贷款市场报价利率改革以来，首次下调首套房贷款利率下限。5 月 20 日，央行公布 5 年期以上 LPR 利率降低 15 个基点，再度超预期降息。

5 月下旬起，全国各地开始积极复工复产，一系列稳投资政策举措密集出台。5 月 25 日，国务院总理李克强在全国稳住经济大盘电视电话会议上，强调扎实推动稳经济各项政策落地见效，保市场主体保就业保民生。5 月 29 日，上海市重磅宣布 6 月 1 日起全面有序复工复市，并提出 50 条措施助力经济重振，被视为复工复产的标志性事件。6 月 1 日，国务院常务会议部署加快稳经济"一揽子"政策措施落地生效。6 月 2 日，北京市印发《北京市统筹疫情防控和稳定经济增长的实施方案》，提出"稳增长 45 条"。

5~6 月间，A 股市场走出了与海外市场截然不同的"独立行情"，其间美股市场由于通胀创历史新高而大幅下跌，A 股指数则大幅上扬。到 7 月 5 日，上证综指最高摸至 3425 点。

三、全球流动性加速紧缩（7 月 6 日~10 月 31 日）

全球通胀在 2021 年已经起来，2022 年美国加息基本板上钉钉，分歧主要在加息的幅度和速度上。在 2022 年初，市场预期全年加息 4 次每次加息 25 个基点，即年底基准利率加至 1.25%。2022 年 3 月 17 日美联储第 1 次加息 25 个基点，并表示后面可能再加息 6 次每次 25 个基点，市场已感觉不舒服。俄乌冲突爆发后大宗商品价格暴涨，海外国家通胀水平一跃创 20 世纪 80 年代以来新高，因此导致在第二、第三季度美国加息幅度持续抬高。5 月 5 日美联储年内第 2 次加息，幅度 50 个基点。6 月 16 日第 3 次加息，幅度升值 75 个基点。7 月 28 日、9 月 22 日再度加息两次，各 75 个基点，到第三季度末美国基准利率已经升值 3.25%，远超年初各方预期。

美联储快速大幅加息带动美元指数不断升值，由此导致人民币对美元汇率从 7 月初的约 6.7 贬值至 10 月底的约 7.3。与此同时，欧洲央行在 2022 年下半年也开始了加息，7 月 27 日第 1 次加息 50 个基点使得欧洲结束了零利率，这也是 2011 年以来欧洲央行第 1 次加息。9 月 14 日欧洲央行第 2 次加息，幅度 75 个基点。全球流动性加速紧缩，并带动人民币汇率贬值、资金从新兴市场回流发达市场，在 7~10 月间对 A 股市场形成了负面的外部冲击。

除了外部因素外，7~10 月间国内以 PPI 为代表的名义经济增速快速回落，引发了市场对未来企业盈利基本面的担忧。尤其突出的是房地产领域出现的"停贷"事件，直接构成了信用风险的"黑天鹅"。7 月份开始，媒体开始报道，近期多地烂尾楼业主都发表声明，要强制停止偿还贷款，直至相关项目完全复工为止，涉及多个省份的城市。一时间关于中国是否应该取消房地产期房销售制度的讨论甚嚣尘上。随着烂尾楼业主强制停贷事件在全国范围内持续发酵，7 月 14 日，农业银行、建设银行、交通银行、兴业银行、邮储银行等纷纷发布相关公告，公布了涉及风险楼盘的贷款情况，涉及风险的业务规模均较小，总体风险可控。"停贷"事件导致银行这一权重板块在 7 月份大幅下跌。

到 8 月份，各个地方和部门开始出台"保交楼"相关政策。住房和城乡建设部、财政部、人民银行等有关部门纷纷出台措施，完善政策工具箱，通过政策性银行专项借款方式支持已售逾期难交付住宅项目建设交付。各地方也都在出台保交楼举措，大量楼盘开始复工。股市行情在 8 月份略有好转。但是好景不长，A 股市场到 9 月份以后再度开始大幅下跌，到 10 月底上证综指连续跌破 3000 点、2900 点整数关口，直逼 2864 点的前期低点，上证 50、深圳 100、沪深 300 等大市值宽基指数都已经跌破今年 4 月份的低点位置。

下跌的核心原因笔者认为还是基本面的快速下行并且触及了临界点，并由此造成了强烈的中长期悲观预期。环顾中外股市，我们可以发现，几乎所有的中长期悲观预期都是在短期基本面下行周期中被严重放大了的！这好比我们每个人在单位里，都会有这种那种的不满，这种不满的情绪什么时候最严重？必然是在我们个人收入减少的时候。此时我们很可能会觉得这家企业没有前途了、无药可救了，这就是被短期基本面利空放大的中长期悲观。

2022 年 10 月底的 A 股市场正是如此，充满了中长期悲观预期，与 2008 年底、2018 年底如出一辙。

四、优化疫情防控（11 月 1 日~12 月 30 日）

所谓物极必反，最悲观的时刻过去便是希望。股市行情在 2022 年 11 月之后开始好转。这里一方面原因是海外流动性收紧的二阶导拐点开始出现，即单次加息幅度开始收窄。11 月 3 日，美联储连续第 4 次加息 75 个基点，也是最后一次加息 75 个基点。11 月 4 日，人民币对美元汇率强势拉升逾 1500 点，离岸人民币创最大单日涨幅。

另一方面是国内出台了优化疫情防控政策措施。11 月 11 日，国务院联防联控机制公布了进一步优化疫情防控的二十条措施，内容包括将密切接触者"7 天集中隔离 +3 天居家健康监测"调整为"5 天集中隔离 +3 天居家隔离"、不再判定密接的密接、将高风险区外溢人员"7 天集中隔离"调整为"7 天居家隔离"等。12 月 7 日，国家联防联控机制再发布"防疫新十条"，包括不再对跨地区流动人员查验核酸检测阴性证明和健康码、不按行政区域开展全员核酸检测、除特殊场所外不要求提供核酸检测阴性证明不查验健康码、具备居家隔离条件的无症状感染者和轻型病例一般采取居家隔离等。

此外，房地产市场出现的一系列支持政策也帮助股市表现向上。11 月 23 日，人民银行和银保监会发布"金融 16 条"支持房地产市场平稳健康发展。11 月 28 日晚间，证监会宣布在股权融资方面调整优化 5 项措施支持房地产市场平稳健康发展，被业内解读为射出支持房企融资"第三支箭"。12 月 23 日，证监会放行符合条件的房企"借壳"已上市房企。同时，到 2022 年 10 月，PPI 同比也跌落至 0，盈利下行速度最快的阶段基本到尾声。

这期间，11 月 21 日，证监会主席易会满在 2022 金融街论坛年会上对如何建设"中国特色现代资本市场"进行了详细阐述，并首次提出"中国特色的估值体系"概念。此外，11 月以后由于国内债券利率有所回升，使得固收类产品净值回落，银行理财出现了"赎回潮"，2022 年第四季度银行理财规模下降超 2 万亿元，在一定程度上形成了流动性冲击，但总体而言问题不大。在各种利空出尽、政策利好频现下，A 股市场在 2022 年最后两个月开始震荡向上。

第二节　经济形势：全球紧缩与衰退

一、滞胀顶点、衰退预期

2022 年整体宏观经济环境应该说是相当困难和有压力的，这种压力体现在以下几个方面：

首先是全球经济在快速复苏后进入下行并开始产生衰退预期。如图 32 - 2 中"中国 + G7 国家"工业生产同比增速所示，全球经济在 2021 年第二季度复苏见顶，之后就进入到下行周期之中。在 2022 年上半年我国出口依然保持较强的韧性，但从下半年开始出口明显减速。而海外经济在 2022 年也完全没有见底的征兆，在美联储和欧洲央行的持续大幅加息下，海外经济体出现经济衰退的可能性不断增强。[①]

其次是俄乌冲突在 2022 年进一步加剧了全球通胀。按照正常的经济周期逻辑，大宗商品价格高点会滞后于经济增长高点出现（见图 32 - 2），因此当 2021 年年中全球经济增长高点出现后，按理到 2022 年商品价格大概率会回落。但是 2022 年 2 月俄乌冲突的爆发打乱了传统经济周期节奏，使得包括能源在内的许多大宗商品价格在 2022 年 3 ~ 4 月间屡创新高，这进一步加剧了全球通胀，显著加快了全球货币政策紧缩的步伐。

最后是国内新冠疫情扰动以及房地产销售投资断崖式下滑。一方面，2022 年国内疫情一直有局部散发的特点，受疫情影响的地区，经济难免受到不利冲击。以上海市为例，受疫情影响，2022 年 3 ~ 5 月工业增加值同比增速分别是 - 10.9%、- 62.6%、- 30.9%，下滑程度超过 2020 年疫情刚暴发时期。另一方面，国内房地产景气度下行成为拖累经济的重要因素，其间更是在 7 月份前后出现了"停贷"事件冲击。虽然下半年开始各项政策不断向房地产业吹暖风，但是并没有扭转房地产行业下行的趋势，全年商品房销售面积同比下滑 24%（从 2021 年的约 18 亿平方米降至 13.6 亿平方米）、房屋新开工面积同比负增长更是达到惊人的 39%（见图 33 - 2）。

二、美联储加息，分歧与影响

2022 年美联储加息影响深远且风云难测。说起风云难测是因为自从进入 2022 年开始，美联储加息就一直在超预期，美联储主席鲍威尔对于后续经济和加息节奏的判断也一直在变。加息预期从最开始的全年加息 4 次每次 25 个基点共加息 100 个基点，到后来不断增加，最后全年一共加息 7 次累计加息 425 个基点。

---

① 经济衰退从定义上说是指实际经济增速低于 0。在实际操作中，美国的经济衰退都是由美国国家经济研究局（National Bureau of Economic Research，NBER）事后来定义的。因此在过程中美国经济到底是否衰退是没有定论永远有争议的。笔者认为经济衰退无非就是一个定性的判断，与其去纠结是否衰退这个定义，不如去判断经济上行还是下行的趋势。

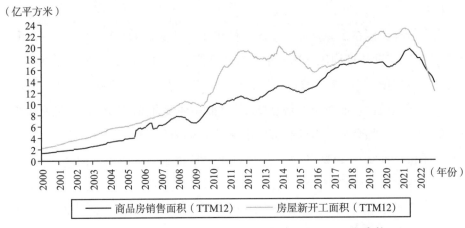

（亿平方米）

图 33-2　2000～2022 年商品房销售与房屋新开工面积走势

资料来源：Wind 资讯。

对于此次美联储加息的过程，笔者认为有两件事情值得投资者关注：一是美国实际利率过低是巨大的风险隐患。虽然美联储 2022 年一直在加息，但是相对于一度超过 9% 的 CPI 和超过 20% 的 PPI，美国的实际利率（名义利率减通货膨胀率）在 2022 年的很长时间里一直都是负的，甚至可以说实际利率是 1950 年以来最低水平。这也就意味着相对于高通胀，加息加得还不够。高通胀下实际利率低类似于股票估值高，一有风吹草动很容易引起市场恐慌情绪出现。

二是美联储的多数人发自内心地认为通胀就是暂时的。2021～2022 年的大通胀到底是暂时的很快会下来的，还是永久性的会抬高通胀中枢的，这个问题市场分歧很大。笔者的观点倾向于认为通胀是暂时的，整个周期的节奏类似于 2009～2014 年的情况，先是 V 型复苏，然后滞胀，然后衰退，再然后可能通缩。2013 年我们国家提出了"三期叠加"，其中有一条是前期刺激政策消化期，后疫情时代欧美国家也会经历这样的前期刺激政策消化期。

而且笔者认为包括鲍威尔在内的美联储多数人应该也认为这次通胀是暂时的，后面总会下来的，这个判断背后的核心逻辑就在于几乎所有教科书和学术论文都会告诉你，能够使通胀中枢上行的只有总需求没有别的，因此经济学科班出身的人都会有较为相同的判断。在这个判断下，大家会发现只要通胀的方向开始向下了，即使通胀率没有回到目标水平之下，美联储也会停止加息，当然在低实际利率的背景下，这种操作最大的风险就是通胀二次回升。

有一个问题这里想着重提一下，就是美联储加息周期中，美元指数不是必然升值的。市场一般喜欢讲的逻辑是"美联储加息→美元升值→其他国家资本外流"，这个逻辑中，美元大幅升值确实容易引发国际资本大幅流动甚至货币危机。但大前提是美元升值，而美联储加息却从来不是美元升值的充分条件，第一个逻辑链条推导不过去。从1971年布雷顿森林体系解体后美元指数的走势来看，美联储加息和美元升值两者是没有必然联系的，加息周期中美元指数贬值也是经常出现的。

三、2022年A股盈利和估值变化趋势回顾

在全球经济下行背景下，2022年上市公司整体盈利增速表现较差。全部A股上市公司2021年盈利增速为0基本没有增长（上一年为18%），"全A非金融两油"盈利增长 –4%（上一年为21%）。从结构上看，新能源板块盈利增速依然较高，同时，与能源等大宗商品价格上涨相关的煤炭和有色金属板块增速也相对较高。

2022年一个比较有趣的现象是中美利率走势的背离，在美联储持续大幅加息下，国内利率没有跟着上行却维持低位徘徊，最后导致了中美利差倒挂。实际上，从美联储加息对中国利率影响的历史经验来看，在此前的两次美联储加息周期中，有一个共同的特征规律，就是在美联储加息的早中期，中美利率均出现了明显的背离走势，即美国国债利率持续上行而同时中国国债利率持续下行，而且这个利率走势背离的时间可以持续很长时间。2004年美联储进入加息周期后，美国2年期国债利率快速上行，而2004年中国当时正好开始进行大规模的宏观调控政策，大幅度压缩固定资产投资和收紧货币政策。结果我们看到在2005年，美国的2年期国债到期收益率上行了133个基点，而与此同时，中国的2年期国债到期收益率下降了116个基点。

第二次的情况也一样。虽然美联储是在2015年12月才正式开始加息，但是此前从2014年开始加息预期已经非常普遍，而且从2015年初开始美联储也已经停止了"扩表"。所以美国的国债利率从2014年初就开始上行，而中国在2014年与之相反开始了货币宽松周期，2014年先是上半年确定了要定向降准，再是年底11月的时候央行全面降息，随后2015年和2016年在美联储加息周期中，中国依旧保持了货币宽松周期。从2014年初到2016年底，中美利率和流动性走势背离的时间长达近三年，这期间，美国两年期国债到期收益率上升了83个基点，而中国两年期国债到期收益率则下降了163个基点。

2022年在长端国债利率始终保持2.8%附近徘徊之际，A股的整体估值也基本保

持底部震荡徘徊（见图 33－3）。实际上，如果拉长来看，在 2012 年以后，A 股整体的估值就已经出现了"底部钝化"的特征，即市场整体估值的绝对数值波动不是太大。在这种情况下，估值数字高一点或者低一点很难成为投资决策的直接依据。试想，市场整体若 14 倍市盈率已经较低了，但即使降低到 12 倍也未尝不可，14 倍估值跌到 12 倍股价还能再跌 14%。2022 年第四季度的行情就是这个特征，那个位置下只能判断说估值在底部，但是判断估值具体到多少在"底部钝化"状态下意义并不大。

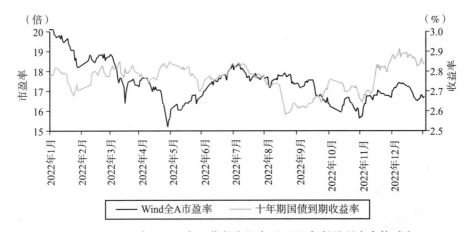

图 33－3　2022 年 Wind 全 A 指数市盈率（PE）与长端利率走势对比

资料来源：Wind 资讯。

第三节　行情特征：机构重仓全面哑火

2022 年是继 2008 年、2011 年、2018 年之后的又一个熊市年份，全年行情特征体现在：

（1）市场整体呈普跌状态，且跌幅不小。上证综指全年下跌 15%、Wind 全 A 全年下跌 19%。全部个股收益率中位数下跌 18%，偏股混合型基金指数下跌 21%。仅约 25% 的股票在 2022 年是上涨的。

（2）市场风格总体均衡，没有特别明显的大盘占优或小盘占优。代表大盘股的上证 50 和沪深 300 指数 2022 年全年跌幅分别为 20% 和 22%，代表中小盘股的中证 500、中证 1000 和国证 2000 指数跌幅则分别为 20%、22% 和 17%，基本相当（见图 33 - 4）。但需要注意的是 2022 年是一个熊市，一般情况下小盘股弹性大在熊市中跌幅往往更大，2022 年小盘股能和大盘股基本持平已经很不错了。

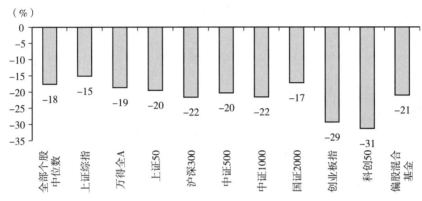

图 33 - 4　2022 年 A 股主要指数及全部个股平均涨跌幅对比

资料来源：Wind 资讯、笔者计算。

（3）从行情的驱动力看，2022 年 A 股市场整体的下跌既有业绩的因素也有估值回落的影响，但核心还是盈利增速下降的影响。因为估值的回落本质上也是由于盈利增速下行造成的，全年国内无风险利率是基本走平的。经济和盈利快速下行周期是导致 2022 年市场大跌的首要原因。

（4）从行业层面看，2022 年行情有几点值得关注：一是煤炭板块在所有板块中一枝独秀，是唯一一个全年获得正收益的行业板块；二是与疫情相关的出行链、消费链板块，虽然在 2022 年基本面极差，但是市场不断抢跑，表现反而相对不太差；三是新能源、医药、半导体、食品饮料等公募基金重仓板块，几乎全部哑火，普遍表现较差。2022 年各行业板块表现具体见图 33 - 5。

一、如何理解 2022 年市场大跌

引发 2022 年 A 股市场下跌的核心原因或者说主要矛盾究竟是什么，这个问题非常重要，因为对于这个问题的回答也决定了对未来市场行情的看法。

2022 年各种"黑天鹅""灰犀牛"事件层出不穷，对资本市场形成了一波又一波的冲击。2 月底俄乌冲突爆发，造成国际局势和地缘政治紧张，大宗商品价格大涨，布伦特原油价格一度上冲至近每桶 140 美元，距离 2008 年历史高点仅一步之遥。与此同时，通胀高压下美联储在 2022 年开启了加速加息模式，美国十年期国债利率连续突破 2.0%、3.0%、4.0% 整数关口，由此形成中美利差严重倒挂、美元指数大幅攀升汇率承压。国内方面，疫情在全国各地此起彼伏，第三季度后部分地区的"断贷断供"事件也持续发酵，这些事情或多或少对市场构成了负面冲击。

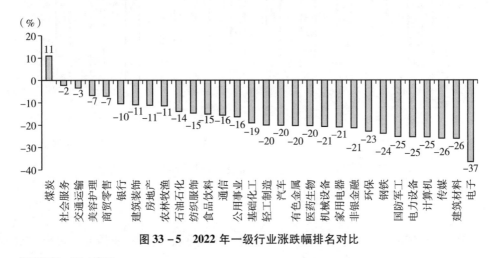

图 33 - 5　2022 年一级行业涨跌幅排名对比

资料来源：Wind 资讯。

以上种种无疑都对股票市场表现产生了不小的影响，但笔者认为这些事件性因素并不是导致市场大跌的核心原因。引发市场大跌的核心原因是 2022 年再一次进入上市公司盈利快速下行周期（盈利下行主跌浪）。我们计算的全部 A 股非金融上市公司盈利增速（滚动四个季度），从 2021 年第二季度高点的 67% 下降至 2022 年第三季度的 -4%，同比增速回落近 70 个百分点。与之对应的是，宏观经济指标 PPI 同比增速（PPI 是所有宏观指标中与上市公司盈利拟合度最高的指标，可以看作上市公司盈利增速的代理变量）从 2021 年 10 月份的 13.5% 下降到 2022 年 10 月份的 -1.3%，增速下降幅度高达 14.8%（即 1480 个 bp）。

在上市公司盈利快速下行周期，股票市场出现较大幅度的下跌，2022 年绝对不是特例，而是具有很强规律性特征的普遍现象。过去几次上市公司盈利增速下行主跌浪中，市场几乎都是熊市，比如 2004 年、2008 年、2011 年、2018 年。而且这个结论反过来说也基本成立，即 A 股历史上几次重要的熊市，都是发生在上市公司盈利增速下行的主跌浪中。我们可以这么理解，上市公司短周期盈利增速下行，是对市场最大的利空和伤害，其他的一些利空因素都不足以造成市场如此幅度的下跌，比如

2013年当时流动性环境异常收紧，也并没有使当年股市出现大熊市。

内因是事物自身运动的源泉和动力，是事物发展的根本原因。外因是变化的条件，外因通过内因而起作用。从这个角度看，我们认为上市公司盈利快速下行是影响2022年市场行情的内因，而俄乌冲突、美联储加息、疫情反复等都是外因，在某种程度上放大了盈利下行的负面冲击。从历史比较来看，2018年也是同样的情况，导致当年市场大跌的内因依然是盈利快速下行，这是核心原因，而中美贸易摩擦等事件性冲击是外因是放大器，影响幅度但并不是决定方向的变量。后来在2019年贸易摩擦的冲击依然层出不穷，但是市场行情并不受影响，市场认为贸易摩擦的影响"钝化"了，那为什么这些事件性冲击在2018年不钝化而在2019年就钝化了呢？因为内因不同了。

二、煤炭板块一枝独秀

2022年煤炭板块整体涨幅11%，排行业涨幅榜第一，而且是唯一一个全年获得正收益的一级行业（见图33-5）。煤炭板块能够领涨的逻辑非常清晰，全球能源价格还在上涨。虽然2022年11月后国内由于政策管制，国内煤炭价格基本上没有了波动，但俄乌冲突后海外煤炭价格继续大涨（见图33-6），客观上使得煤炭企业能够继续获得丰厚的盈利。

但是需要注意的是，煤炭是特例而不是代表，其他周期品如钢铁、化工、有色金属等表现并不理想。2022年煤炭与其他周期品的这种分化，对于我们理解商品价格的驱动力量，是一个非常好的案例。

引发商品价格变化的核心是供需边际变化，而非供需的既有绝对水平。市场分析中经常有一种说法——"某某商品目前依然产能受限供不应求"，这种假设不同价格下需求和供给不变的说法，在绝大多数情况下都是错误的。供给和需求都是价格的函数，任何商品的供给和需求都是随着价格变化而变化的，不同价格下供给和需求都是不同的。商品价格高，供给会增加需求会减少；反之价格低，需求会增加。在市场化定价下，供需都是平衡的，永远不会供不应求，供求关系已经反映在价格上。典型的例子读者们可以想想，过去几十年很多人一直在算全球的原油产能供给多少，但全世界什么时候出现过汽车加不到油的时候。为什么会这样？因为油价高低自动调节供需，油价高了需求自然就减少了。市场分析中你不能假设不同油价下需求保持不变、再去算供给多少，然后说供给够还是不够。类似的例子还有某些高端奢侈品，只有定价不市场化的情况下才会出现限购买不到的情况，只要价格足够高，供需都能平衡。

图 33-6　2015~2022 年国内外煤炭价格走势对比

资料来源：Wind 资讯。

　　所以"某某商品目前供给依然很紧张"只能解释目前已经相对较高的价格，不能作为商品价格进一步上涨的依据，商品价格要进一步上涨，除非"供给进一步收缩"，而不是保持不变状态下的依然紧张。持续通货膨胀的驱动力，是持续的供给和需求变化，要么是供给持续收缩，要么是需求持续扩张。一般情况下，供给可能一次性收缩（造成价格一次性上涨），但很难持续收缩（造成价格持续上涨）。特别是商品价格上涨的过程中，企业有利可图，供给持续收缩不符合商业逻辑，新产能投放供给扩张可能有时滞，但是要指望供给持续收缩不太现实。所以历史经验中各个国家发生的通胀，基本都是由需求持续扩张造成的。由于需求是一个包含价格因素的名义变量，货币政策宽松本质上也是通过需求持续扩张影响的通胀。

　　讨论到这里读者应该就会发现，2022 年煤炭之所以与其他周期品不同，关键就在于出现了新的供给收缩，这是由于俄乌冲突的地缘政治造成的。那么这个供给收缩的逻辑，能支持 2023 年以后煤炭以及其他能源价格再涨吗？不能！除非又出现新的"黑天鹅"事件，导致供给边际上进一步收缩，否则主导价格方向的依然是需求。

三、股票资产久期无限长的意义

一级行业中除煤炭板块以外，2022年跌幅相对较小的是社会服务、交通运输（见图33-5），如果再从细分行业来看，其中的航空板块（全年涨幅6.9%）、酒店板块（全年涨幅12.7%）、机场板块（全年涨幅21%）等子行业，则是全年涨幅领先的行业板块。这几个表现较好的行业都是出行链板块，直接受益或者受损于疫情变化，2022年由于疫情影响，相关上市公司出现了较大金额的亏损，其中航空板块上市公司合计亏损约1379亿元。

因此出行链板块在2022年的共同特点是板块基本面极差但是股价表现很好。为什么会出现这种情况？笔者认为这背后的逻辑在于"股票资产具有无限长久期"的属性。我们知道，在所有股票定价估值模型中，有影响的变量主要有三个：一是分子端的现金流或者盈利；二是分母端的利率和风险偏好；三是贴现的时间长度T也可以理解为久期。一般情况下，基本面好转（恶化）、利率下行（上行），会导致股价上涨（下跌）。但如果假设股票资产是久期无限长的资产（即T趋向于无穷大），则在一定条件下，市场会不再因短期基本面进一步恶化而继续下跌。

这个"一定条件下"笔者理解就是在盈利增速到0以下。换言之，当基本面盈利增速从高位回落时（比如增速从50%下降至30%），对股价的杀伤力很大，但是在0以下再继续下滑时（比如从-10%下降到-30%），对股价的负面影响就没那么大了。当然这个逻辑能够成立是有前提的，就是不能有信用风险、企业没有倒闭的风险，这样才能保证权益资产久期无限长的假设。作为对比，我们会发现很多房地产企业在2022年跌幅是很大的，这其中的部分原因就在于市场在定价时给予了很多信用风险的考量，久期无限长的假设无法成立。显然，2022年涨幅较好的航空、机场、酒店，市场不会认为他们会倒闭，不会有信用风险。

现实中，类似的投资案例时有发生，例如2021年下半年起养猪行业的基本面没有起来但是股价已经不跌了。"股票资产久期无限长、在一定条件下、基本面继续恶化股价不再跌了"，这个投资逻辑意味着股价在底部时蕴含了一个向上的看涨期权，如果后面基本面能起来，那么股价会有趋势性机会，如果基本面一直起不来，那么很可能大家抢跑一下再跌回去然后不断在底部震荡。

如果前述假说成立，对市场的整体判断也很有意义。当一轮盈利快速下行周期基本结束时（对应的宏观指标就是PPI和出口同比增速都已经到0以下），可以不用再去过度担心海外经济体衰退以及导致的国内经济继续下滑等问题。这些影响对股票市场可能没有那么大，核心就是这个逻辑，权益资产久期无限长，在一定条件下（名义增速 0 以下），即使短期基本面进一步恶化，市场可能也不再反映了。事实上，这种情景如果真的出现，即 PPI 在 0 以下继续下探至比如 −5% 左右，也就意味着有可能出现通缩的风险，到那时全球货币政策都会转向宽松。类似的情况以前出现过，2014 年下半年，伴随着国际油价大跌，PPI 等基本面指标二次探底，包括欧洲、中国在内的多数经济体都开启了货币宽松模式，而股票市场确实也没有再进一步因为短期基本面恶化而下跌。

第三十四章
2023 年：活跃资本市场

  2023 年在中国金融史上有重要意义。中国股票发行注册制正式全面落地；金融监管体系大变革，"一行两会"时代落幕；中央金融工作会议提出加快建设金融强国。7 月份中央政治局会议提出要"活跃资本市场、提振投资者信心"，体现了党中央对资本市场的高度重视和殷切期望，下半年投资端、融资端、交易端一系列改革举措加快推进。受工业品价格同比负增长影响，上市公司盈利表现弱于实际 GDP 增速。房地产市场供求关系出现重大变化，引发广大投资者对很多中长期问题思考。全年行情分化依然严重，万得全 A 指数全年小幅下跌、上涨股票数量超过一半、全部个股收益率中位数为正，但基金重仓股跌幅较大并连续第三年跑输大盘。行业层面全年没有明确的主线行情，上半年人工智能（AI）行情引发 TMT 板块领涨。风格上红利策略和小微盘明显占优，因此也被称为"哑铃型"行情特征。2023 年上证综指走势与资本市场大事记如图 34 -1 所示。

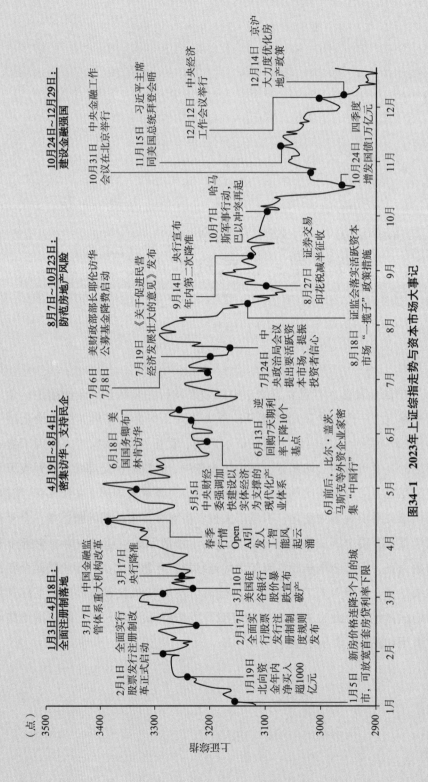

图34-1 2023年上证综指走势与资本市场大事记

资料来源：Wind资讯。

第一节　大事回顾：中国金融监管体系大变革

一、全面注册制落地（1 月 3 日~5 月 8 日）

进入 2023 年，市场行情延续 2022 年底最后两个月的上涨势头。1 月 5 日，人民银行和银保监会发布《关于建立新发放首套住房个人住房贷款利率政策动态调整长效机制的通知》，提出新建商品住宅销售价格环比和同比连续 3 个月均下降的城市，可阶段性维持、下调或取消当地首套住房贷款利率政策下限，房地产政策在 2023 年开始持续放松。伴随着市场持续上涨，各路资金也在陆续进入股市，1 月份单月北向资金累计净流入 1413 亿元，创沪股通和深股通开通以来的单月流入历史最高纪录。

2 月 1 日，证监会就全面实行股票发行注册制主要制度规则向社会公开征求意见，全面实行股票发行注册制改革正式启动。2 月 17 日，证监会发布全面实行股票发行注册制相关制度规定。这标志着历时四年在 2019 年试点科创板、2020 年创业板扩大试点、2022 年北交所启动后，中国股票发行注册制正式全面落地，资本市场服务实体经济高质量发展进入新的阶段。市场在此期间也持续上涨，2 月 21 日上证综指收盘价突破 3300 点。

3 月 7 日，国务委员兼国务院秘书长肖捷作关于国务院机构改革方案的说明，中国金融监管体系大变革。根据此次改革方案，组建国家金融监督管理总局，作为国务院直属机构，统一负责除证券业之外的金融业监管。同时，证监会调整为国务院直属机构，划入国家发展改革委的企业债券发行审核职责。此前我国金融监管的"一行两会"时代落幕，中国金融监管体制进一步完善。3 月 10 日，美国硅谷银行宣布破产，股价暴跌，同时也引发全球性的资产价格波动，市场担心美联储持续加息下各类风险事件会不断蔓延。受此影响，A 股市场在 3 月初"脉冲"后也出现一定的回撤调整。3 月 17 日，我国央行宣布下调金融机构存款准备金率 0.25%，与此同时，美联储在 3 月 22 日和 5 月 4 日先后两次宣布各加息 25 个基点（2022 年 3 月以来第九和第十次加息），中美货币政策走势背离进一步加剧。

4 月份开始市场再度企稳向上，"中特估"、人工智能（AI）等板块表现突出。4 月 18 日，国家统计局公布一季度我国 GDP 实际增长 4.5%，在全球主要国家中增速领先。2023 年前四个月，新冠疫情后的复苏是宏观经济和资本市场的运行主线，4 月 28 日上海虹桥站宣布当日发往全国各站车票均已售完，"五一"小长假极其火爆，引发全社会广泛关注。5 月 5 日，二十届中央财经委员会第一次会议召开，强调要加快建设以实体经济为支撑的现代化产业体系。上证综指在 5 月 8 日的最高点位突破 3400 点，当日收盘价亦为年内收盘最高位置。

二、密集访华、支持民企（5 月 9 日～8 月 4 日）

5 月 9 日后市场开始出现调整，这期间下跌调整的催化剂主要是两个：一是"春季躁动"上涨后正常的市场回调，2023 年 1～4 月，A 股市场总体单边上行，"春季躁动"行情表现十分突出。二是海外持续加息后，中外利差不断扩大，引发人民币汇率贬值以及资本外流压力。5 月 17 日，在时隔近 5 个月后，人民币离岸汇率再度跌破"7"的整数关口。

二季度前后，包括苹果公司首席执行官库克，宝洁公司董事长、总裁兼首席执行官詹慕仁，特斯拉首席执行官马斯克等外资跨国企业负责人先后访华。特别是 6 月 16 日，国家主席习近平会见了美国比尔及梅琳达·盖茨基金会联席主席比尔·盖茨，向国内外传递中国高水平对外开放的坚定信心。与此同时，美国国务卿布林肯于 6 月 18～19 日访华、美财政部部长耶伦于 7 月 6～9 日访华，种种迹象显示中美关系在 2023 年出现缓和向好。

在海外企业家和政要密集访华的同时，7 月份一系列支持民营企业发展的政策先后出台。7 月 17 日，国家发展改革委主任郑栅洁主持召开民营企业座谈会，认真听取民营企业经营发展的真实情况、面临的困难和相关政策建议，这是国家发展改革委 15 天内召开的第三次民企座谈会。7 月 19 日，《中共中央国务院关于促进民营经济发展壮大的意见》正式发布，明确提出民营经济是推进中国式现代化的生力军，是高质量发展的重要基础，并部署了 28 项重点任务。在随后 7 月 20 日的国新办发布会上，国家发展改革委、工信部等部门表示将出台 "1 + N" 配套措施。

2023 年对资本市场影响最大的事件，莫过于 7 月 24 日召开的中央政治局会议，会议明确提出要 "活跃资本市场、提振投资者信心"，体现了党中央对资本市场的高度重视和殷切期望，同时也引发了 2023 年下半年各种相关政策的陆续出台。在 "活跃资本市场" 政策信号的提振下，市场在 7 月底 8 月初出现了一波上涨行情。到 8 月初，上证综指再度突破 3300 点整数关口。

三、防范房地产风险（8 月 7 日～10 月 23 日）

8 月份以后落实中央政治局会议精神，两条主线的政策密集出台成为市场焦点，第一条主线是关于 "活跃资本市场、提振投资者信心" 的，第二条主线在房地产领域。

活跃资本市场方面，8 月 10 日，沪深交易所公告证券交易申报数量拟调整为 100 股起、以 1 股递增。8 月 18 日，证监会出台落实 "活跃资本市场、提振投资者信心" 六个方面 "一揽子" 政策措施；同日，沪深北交易所进一步降低证券交易经手费。8 月 24 日，证监会召开社保基金和部分大型银行保险机构负责人座谈会，讨论 "引导更多中长期资金入市" "推进中国特色现代资本市场建设" 等核心议题。8 月 27 日，更重磅的利好政策来袭，财政部和国税总局宣布证券交易印花税实施减半征收，这是自 2008 年 9 月以来首次调整证券交易印花税税率。8 月 27 日晚，证监会也 "三箭齐发" 进一步提振资本市场信心，出台的政策包括：阶段性收紧 IPO 节奏统筹一二级市场平衡、融资收紧并规范减持、调降融资买入证券保证金比例。这几个政策对资本市场都有非常重大的意义。9 月 1 日，证监会出台高质量建设北交所 "19 条意见"，提出要扩大投资者队伍、完善融资融券机制、有序转板。并于同日出台加强程序化交易监管系列举措。9 月 8 日，证监会公告近日召开专家学者和投资者座谈会，将研究出台更多务实、管用的政策举措，成熟一项推出一项。10 月 14 日，证监会调整优化融券相关制度，包括上调融券保证金比例、调整战略投资者配售股份出借等。10 月 20 日，为进一步健全上市公司常态化分红机制，提高投资者回报水平，证监会就《上市公司监管指引第 3 号——上市公司现金分红（2023 年修订)》等现金分红规范性文件公开征求意见。

房地产方面，8 月 25 日，住建部等三部门加速推进"认房不认贷"政策纳入地方自选"工具箱"，明确居民家庭申请贷款购买商品住房时，家庭成员在当地名下无成套住房的，不论是否已利用贷款购买过住房，银行业金融机构均按首套住房执行住房信贷政策。同日，财政部等三部门发布延期换购住房退还个人所得税政策，将原本年底到期的优惠政策延期到 2025 年底。8 月 27 日，在证监会新出台的收紧融资政策中，明确指出房地产上市公司再融资不受破发、破净和亏损限制，给予了充分关照。8 月 31 日，央行和金融监管总局联合发布《关于调整优化差别化住房信贷政策的通知》和《关于降低存量首套住房贷款利率有关事项的通知》，调低房贷首付款比例政策下限和存量房贷利率。9 月 1 日，北京和上海宣布执行"认房不认贷"政策。

但从行情表现来看，除 8 月 27 日降低印花税税率及"三箭齐发"政策后市场短暂"脉冲"外，从 8 月初开始到 10 月下旬前，市场整体几乎是单边回落的。造成这波下跌调整的原因，或许主要在两个方面：一是从内部因素看，房地产销售投资持续下行以及部分信用事件引发市场担忧，房地产问题的背后，是中国人口结构的长期变化趋势，以及由此带来的对中国经济中长期发展潜力和模式的讨论。二是从外部因素看，美国利率大幅上行，导致中美利差持续扩大、人民币汇率承压以及北向资金出现阶段性持续流出。10 月 19 日，十年期美债利率上升至 4.98%，较年初上行 110 个基点（bp）。

四、建设金融强国（10 月 24 日~12 月 29 日）

市场行情在 10 月底出现些许好转，直接导火索是增发国债。10 月 24 日，为支持灾后恢复重建和提升防灾减灾救灾能力，中央财政决定在 2023 年四季度增加发行国债 1 万亿元，作为特别国债管理。此项变化预计将导致 2023 年财政赤字率由 3.0% 提高到 3.8% 左右。受此利好影响，A 股市场在 10 月上旬到 11 月中上旬出现了一波反弹行情。

2023 年可谓是金融"大年"，除了年初的金融监管体系大改革，最高规格的中央金融工作会议 10 月 30~31 日在北京举行。1997 年以来，党中央、国务院共召开过六次全国金融工作会议，部署金融领域下阶段性重点工作。此次会议名称由原来的"全国金融工作会议"升级为"中央金融工作会议"，并明确提出要以"以加快建设金融强国"为金融工作的目标。"金融强国"的首次提出，充分反映了党中央对金融工作的重视程度。11 月 15 日，习近平主席同美国总统拜登举行中美元首会晤，就中美关系的战略性、全局性、方向性问题交换了意见。

11 月 20 日以后市场行情再度出现下跌调整，导致下跌的主要原因应该还是总需求不足造成的基本面担忧。2023 年的总需求不足问题突出体现在两个方面，一是前述房地产领域，商品房销售和新开工的滚动年化面积分别从 2021 年年中的 19.5 亿和 23.2 亿平方米，下降至 2023 年 11 月的 11.5 亿和 9.6 亿平方米。二是价格因素收缩，工业生产者出厂价格指数（PPI）同比增速在 2023 年前 11 个月均为负增长，居民消费价格指数（CPI）在 10 月和 11 月也出现连续负增长。

为应对总需求相关问题，各项政策也在持续发力。11 月 27 日，央行等八部门联合印发《关于强化金融支持举措 助力民营经济发展壮大的通知》。12 月 5 日，财政部回应穆迪下调中国主权信用评级展望，指出穆迪对中国经济增长前景、财政可持续性等方面的担忧，是没有必要的。12 月 11～12 日中央经济工作会议举行，会议要求 2024 年要坚持稳中求进、以进促稳、先立后破，多出有利于稳预期、稳增长、稳就业的政策，并将"以科技创新引领现代化产业体系建设"放在 2024 年九项主要工作之首。

上证综指在 12 月再度下破 3000 点整数关口，并于 12 月 21 日最低探至 2882 点。在年底的最后三个交易日，A 股市场连收三根阳线，特别是 12 月 29 日全年最后一个交易日上证综指上涨 20.23 点，与 2023 年形成无比的巧合。

第二节　经济形势：名义价格的幻觉

一、价格因素导致的宏微观"温差"

如果单从经济增速来看，2023 年宏观经济整体表现还是不错的，前三个季度的 GDP 实际增速分别为 4.5%、6.3% 和 4.9%，尤其是在第一和第二季度，经济增速呈现出逐季递增的态势。但正如 7 月份国家统计局新闻发言人提及的，"要正确认识宏观数据和微观感受之间的'温差'"，2023 年居民和企业等微观主体的切身感受要弱于宏观经济增长数据。

我们认为，价格因素是导致 2023 年宏微观出现"温差"的主要原因。实际 GDP

增速是剔除价格因素的，而企业利润和居民收入都是包含价格因素的名义值。2023年以来国内通胀持续回落，特别是 PPI 同比出现较大幅度负增长，6 月份单月 PPI 同比最低探至 -5.4% 创 2016 年以来新低，由此对应的上半年中国工业企业利润总额累计同比下降 16.8%。到下半年 PPI 同比略有好转但依然离转正较远，且与此同时 CPI 出现了非常少见的同比负增长。从更为广义的通胀指标 GDP 平减指数来看，到 2023年第三季度 GDP 平减指数累计同比负增长 0.8%，创 2008 年金融危机以来新低（见图 34 -2）。

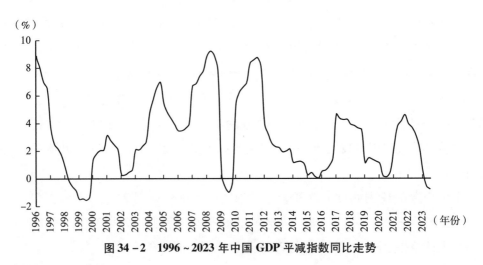

图 34 - 2　1996～2023 年中国 GDP 平减指数同比走势

资料来源：Wind 资讯。

　　多数情况下，价格因素与经济增长是同向的，但两者一旦出现背离，对股票市场投资而言，名义经济增速重要性或许要远高于实际经济增速。2023 年的情况与 2016 ~2017 年正好形成一对正反面案例。2016 ~ 2017 年，实际 GDP 增速几乎保持不变，但由于供给侧结构性改革原因导致大宗商品价格大幅上涨，名义 GDP 增速远高于实际GDP 增速，由此也造成上市公司盈利大幅攀升，所以如果剔除 2016 年初两次熔断的影响，这两年整体市场是牛市行情。与之相反，2023 年虽然实际 GDP 增速表现较为不错，但价格因素导致了上市公司盈利大幅承压，显然对股市形成了明显制约。

二、欧美国家衰退预期与利率新高

　　从海外经济形势来看，2023 年有两个突出预期差。一是年初市场预期欧美经济可能会衰退，但全年看表现都不错；二是年初市场预期欧美国家利率会显著下行，但到年中时利率不降反升再创新高。十年期美债到期收益率在 2023 年 10 月最高升至近 5%，创 2007 年 8 月以来新高水平。

更令国人诧异的是在利率持续上行中，欧美股市在 2023 年均有不俗表现，欧洲泛欧斯托克 600 指数全年涨幅超 10%、美国标普 500 指数全年涨幅超过 20%、纳斯达克指数涨幅更是超过 40%，基本都收复了 2022 年下跌的失地。这其中有很多问题值得我们深度思考。

一是如何理解美国利率大幅上行中股市还能大涨。这背后的主要原因或许还是价格因素导致的名义货币幻觉。通胀虽然使欧美国家利率上行，但同时由于价格上涨也使得其上市公司盈利表现很好。经济学上所谓的名义货币幻觉，指的是当价格出现上涨时，可能部分原因来自产品本身适销对路、部分原因来自宏观整体通胀，企业家无法准确识别两者贡献，总体会认为产品市场需求大从而进一步扩大生产推升总需求①。股票市场无论股价还是市值，本身定价也是以名义货币作为基准，这是很重要的因素。实际上，即使在广为诟病的 20 世纪 70 年代，美国股市整体也并没有下跌（详情参见拙著《美股 70 年》）。

二是要充分重视学习效应的作用。也就是历史上出现过的事情，影响没有那么大，但是从未发生过的事情，影响可能非常大。对海外市场特别是美股市场而言，利率上行或者经济衰退，都是在经济周期中反反复复不断出现的事情，投资者会有学习效应，知道经济下行后总会起来、利率上行后终会下降②，因此实际影响就会减弱。对于这种成熟市场，只有从未发生过的冲击，比如 2008 年的金融危机、2020 年 3 月新冠疫情引发的信用冻结，才会对股市产生巨大的冲击。

三是如何看待美债利率与 A 股表现之间的关系。很多观点认为美债利率对 A 股行情有重要影响，逻辑链条集中在两方面：其一，认为美债利率本身是机会成本是分母端贴现因子影响 A 股大盘走势；其二，认为美债利率上行或下行是 A 股成长股取得超额的关键变量。前者观点在 2023 年影响颇大，后者是 2022 年主流观点。我们认为，这个论断本身有待学术研究进一步明确因果关系，但从直观感受而言，笔者并不

---

① 名义幻觉类似的逻辑包括：当个人工资上涨时，部分源于自身工作努力、部分源于市场整体变化，但多数人更愿意相信是自己工作努力有成效的结果；股票市场投资者，赚钱的时候都认为是自己选股"阿尔法"的贡献，跌的时候多认为是大盘不好的原因。这都是很容易理解的行为特征。

② 美股上市公司盈利增速总体走势呈现出很强的均值回归特征，类似三角函数走势。与此对应，至少截至 2023 年底，中国的无风险利率走势也呈现出很强的均值回归三角函数特征。或许正是这样的区别，使得盈利周期对中国股市影响极大而对美股影响较小；相反，利率变动对美股影响极大而对中国股市影响较小。

太认同美债利率对 A 股有直接的显著的影响。这里至少有两个逻辑链条无法打通，有待诸位读者辨析：第一，为什么 A 股行情要看美债利率而不看中国利率（2023 年中国利率是持续下行的）；第二，为什么美债利率上行对 A 股产生负面影响却不影响美国股市。

到 2023 年底，美债利率已经下破 4.0%，同时国内价格同比的低点应该也已过去。但此时市场投资者发现，2023 年底对 2024 年的展望与 2022 年底对 2023 年的展望几乎完全一样，即国内经济会复苏、海外利率会下行，前一年的错判或多或少使投资者信心减弱，这或许也是 2023 年底 A 股市场整体较为悲观的原因之一。

三、2023 年 A 股盈利和估值变化趋势回顾

2023 年上市公司盈利表现显著弱于实际经济增长速度，前三季度全部 A 股上市公司盈利累计增长为 -1.4%，剔除金融板块后全 A 非金融前三季度累计盈利增长为 -4.5%。特别是在第二季度，全 A 非金融单季度盈利增速一度下探至 -12%。导致上市公司盈利表现不佳的主要原因是价格因素特别是工业品价格同比负增长，2023 年前 11 个月国内 PPI 累计同比负增长 3.1%，6 月份单月 PPI 同比负增长最高达到 5.4%。分板块看，科创板和创业板公司盈利表现更弱，前三季度累计盈利增长分别为 -38% 和 -5%。

从利率变化看，2023 年国内无风险利率基本呈单边下行态势。全年 1 年期货币市场报价利率（LPR）下降两次累计降幅 20 个基点，1 年期中期借贷便利（MLF）利率同样下调两次累计降幅 25 个基点，10 年期国债到期收益率下行 28 个基点从年初的 2.84% 下行至年底的 2.56%。由于 2023 年欧美利率大幅攀升，国内利率下行造成了国内外利差进一步扩大，这也对人民币汇率产生了较大影响，人民币对美元在岸汇率在 2023 年 9 月最低探至 7.35。

但是利率的下行并没有导致股票市场整体估值上升，而是恰恰相反，A 股整体估值在 2023 年多数时间走势向下（见图 34-3）。2023 年的案例进一步说明了，在 A 股市场多数情况下，是盈利走势而非利率变化决定估值方向。相较于整体估值变化，2023 年公募基金重仓股（即此前的核心资产）估值回落更为明显，其相对估值（基金重仓股市盈率÷市场整体市盈率）大幅回落至历史均值以下（见图 31-7），又一次呈现出资产定价矫枉必过正的特征。

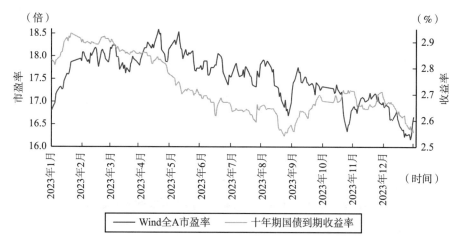

图 34 – 3　2023 年 Wind 全指数市盈率（PE）与长端利率走势对比

资料来源：Wind 资讯。

第三节　行情特征：哑铃型风格

2023 年宽基指数整体跌幅并不大，甚至从个股看上涨比例超过 50%，但由于大盘蓝筹以及机构重仓股跌幅较大，投资者赚钱效应差、"体感"不好。全年行情特征如下：

（1）市场整体下跌但宽基指数跌幅有限，上证综指全年下跌 3.7%、Wind 全 A 全年下跌 5.2%。个股分化较大，有一半以上个股全年上涨且全部个股收益率中位数为 3.2%，北证 50 指数全年上涨 14.9% 在主要指数中涨幅领先。但核心资产等机构重仓股表现较差，偏股混合型基金指数下跌 14.5%，连续三年跑输大盘。

（2）市场风险明显偏好小盘甚至是微盘。中证 1000、中证 500、沪深 300、上证 50 指数收益率随宽基平均市值增加而递减（见图 34 – 4），2023 年中证公司新推出的小微盘指数中证 2000 指数（大体代表市值排序在第 1801 ~ 3800 名的公司）全年有 5.6% 的涨幅。与此同时，红利策略在 2023 年也有不错表现，中证红利全收益指数全年涨幅高达 6.3%。因此，2023 年 A 股行情也被称为"哑铃型"风格，即"红利"和"小盘"两头表现较好。

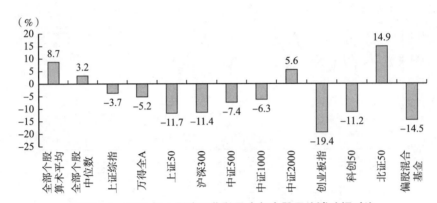

图 34 - 4　2023 年 A 股主要指数及全部个股平均涨跌幅对比

资料来源：Wind 资讯、笔者计算。

（3）从行情的驱动力看，2023 年市场下行的主要原因依然是企业盈利下行，而企业盈利下行的原因主要在价格因素，这使得 2023 年与 2016~2017 年成为了鲜明的对比反例，后者在实际 GDP 增速基本走平中由于价格因素导致企业盈利大幅增长。同时，由于房地产与人口周期的影响，很多中长期问题被不断探讨，使得股市整体估值在利率下行中依然有所下降。

（4）从行业层面看，2023 年行情有几点值得关注：一是表现最好的是 TMT 板块，受益于上半年的人工智能主题，通信、传媒、计算机、电子这四个行业位列全年涨幅榜前四，均有不错收益率表现。二是涨幅仅次于 TMT 的，是能源类的煤炭和石油石化板块，这主要源于其具备的红利属性。三是消费、房地产、新能源相关板块表现较差，美容护理、商贸零售、房地产、电力设备（锂电池和光伏）等行业全年跌幅最大。2023 年各行业板块表现具体见图 34 - 5。

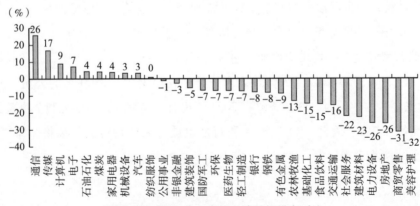

图 34 - 5　2023 年一级行业涨跌幅排名对比

资料来源：Wind 资讯。

一、"反向分化"结构性特征

所谓"反向分化"，就是2023年市场行情的结构性分化，体现在机构重仓股表现明显弱于市场整体（与2019年和2020年正好相反）。2023年Wind全A指数跌幅5.2%并不算太多，且全部个股收益率的算术平均值和中位数均为正值（见图34-4），全年上涨个股比例有近55%。但由于这种"反向分化"特征，使得整个市场在指数跌幅不大的情况下，却营造出了一个"大熊市"的氛围。

拉长时间来看，公募基金整体跑输大盘是从2021年2月开始的，一直到2023年底持续时间将近三年（见图34-6）。此次公募基金跑输大盘与以往有两点不同，一是相对收益为负时间很长超过历次，二是以往基金跑输大盘基本在大牛市期间（如2007年、2009年、2014年等），而此次则是既无相对收益也无绝对收益。机构持续跑输大盘的背后，是一直在消化过去几年"核心资产"的高估值①（见图31-7）。

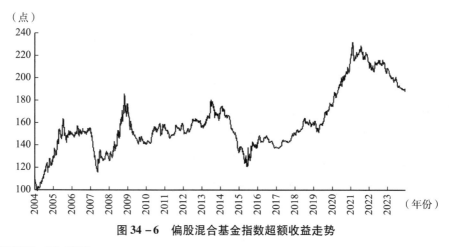

图34-6 偏股混合基金指数超额收益走势

资料来源：Wind资讯。

站在2023年底，笔者认为最大的问题或许还不是行情涨跌本身，而是如何重构投资逻辑的话语体系。此前几年的"核心资产"投资逻辑被市场证伪，而新的投资逻辑话语体系尚未建立起来。2023年我们看到的"微盘风格"和"红利策略"行情，

---

① 仔细观察图31-7读者应该会感受到，资本市场投资中，"均值回归"确实是非常有效的工具手段。每一次行情的顶点和底部，市场往往都能讲出不同的故事，来论证这一次能够与众不同的合理性。但最后回头来看，"均值回归"多数情况下才是不变的王道。

笔者认为都属于市场在不断探索新的投资逻辑方向。

二、无胜负手行业主线

从行业层面看，2023年表现最好的当数人工智能（artificial intelligence，AI）行情，通信、传媒、计算机、电子等TMT行业板块涨幅明显领先。引发AI行情的导火索是ChatGPT的出现。ChatGPT（Chat Generative Pre-trained Transformer），是美国人工智能研究实验室OpenAI推出的一种人工智能技术驱动的新型聊天程序，它能够基于在预训练阶段所见的模式和统计规律，完成生成回答、撰写邮件、编写代码、撰写论文等任务。ChatGPT于2022年11月30日发布，到2023年1月底，ChatGPT月活用户数就突破了1亿。很多观点认为由人工智能引领的新一轮科技革命已经到来，AI将彻底改变人类生活。

但从事后来看，AI行情主要发生在2023年上半年，到下半年也出现了幅度较大的下跌调整。到年底时市场多数观点认为，2023年的AI行情更像主题行情而非主线行情。笔者认为，2023年AI行情缺乏持续性的核心原因，主要在于传媒计算机等相关行业板块没有出现明显的财务指标上行。在本书后续的第三十五章投资框架方法论的第二节中，我们详细研究讨论了板块轮动的驱动力，从历史经验看，A股历年的主线领涨板块，总体上[①]都是有明显的财务数据加速上行。此前2013～2015年的移动互联网行情、2019～2021年的半导体行情，虽然或多或少都有主题概念的成分，但是都能从财务数据上看到明显的向上变化（如ROE趋势上行等）。

从市场整体看，2023年投资者碰到的主要问题也如此，即整个市场几乎没有一个主要行业板块处在盈利景气趋势的加速上行期。消费板块盈利周期在高位走平、新能源板块盈利周期见顶待回落、TMT板块盈利周期在底部蕴含了向上可能但数据上并没有起来。这种情况造成了2023年A股行情，行业板块层面出现了"底部锯齿状轮动"特征，市场没有找到"胜负手"行业主线。

一般情况下，在宏观经济上行周期，顺周期板块（如周期股、金融股等）景气向上会形成主线行情；在宏观经济下行周期，往往也会出现一些与宏观经济无关的、依靠自身自下而上产业周期产生的景气向上的主线行情，例如2013年的传媒、2019年的白酒和半导体等。但像2023年这样，既无自上而下经济周期驱动的行业景气，

---

① 反例是少数年份在大跌行情中，部分板块因为有防御属性会在涨幅榜中靠前。

也无自下而上产业周期驱动的行业机会，在 A 股历史上比较少见，这或许也是 2023 年投资者体验不佳的重要原因。

三、中特估与红利策略

2023 年"红利策略"（即投资高股息率标的策略）表现较好，中证红利全收益指数全年累计上涨 6.3%，远超主要宽基指数。部分 A 股龙头标的，如中国移动、农业银行、中国神华等，股价在 2023 年均创出了历史新高。

"红利策略"在 2023 年表现较好的催化剂有两个：一是受益于中国特色估值体系（简称"中特估"）逻辑的特征。由于 A 股的估值体系中，传统行业估值显著低于新兴产业、国企特别是央企估值显著低于非国有企业，市场普遍认为在中国特色估值体系中央企具有更大的估值提升空间。二是受益于无风险利率持续下行。高股息股票的股息率吸引力直接受无风险利率影响，2023 年我国十年期国债利率持续下行，对"红利策略"形成了很强的支撑。

从更长的历史数据看，"红利策略"在 2015 年以后有趋势性的超额收益（见图 34 - 7），特别是在 2021 年以后连续三年跑赢大盘。但是总体看，"红利策略"在市场中的交易拥挤度并不高，一是主动管理的公募基金中，以"红利""低估值"等为标签的基金产品并不是太多；二是被动管理的基金产品中，根据笔者统计，截至 2023 年底被动产品规模共约 2.6 万亿元，其中红利和高股息类产品规模合计 724 亿元，占比仅 2.8%。

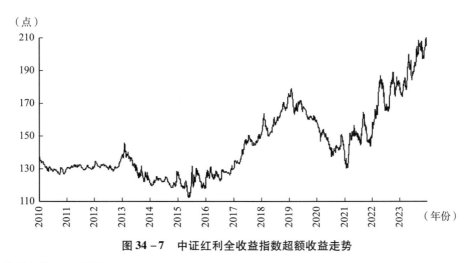

图 34 - 7　中证红利全收益指数超额收益走势

资料来源：Wind 资讯。

四、持续上行的微盘股行情

"哑铃型"风格的一端是"红利策略"占优，另一端则是小盘股、微盘股在 2023 年有非常突出的表现。中证 2000 指数全年有 5.6% 的正收益，收益率远高于沪深 300、上证综指等宽基指数。另一个更加偏好小盘因子敞口的万得微盘股指数（代码 8841431）全年涨幅高达 50%[①]，使得"微盘股"在 2023 年成为了市场热词。

笔者认为，造就 2023 年小盘股、微盘股行情的原因或许主要是两个：

一是大小盘风格切换本身具有很强的均值回归特征[②]。A 股市场在 2009~2015 年出现了一波很强的小盘占优风格行情，后面在 2016~2021 年初又出现了一波很强的大盘占优风格行情（即核心资产行情）。从国内外历史经验看，市场对大小盘风格的偏好类似一种审美观，总体随着时间变化来回切换均值回归，2021 年初大盘股行情走到极致后再度出现风格回摆，小盘股、微盘股占优行情也正是从 2021 年初启动的（见图 34-8）。

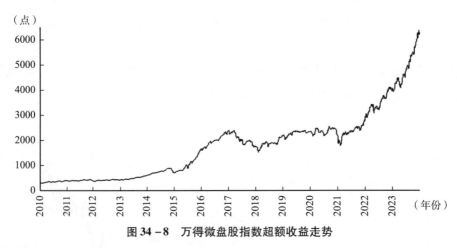

图 34-8　万得微盘股指数超额收益走势

资料来源：Wind 资讯。

二是从 A 股历史经验看，在价格负增长区间容易出现小盘股行情。20 世纪 90 年代以来我们一共经历过大概四次价格负增长区间（见图 34-2）：1998 年、2008 年、

---

① 截至本书完稿时，市场上还没有直接可投资万得微盘股指数的金融产品。
② 本书第三十五章第三节对大小盘风格切换驱动逻辑有全面分析探讨。

2015 年以及 2023 年。在 1998 年后的 1999～2000 年行情、2008 年后 2009～2010 年行情、2015 年行情，这三次都出现了很强的小盘股占优行情特征。我们认为这背后的逻辑或许在于，价格负增长区间中许多行业和企业都需要谋求转型，但转型升级的具体方向一时半会儿并不一定明确，在这个过程中市场会不断"试错"，从而造成小盘股占优的行情特征。

第三十五章
基本投资框架方法论

　　本章对本书前述众多 A 股行情特征，做投资框架方法论的总结，主要讨论三方面问题：大势研判、板块轮动、风格切换。从大势研判看，A 股行情总体是跟着经济周期走的，经济上行期一般都是牛市，经济下行期不完全都会下跌，下行初期一般是熊市，下行中后期会出现分母逻辑的上涨行情。从板块轮动看，A 股总体特征是景气周期的趋势投资，领涨板块以景气上行期的成长板块为主，关键要注意的问题是成长并不是某些行业特有的属性，而是不同行业在不同阶段行业特征的表现。成长是市场一直孜孜不倦追求的目标，成长风格是不变的，变的是成长的内容。从风格切换来看，小盘股和大盘股的超额收益变化是轮动的，总体上是三十年河东，三十年河西，并不存在大盘股或者小盘股永续占优情况。大小盘风格切换与货币周期和经济周期都没有直接关系，我们认为大小盘风格切换的驱动力主要在产业逻辑。

第一节　大势研判：经济周期与股市表现

所谓大势研判，即判断指数的整体涨跌。在 A 股市场发展的最初期，市场行情经常大起大落，那个时候因为可以交易的上市股票数量实在太少，所以博弈的属性确实很强，行情运行的偶然性成分较大。到 20 世纪 90 年代中后期，政策成为影响市场行情的重要变量，行情往往因为政策而起，又可以因为政策而落，比如 1994 年的"三大政策"利好直接引爆了市场行情启动，又如 1996 年底的"十二道金牌"和《正确认识当前股票市场》又可以把行情的热火扑灭。但这些政策事件性的因素，从研究分析的角度来看，并没有太多的重复性，每一次的政策事件可能都不一样。2000年以后，随着上市公司数量的大幅增加以及机构投资者的超常规发展，基本面对于 A股市场的影响越来越大，行情运行规律特征的可重复性开始增强。本书总结了如下几点大势研判特征供读者参考。

一、经济上行期中的牛市行情

经济上行期中的上市公司盈利上行周期，是驱动 A 股牛市行情的最重要驱动力，占绝对主导地位。这也就是我们一直说的"分子端行情"，盈利周期向上的过程中，一般会出现"戴维斯双击"，即估值和业绩双双向上。从历史上来看，1999 年"5·19"行情到 2001 年上证综指的 2245 点、2003 年的"五朵金花"行情、2006～2007 年中国经济全面繁荣下的 6000 点大牛市、2012 年底到 2013 年初的弱复苏行情、2016 年下半年到 2018 年初的供给侧结构性改革行情、2020 年下半年到 2021 年上半年的疫后复苏行情，都属于经济上行期中的盈利周期驱动行情。

而且在经济上行周期、盈利驱动的行情下，所有的政策收紧都是行情调整，不是行情终结不会牛熊转换，行情终结于盈利周期结束。这个判断，意味着在数据层面我们会看到股价指数的高点出现在经济增长指标高点之后。或者换言之，我们可以简单总结为：经济上行期无熊市。所以在经济上行周期，我们做大势研判时更需要关注经济周期顶点什么时候出现，而政策是否收紧是其次的。投资交易水平高的，能够逃过因政策收紧而出现的调整自然最好，如果不行，问题也不是太大。

这种案例在 A 股历史上比比皆是：2007 年几乎每个月都加息、上调准备金，市场照样持续上涨，即使出现"5·30"加征印花税这样的超级政策收紧利空，短暂调整后，上证综指依然在 10 月份突破 6000 点创历史最高。2008 年金融危机后，2009 年经济 V 型反转进入上行周期股市开始大幅上涨，到 2010 年时货币政策开始收紧，行情在 2010 年 4～6 月出现调整，然后下半年指数再创新高。2017 年经济上行期中货币政策收紧，全年 MLF 利率上调三次，股市在 2017 年 4 月因流动性收紧出现明显调整，但同样这是调整不是牛熊转换，指数在 2018 年初再创新高。2021 年疫后复苏经济上行中，A 股市场因海外流动性收紧预期，在 2021 年 2～3 月间出现明显下跌调整，同样道理，经济上行期中的下跌都是调整不是牛熊转换，调整过后指数在 2021 年下半年再创新高。

在判断经济上行期中的牛市行情时，需要注意金融指标对经济指标的领先性。这种情况的上涨模式在 A 股市场中很有代表性。行情在启动的时候，其实经济增长和企业盈利数据还完全没有开始好转，市场表现大幅领先，但这种领先性可以在金融指标中得到验证。换言之，这种情况下，市场是根据金融指标来判断未来的基本面情况。这种行情典型的情况如 2005 年 6 月以后市场行情的启动（金融数据在 2005 年年中见底，但上市公司盈利增速要到 2006 年第二季度才开始回升，金融指标领先达将近一年）、2009 年上证综指从 1664 点上涨到 3478 点的行情（行情运行过程中，市场几乎就是完全根据信贷数据来判断的）。金融指标对经济指标的领先性，其实本质上也是盈利周期向上，或者说是市场预期盈利周期向上。

那么从技术层面，我们选择什么指标去判断经济是上行还是下行周期呢？2012 年以前，传统意义上国内一般使用 GDP 或者工业增加值同比来度量周期，但是 2012 年以后这两项指标的波动性越来越小，已经很难刻画出经济周期的变化。从笔者的研究实践来讲，如果只用一个指标，我觉得用"中国＋G7 国家"工业生产同比增速效果最好（曲线走势见图 32－2）。一方面，这是一个月度指标且有较好的波动性。另一方面，从内在逻辑说，A 股市场上市公司多数都是工业企业[①]且出口占比高，盈利受全球经济周期影响会更大。

当然日常判断中，我们没有必要局限于单个指标，而是可以根据"中国 + G7 国家"工业生产同比增速、国内社融余额同比增速、PPI 同比等多个指标，来共同判断经济周期的运行方向。这里另一个经验性规律特征值得投资者关注，就是至少到本书截稿为止，在 A 股市场中社融上行是股市上涨的充分条件。即如果我们看到社融余额同比增速上行，A 股市场基本都会上涨（见图 35 – 1），比如 2006 ~ 2007 年、2009 年、2012 年底至 2013 年、2019 ~ 2020 年等。这个结论存在两个"反之不然"：一是社融上行股市会涨是充分条件但是非必要，即牛市也可以在社融下行时出现，典型的如 2014 ~ 2015 年；二是社融上行股市会涨不代表社融下行股市就跌，社融上行和下行对股市的影响是不对称的。

图 35 – 1　2003 ~ 2022 年 Wind 全 A 指数与社融余额同比增速走势

资料来源：Wind 资讯。

二、周期顶部的资产价格特征

当经济周期从上行周期进入周期顶部时，资产价格的特征会发生变化。从 A 股历史经验来看，有两个经验性规律特征值得注意：

---

① 除了金融、地产外，投资者日常接触较多的股票行业，比如白酒、军工、新能源汽车、光伏、半导体、高端制造、周期、创新药等，其实都是工业企业。

一是在经济下行周期初期，A 股往往都要经历大幅下跌。图 35-2 报告了以"中国 + G7 国家"工业同比增速度量的经济周期，与 Wind 全 A 指数走势的对比。从中我们可以看到，在几次"经济下行的初期"，A 股市场都出现了较大幅度的下跌或者可以说是熊市，包括 2008 年、2011 年、2018 年、2022 年。

图 35-2 2006～2022 年 Wind 全 A 指数与"中国 + G7 国家"工业同比增速走势

资料来源：Wind 资讯。

这里还有三个细节问题特别值得注意：

第一，我们这里说的是经济下行周期的"初期"市场会大跌，并不是说在整个经济下行期股市都是下跌的。换言之，股市表现与经济周期的关系并不是简单的两分法（经济上行期股市涨、经济下行期股市跌）。至于如何判断经济下行在"初期"还是在"中后期"，我们在后面部分再讨论。

第二，经济周期与股市表现时间上并不同步，并不是说经济进入下行期后，股市马上就开始跌，这中间有一个滞后的过程，这个特征后面我们马上讨论。

第三，经济下行初期 A 股市场会出现熊市，这个判断既充分也必要。在图 35-2 中，如果把 2008 年、2011 年、2018 年、2022 年这几次经济下行初期拿掉，那就没有熊市了①，所以在 A 股市场中，只要我们判断不在经济下行初期，就不太会有熊市。日常很多投资者可能非常关注流动性对市场的影响，但大家仔细想想就会发现，A 股

---

① 有一个地方读者可能会提出不同看法，那就是如何看待 2015 年 6～8 月的市场暴跌，一般普遍认为这是由当时政策快速直接收紧引发的下跌而且幅度不小。我认为从全年来看，2015 年指数整体仍然是大幅上涨的，并不能定义为一个熊市。

市场几乎没有因为流动性收紧而出现的熊市，多数情况下流动性收紧都出现在经济上行周期，比如 2007 年、2010 年、2017 年等，而即使不在经济上行期，比如 2013 年出现了"钱荒"，股市也没有出现熊市。

二是在经济周期顶部，经济的高点、股价的高点、大宗商品价格高点，这三者会呈现出非常有规律性的依次滞后出现的特征（参考图 35 - 2 中股市指数与经济周期关系，以及图 32 - 2 中大宗商品价格与经济周期关系）。这个特征规律在最近几次周期中均成立：①2007 年 10 月经济增长类指标见高点，股市 Wind 全 A 指数高点出现在 2008 年 1 月，商品价格高点出现在 2008 年第二季度（原油历史最高价 147 美元出现在 2008 年 7 月初）；②2010 年那次经济高点出现在 2010 年第二季度，Wind 全 A 指数高点出现在 2010 年 11 月，商品价格高点出现在 2011 年第二季度；③2017 年那次经济高点出现在 2017 年底，股市高点略滞后一点出现在 2018 年 1 月底，大宗商品价格高点出现在 2018 年第二季度。④2021 年全球经济高点出现在 2021 年第二季度，A 股股市高点出现在 2021 年 12 月，大宗商品价格高点出现在 2022 年第二季度。

资产价格的这种顶部滞后特征，对于日常我们研究投资分析提出了巨大的难度挑战。在经济高点出现后股市高点尚未出现的这段"滞后期"内，投资者已经明显感受到经济基本面见顶回落，但此时股价仍在上涨，如何解释这种背离？多数情况下，我们不会把这种行情理解为"顶部滞后期"判断后面会跌下来的，而是会在各种压力下努力去寻找解释行情合理性的"新逻辑"。各式各样的"这一次不一样"（This time is different）逻辑就是在这种情况下出现的。

这个跟头我自己在 2018 年 1 月份是栽过的，当时 PPI、社融等各种指标都已经显示经济开始明显回落（见第二十九章第二节和第三节），但股市在涨啊，各种"新周期""再通胀"逻辑也是层出不穷。怎么去解释后面经济还可能下行但是股市能涨呢？当时我们讲了一个逻辑：供给侧结构性改革后传统公司盈利能力更加稳定，而且往后资本支出会大幅减少，因此尽管以后盈利增速可能不高，但是资本开支减少后企业现金流会变好，分红会显著增加，可以成为"现金奶牛"，从而抬升估值。这个逻辑故事在多年以后的现在再去看，其实也挺有"说服力"的。但实际行情事与愿违，2018 年年初的上涨就是一个"顶部滞后期"，后续随着经济周期的回落，股市表现也是一落千丈。

对大宗商品价格而言，同样的问题也很突出。在经济高点已过而商品价格还在上涨的这个阶段，解释商品价格还能上涨的逻辑百分百都是供给侧的（因为经济高点已经出现，需求侧肯定是下行的，解释不通）。而一旦解释的逻辑完全转向供给侧，这个事情就麻烦了，因为不像需求侧短期有变化，供给侧的逻辑三五年之内一般都不会有太大变化，后面一时半会儿是转不过来的，只能得出长期看好的结论。这就是为什么在商品价格顶部时，动不动就会有"某某商品黄金十年将至"的原因。

三、流动性驱动的分母逻辑行情

在本节前文第一部分，我们讨论的观点是"经济上行周期股市一般都是上涨的"，第二部分，讨论的观点是"经济下行初期 A 股市场会出现熊市"，这里说的是"经济下行初期"股市会跌并不是说在整个经济下行期股市都跌。在"经济下行中后期"，股市往往会出现反转，此时的行情就是"流动性驱动的分母逻辑行情"。

利率驱动下的流动性宽松行情，也就是我们常说的"拔估值行情"或者"分母端行情"。这种情况下，企业盈利没有出现向上的趋势，甚至往往还是向下的，但是因为货币政策等非常宽松，使得流动性很宽裕，导致了股票价格大幅上涨。因为业绩没有明显上升，这种行情运行过程中，从数据上往往体现出"生拔估值"的特征。A 股市场中典型的情况比如 2014～2015 年的"水牛"叠加"改革牛"①、2019 年下半年到 2020 年上半年的行情（先是 2019 年下半年美联储"预防性降息"，导致的全球流动性宽松外资持续流入 A 股，再到 2020 年新冠疫情暴发后全球央行开始了史无前例的"大放水"）。

判断流动性驱动的分母逻辑行情，逻辑关键在于要区分在"经济下行初期"和"经济下行中后期"中流动性对股价的影响是不一样的。理论上说，分母逻辑能够成立，前提是分子保持不变，即企业盈利保持稳定的时候利率下行导致股价上升。但问题是，如果特定宏观环境下盈利保持不变，利率为什么又能下行呢？因此多数情况下，利率下行过程中，企业盈利下滑幅度更大，这也是为什么在"经济下行初期"即使利率下行股市还在下跌的主要原因。而在"经济下行中后期"，企业盈利快速下行阶段已经过去，在"股票资产久期无限长定价原理"下，短期基本面变化对股价的影响开始钝化，分子端保持不变的前提假设开始成立，此时利率下行的分母端行情逻辑开始起作用。

---

① 从数据上看，2014～2015 年的"水牛"行情，是 2000 年以后 A 股真正意义上第一次流动性驱动的牛市行情，多数情况下上涨行情还都是盈利驱动的，但由于市场参与者很多都是 2010 年以后入市的，他们所经历的第一次牛市就是 2014～2015 年那次，记忆尤为深刻，所以市场特别喜欢讨论流动性的影响，在某种程度上我们认为市场一直高估了流动性对行情的影响。

　　而判断的难点也在于用什么指标区分"经济下行初期"和"经济下行中后期"，这是一个经验法则，没有明确的理论依据。我们倾向于用 PPI 变化来判断，PPI 同比快速下降阶段为"经济下行初期"，PPI 同比到 0 以下且下行斜率趋缓为"经济下行中后期"。现实中也不能完全刻舟求剑，很多时候会出现行情表现滞后于基本面，典型如 2012 年。用 PPI 作为判断指标的依据，主要是 A 股上市公司工业企业占比很大，上市公司整体盈利增速与 PPI 同比增速高度正相关。在前述分析框架下，只要盈利进入下行周期的中后段，即使没有新一轮的盈利上行周期，市场也不会大跌了。

　　此外，区分行情驱动力是分子端逻辑还是分母端逻辑的意义，还在于判断行情未来的拐点。一般情况下，盈利周期驱动的行情，其行情也结束于盈利周期下行的拐点，比如 2004 年、2008 年、2018 年等，这种行情驱动模式下，中间遇到的所有政策收紧，都只是调整不会构成行情的趋势性改变。比如 2007 年的持续提高准备金和加息、2017 年的资管新规导致流动性收紧等，都不会改变行情的大趋势，一直等到盈利周期开始向下，行情才彻底结束。但如果是流动性驱动的行情，则一般行情会起于流动性，又止于流动性，这个时候判断流动性拐点的意义就非常大了。

　　图 35-3 总结了本节所讨论的基于经济周期与股市表现的大势研判框架，并列举了历史上发生过的行情作为案例以备参考。

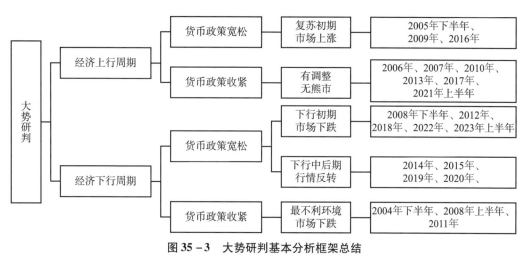

图 35-3　大势研判基本分析框架总结

资料来源：Wind 资讯。

第二节　板块轮动：成长风格与价值风格

相比于大势研判，板块轮动对于投资研究的价值含量更大。一方面，A 股市场整体看结构性机会要远大于整体牛市的机会；另一方面，对于公募基金等很多机构投资者而言，大家更加关注相对收益，择时的意义有时候并不大。

一、成长与价值相关概念辨析

成长与价值是市场上认可度最高的两种投资风格，也是两个分歧巨大的概念。

一种定义方法，是利用市场中既有的各种"成长指数"和"价值指数"去定义成长和价值风格。此时我们会发现，市场上的各种"价值指数"，本质上都是"低估值指数"。

A 股市场上常见的各类"价值指数"（指数名称中包含"价值"），包括国证价值指数、沪深 300 价值指数、中证 500 价值指数、中证 800 价值指数等，指标编制的主要依据都是估值类指标。以国证价值指数和中证 800 价值指数为例，指数参考的价值因子包含 4 个变量，分别是股息收益率（D/P）、每股净资产与价格比率（B/P）、每股净现金流与价格比率（CF/P）和每股收益与价格比率（E/P）。对这 4 个变量进行标准化 Z 分处理排除极值影响后，计算 4 个变量的 Z 值均值，选取均值最高的股票加权后计算分别得出国证价值指数和中证 800 价值指数。

不仅仅是 A 股市场，国际市场上的价值指数编制时也主要关注估值情况。以标普 500 价值指数为例，标普 500 指数的成分股能否成为标普 500 价值指数成分股取决于其价值因子/成长因子是否处于前 33%（由高到低排序），其中价值因子参考的变量是净资产与价格比率（B/P）、收益与价格比率（E/P），以及营收与价格比率（S/P），估值越低得分越高，成长因子参考的变量是 3 年来的销售额和利润增幅，以及近一年的股价变化。因此，总体来看，市场上主要价值风格指数的核心特征就是低估值，以此为定义，所谓的价值风格其实就是低估值风格。

与价值风格指数一起出现的往往是成长风格指数，国证 1000 风格指数与中证 800 风格指数中与价值指数相对应的也分别是国证成长指数和中证 800 成长指数。成长指数主要聚焦在未来有迅猛增长潜力的公司，主要参考公司收入和盈利的增长率等指标。由于市场看好公司的未来增长，因此通常也会赋予其相对较高的估值。

国证成长指数参考的成长因子有三个变量，主营业务收入增长率、净利润增长率和净资产收益率，其中主营业务收入增长率是过去 3 年主营业务收入增长率的均值，净利润增长率是过去 3 年的净利润增长率的均值，通过对这 3 个变量进行标准化 Z 分处理后并求取均值获得该公司股票的成长 Z 值，成长 Z 值最高的便是国证成长指数的样本股。

中证 800 成长指数的样本股选取与国证成长指数也非常接近。中证 800 成长指数的成长因子包含三个变量：主营业务收入增长率、净利润增长率和内部增长率，其中主营业务收入增长率是将过去 3 年主营业务收入和时间进行回归分析后得到的回归系数与过去 3 年主营业务收入平均值的比值作为主营业务收入增长率变量，净利润增长率是将过去 3 年净利润和时间进行回归分析后得到的回归系数与过去 3 年净利润平均值的比值作为净利润增长率变量，内部增长率是净资产收益率与（1 - 红利支付率）的乘积，通过对这三个变量进行标准化 Z 分处理后并求取均值得到该公司的成长评分，成长评分最高的是中证 800 成长指数的样本股。

价值指数将低估值作为核心的考量因素，成长指数主要关注的是企业的营收以及盈利增速，这种编制方法可能会存在几个问题：

一是成长风格指数不一定能代表真正的成长股，因为成长风格指数编制时参考的营收增速、利润增速等指标都是已经实现的过去的数据，但过去的高增长不代表未来的高增长；我们希望找到的是未来成长性高的公司，成长指数代表的是过去的高成长公司，且往往一家公司经过 3 年高增长后，增速反而可能会下来，所以这些成长指数所反映的市场行情特征，经常与投资者的直观感受反差较大。

二是价值与成长风格指数间的特征差异并不显著。从价值和成长风格指数的超额收益走势来看，不论是国证风格指数分类还是中证 800 风格指数分类，大部分时间价值指数与成长指数都是同涨同跌的（见图 35 - 4），这主要是因为价值指数与成长指数的成分股有很多的重合部分。以国证价值指数和成长指数为例，指数成分股共计 332 只股票，很多上市公司都同时属于价值指数与成长指数，在最近几期的指数样本中，两者的重合率在 25% ~ 30% 。

图 35-4　中证 800 成长与价值指数超额收益（基准为 Wind 全 A）走势

资料来源：Wind 资讯。

因此我们无法直接用价值指数和成长指数去度量价值风格和成长风格。市场研究中也经常用一些定义不是太清晰、比较主观的分类方法，主要是"狭义价值风格"，即指低估值风格，与前述市场现有价值指数逻辑一致，主要包括金融、地产、建筑、家电等行业。"狭义成长风格"，即指涉及新技术、新产品的公司和行业，主要包括 TMT 行业、新能源行业等。"价值成长风格"，这是最近几年市场中很流行的一种投资风格，没有明确定义，按照一般的理解，主要是对消费类和医药类的投资。这几个概念市场中并没有明确的一致共识的定义，但大体上是按照这样的理解来思考的，很多时候可以成为投资者讨论问题时共同的话术体系。

二、自上而下与自下而上两种方法论

板块轮动研究中，最大的难点是缺乏一个"统一的、可以比较的对象"。不同的行业对于"行业景气度"的定义不同，有些行业看价格、有些行业看销售量、有些行业看用户数等。这就造成一个问题，对于同一个行业，行业分析师可以纵向地在时间序列上进行比较，看行业基本面是好转还是恶化。但是对于策略分析师，要横向地去比较在特定时间点上，哪个行业更好，就非常困难。有些行业甚至没有行业层面统一的可以用来度量的指标，比如军工、计算机；有些行业两三个公司就是一个细分子行业，细分子行业间关联度也不大，比如化工、轻工。

白酒、银行、军工这些行业怎么比，是一个大问题。目前的实践中，卖方研究的"行业比较研究"往往都是在做并集，不断地堆砌各种行业数据，所以类似的报告篇幅越来越长、汇总的数据越来越多，但是没有办法给出具体的投资建议。笔者在这方面也做过多种尝试，试图跟踪各种各样的行业数据，然后也试图对不同指标进行打分量化研究，总体而言，这种根据各行业不同指标汇总分析的方法，效果不是太好。

市场风格切换的研究框架，总体而言有两种。第一种，自上而下，首先划分宏观经济情景，然后在各种不同情景中做行业选择。第二种，自下而上，根据行业本身的景气周期变化，判断是否有超额收益。

自上而下的板块轮动或者风格切换模型，具体表现为各种"时钟""电风扇"类的分析框架①。最早是美林时钟，随后演化拓展出各种模型。这类"时钟""电风扇"模型总体上框架是一样的：首先，确定几个（N 个）宏观经济变量，然后每个变量划分几种（M 种）状态，这样就可以定义出"N 的 M 次方"种宏观经济"情景"；随后再在每一种"情景"中，做历史数据规律统计，得到每一个"情景"中大类资产价格的表现，以及股市整体和结构性行情表现的历史均值。

比如说如果选择 2 个宏观变量，确定 2 种状态（好和坏），那么就一共可以划分出 4 种宏观经济"情景"。如果选择 3 个宏观变量，确定 3 种状态（好、中、差），那么就一共会划分出 27 种宏观经济"情景"。由于二维平面上只能够展示四个象限，所以一般的模型普遍采取 2×2 四种"情景"的架构。比如美林时钟就是这种 2×2 四种"情景"模型，选择了两个宏观变量（经济增长和通货膨胀），划分了两种状态（上行和下行）。

这一类自上而下的板块轮动风格切换模型，本质上是一种基于名义经济增速和总需求变化的分析范式。传统宏观经济分析的变量主要包括：经济增长指标［GDP、工业增加值、固定资产投资（包括基建投资、房地产投资、制造业投资等）、进出口、PMI 等］、通货膨胀指标（CPI、PPI 等）、金融指标（M1、M2、贷款、社融等）。这些经济指标总体上都代表了名义经济增长的总需求。

中国经济 2012 年以后出现的变化是，名义经济增长增速降低波动降低。特别是名义经济增长的波动降低，使得前述宏观经济指标的重要性开始不断下降。最开始是

---

① 自上而下划分宏观经济场景的方法，优点是定义清晰、操作简便，只需要对为数不多的宏观经济变量进行筛选分析就可以，不需要对繁杂的各个行业变量进行研究。缺点也比较明显，就是一旦某些历史经验规律失效了，模型没有修正的方法。

GDP，大概从 2012 年以后开始没什么波动了，然后是 2015 年以后工业增加值这个指标也没有什么波动了，再然后是 2017 年以后 M2 基本也没有什么波动了。

实际上，宏观经济波动率下降这个现象并不是新鲜事情，回顾主要发达国家走过的路就会发现，当经济发展到一定阶段之后，经济整体的增速和波动率就会大幅下降，这是经济发展的必然趋势。因此，随着一个个宏观经济指标波动性的降低，基于这些指标所产生的投资分析框架有效性普遍都在不断降低。前述各种"时钟""电风扇"类的分析框架（见图 35-5）在陆续失效。

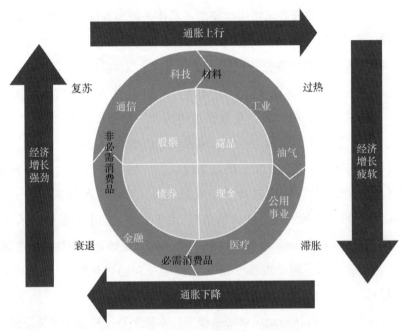

图 35-5　常见"时钟""电风扇"分析框架示意

资料来源：笔者整理。

三、成长逻辑：景气周期趋势投资者

我们认为，"成长"并不是某些行业特有的属性，而是不同行业在不同阶段行业特征的表现，并不是只有 TMT 和新能源才是成长股，铁路、钢铁、银行、家电等行业，在经济的不同发展阶段，都曾以"成长股"的身份出现过。从这个角度出发，我们认为"成长"的本质是行业景气度向上，根据上市公司 ROE 走势的不同，可以给出明确的"成长"和"价值"定义：

第一种情况，ROE 趋势向上板块，这就是我们认为的"成长"股。这是板块轮动中的首选品种，这种情况下，投资者可以既赚业绩的钱，也赚估值的钱。ROE 持续向上的过程，一定也是估值不断抬升的过程，此时估值本身的绝对数字意义不是很大，变化的趋势方向意义更大，如果 ROE 停止了向上的势头，估值扩张也就结束了。从历史经验来看，这类板块都是有超额收益的，而且 ROE 趋势一旦形成，路径依赖性也较强，短期内不太会改变。A 股历史上比如 2001~2004 年的钢铁板块、2005~2007 年的银行板块、2013~2015 年的创业板科技板块、2016~2020 年的消费板块、2019 年下半年开始到 2020 年的科技板块都是这类 ROE 持续上行的投资机会。

第二种情况，ROE 基本走平板块，这就是我们认为的"价值"股。因为 ROE 基本走平，所以估值总体而言也是保持在一定水平变化不大的。所以这种品种基本上属于类固收资产，投资者能赚业绩的钱，但赚不了估值的钱。不过由于 A 股整体的 ROE 较低，这种板块往往长期看也有超额收益。A 股市场 2014 年以后到 2020 年的银行板块、美股市场 1995 年以后到 2020 年的必需消费板块都属于这种情况。

第三种情况，ROE 持续向下板块，这种情况下的行业属于衰退型行业板块。这种板块是要坚决回避的，因为 ROE 持续向下，估值底到底在哪里是不知道的，所以如果投资者以估值低为理由买入，往往会陷入低估值陷阱。A 股市场 2010~2014 年的周期板块就是典型的情况。

根据这一分析框架，并没有哪一个行业板块与生俱来就是"成长"或者就是"价值"，同一个行业板块在不同时间阶段可以有不同的成长和价值属性。典型的以白酒行业为例（见图 35-6），在不同时间中成长和价值属性并不相同。

图 35-6　从白酒板块 ROE 走势看成长阶段与价值阶段区分

资料来源：Wind 资讯。

从技术层面讲，笔者比较喜欢使用净资产收益率（ROE）来度量行业板块的景气周期[①]。当然完全也可以有不同的度量方式，比如用盈利增速（YOY），ROE 和YOY 的关系，好比经济学原理中平均成本与边际成本的关系，当边际成本超过平均成本时，平均成本会进一步向上。从理论上来说，在不考虑分红的情况下，如果下一年企业的 YOY 高于 ROE，则 ROE 会进一步向上；如果 YOY 低于 ROE，则 ROE 会向下；如果企业 100% 分红，那么只要盈利增速是 0，ROE 下一年也保持不变。在实际使用中，ROE 和 YOY 各有优势和劣势，用 ROE 度量行业板块景气周期的好处，是ROE 的曲线走势相比 YOY 更加平滑，趋势性更明显，缺点是 ROE 是一个相对滞后的指标，指标本身不是一个敏感的领先指标。

基于上述分析，笔者更加倾向于使用中观层面自下而上的风格切换分析框架。这一逻辑框架的核心思想，就是把握产业趋势的投资逻辑，股票市场行情反映产业趋势变化，这个脉络非常清晰。更进一步地，这个思考框架可以归纳为：景气周期的趋势投资者。无论是 A 股市场还是海外市场，投资者在任何一个时间点实际上都是在寻找当时市场最景气的行业板块。从 A 股的历史经验来看，历年的领涨板块（见本书附录数据）基本都是景气度上行的行业。

一句话总结，成长是股票投资追求的目标，市场主线逻辑一直都是在追寻成长的，成长风格是不变的，变的是成长的内容。

四、价值逻辑：低估值策略有效性探讨

成长逻辑探讨的是市场的主线逻辑，试图寻找每个阶段的领涨行业，这个投资逻辑有"高风险、高回报"特征。另外，价格逻辑即低估值策略在股票市场中也非常受欢迎。一方面，便宜就是王道，低估值意味着这笔投资有较好的安全边际；另一方面，传统意义上我们所说的价值投资（各种计算企业的现金流贴现和），也只有在估值相对较低的范围内讨论才有意义，当估值超过一定的临界线，再去讨论价值投资意义就不是那么大了。

低估值策略是否有效呢？格雷厄姆说的"烟蒂投资"和"捡便宜货"，到底能不

---

① 这里需要阐明的一个观点是，笔者认为投资者是对产业景气周期进行投资，而不是 ROE，ROE 是一个事后指标，是一个工具不是全部，只是让我们用来归纳总结过去的经验规律。实际投资中，每位投资者都有自己不同的工具去判断公司的产业景气周期，比如用宏观经济数据、用调研的方式、用订单的数据、用自己的生活常识判断等，但殊途同归，最后会反映到 ROE 的上升中，ROE 上升是景气周期上行的结果不是原因。

能带来超额收益？应当说从长期来看，"低估值策略"在 A 股市场是有效的。我们做了如下一个经验数据统计，每年年底我们将所有股票根据其市盈率（TTM）的不同分为 9 组，分别为：市盈率 0～10 倍的为一组，10～20 倍的为一组，20～30 倍的为一组，30～40 倍的为一组，40～50 倍的为一组，50～75 倍的为一组，75～100 倍的为一组，100 倍以上的为一组，市盈率为负（亏损）的单独为一组。然后计算 $t+1$ 年该组合中股票的年收益率，每年滚动换一次样本，时间范围是 2000～2022 年。

从图 35-7 中可以看出，这样操作在长期（2000～2022 年）中，低估值策略有明显的超额收益，市盈率在 30 倍以下（不含亏损市盈率为负股票）三个组合的收益率远远领先其他各个市盈率范围组合的收益率中位数。而且可以发现，组合收益率的中位数与组合市盈率高低总体呈现出明显的负向关系，即组合的市盈率越低收益率越高，这充分说明了低估值策略在长期的有效性。

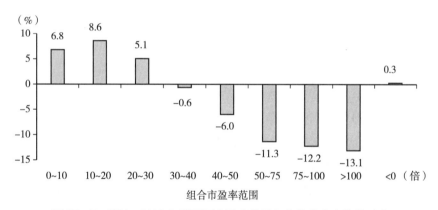

图 35-7　2000～2022 年按不同市盈率范围组合收益率中位数对比

资料来源：Wind 资讯、笔者计算。

然而，长期的有效性不代表短期没有变化，从动态角度来看，低估值策略类似大小盘风格，呈现出阶段性占优特征。图 35-8 报告了我们用申万低市盈率指数构建的低市盈率指数超额收益走势，这里基准是 Wind 全 A 指数。从图 35-8 里可以发现，低市盈率策略的有效性（指跑赢市场整体的超额收益）有着很强的趋势性变化特征，大体上从 2003 年开始到 2007 年，低估值策略明显跑赢市场整体，从 2008 年到 2015 年左右，低估值策略明显跑输大盘，从 2015 年到 2018 年底，低市盈率策略再度显著跑赢市场整体，最后从 2018 年底左右到 2021 年下半年，低市盈率组合又显著跑输大盘。从 2021 年底至 2023 年低估值策略与市场整体走势相当。用另一个指标，"低市

净率指数"去度量低估值策略的超额收益走势，也可以得到类似的结论。低市净率
指数的超额收益虽然和低市盈率指数的超额收益走势略有不同，但大体上方向是相
似的。

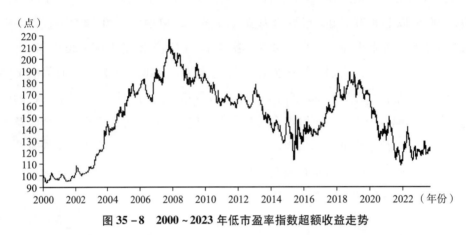

图 35 - 8　2000～2023 年低市盈率指数超额收益走势

资料来源：Wind 资讯、笔者计算。

　　如何解释低市盈率和低市净率指数超额收益的走势？一种解释是银行股指数的走
势主导了前述低估值策略的超额收益走势，因为在 A 股市场中，银行板块的估值最
低且权重很大。这个解释有一定道理，不过可能不是故事的全部。

　　从行业板块的估值分布情况来看，可以发现，A 股市场中的低估值板块主要集中
在与宏观经济相关度较高的行业，而估值相对较高的行业普遍与宏观经济相关度较
低。市盈率估值最低的五个板块分别为银行、房地产、建筑、钢铁、采掘，市盈率最
高的五个行业板块分别为计算机、休闲服务、国防军工、电子、通信。

　　从这样的估值分布特征来看，我们认为对低估值策略超额收益走势的一种解释，
是在盈利驱动为主的牛市行情中，低估值策略会相对更加有效。回顾 2000 年以来 A
股市场的走势特征，以盈利驱动的上涨行情中，如 2003 年、2006 年、2017 年，低估
值策略都是比较有效的。2003 年低估值策略非常有效，低市盈率组合有显著的超额
收益，且组合的收益率随着市盈率的降低而增加。2017 年的特征与 2003 年非常相
似，低估值策略非常有效，低市盈率组合有显著的超额收益，且组合的收益率随着市
盈率的降低而增加。

　　相反，在主要以估值驱动的牛市行情中，如 2000 年、2015 年、2019 年，低估
值策略的表现往往较差。这中间有个例外，就是 2014 年，2014 年行情基本是完全

估值驱动的，但是在超预期降息以及"一带一路"热点的影响下，低估值板块表现相对更好。此外，就是在熊市的情况下，低估值策略可能会有更好的抗跌属性，比如 2018 年。

因此动态来看，低估值策略大体在两种场景下会相对占优：一是经济明确上行期，低估值板块因为顺周期行业多会跑赢大盘；二是在大熊市中，低估值板块往往会有明显的抗跌属性。

第三节 风格切换：大小盘行情驱动逻辑

大势研判、板块轮动、风格切换，是一般股票投资研究关注的三个主要方向点。这里的风格切换多数情况下指的都是"大小票的风格切换"，即小市值公司相较于大市值公司的超额收益表现。

一、大小盘超额收益走势的历史经验

大小盘超额收益走势的度量方式一般有两种：一种算法是用宽基指数，比如用中证 1000 指数、国证 2000 指数①、美股的罗素 2000 指数，去算超额收益，指数超额收益向上表明小盘股行情占优，这种算法的优点是简单，缺点是指数数据历史时间可能相对较短。另一种算法是用量化组合度量小盘股超额收益，比如在每个月初，将所有上市公司按市值大小分为 5 组，算出市值最小组合相对于市值最大组合的超额收益，这种算法的优点是历史数据时间够长，缺点是算起来比较麻烦。

图 35-9 报告了 2005~2023 年 A 股市场中证 1000 指数和中证 2000 指数的超额收益走势，这里计算超额收益的基准是 Wind 全 A 指数。图中曲线向上表示中证 1000 指数和中证 2000 指数跑赢市场整体，即市场是小盘股占优行情风格，曲线向下表示中证 1000 指数和中证 2000 指数跑输市场整体，即市场是大盘股占优行情风格。由于上市公司数量的变化，2020 年以后中证 2000 指数是更好的小盘股代表。

---

① 按照市值规模排序，大体上可以认为沪深 300 指数是全市场市值第 1~300 名的公司，中证 500 是第 301~800 名，中证 1000 是第 801~1800 名。随着上市公司数量的增加，到 2023 年 A 股上市公司总数已经超过 5000 家，中证 1000 从道理上说已经不能再算中小盘指数了。2023 年中证公司推出了中证 2000 指数，其覆盖范围相当于市值第 1801~3800 名的公司，是更好的小盘股代表指数。

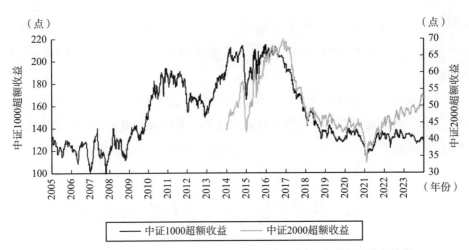

图 35 - 9 2005～2023 年中证 1000 指数和中证 2000 指数超额收益走势

资料来源：Wind 资讯。

　　图 35 - 10 报告了 1950～2020 年长达 70 年时间中，美股小盘股相比大盘股的超额收益走势，同样，这里曲线向上表明市场是小盘股占优行情风格，曲线向下表明市场是大盘股占优风格。

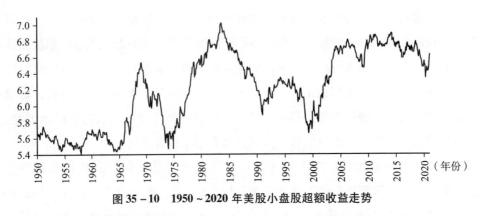

图 35 - 10 1950～2020 年美股小盘股超额收益走势

注：向上表示小盘股领先，对数刻度。

资料来源：彭博（Bloomberg）。

　　从前述两图中美股市小盘股超额收益长期走势来看，可以得出两个经验性结论：一是小盘股和大盘股的超额收益变化是轮动的，总体上是三十年河东、三十年河西，并不存在大盘股或者小盘股永续占优情况。二是从最长历史时间来看，小盘股表现较大盘股要更好些，这一点在美股市场中尤为突出，小盘股超额收益曲线是向右上角走的。对于大盘股和小盘股的相对走势表现，我们觉得有几点理解误区需要注意：

第一点是关于市场投资者结构对于大小盘风格的影响。不少观点认为，小盘股行情以主题炒作为主，因此是市场投资者不成熟的表现，而随着时间的推移，投资者结构越来越机构化，市场越来越成熟，以后就不会再有小盘股行情了。我们认为这个观点值得斟酌，大小盘风格背后的核心驱动力并不是投资者结构。

第二点是关于大盘股相对小盘股的估值溢价问题。不少观点认为，由于大公司竞争力强盈利稳定，因此理应享受高估值，这个观点在 2016～2020 年 A 股市场大盘股行情中传播非常广泛。我们认为，这里逻辑的关键是"估值溢价≠股价会涨"，估值溢价率是可以变化的，估值溢价率下降意味着超额收益走低①。

第三点是关于注册制与小盘股行情的关系。不少观点认为，小盘股行情背后的核心逻辑是上市公司壳资源的稀缺性，所以一旦实施全面注册制之后，就不会再有小盘股行情了。这个观点也与经验事实不吻合，A 股在 2019 年科创板试行注册制后，2021 年之后依然出现小盘领先行情，美股更是从成立起就是注册制，也不妨碍其有多轮小盘股行情。

第四点是大小票风格与成长股风格不是一回事。不少投资者会说，小市值公司占优的行情，其实最后看都是成长股行情，股价涨得好的都是业绩成长性高的公司。这个观点事后看没错，但是不能事前说，因为"成长股"不是一个事前定义，成长起来的叫成长股，没有成长起来的就算不上，事前是没有办法去定义哪些是成长股的。但"小市值"则不同，这是一个事前概念，可以根据这个变量来构建投资组合。

二、大小盘风格切换的驱动逻辑

在现实市场中，我们往往感觉投资者大多数不太认可小盘股行情存在的合理性，很多投资者对于小盘股行情往往采取一种鸵鸟策略，即视而不见，认为这种行情是非理性的、短暂的、不可持续的，应对方法就是扛一下。但从时间上而言（见图 35-9 和图 35-10），小盘股占优的时间实际上要比大盘股占优的时间更长。这个矛盾的背后，究其根源，是投资者想不明白说不清楚为什么市场中会存在这种小盘股行情。

---

① 实际上大公司估值更高这个判断本身就很难成立。不少观点提出海外市场大市值公司估值一直比小市值公司高，这完全是一个凭感觉的主观判断，并没有客观数据支持。对于中国投资者而言，之所以很多时候认为海外市场大公司表现更好或者估值更高，很可能源于海外大市值公司有中文名字能记住，而小市值公司没有中文名字很难记住，这是一个典型的选择性偏误问题。

大盘股占优的逻辑可以有千千万万条，如大公司盈利稳定、大公司竞争能力强、大公司估值合理、大公司是优质资产核心资产等。但是小盘股占优的逻辑讲不清楚，而且很模糊，不但没有形成共识的结论，而且连基本的分析逻辑和框架也是形形色色的，有从经济周期出发分析的、有从流动性角度分析的、有从估值角度分析的等。总而言之，就目前我们有限阅读范围内看到的文献而言，无论是中文文献还是英文文献，无论是学术文献还是非学术文献，无论是卖方研究还是买方研究，对于大小盘问题在理论和逻辑上都没有研究定论。

（一）大小盘行情与货币周期无关

对于大小盘行情风格，市场上讲得最多的一个逻辑，就是从流动性和货币周期的角度去解释行情。这类观点普遍认为，在利率下行流动性宽松时，市场活跃度提高、成长股题材股估值容易上升，因此容易出现小盘股行情。而在利率上行流动性收紧时，高成长高估值板块估值容易受到压制，此时更容易出现大盘股行情。

这是一个典型的"伪命题"，完全不符合经验事实。这里有两个典型的反例可以佐证：一是在 2013 年"钱荒"利率大幅飙升的环境中，创业板表现一枝独秀，小盘股表现显著好于大盘股，当时市场的说法是"因为钱少，钱少炒不动大票，所以只能炒小票"。二是到了 2017 年因为"资管新规"的原因，利率再度大幅飙升，但当时股票市场的行情是中国版"漂亮 50"，大盘股表现明显占优，当时的市场说法又变成了"因为钱少，钱少不能乱炒，只能炒确定性强的，所以炒大票"。一个逻辑，正着说反着说都可以，只能说明它不构成事情的因果关系。

（二）大小盘行情与经济周期无关

除利率流动性外，第二个被市场广为谈及的逻辑，是大小盘行情与经济周期的关系。不同于流动性逻辑（流动性宽松利好小盘股行情），经济周期对大小盘风格的影响，即使在"口头叙事"层面，结论也不统一。一般的说法大概有两种：

说法一：经济上行周期利好小盘股、下行周期利好大盘股。原因是小盘股盈利弹性大，经济上行周期有更好的盈利上行空间，而在经济下行周期大盘股盈利更加稳定，负面冲击小。

说法二：经济上行周期利好大盘股、经济下行周期利好小盘股。原因是大盘股公司盈利与宏观经济关联度高、小盘股公司关联度弱，所以在经济上行期大公司占优，下行期小公司占优，这个说法本质上还是"大公司行情看业绩、小公司行情看题材"的逻辑。

可以看到，前述两种说法基本上是截然相反的。从历史经验来看，笔者认为，与货币周期逻辑类似，大小盘股行情与经济周期无关，小盘股（大盘股）行情既可以在经济上行期发生，也可以在经济下行期发生。

（三）大小盘风格切换主要在产业逻辑

前文中我们否定了大小盘风格切换的决定因素是货币周期或者经济周期，那么肯定性的决定因素是什么呢？从尝试性回答的角度来说，笔者认为，驱动大小盘风格切换的核心逻辑主要在产业逻辑。即当实体经济中出现新的产业链时，就很可能会出现小盘股行情；与之相反，当特定阶段经济中没有新产业链出现，产业发展逻辑以集中度提高时，则股市行情会呈现出大盘股占优特征。

产业集中度提高的逻辑，本质上是一个存量博弈，龙头公司获取的市场份额是竞争对手失去的收入。产业越集中，可以投资的标的就越少，从"龙三"到"龙二"最后到"龙一"，投资标的越来越集中，于是市场出现了所谓的"抱团""核心资产"概念。这是一个"收敛"的逻辑链条，这种逻辑从二级市场投资上来说，导致的一个结果就是，龙头公司和核心资产的标的范围越来越小，机构投资者持股越来越集中。

与产业集中"收敛"逻辑相对应的，是新产业链或者说产业升级，是一个增量"扩散"的逻辑。产业升级的过程中，相关企业会形成大量的资本开支，下游企业的支出会成为其上游企业的收入，因此会带动整个产业链的投资机会。特别是在新兴成长产业中，某种新技术的出现，都会对应巨大的需求，产业链上相关新材料、新设备的中小企业就会有巨大的盈利弹性甚至成倍的增长空间。

有一个值得讨论的现象是，总体而言，美股市场自2005年以来大小盘行情风格并不鲜明，以均衡为主（见图35-10）。对此的解释，有一种观点认为美股市场投资者已经非常机构化非常成熟了，所以很难再有小盘股风格行情。笔者认为，投资者结构或许不是决定市场风格的核心因素，核心因素在于美国经济有产业龙头，但是没有新的产业链出现。在20世纪六七十年代的小盘股行情中，美国既有产业龙头也有产业链。而如今美国有苹果有特斯拉，但是苹果产业链、特斯拉产业链多数都在中国，如果小盘股风格代表的是某个新产业链企业的崛起，那么相比于美国，中国股市更容易出现小盘股占优风格。

从研究角度看，前述论点和逻辑存在一个统计度量上的难点，那就是相比于产业集中可以量化度量，产业升级或者是否有新产业链诞生，较难去定量判断，更多时候需要去做定性判断。也可能是由于这个原因，才会出现目前全市场对于大小盘风格切换背后的逻辑，无论是学术研究还是市场研究，几乎没有定论和共识。因为我们很难找到或者画出一根曲线，能够很好地刻画出决定大小盘风格的变量。

第三十六章
焦点问题专题研究

本章讨论 A 股市场日常投资研究中一些焦点问题，主要包含三部分内容：一是宏观经济与股票投资的关系。这部分我们具体讨论了四个问题，包括宏观经济研究对股市投资指导的能力边界问题、寻找最重要最核心的宏观经济变量、如何构建自上而下的盈利预测模型、市场投资中出现的讨论"长逻辑"现象。二是股票投资中估值的问题。估值问题历来受到极大关注，可以说是股票投资研究中"皇冠上的明珠"，我们在此讨论了四个问题，包括估值是交易的结果不是原因、估值波动范围临界值探讨、为什么估值难有上限、估值影响幅度不决定方向。三是流动性与机构投资者行为的问题。这部分主要探讨了四个问题，分别是股市中的流动性究竟是什么、利率与估值以及股价的关系问题、公募基金和境外投资者与市场定价权问题、历次 IPO 暂停的背景与市场表现。

第一节　宏观经济与股票投资

一、宏观研究的能力边界

宏观经济研究对股票投资到底有没有用，这个问题绝对是老生常谈。这里所谓的有用或者没用有两方面意思：一是指股票市场是不是宏观经济的晴雨表；二是如何从宏观经济分析出发找到结构性行业板块的机会。

笔者认为，从宏观经济到股票投资的连接点就是企业盈利，股票市场的基本面特指企业盈利而非宏观经济本身。当宏观经济与企业盈利走势一致时，股票市场就是宏观经济的晴雨表，反之就很有可能出现各种背离情况。例如在价格因素负增长环境中，GDP增速可能是上升的，但企业盈利是一个包含价格因素的名义值可能反而是下降的，这时就可能出现股市表现跟经济表现背离，典型情况如2023年上半年。

同样，从企业盈利出发看宏观分析对各个行业板块机会的把握，核心在于该行业板块盈利是否受宏观经济影响。对于周期、金融类行业板块，其盈利与宏观经济高度正相关，自然会发现这些板块在经济上行期（如2003年、2007年、2009年、2017年等）表现特别好。但是对于那些盈利与宏观经济关系不大的行业，如TMT、医药等，依靠宏观分析把握机会总体是无力的。这些行业的景气周期是由其自下而上的产业逻辑决定的，跟宏观经济关系不大，这是宏观经济分析能力所不及的。

对于这些偏"逆周期""成长类"板块，有时候市场会提出一些"分母类"的逻辑，比如经济下行期或者货币宽松期这些板块表现会比较好，但这些说法一般是经不起数据验证的。宏观经济此时无非是这些行业板块的机会成本,即如果宏观经济越好,那么顺周期板块有很好的机会,逆周期板块相对收益会受损;反之在宏观经济很差时,逆周期板块自己景气周期能不能起来虽然跟宏观经济没有关系,但至少相对而言跑输大盘的可能性会小。

随着经济发展步入成熟阶段,宏观分析对股票投资的能力边界是在缩小的,这一方面因为宏观经济变量本身的波动在变小,另一方面因为企业盈利与宏观经济相关性强的顺周期板块占比不断缩小,而盈利与宏观经济相关性弱的新兴产业占比不断扩大。这种特征可以概括为从"周期主义"到"结构主义"的变化。

所谓"周期主义",指的是从经济周期波动的循环往复规律中寻找股票市场的投资机会。以往传统自上而下的投资分析框架的起始点是经济的名义增速,根据经济名义增速的周期往复规律去寻找股票市场的投资机会。在这个投资框架中,我们先判断名义经济增速的方向(大势研判找拐点),再根据消费地产投资基建等驱动力不同分析结构性行情(找板块),最后再在板块里找弹性大的标的(找个股)。

传统自上而下框架的逻辑根基就是"周期主义",名义经济增速的波动(经济周期),产生上市公司的盈利周期以及对应的市场涨跌和板块轮动。名义经济增速向上的过程中,上市公司整体盈利周期向上,这时我们应该大盘看多,同时选择周期、金融等顺周期板块;名义经济增速向下过程中,上市公司整体盈利周期向下,此时一般大盘看空,同时选择消费、医药、公用等逆周期板块。图 36-1 报告了这种基于名义经济增速波动的"周期主义"分析的基本框架。

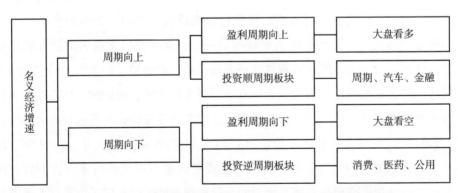

图 36-1 传统以名义经济增速为起点的自上而下投资分析框架

资料来源:笔者整理。

以往在传统自上而下的投资框架指导下,随着经济周期的循环往复,A 股市场行情也呈现出明显的板块轮动。典型的比如2003年开始中国经济过热，市场走出了"五朵金花""煤电油运"行情，然后到2004年遏制经济过热，名义经济增速下行，市场进入防守阶段。又如2009年经济复苏，市场走出了"煤飞色舞"行情，然后到2010年以后政策再度收紧，市场进入下行趋势板块出现"喝酒吃药"行情等。2000~2011年，A股市场行情在多个板块间出现了多次切换、来回轮动，呈现出明显的随着经济周期循环往复而变化的特征。

这套方法论的最大逻辑，就在于其假设总需求的变化是影响企业盈利弹性的最大变量。

但从2012年以来，国内经济的运行特点已经出现了很大的变化，除了总量下行结构转型以外，宏观经济的波动也出现了大幅降低，传统意义上的"经济周期"在逐渐消失。或者换言之，经济总量的波动不再是上市公司盈利变化的主要驱动力量了。从数据上可以很明显地看出来，2012年以后我国实际GDP的走势曲线越来越平滑、斜率越来越平坦，GDP增速每年几乎都是没有波动地小幅下滑。除GDP外，其他宏观经济指标也面临同样的情况，M2、工业增加值、固定资产投资、社会消费品零售总额等，这些主要宏观经济指标的波动性都在大幅下降。特别是以往宏观研究分析中使用最多的工业增加值同比增速，2015年以后几乎完全呈现水平直线的走势，波动显著降低，这使得研究分析该指标的使用价值大幅下降。

实际上，传统意义上的"经济周期"消失不见这个现象并不新鲜，回顾主要发达国家走过的路就会发现，当经济发展到一定阶段之后，经济整体的增速和波动率就会大幅下降，美国、日本、欧洲，以及亚洲"四小龙"等国家和地区都是如此，这是经济发展的必然趋势。因此，展望未来，在中国经济达到人均GDP一万美元之上，未来也很难再有大的库存周期和产能周期。经济周期消失的另一个重要原因，就是科技进步解决了信息不对称的问题。以往同一行业不同地区的企业互相不知道对方的生产情况，当需求好起来的时候，就会一起加库存加产能，加多了就会导致周期的波动。而现在已经是"万物互联"的时代了，各个企业的具体产能和库存，分析师都能够了如指掌，更何况身处一线的实体企业，无论库存还是产能都不太可能再出现大幅的波动。

对投资研究而言，经济周期的消失，最大的问题就是我们很难再从经济周期分析研究中找到投资机会。名义增速高增长高波动时代过去以后，传统自上而下根据"周期主义"的投资分析框架已经不那么适用了，因为总需求的波动已经不再是影响企业盈利的核心驱动变量。

　　一个最典型的例子就是 2016～2020 年的消费股行情。首先，很明显可以看出，这一轮的消费股行情绝对不是防守行情，而是进攻行情，过去几年里消费板块的盈利能力大幅提升，ROE 持续上行，特别是龙头公司（见图 36 - 2）。但是在宏观数据中我们找不到能合理解释这个现象的总量变量，无论是社会消费品零售总额增速、城乡居民可支配收入增速、城乡居民人均消费支出增速等几乎都是单边向下的。所以开玩笑地说，如果做好做扎实宏观分析，一定可以完美地错过 2016 年以来的消费股行情。

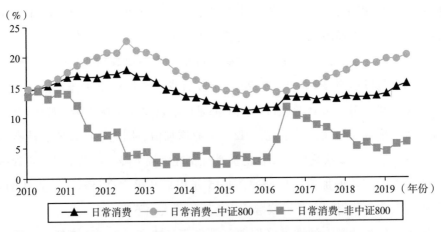

图 36 - 2　2010～2019 年日常消费板块 ROE 走势一览

　　注："日常消费"指全部日常消费板块公司，"日常消费 - 中证 800"指中证 800 成分股中日常消费板块公司，"日常消费 - 非中证 800"指非中证 800 成分股中日常消费板块公司。

　　资料来源：Wind 资讯。

　　消费股的例子充分说明了一个问题，那就是驱动上市公司盈利的核心变量从总需求变成了其他变量，这些变量包括行业集中度提升、消费升级、科技创新等。因此，我们认为未来要告别这种传统的自上而下框架，从"周期主义"走向"结构主义"。

　　所谓告别"周期主义"，就是不要再去过于纠结那些传统宏观变量周期往复的波动规律，因为波动已经小到对股市投资影响不大了[①]。还是以前述消费板块的行情表现为例，在传统的"周期主义"分析框架中，我们实际上是去判断消费需求的周期

---

　　① 2020 年新冠疫情暴发后，以美国为代表的西方国家采取史无前例的货币宽松手段，使得全球经济名义增速再次出现大幅波动。但这种刺激方式毕竟是一次性的，类似于中国 2009 年时的"四万亿"计划，从长期趋势看，笔者认为全球经济名义增速波动日后依然会逐渐变小。

性变化，从而寻找投资机会。以往在经济高速发展阶段，需求的波动大，对上市公司盈利的影响也大，但是现在消费需求的周期波动变小了，使得需求的周期性变化对于上市公司盈利的影响也明显下降了。所以这种情况下，再要从经济周期波动的循环往复规律中找到股票市场的投资机会，就非常困难了，有时甚至会得到相反的结论。

所谓走向"结构主义"，就是要去探寻那些趋势性变量，研究分析其变化对于股市投资的意义。这些变量的变化不再是循环往复的周期性变化规律，而更多是结构性趋势性的变化规律。比如集中度提升、服务业占比提高、人口老龄化、贫富差距扩大等，都属于趋势性的变量变化。这些结构性变量变化较慢数据也不好找，但是趋势一旦形成往往是不可逆的，力量很大，所以无论 A 股还是海外股市，我们看到越来越多的板块行情都是结构性的，而并非来来回回地轮动。

二、最重要的宏观指标

宏观经济指标非常多，包括 GDP、出口、投资、消费、工业增加值、CPI、PPI、M1、M2、社融等。我们认为，在所有宏观经济指标中，对股票市场而言，最重要的指标可能就是 PPI。这主要有两个原因：一是 PPI 与上市公司盈利高度正相关，二是从历史经验看 PPI 增速转负最有可能引发政策的转向。

在 A 股市场中，PPI 同比增速与全部 A 股非金融上市公司盈利增速高度正相关（见图 36-3）。这主要与 A 股上市公司构成有关，截至 2023 年 8 月，A 股上市公司数有 5200 多家，其中制造业上市公司数量超过 3500 家。因此我们也会发现，在 PPI 同比增速快速下行期间，A 股上市公司盈利整体承压，股价表现一般不理想。反过来在 PPI 上行期间，A 股上市公司同样会表现出更强的盈利上行弹性。制造业盈利波动往往大于服务业，A 股上市公司的这一盈利特征属性，也是导致 A 股股价波动较大的重要原因。

也有不少观点认为 A 股市场中 PPI 与上市公司盈利高度正相关，可能主要集中在一些上游资源型公司，在一些中下游公司可能并不适用。笔者认为没有太大必要去做这种强行的区分，首先哪些行业哪些公司算上游实际操作层面也有很多模糊地带（如化工算不算上游），其次我们做研究的目的是要找到能够解释以及预测上市公司盈利走势的变量，并不是要去否定什么，否定有效性并不能带来投资建议。从这个角度看，在目前 A 股市场的盈利预测中，如果要用一个单一的宏观指标去预测整体市场的盈利变化，那 PPI 一定还是效果最好的。

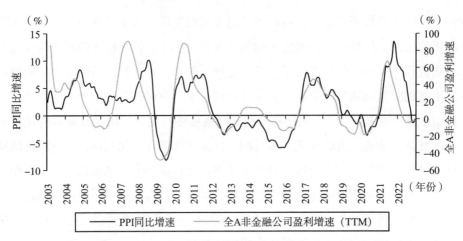

图 36-3　2003～2022 年 PPI 同比增速与全 A 非金融公司盈利增速对比

资料来源：Wind 资讯。

PPI 重要的第二个原因是从历史经验看它能预判政策变化。一般多数观点普遍认为，对政府而言就业和财政这两个指标或许是最重要的。从中国的实际情况来看，这两项指标可能并不是引致政策宽松的先导指标，原因有两个：一是中国没有很好的就业数据可以观察，城镇调查失业率 2018 年起才开始公布且没有历史可比数据，因此大多数时间就业有没有问题主要靠媒体报道；二是财政收入滞后于经济周期的变化，很难成为政策决策的直接依据。

回顾 2000 年以来的中国经济走势以及其中的宏观经济政策变化，我们认为最有可能引致政策大幅宽松的关键变量就是 PPI，历史上看几乎每一次政策大幅宽松都是在 PPI 同比增速显著回落时出现的。特别是有些时候的政策会突然宽松，与当时事前或者事后的环境还有些格格不入，仔细去看，都是在这些政策宽松发生时，PPI 出现了突然的大幅下挫。

第一个案例是 2002 年的降息。1992 年，中国经济开始过热，通货膨胀非常高，然后政策收紧开始抑制经济过热。中国经济增长从 1993 年开始下降，到 1999 年 GDP 实际增速连续七年下行。到 2000 年时中国经济终于走了出来，2000 年中国 GDP 实际增速 8.5%，较 1999 年提高 0.8%，结束了自 1993 年以来中国经济连续七年的下行走势，事后看 2000 年应该是后面中国经济长周期向上的起点。但在 2000 年"互联网泡沫"破灭以及 2001 年"9·11"事件的影响下，全球经济在 2001 年发生了衰退，中国经济也出现了二次探底。PPI 在 2001 年再度转入负增长，中国经济进入二次通缩的过程。在这种情况下，2002 年 2 月 21 日，经国务院批准，中国人民银行再次降低了金融机构存贷款利率。这次降息很有意思，因为实际上很快到了 2003 年中国经济的主要矛盾已经是投资过快经济过热了，防止经济过热逐渐地成为宏观调控的主要目标。

另一个案例是 2014 年的货币政策宽松。2013 年的货币政策是非常紧的，出现了"钱荒"，利率大幅上行。2014 年一开始政策的放松还是相对克制和谨慎的，面对快速下行的经济基本面，货币政策也仅仅是"定向降准"，当时的说法是要"精准滴灌"不要"大水漫灌"。但 2014 年 7 月份以后，形势的发展超过了预期，主要变化是国际油价出现了暴跌，从而导致 PPI 深度负增长，整个宏观经济出现了通缩压力。国际原油价格在 2011 年冲高后，一直维持在 100 美元每桶以上，到 2014 年 6 月时，布伦特原油价格仍在每桶 115 美元左右的位置。随后原油价格开始暴跌，到 2014 年底时，布伦特原油价格已经跌破每桶 50 美元。这种情况下，货币政策最终从"定向降准"转到了"全面宽松"，2014 年 11 月的降息，宣告了货币政策的彻底转向，并直接引爆了 2014 年底股票市场的行情。

三、构建自上而下盈利预测模型

盈利分析对股票研究至关重要，企业净利润能直接或通过估值间接影响股票的价格，有效的盈利预测模型将有助于投资者相对市场获得更加领先的信息。当前市场普遍使用较多的是自下而上的一致预期盈利预测，而较少有针对上市公司整体盈利变化的动态跟踪模型。

笔者尝试了构建一个自上而下的上市公司盈利高频跟踪模型。笔者的基本思路是充分利用丰富多样的宏观经济和行业数据，构建一个能够月度跟踪上市公司整体盈利变动的高频模型，从而得到更加领先的盈利预测信息。举例来说，我们可以使用国家统计局的工业企业利润数据来跟踪工业类上市公司的利润情况（工业上市公司利润占全部 A 股公司约 45%），用 M2 和金融机构信贷收支表数据跟踪商业银行资产规模变化，用利率数据判断商业银行净息差变化（商业银行利润占全部 A 股公司约 39%），用商品房销售面积和施工面积来跟踪房地产和建筑业上市公司利润变化，等等。如此，我们估计全部 A 股上市公司利润总量的 90% 可以通过自上而下的宏观经济数据来跟踪（见图 36 - 4）。

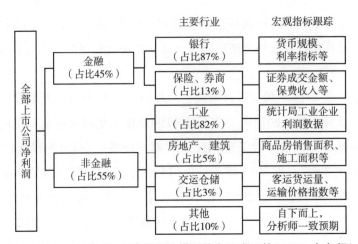

图 36-4　自上而下盈利高频跟踪模型基本思路（基于 2022 年年报）

资料来源：笔者整理。

　　通过利用宏观数据构建的月度上市公司盈利跟踪模型，我们可以更加动态领先地了解整体上市公司的利润变化情况。从当前 A 股市场上市公司财务报告披露的实践来看，上市公司中期财务报表一般于 8 月底披露完毕，部分公司业绩预告和业绩快报一般在 7 月中旬可以陆续公布完毕。而一般在 6 月底左右，5 月份的宏观经济数据已经公布完毕，根据 4 月和 5 月两个月的宏观数据我们可以大致对上市公司在第二季度的整体盈利情况有个较好的了解，历史回溯来看误差没有很大。一季报和三季报的情况也类似，我们基本可以在 3 月底的时候对上市公司 1 月和 2 月的情况有一个整体的了解，而一季报的实际公布时间要到 4 月底。而且另外有一点很重要，这样构建的盈利高频跟踪模型可以以月度为频率来分析上市公司的整体盈利变化情况。

　　A 股市场分析中一般多采用申万或中信的行业分类，然而申万和中信的行业分类和国家统计局的国民经济统计行业分类有较大出入，因此很难和国家统计局的宏观数据进行匹配。在构建上市公司盈利高频模型跟踪时，我们将采用国家统计局的国民经济行业标准对上市公司进行行业分类。

　　根据国民经济的行业分类标准，从 A 股归母净利润全行业分布来看，金融业与非金融行业比重相近，占比均在 50% 左右，不同年份略有变化。非金融行业中工业、房地产和建筑业以及交运仓储行业为主要行业，上述行业净利润占全部 A 股非金融行业的比重高达 90%。通过大量的历史数据回溯，笔者认为上述盈利高频跟踪模型方法是可行的。以工业企业为例，工业企业利润增速与 A 股工业行业利润增速高度相关，A 股工业行业利润增速与全部 A 股归母增速走势也基本一致。不论从工业行业细分行业来看（制造业及水电煤），还是从整体来看，工业企业利润增速与 A 股上市工业行业归母增速高度相关。从 A 股工业行业利润增速与全部 A 股归母增速历史来看，可以发现两者走势基本一致。

基于央行或统计局公布的高频微观数据，我们可以对各细分行业利润增速进行月度跟踪并汇总，从而对 A 股上市公司归母净利润增速进行判断。银行盈利情况和资产增速与净息差密切相关，每月公布的金融机构资产规模数据能够反映银行资产的增速，而资产及负债端产品的利率走势有助于判断银行净息差的变化。通过对房地产、建筑业与交运仓储业基本面指标的跟踪，我们也能大致把握对应行业上市公司的利润增速。

四、当市场开始讨论"长逻辑"

市场的投资逻辑可以分为"短逻辑"和"长逻辑"两种，所谓"短逻辑"，一般指的就是短期（1～3 年）的盈利增速、基本面情况、流动性环境等，所谓"长逻辑"，指的就是时间维度非常长的故事，如科技进步、人口红利、产业转移等。

多数情况下，我们讨论股票价格的变化，用的都是"短逻辑"，"短逻辑"范围和边界都比较明确。但很多时候，读者也会发现，资本市场中的故事说着说着就会变成"长逻辑"，有一种说法叫作"回顾三千年历史，展望下个月行情"，这种情况也是经常出现的。

从个人的研究感悟来说，笔者对"长逻辑"有这样几点看法：

第一，每当市场喜欢用一些长期的逻辑来解释短期的行情变化之时，往往都是转折点的时刻，因为这说明用来解释行情变化的短期业绩和估值逻辑已经不够用了。2018 年末市场见底时的情况就是这样的典型案例，当大家发现市场估值极低而基本面没有那么差时，短期解释理由实在不够了，于是市场上出现了一些看空中国经济和资本市场的长期逻辑。一个是中美经济脱钩，但因为这个东西已经讲了大半年了，到 2018 年底时也没什么新意了；另一个是说中国人口结构不行了，所以有可能在未来陷入类似日本的困境，2018 年底时市场流传有一张图不知读者是否还有印象，就是拿 2007 年的上证综指历史最高点和 1990 年的日经指数相比，言下之意，后续长期看空。实际情况是，一进入 2019 年行情立刻反转。

第二，凡是对于教科书上没有变量进行定价给予高估值，最后往往都是通过股价大幅下跌来完成修复的。教科书上的财务估值模型，无论是 DCF 模型、DDM 模型、

RIV 模型、AEG 模型等[①]，以及基于这些基础模型的各种变形和分阶段模型，本质上都是对未来各种现金流的贴现求和，涉及的变量无非就是两大类：一是分子端的盈利增长；二是分母端的利率变化，这两个变量都算是"短逻辑"。

但很多时候，故事讲着讲着，就会出现变化，出现了一些新的定价和估值变量。比如 20 世纪 70 年代美国股市给"漂亮 50"的盈利稳定性高估值，但从来没有教科书中说要给"稳定性"高估值。这都是行情走着走着，市场自发地追在后面去找逻辑解释行情。又如 2000 年美国的"互联网泡沫"和 2015 年 A 股的创业板，都是对"新经济"给予高估值，教科书上也从来没有说过要给"新经济"高估值吧。类似的还有 2017 年时候，A 股有一种说法叫"市研率"，要给企业研发支出估值，就更加莫名其妙了。前述这些东西，回过头去看，之所以需要用教科书以外的变量去定价，还是因为"短逻辑"不够用了，只能用"长逻辑"，最后的结果都是用股价下跌去证伪很多东西。

第三，在行情顶部的时候，不要试图去推翻领涨板块的核心逻辑，这是不可能做到的。2020 年下半年市场有一个很强的逻辑叫"永动机逻辑"，具体是指"全球永续低利率 + 消费龙头永续稳定增长"的远期预期（"长逻辑"），这个预期非常恐怖。如前所述，任何财务估值模型，本质上都是对企业未来现金流的贴现求和，消费龙头永续稳定增长，叠加永续低利率的预期假设，意味着分子端增速要高于分母端增速。从财务估值模型上说，这种情况对应的是理论上不收敛的无限估值。

虽然从历史经验看，没有什么东西会是永续的，这个远期预期最后也可能被证伪，但这的确是目前市场最强的远期预期。无论是分析师的盈利预测预期，还是从直观本能得出的判断，消费龙头公司未来 5 年甚至 10 年 10% 左右的增速都是大家觉得能够认可的、无法推翻的预期假设。10% 的相对永续增长（对于 10 年以后的事情，当下投资者的认知基本只能够线性外推），如果叠加长期低利率的话，也就能够得到目前消费股龙头公司增速稳定不算很高，但是估值相对很高的定价结果。

这个"永动机逻辑"在 2020 年是很难被打破的，但仔细想想，这个逻辑跟 2016 年时大家说的"零利率债券交易员职业生涯只有 100 个基点了"、2007 年时大家觉得"原油价格可能要突破 200 美元一桶了"都是一样的，在行情顶点最强逻辑是打不破的。

第四，不要去说什么先抑后扬、先扬后抑的判断，没有这种事情。投资中我们常说要在别人恐惧时贪婪、要在别人贪婪时恐惧，而现实情况是，我们往往会在别人恐

---

① DCF 即自由现金流贴现模型，DDM 即股利贴现模型，RIV 即剩余收益模型，AEG 即异常收益模型。

惧时更加恐惧、在别人贪婪时更加贪婪，这是人性使然。既然你判断后面要"扬"，前面为什么要"抑"呢？这不符合理性。2008 年熊市最低谷的时候，上证综指之所以跌到 1664 点，一定是很多人觉得要跌到 1000 点，所以才会在 2000 点以下卖股票，如果他们判断后面会起来，扛一下就过去了，为什么还在底部杀跌呢。

第二节　股票投资中估值的作用

股票投资中任何研究观点都离不开估值，估值对于股票投资的意义绝对不是几句话就能够讲清楚的，是一个错综复杂的作用机制。估值研究可谓是股票投资研究中"皇冠上的明珠"，历来受到市场投资者极大的关注。对于估值作用的问题，笔者有如下几点看法。

一、估值是交易的结果不是原因

估值在绝大多数情况下是一个市场交易的结果，而不是交易的原因。换言之，当股价涨完了或者跌完了以后，你会发现股票估值高了或者低了。但你不能说估值低了就一定会涨、估值高了就一定会跌，大多数情况下，估值低了还能再低、高了还能再高。

实际上，从另一个角度来讲，认为估值低了就会涨、估值高了就会跌，或者说将估值高低这一单一因素拿来作为看多或者看空的理由，本质上都是在质疑市场的有效性。因为估值高低绝对是一个公开的市场信息，如果你认为估值低了股价就会上涨，逻辑上等于你在否定之前市场的交易结果。那么问题就来了，凭什么之前的交易结果就应该是错的呢？始终质疑市场有效性具有很大的风险。因此，笔者认为，在绝大多数情况下，不应该以估值高低这一单一因素，来作为判读涨跌的依据。

从实际的历史数据中也会发现，估值的走势基本跟股价的走势在方向上是一致的，但在幅度上每次也有所不同。从这个角度看，去判断估值的变化方向跟判断股价的变化方向又变成一样的了，估值并没有提供太多股价未来变化的领先信息。

之所以前面强调了是"在绝大多数情况下"估值是交易的结果不是原因，是因为在一些特殊的情况下，估值有可能会成为市场交易的原因。这些特殊的情况是什么呢？就是当估值已经涉及教科书上金融市场不同资产间"无套利定价原理"（non-arbitrage pricing principle）时，或许估值会成为交易的原因。典型的情况可能就是当某类稳定性较高的权益资产的股息率，要高于信用债利率时，那就会出现投资者仅以股票资产的估值低而进行投资买入。

A 股市场中我们能够想到的例子可能也只有银行板块这一个行业板块。因为有股息率的保障，有资产间的无套利原则约束，高股息银行股经常被用来和信用债做资产配置类别比较。不过由于权益资产的最大特点在于上市公司的盈利具有成长性，多数行业或者个股的估值（股息率）不可能低（高）到如此程度，所以这种情况其实在市场中是比较少见的。

二、估值波动范围临界值探讨

前面我们讨论了本节的第一个问题，就是估值是交易的结果不是交易的原因，估值低了不一定会涨，高了也不一定会跌。这里我们讨论第二个问题，估值的变化有没有一个范围界限，会不会有临界值。

讨论估值的临界值实际上涉及两个维度，下限和上限。

首先说下限，多数情况下是很难有下限约束的。如前所述，可能只有满足盈利相对稳定和股息率相比债券利率有性价比这两个条件，才能够触发估值有下限的发生。否则很难说会存在什么样的约束或者机制，来维系这样的估值下限。但能够满足盈利稳定和股息率高这两个条件的，恐怕也只有银行和公用事业板块了，而且银行的盈利稳定性可能也是在中国市场中比较强，而放在全球视角下也不一定成立。即使这样，我们从实际经验中也会发现，A 股银行板块的市净率中枢依然在不断下移。

A 股市场过去几年中板块估值屡创新低的典型情况就是房地产行业，由于国家政策以及市场对中国未来房地产市场的判断等多方面因素，房地产行业的估值下限在过去几年中可以说是被屡屡突破。低到什么程度？2016~2019 年，房地产行业的市盈率（PE）、市净率（PB）、相对市盈率、相对市净率，都在不断地创新低。

其次是估值上限的问题，也就是估值有没有"天花板"的问题。从历史经验来看，似乎这个天花板是不存在的。

每一轮牛市的估值高点位置都可以是不一样的，2015 年中小创主导的牛市中，2015 年 6 月上证综指的高点在 5000 点附近，要低于 2007 年牛市的高点 6124 点，但全市场股票的市盈率中位数却要显著高于 6124 点时的水平。而到了 2018 年 1 月，这波由龙头白马公司主导的行情中，当上证综指达到 3500 点高点的时候，单从估值看，似乎就是一个底部徘徊，完全看不到牛市的踪迹。

这是总量上的，结构上看就更是如此了。且不说科技股这样的估值波动较大的品种，即使是在消费股这样的价值投资品种中，也会发现估值的天花板是很容易攻破的。2016～2020 年的蓝筹白马股行情中，我们会发现很多优质的消费品公司的估值，都是持续上升的，进而超过了很多原先的认识。

三、为什么估值很难有上限

这个问题可以从估值财务模型说起。财务估值模型有很多种，DCF 模型、DDM 模型、RIV 模型、AEG 模型等，在此笔者不打算展开复杂的数学公式，这些模型本质上都是殊途同归的，就是对某个分子（现金流、股息）进行贴现求和。

最简单的一种写法，就是类似于戈登（Gordon）模型，大体上可以把市盈率写成 $PE = 1/(r-g)$，这里 r 是利率贴现率，g 是公司的永续成长性。其他所有模型无论多复杂，都是增加或者减少某个条件假设，顶多也就多乘几个系数，思想上是完全一致的，这种写法相对而言最言简意赅。

$PE = 1/(r-g)$，这个公式能够成立的前提假设是什么？那就是要求 $g < r$，也就是永续增长率不能高于贴现率，否则企业价值是扩散的而不是收敛的，贴现过来会是无穷大。$g < r$，这个假设在教科书上通常被认为是正确的，也比较好理解，因为利率 r 一般取决于经济增速，而 g 在教科书上也被反复强调是永续增长率而不是短期增长率，所以不会有企业拥有永远比经济增速还高的增速。

但现实中有些情况的出现，就会使 $g < r$ 的条件可能不成立。一是"负利率"的出现，这个以前教科书中应该是都没有考虑到的，从公式本身讲，负利率必然会使 $g < r$ 的条件不成立，从而得出估值趋于无穷大的结论。不说抽象的公式，形象意义上负利率也会使很多问题无解，比如说当前的美股市场，出现了一种情况，就是很多上市公司在"借钱回购股票"，从而一方面使自身的财务杠杆非常高，另一方面又不断地提高企业的 ROE，甚至很多企业已经回购到资产负债率超过 100%，ROE 为负的境地了。很多投资者会问，那这种回购有没有尽头呢？有没有尽头取决于发债回购的成本是多少，如果利率是负的，理论上那就是没有尽头。

二是从长期来看，消费品特别是品牌消费品的价格涨幅一般不会低于 CPI，无论严格来说这个结论是否成立，但至少很多人会认为是对的。这个结论意味着什么？意味着这些品牌消费品的永续增长率 g 是可以高于利率 r 的。这个结论一旦成立，又是对估值模型的致命打击，对于这种永续增长率可能长期高于 CPI 的公司，从理论上说市值是可以趋于无穷大的，估值自然不会有天花板。

总而言之，无论是从理论还是经验来看，要找到股票的估值上限比找到估值下限难度更大，现实中，很难说估值到了哪里，股价就一定会发生变化。

四、估值影响幅度不决定方向

前面讨论了两个问题，一是估值是交易的结果而不是原因，二是很难说估值有波动的上下限到了临界值股价就会反转。那么，对于投资而言，估值的意义在哪里呢？

我们认为估值会影响后续收益率的幅度，但不会改变原先股价运行的趋势。估值高了可以再高、低了也可以再低，这说明估值不改变股价运行趋势，估值低或者高本身不构成股价运行逆转的充分条件。但如果股价拐点出现，那么低估值的品种有可能涨幅更大；反之亦然，股价向下拐点出现后，此前高估值的品种跌幅也可能更大。

从投资的角度来说，一个有意思的问题就是，在给定的估值水平下，去持有一个股票资产，如果该股票资产在未来一年内实现了某种业绩预期，那么这样的资产的期望收益率会是多少？比如说，用 30 倍 PE 去买一个 30% 增速的公司，跟用 50 倍估值去买一个 50% 增速的公司，哪个性价比更高？应当说，这是一个经验性的统计问题，而不是理论问题。

第三节　流动性与机构投资者行为

一、股市中的流动性究竟是什么

流动性，英文叫"liquidity"，恐怕是资本市场中人们最喜欢讨论的一个话题了。但股票市场中的流动性，绝对属于一个概念模糊、定义不明的词。

流动性一词的含义非常多样化，第一层意思是指资产流动性，即指资产的变现能力，教科书上经常说的资产流动性实际上指的都是这个含义，比如我们会说古董、房地产的流动性差，金融资产的流动性好等，都是这个意思。在股票市场中，我们也常常会用上市公司的市值大小来说这个股票的流动性好不好，一般说小市值公司股票的流动性差，主要就是说公司市值小所以完成同样成交额的交易，对于价格的冲击更大。

流动性的第二层意思是指宏观流动性，这个宏观流动性又有两个维度的定义：一个是价格的，主要是指利率；另一个是数量的，主要是指货币供应量或者信贷投放量。一般市场认为利率降低、信用扩张的时候，流动性状况比较好。但这两项指标之间本身就经常打架，经常会出现利率很低信用紧缩的时候（流动性陷阱），也会出现利率很高但是信用极度扩张的时候（经济过热），这两种情况下市场也往往都会说流动性很好。

利率和信用扩张指标之间的关系，本质上是一个基础的货币银行学问题，即中央银行可以百分百控制基础货币的投放，但没有办法完全控制货币乘数以及由此造成的广义货币数量扩张。这个问题背后的具体机理笔者不打算作进一步展开，这里想说的是，即使对于宏观流动性这个问题，股票市场中的讨论也没有一个明确的定义，经常是混在一起说的，自相矛盾经常发生。央行"印钱"，到底指的是央行投放基础货币，还是信用扩张后的广义货币，一般也没有人去细究。这么多年以来，我们基本每天听到的都是"央行印了这么多钱，所以什么什么价格一定会涨"，但实际情况并不是这样的，这种"口号式"的研究思路有很大的误导性。

流动性的第三层意思是指股市流动性，大体意思是说能够直接参与到股票交易中的货币量有多少。我们常说的增量资金流入市场、存量资金博弈等，实际上都是这个维度上的流动性概念。这个想法确实很好，如果有持续不断的新增资金流入股票市场，那么可以期待股票市场继续上涨。

但这个想法存在两个问题：一是股市流动性无法度量和预测，实际上，要是这个指标能够被客观地度量和统计，市场也就不会有这么多的分歧了；二是股市流动性并非未来行情领先指标，两者间关系多数情况下，并不是想象中的资金先流入市场随后再开始上涨，而是资金流入与上涨行情同步甚至是滞后的。往往都是等到行情大涨之后，市场出现了赚钱效应，然后增量资金才开始不断入场。

综上来看，股票市场中的流动性意义很大，但是很难得到一个客观准确一致认可的度量指标和分析标准。这里最容易出现的一个陷阱，就是在流动性没有明确定义的情况下，把一切讲不清楚的行情变化都归结到流动性上，行情涨了就是流动性好、跌了就是流动性差。这种思维模式下，流动性好坏等于变成了行情涨跌的同义重复，类似说"你胖了是因为体重上升了"，听着都对又跟没说一样。

如前面所述，在笔者的研究方法论中，笔者认为由盈利驱动的市场行情，重要的是去判断盈利周期的拐点，而由流动性驱动的市场行情，最重要的是判断流动性的拐点。对于这里的流动性拐点，笔者认为，可以重点关注两个方面：

一是定性层面关注监管层的表态。典型的比如央行的货币政策执行报告等政策表态货币政策要微调、要重新管好流动性的总闸门等，都是货币边际变化的信号，还有就是证监会、银保监会等监管机关强调要查违规资金，也是重要的流动性拐点信号。

二是定量层面关注宏观信用扩张情况。从 A 股历史来看，有好几次行情的启动可以在信贷或者社融数据中找到明确的信号，如 2005 年年中行情见底、2009 年初行情大爆发等；反过来也会看到，当信贷、社融同比增速开始走平或者回落后，股市行情开始进入调整。另外，笔者认为信用扩张货币量对股票市场的影响要显著大于资金价格利率，所以直接采用利率变化作为股市流动性的判断依据，效果不是太理想。

二、利率与估值的关系是变化的

在所有财务估值模型中，在"其他条件不变的情况下"（everything else equal），利率下行将提高权益资产的估值水平（也可以理解为股价要涨）。这种假设下，利率走势与股票估值应该是负相关的，即利率下行估值抬升、利率上行估值回落。但从 A 股实际发生的历史经验来看（见图 36-5），两者关系有时负相关，有时却又是明显的正相关。从全球股市经验来看也是如此[1]，利率与估值和股价的相关关系是一直变化的。

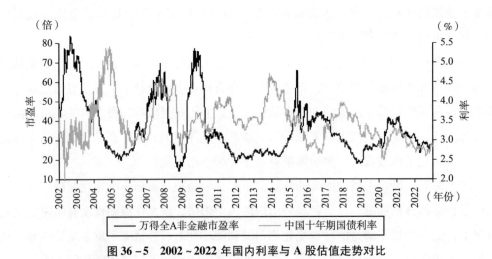

图 36-5 2002～2022 年国内利率与 A 股估值走势对比

资料来源：Wind 资讯。

----

[1] 对此问题感兴趣的读者，可以参见拙著《全球股市启示录：行情脉络与板块轮动》（经济科学出版社 2022 年版）第九章。

　　这里问题的关键，就是如何保持"其他条件不变的情况下"。从逻辑上讲，如果其他条件都不变，利率为什么会下降呢。现实中很多情况下，利率下行是因为经济衰退，这种情况下分子端盈利下降的速度比分母还快，因此利率下行时往往股价会大跌，这种情况下就会出现利率与股价正向相关的关系，即利率与股价同涨同跌。

　　从变量变化的幅度来看，一个自然年度内利率上下变化 100 个基点（即1%）已经算是很大的波动了，而全 A 非金融整体盈利增速在一个自然年度内的波动幅度可以高达 50%（即 5000 个基点），分母端利率的变化幅度一般会远小于分子端盈利。因此，在分子端盈利大幅波动的情况下，分母端利率对于估值和股价的影响不大，此时往往会看到估值和股价与利率呈正相关关系。而在一定阶段下，当分子端盈利波动开始收窄，此时分母端的逻辑可以发挥作用，我们会看到利率与估值和股价呈负相关关系。这个"一定阶段下"，我们认为一般出现在盈利增速已经下行至 0 以下，此时市场对短期盈利波动反应钝化，利率影响会明显变大，典型的情况如 2014～2015 年、2019 年等。

三、公募外资与市场定价权

　　在流动性问题上，市场投资者还有一个特别关注的问题，就是关于机构投资者的定价权问题。这个问题的讨论由来已久，从讨论的对象看，2000 年以后主要把公募基金作为有定价权的投资主体进行讨论，2016 年以后市场又进一步把外资①作为有定价权的投资主体。

　　从数据角度来看，所谓的机构定价权，应该主要体现在机构的持仓状况，即机构投资者股票仓位在 A 股流通市值中的比重。图 36－6 报告了 2003～2022 年公募基金与北向资金股票市场持仓占全部 A 股流动市值比例的变化。从中可以看到，公募基金全部持仓股票市值占 A 股流通市值比重在 2008 年之前持续上升，在 2007 年第四季度时基金持仓股票市值已经占到 A 股流通市值的近 1/4 达到峰值，可以说公募基金行为对当时整体市场的走势有决定性的影响。2008 年开始由于股改完成，产业资本占流通市值比重不断上升，公募基金的话语权逐渐降低，体现在基金持仓的市值占比持续、大幅下滑，直至 2017 年底该比例下降至不到 5%。2019 年以后由于公募基金整

----

　　① 从数据统计上说，目前并没有严格的外资统计口径，一般把陆股通中的"北向资金"作为统计外资流入流出的代理变量。

体收益率表现显著跑赢大盘，其持仓占比再度开始回升。北向资金流通市值占比是从 2016 年开始攀升的，到 2021 年初时达到阶段性高点。

图 36-6　2003~2022 年公募基金与北向资金持仓市值占 A 股流通市值比例变化

资料来源：Wind 资讯。

关于机构定价权的第二个讨论问题是机构持仓集中度，体现的是公募基金筹码分配的分散度和机构间的抱团行为。从历史数据来看，公募基金持仓集中度虽然在不同时期有所变化，但总体而言是比较高的，这主要与公募基金整体的人员配置、投资风格、逻辑框架相似度高有关。2019~2020 年，A 股市场将机构投资者"抱团"的股票称为"核心资产"（这个词最早在 2003 年就出现过）。但实际上，"核心资产"是没有明确定义的，当时 A 股市场中是找不出这样一个"核心资产"股票列表的。如果以公募基金重仓持股的前一百大"抱团"股票来定义"核心资产"，那么就会发现，这个"抱团"股票是一直在变的。2020 年底"核心资产"观念最强的时点，连续 3 年出现在基金重仓前一百大个股的股票数量是 23 只，连续 5 年出现在机构重仓前一百大个股的股票数量只有 10 只，连续 7 年出现的只有 4 只，连续 10 年出现的只有 3 只。公募基金重仓股每个季度的更换数量占比大概在 20%~25%，这意味着一只股票要在一年四个季度里连续出现在公募基金核心重仓持股中，概率只有 30%~40%，在一年时间的维度里大概率是要被换掉的。所以，什么是"核心资产"？涨起来的就是"核心资产"，跌下去的就不是了。"核心资产"一直在变，"铁打的机构，流水的抱团"。

本书认为，无论是公募基金还是北向资金（外资），都不具有所谓的定价权。从世界观角度看，将股市行情归结于特定主体的定价权，是一种古老的、朴素的对不确定性归因的观念，是一种"有神论"思维模式，类似于古代社会洪水泛滥时不知道为什么只能归因于神灵。当行情无法解释时，就归因于特定有定价权主体"在买"或者"在卖"。实际上，如果去问个人投资者谁有定价权，他们会说市场上有个"主力"存在，就是机构投资者；去问内资机构投资者，公募基金从来不觉得他们有定价权，他们觉得外资有定价权；再去中国香港市场问外资机构，他们更不觉得自己有定价权。其实说到底，所有机构投资者的行为，本身也是市场交易的结果。

四、历次 IPO 暂停背景与市场表现

流动性维度另一个重要议题就是融资和投资的平衡问题，在 A 股历史上首次公开发行（IPO）经常成为焦点。笔者梳理了 A 股历史上历次重要的 IPO 暂停情况，这里我们以当时 IPO 实际发行数据为准绳，不区分是监管明文叫停发行，还是虽未公开宣布暂停但实际不发行。A 股历史上 IPO 暂停的情况一共发生过 9 次，其中 2013 年全年都没有新股发行。总结历次新股暂停的背景，主要有两个原因：一是股市重大制度改革即将推出；二是短期市场行情大幅下跌引发舆情关注。

第一次：1994 年 8～11 月。IPO 暂停背景：1994 年，年轻的 A 股迎来了惨烈的暴跌，上证综指从年初的 833 点到 7 月底跌至 325 点，年内跌幅超过 60%。此时监管层出手救市，暂停 IPO 的同时严控上市公司配股，扩大入市资金范围。

第二次：1995 年 2～5 月。IPO 暂停背景：在 1994 年底重启 IPO 之后 A 股再度持续下跌，直至 1995 年初，市场情绪极度悲观，市场资金多集中在国债期货上，股市成交量寥寥无几。因此在 1994 年底重启 IPO 后仅一个半月，监管层再度暂停 IPO。

第三次：1995 年 10～12 月。IPO 暂停背景：由于 1995 年 6 月重启 IPO 之后 A 股持续下跌的弱势表现，监管层在重启 IPO 后不久年内再度暂停新股发行。从 1994 年下半年起一直到 1995 年底，A 股 IPO 总体处在半停半放状态。

第四次：2001 年 9～10 月。IPO 暂停背景：2001 年 6 月《减持国有股筹集社会保障资金管理暂行办法》发布，规定公司首次发行和增发时均按融资额 10% 出售国有股，且减持价格执行市场定价，该办法引起股市断崖式下跌。为应对市场下跌，IPO 发行暂停了两个月。

第五次：2004 年 9～12 月。IPO 暂停背景：这次暂停的主要原因是监管层对新股发行制度新规的酝酿。而在方案正式出台前，IPO 被暂停。2004 年 12 月，中国证监

会发布了《关于首次公开发行股票试行询价制度若干问题的通知》，标志着中国首次公开发行股票市场化定价机制的初步建立。

第六次：2005 年 6 月～2006 年 5 月。IPO 暂停背景：因为股改的启动，新股发行暂停了一年。股权分置改革是当时我国资本市场一项重要的制度改革。经国务院批准，中国证监会于 2005 年 4 月 29 日发布了《关于上市公司股权分置改革试点有关问题的通知》，宣布启动股权分置改革试点工作。

第七次：2008 年 10 月～2009 年 5 月。IPO 暂停背景：2008 年 9 月 15 日，美国第四大投资银行雷曼兄弟申请破产保护，金融危机全面爆发，次日美国政府接管了 AIG。金融危机全面爆发之际，A 股也出现深度下跌，国内政策发生明确转向并再度暂停 IPO。

第八次：2012 年 11 月～2013 年 12 月。IPO 暂停背景：此次 IPO 暂停的主要原因，一方面是 A 股持续的低迷走势。另一方面是监管层开展了号称史上最严的 IPO 公司财务大检查，以挤干拟上市公司财务上的"水分"。2012 年 12 月 28 日，中国证监会发布《关于做好首次公开发行股票公司 2012 年度财务报告专项检查工作的通知》，2013 年 1 月 29 日，中国证监会又发布了《关于首次公开发行股票公司 2012 年度财务报告专项检查工作相关问题的答复》。此次 IPO 暂停，虽然监管层一直没有明确表态，但事实上 IPO 确实处于停发状况，并且这次暂停的时间是最长的。

第九次：2015 年 7～10 月。IPO 暂停背景：2015 年 6 月初开始 A 股市场快速大幅下跌，出现异常波动。为稳定市场管理层出台了多项措施，此次监管层也没有明确宣布暂停 IPO，但从数据来看，2015 年 7～10 月期间，A 股 IPO 实际上处于停发状态。

2023 年 7 月 24 日，中央政治局会议提出要"活跃资本市场，提振投资者信心"。2023 年 8 月 27 日，证监会表示将根据近期市场情况，阶段性收紧 IPO 节奏，促进投融资两端的动态平衡。这一次 IPO 没有完全被叫停，而是采取了一种相对更加温和的方法进行调控。

附 录
主要数据汇总

附表1　　　　　　　　1990～2023年上证综指点位与涨幅前三行业对比

年份	上证综指点位（点）	上证综指涨跌幅（点）	偏股混合基金涨跌幅（%）	行业涨幅第一	行业涨幅第二	行业涨幅第三
1990	128	—	—	—	—	—
1991	293	129	—	—	—	—
1992	780	167	—	—	—	—
1993	834	7	—	—	—	—
1994	648	−22	—	—	—	—
1995	555	−14	—	食品饮料	钢铁	休闲服务
1996	917	65	—	家用电器	金融服务	农林牧渔
1997	1194	30	—	公用事业	信息设备	家用电器
1998	1147	−4	—	信息服务	信息设备	采掘
1999	1367	19	—	信息服务	采掘	电子
2000	2073	52	—	建筑材料	采掘	农林牧渔
2001	1646	−21	—	银行	食品饮料	汽车

续表

年份	上证综指点位（点）	上证综指涨跌幅（点）	偏股混合基金涨跌幅（%）	行业涨幅第一	行业涨幅第二	行业涨幅第三
2002	1358	−18	—	国防军工	汽车	医药生物
2003	1497	10	—	钢铁	采掘	公用事业
2004	1266	−15	—	传媒	交通运输	采掘
2005	1161	−8	3	银行	国防军工	休闲服务
2006	2675	130	118	非银金融	银行	食品饮料
2007	5262	97	120	采掘	有色金属	国防军工
2008	1821	−65	−49	电气设备	医药生物	农林牧渔
2009	3277	80	63	汽车	有色金属	采掘
2010	2808	−14	5	电子	医药生物	机械设备
2011	2199	−22	−23	银行	食品饮料	房地产
2012	2269	3	4	房地产	非银金融	建筑装饰
2013	2116	−7	13	传媒	计算机	电子
2014	3235	53	22	非银金融	建筑装饰	钢铁
2015	3539	9	43	计算机	轻工制造	纺织服装
2016	3104	−12	−13	食品饮料	建筑材料	建筑装饰
2017	3307	7	14	食品饮料	家用电器	钢铁
2018	2494	−25	−24	休闲服务	银行	食品饮料
2019	3050	22	45	电子	食品饮料	家用电器
2020	3473	14	56	休闲服务	电气设备	食品饮料
2021	3640	5	8	电气设备	有色金属	煤炭
2022	3089	−15	−21	煤炭	社会服务	交通运输
2023	2975	−4	−14	通信	传媒	计算机

资料来源：Wind 资讯。

附表 2　　　　2000～2023 年 Wind 全 A 指数涨跌幅与市盈率变化率对比

年份	Wind 全 A 指数（点）	Wind 全 A 市盈率（倍）	指数 涨跌幅（%）	市盈率 变化率（%）	年份	Wind 全 A 指数（点）	Wind 全 A 市盈率（倍）	指数 涨跌幅（%）	市盈率 变化率（%）
2000	1571	69.0	57	35	2012	2223	13.9	5	8
2001	1196	44.6	-24	-35	2013	2344	12.4	5	-11
2002	961	59.4	-20	33	2014	3573	17.4	52	40
2003	927	39.5	-3	-34	2015	4949	23.2	38	33
2004	773	22.9	-17	-42	2016	4310	21.4	-13	-8
2005	684	21.2	-12	-7	2017	4523	19.5	5	-9
2006	1450	39.3	112	86	2018	3245	13.1	-28	-33
2007	3859	49.3	166	25	2019	4316	17.5	33	33
2008	1431	14.4	-63	-71	2020	5422	23.3	26	33
2009	2940	35.1	105	143	2021	5919	20.1	9	-14
2010	2738	20.1	-7	-43	2022	4815	16.7	-19	-17
2011	2124	12.9	-22	-36	2023	4565	16.7	-5	0

资料来源：Wind 资讯。

附表 3　　　　1990～2023 年中国主要宏观经济指标汇总（同比增速）　　　　单位：%

年份	GDP	固定资产 投资	工业增 加值	工业企 业利润	社会消费品 零售总额	出口	CPI	PPI	M1	M2
1990	3.9	—	-21.1	-44.0	2.5	18.2	4.3	4.1	19.2	28.0
1991	9.3	—	23.5	14.8	13.4	15.7	2.2	6.2	24.2	26.5
1992	14.2	36.8	10.9	51.3	16.8	18.2	5.5	6.8	35.9	31.3
1993	13.9	65.5	8.4	64.8	29.8	8	10.3	24.0	38.8	37.3
1994	13.0	32.8	27.7	12.1	30.5	31.9	21.1	19.5	26.2	34.5
1995	11.0	21.6	11.4	-9.0	26.8	23	17.1	14.9	16.8	29.5
1996	9.9	12.3	16.9	-8.9	20.1	1.5	8.3	2.9	18.9	25.3
1997	9.2	9.3	10.3	14.3	10.2	21	2.8	-0.3	16.5	17.3
1998	7.8	19.5	8.8	-14.4	6.8	0.5	-0.8	-4.1	11.9	15.3
1999	7.7	6.3	8.9	56.9	6.8	6.1	-1.4	-2.4	17.7	14.7
2000	8.5	9.7	11.4	92.0	9.7	27.8	0.4	2.8	16.0	14.0

续表

年份	GDP	固定资产投资	工业增加值	工业企业利润	社会消费品零售总额	出口	CPI	PPI	M1	M2
2001	8.3	13.7	9.9	7.7	10.1	6.8	0.7	−1.3	12.7	14.4
2002	9.1	17.4	12.6	22.2	8.8	22.4	−0.8	−2.2	16.8	16.8
2003	10.0	28.4	17.0	44.1	9.1	34.6	1.2	2.3	18.7	19.6
2004	10.1	27.6	16.7	56.7	13.3	35.4	3.9	6.1	13.6	14.6
2005	11.4	27.2	16.4	13.3	12.9	28.4	1.8	4.9	11.8	17.6
2006	12.7	24.3	16.6	31.8	13.7	27.2	1.5	3.0	17.5	16.9
2007	14.2	25.8	18.5	39.2	16.8	25.9	4.8	3.1	21.0	16.7
2008	9.7	26.6	12.9	12.5	21.6	17.3	5.9	6.9	9.1	17.8
2009	9.4	30.4	11.0	13.0	15.9	−16	−0.7	−5.4	32.4	27.7
2010	10.6	24.5	15.7	53.6	18.8	31.3	3.3	5.5	21.2	19.7
2011	9.6	23.8	13.9	15.7	18.5	20.3	5.4	6.0	7.9	13.6
2012	7.9	20.6	10.0	0.8	14.5	7.9	2.6	−1.7	6.5	13.8
2013	7.8	19.6	9.7	1.5	13.1	7.8	2.6	−1.9	9.3	13.6
2014	7.4	15.7	8.3	8.5	12.0	6	2.0	−1.9	3.2	12.2
2015	7.0	10.0	6.1	−2.9	10.7	−2.9	1.4	−5.2	15.2	13.3
2016	6.8	8.1	6.0	8.7	10.4	−7.7	2.0	−1.4	21.4	11.3
2017	6.9	7.2	6.6	21.0	10.2	7.9	1.6	6.3	11.8	8.1
2018	6.7	5.9	6.2	10.3	9.0	9.9	2.1	3.5	1.5	8.1
2019	6.0	5.4	5.7	−3.3	8.0	0.5	2.9	−0.3	4.4	8.7
2020	2.2	2.9	2.8	4.1	−3.9	3.6	2.5	−1.8	8.6	10.1
2021	8.4	4.9	9.6	34.3	12.5	28	0.9	8.1	3.5	9.0
2022	3.0	5.1	3.6	−4.0	−0.2	6.9	2.0	4.1	3.7	11.8
2023*	5.2	3.0	4.6	−4.4	7.2	−4.6	0.2	−3.0	1.3	9.7

注：*2023 年工业企业利润数据截至 2023 年 11 月。

资料来源：国家统计局、Wind 资讯。

参考文献

［1］阿奎：《喧哗与骚动：新中国股市二十年》，中信出版社 2008 年版。

［2］李勇、哈学胜：《冰与火——中国股市记忆》，红旗出版社 2010 年版。

［3］吴晓求等：《中国资本市场三十年：探索与变革》，中国人民大学出版社 2021 年版。

［4］燕翔等：《美股 70 年：1948～2018 年美国股市行情复盘》，经济科学出版社 2020 年版。

［5］燕翔、金晗：《全球股市启示录：行情脉络与板块轮动》，经济科学出版社 2022 年版。

［6］张宇等：《中国特色社会主义政治经济学（第四版）》，高等教育出版社 2023 年版。

［7］赵迪：《资本的崛起：中国股市二十年风云录》，机械工业出版社 2011 年版。

［8］中国证券监督管理委员会：《中国资本市场发展报告》，中国金融出版社 2008 年版。

［9］中国证券监督管理委员会：《中国资本市场三十年》，中国金融出版社 2021 年版。

［10］中国人民银行：《中国货币政策执行报告》，2001～2023 年，历年。

［11］中国金融学会：《中国金融年鉴》，1986～2022 年，历年。